目录

第一章

花样年华

第一节　武则天到底叫什么名字

我们了解一个人物，要从最基本的情况了解起，比方何年出生、生于何地等。武则天虽是名人，但古代妇女地位低，她早年又不是什么显赫的人，因此史料记载不详细，其说不一。就连她究竟叫什么名儿，都大成问题。

或许有人说，武则天不就叫武则天吗？

错！武则天活着的时候，从来就没叫过这个名字，别人也不曾这样叫她。她死后，在很长的一段历史中，也没有人这么叫她。

武则天根本就不叫武则天。

有人说，因她是母亲杨氏生的第二个孩子，姐姐叫了"大囡（nān）"，她就叫个"二囡"，把乳名做了名字。直到入宫之后，太宗赐名"武媚"，这才有了一个堂堂正正的名。

这个说法依据为何？不详。

就叫"武二囡"？很搞笑啊！这种说法大有解构主义的色彩，所以我觉得似乎是小说家所言。

武家是世代官宦人家，到了父亲武士彟（yuē）这里，虽然最初时惨了点儿，挑担子去各村卖过豆腐，但他后来经营木材生意，"因致大富"，是个唐朝的成功人士。《册府元龟》载：武士彟"才器详敏，少有大节，及长，深沉多大略。每读书，见扶主立忠之事，未尝不三复研寻，尝以慷慨扬名为志"。可见这是个知书识字、抱负不小的儒商，不可能仅用"二囡"这个名儿就把女儿给打发了。

武则天被赐名"武媚"之后，民间又叫她"武媚娘"，这算一个名儿。

太宗死后，武则天入感业寺做尼姑，曾有个法名叫"明空"，这也算一个名儿吧。

后来她当政，新创了十二个汉字（一说十九个），其中有一个，就是她为自己创立的新名——"曌"，此字音"照"，取"日月悬空，普照大地"之意，其造字灵感可能是来自她的那个法名。当今也有人说，武则天原名为"照"，后改为"曌"，但无证据，猜测而已。

武则天自取名为"武曌"，这是她最应该流传于后世的名字。

但是，因为她闹过"武周革命"，后世很多人比较厌恶她，所造的新字没人沿用，所以她为自己取的名儿大家也不认可。在漫长的历史中，人们就简单地叫她"武后"，这和"王太后""李太后"其实并无区别，不过"后"而姓"武"，又能让人们谈论不休的，在她以后是绝无可能有了，所以不会产生歧义。

那么"则天"一名从何而来？原来，神龙元年（705）武则天病重，"大周革命"玩完了，儿子中宗复位，给她上了一个"则天大圣皇帝"的尊号。后来武则天逝世，有遗制嘱咐说，去帝号，称"则天大圣皇后"。这个谥号，就是"则天"的由来。"则天"是个啥意思？《论语》里说："惟天为大，惟尧则之。"意思是：以天道为法则。

——这确实够大气！

至于"武则天"三字成为她老人家的名字，据萧让《武则天——女皇之路》说："是近代才开始流行的，我很怀疑她是否会喜欢这样的称呼。"女皇当然不可能喜欢这名字。武则天，这与"朱洪武""孙大圣"差可比拟，好像有点儿调侃味道，却想不到，如今成了她法定的名字。

笔者以为：武则天在当今的历史书上不能叫自己的真实名字，其原因，是皇民时代的"反篡逆观念"仍在发生潜作用。大家仔细品吧，就是这问题。历史的荒诞，常见于这种细节之中。

那么，在武则天出生之后，到受赐"媚"名之前，有没有一个正式的名字呢？因资料缺乏，现在很难考证了。

名字问题，大致也就如此了。关于她的出生地，史上也有异议。比较公认的一种，是说她出生在长安。而另一种说法，则说是出生在利州（今四川广元）。这都是根据她出生时父亲在哪里任职而推断的。

武士彠在长安当了五年的工部尚书，各种资料表明，武则天就生于这个时候，不可能再晚。之后武士彠赴扬州，不久又转调利州，都是任的军职。如果武则天是生于父亲在利州的任上，那就要比史料上记载的年龄起码小两岁以上了，因此出生在利州不大可能。在户口簿上，武则天应该是光荣的"首都"居民。

关于她的出生年份，也有武德六年（623）、七年（624）和八年（625）三种说法。我们不管那些了，取其大概就行。

不过有一点是可以确定的，武则天的籍贯为并州文水县（今山西文水县），老家就在县城北4公里外的南徐村，迄今村中仍存有武则天庙。

文水，这可是个出女英雄的地方。刘胡兰烈士的老家就在县城东17公里处。

武则天对自己家族的这个发祥地相当认可，"革命"以后，曾改并州为"北都"，意为"龙兴之地"。她还仿效汉高祖，几度回老家去见父老，为故里百姓世代免赋税，唱了一回衣锦还乡的《大风歌》。

好了，武则天的基本情况就探讨到这里。下面我们来看，什么样的父亲能养育出这样一个惊世骇俗的女皇帝？

第二节　父亲投奔"义军"做了后勤部长

武则天的父亲究竟怎么样？我们先看看这个武氏家族。

魏晋以来，社会上渐渐形成了两大阶级——世代做官的和永远做不上官的，这就是所谓"世族"和"寒门"。武家是夹在中间的一个尴尬阶层——小公务员。

从武士彟往上数，五代祖宗都是幕僚、副职之类，离王、谢这样的豪门差得远，属于"小姓"，但也不是"寒"到了底的小老百姓。

武则天的祖父武华，官职还挺体面，是隋朝的东都（洛阳）丞，可是几个儿子却一个当官的没有，老大武士稜务农，老二武士逸在隋府军中当小兵，老三武士彟是做是木材生意的。那时候的木材，有如今天的钢筋水泥，是重要的基础设施建筑材料。

武士彟不过就是文水县的一位小商人，书也未见得读太多，但是他赶上了好时候。隋文帝晚年创业意志衰退，大兴土木，贪图享乐。武士彟看准机会，结交了不少负责搞工程的基层官员，一来二去就把生意做大了。史书上说他"家富于材，颇好交结"，应当是实。

他富起来以后，娶了一位退职军官的女儿相里氏为妻。从这个姓氏来看，可能是胡人之后。老岳父在武士彟的人生路上还真起了点儿作用，把他推荐到鹰扬府做了

"队正"。这是隋代府兵制里最小的一级军官，大概统领五十人，相当于连长。

也许这位小商人已经闻出了隋朝山雨欲来的气息，准备以军功谋前程了。

不过，他要是仅仅这么干，似乎上进的可能性也不大——没有记载表明他在打仗方面有奇才。他的发迹，后来唐朝人都知道，是因为攀上了李渊，为"从龙首义"人员之一，也能算开国元勋。

李渊的来头很大，出身关陇世家，世袭"唐公"。他还是隋朝的皇亲，是隋炀帝的表弟，从小在宫中长大。这样一个地位显赫的人，武士彟是怎么巴结上的呢？

这其中，有偶然也有必然。偶然在机遇，必然在自己，小人物的崛起往往都是如此吧。

说来话长，早在隋炀帝大业元年（605），炀帝的堂弟杨达和宰相杨素、宇文恺奉诏营建东都。这个项目可是大有油水，武士彟闻风而动，备了厚礼托了关系，终于见到了杨达。

武士彟这人面相憨厚，但谈吐不俗。杨达一见之下，大为赞赏，不仅让武士彟做成了一笔大买卖，还把他引见给了一群高官朋友。这些人里面，就有殿前少监、卫尉少卿李渊。

大业十一年（615），李渊奉命到山西抓造反分子，在行军途中，到武士彟家住了一晚。武士彟有此奇遇，当然尽心伺候，两人就此成了朋友。

大业十三年（617），李渊任太原留守，就安排武士彟当了行军司铠，专管太原府的武器装备。

武士彟这一脚，就登上了李渊的"首义"之船，开始了他的"后勤部长"生涯。

这个时候的隋朝，已是火山爆发的前夕——乱象丛生了。隋炀帝征高丽失败，咽不下一口气，还要再征，在全国"广募骁勇，扫地为兵"。老百姓不愿意去送命，只好造反；军阀们也趁机起兵割据。这里那里地占地盘，爆发之势根本就捂不住了。

眼看隋朝气数将尽，李渊也有他的小算盘。他很想参与中原逐鹿，捞个乱世英雄干干，但又担心风险太大，所以只是悄悄行事。

这一年，鹰扬府校尉刘武周出手了。他杀死马邑太守王仁恭，自称太守，开仓赈贫，公开造反了，一下子就招兵万人。又派遣使者与突厥通好，挟外敌以自重。本来他这点儿乌合之众，在桑乾镇（今山西山阴南）已经被隋军困住了，但突厥派骑兵来救。刘武周反败为胜，趁势拿下了楼烦郡，还一举占了隋炀帝的行宫汾阳宫。

小军官终于把事情闹大了。突厥为了给隋朝添乱，便册封刘武周为"定杨可汗"，刘武周也自称皇帝，改元天兴，对雁门采取进击之态。

这时的李渊是坐镇太原的大员，有守土之责，于是就以防突厥、平定刘武周叛乱为名，招兵买马，广纳豪杰。

武士彠就是在这个时期干了几件颇有胆略的事，说明他并不是单靠拍马屁改变自己命运的。

比较蹊跷的是：他虽是得到留守李渊引荐当的军需官，但不知为何，却是副留守王威一党，而并非李渊死党。李渊后来起兵以及攻取关中，凡大事都没让他与闻。武士彠之所以从龙有功，是因为在关键时刻掩护了李渊。

这就是他的眼光了。

李渊图谋不轨，让儿子"二郎"李世民与刘文静招兵，这引起了副留守王威、高君雅的怀疑。这两个人还是忠于隋朝的，嗅觉也很灵敏：唐公莫非有异志？

王威对武士彠很信任，就直截了当问他："唐公所募兵壮，尽付刘弘基、长孙顺德统管，我等不能干预，为何？"

武士彠知道来者不善，马上为李渊辩护："所募新兵，素乏训练，今委以专人，乃治军之常法。且唐公为今之勋戚，受委重责，恐无暧昧之情。"

王威半信半疑，又提出：这刘弘基、长孙顺德两个家伙是什么玩意儿，都是征高丽的逃兵，应按律逮捕问罪。

武士彠又劝道："此二人乃唐公之客，而非唐公族人，且曾为皇上侍卫。当此用人之际，启用也不妨。若按治二人，必使唐公不悦，实可堪忧！"

王威一向就畏惧李渊的威仪，听武士彠这么一说，就不敢动了。

另有留守司兵田德平也建议王威查查募兵的情况，也给武士彠劝止了。

事情一摆平，武士彠反手就将王威之言告诉李渊，使李渊有了防备。这是大功一件。

且武士彠曾力劝李渊起事，别再犹豫了。他假托听到空中"有称唐公为天子者"，又梦见"从高祖（李渊）乘马登天，俱以手扪日月"（《攀龙台碑》），还专门写了个报告递给李渊。

这些说法，极富魔幻色彩；这个风，煽得也很及时。于是"高祖大欢，益以自负"——你们说我行，我大概真的就行！

武士彟又将自己所撰的一部兵书献给李渊，其意自明。

李渊心里有数，只是说："幸勿多言，事成之后，当同富贵耳！"

这两件事，一实一虚，都是特殊时期的大功劳，非一般胆识所能及。

因此我一向认为，对小人物来说，拍马也许是必要的，但绝不是万能的。关键时刻，也真得提着脑袋干！历史不可能给小人物太多取巧的机会。

烽火连天日，正是蛟龙出水时。这一年的五月，李渊心痒难忍，终于起兵反隋，自称"大将军"，先就杀掉了嗅觉灵敏的王威和高君雅。

武士彟有此一功，也就成了大将军麾下的中郎将兼司铠参军，管的还是军账与兵器。从此一路从龙，直到进了长安。

武士彟忠心耿耿，李渊也投桃报李，不断给这位后勤部长加官，说是"尝礼我，故酬汝以官"——你曾经以礼待我，我就给你官做。（《新唐书》）两人的关系倒也简单。

武德元年（618），隋炀帝被困江都，死于宇文化及之手，把大好江山彻底玩完。李渊觉得这下子万无一失了，就建唐称帝，要过一把皇帝瘾了。坐了龙廷就要论功行赏，武士彟便以二等开国功臣得授金紫光禄大夫（正三品）、封太原郡公，不久又升工部尚书、加封"应国公"。世袭国公，这可是仅次于郡王的大贵族了。

武士彟的发迹，除了乱世这个机运外，看准机会、看准人是个很重要的因素。而且也因为他极有胆量。那时天下的建筑材料商想必有很多，但能当上贵族的怕不多。

他的这个素质明显地遗传给了武则天，父女两人是太像了，此为后话。

但是武士彟的老伴、汾阳相里氏可没有什么福气，连一品夫人的荣华都没享受到。相里氏给武家生了四个儿子，死了两个。没多久，自己也病亡了。武士彟身在军职，又是个工作狂，妻儿病殁也无暇顾及，唯哀悼而已。李渊得知后大为感动，下敕说："此人忠节有余。去年儿夭，今日妇亡，相去非遥，未尝言及。遗身徇国，举无与比。"（《册府元龟》）干部要是都这样就好了！于是，他亲自为武士彟挑选续弦。

武士彟新的老伴不是别人，正是他的大恩人杨达之女。杨达早在随从隋炀帝征高丽的时候，就已死在半道上了。这位杨氏女，大概有恋父情结，从那以后就崇佛诵经，为父亲追福，很是另类。

据说，杨氏自幼不习女红，专爱读诗习礼，平时也好煮酒论史什么的。曾经写有箴言，云："当使恶无闻于九族，善有布于四方。"写好后也不示人，而是藏在了墙壁间，翻修房子的时候才被工匠发现。杨达看了大为感叹，认定了她是"隆家之女"——我们家发达就靠你了！

或许是因这期望太高了，要不就是素质太好了，杨氏竟一直找不到合适的配偶，耽误了大好年华。等到李渊把她撮合给武士彟的时候，她已经45岁左右了。这个年龄是个什么概念？唐代女子结婚的年纪在13至18岁，到20岁就算是老姑娘了。可见这武杨婚配，是典型的黄昏恋了。

这位独特的"老太太"，就是武则天的母亲！伟人真不是凭空产生的啊！

李渊就看好这嫁不出去的老姑娘，他对武士彟说，杨达"有女贤明，可以辅德"，绝对没错！他还亲自充当主婚人，下令婚礼费用由官家报销。这场盛大婚礼的时间约在武德五年（622）。

杨氏虽然蹉跎了多年，生育能力还不错，婚后一年多，就给武家生了第一位"千金"，就是后来嫁给了贺兰越石的韩国夫人。武德七年（624）左右，又在京城长安生下第二位"千金"。这个"二囡"，就是武则天。此后，又生了幺女，长大后嫁的是郭孝慎。一窝雏凤呀！

说到这个老凤杨氏，她才是货真价实的贵族。其家族为"宏农杨氏"，关中六大姓之一，世代豪门，相当于南方的王、谢家族，连李渊的夫人陇西李氏都不能与之相比。杨氏这一门，和隋文帝杨坚是同宗。其父杨达，历任隋朝尚书、纳言（侍中），后来又封了遂宁公。纳言这个官儿，是门下省的首长。北朝历来政出门下省，那就等于是宰相了，居万人之上。不知这杨达还指望女儿把这个家族"隆"到什么高度？难道他预感到女儿会生个皇帝出来？

武士彟这个文水县的土著，能攀上显赫的宏农杨氏，完全因为他是新朝新贵，功名和身份都还过得去。婚后，两人恩爱自不必说。

武二囡出生不久，武德八年（625）八月，武士彟奉调扬州，为大都督府长史。

这一调动来得很突然，原因是有人诬告扬州都督、赵郡王李孝恭谋反。李孝恭是李渊的堂侄，极能打仗，在建唐过程中累建战功。一年前，就在扬州这个地方，灭了农民起义军领袖辅公祐。李渊就在扬州设立了都督府，让他担任大都督，还委派了名将李靖做他的副手，任都督府长史。按照当时习惯，其治所（办公大楼）不在扬州，而在丹阳（今江苏南京市）。

这年，边境不安，突厥入寇。李靖奉命与秦王李世民一起带兵征讨。扬州都督府就剩了一个李孝恭。李孝恭仅仅能打仗，治理民生很不在行。扬州地方屡经战乱，亟待恢复，他却贪图享乐，大建豪宅，闹得民不聊生。

事情闹过了头，有人就告了他一状。由于李渊本人就是拥兵谋反的，他对这一问题比较敏感，立刻把李孝恭召回京，投入大狱审查。另派了武士彟去接替李靖做扬州长史，也就是扬州的地方军政副职。

扬州地面那时还很不安定，杨氏又刚刚生育，随行不便，于是武士彟就一人去上任了。武士彟到了扬州，他高明的地方官才能得以显示。

对扰乱治安的那些犯罪分子，他软硬兼施，"抚之以诚恕，经之以权略"。也就是说，既以诚恳态度来安抚，也用一些手段来摆平，很快就建成了"平安扬州"。为了便于治理，他还把扬州的治所迁到广陵（今江苏扬州市），从此这地方才专有扬州之名，在此以前是把现南京一带也叫作扬州的。

他在任上致力于恢复扬州的农商各业，"开辟田畴，示以刑礼，数月之间，歌谣载道"。《全唐文》甚至说，经他个把月的治理，这里"商旅安行，农桑野次，化被三吴之俗，威行百越之境"，影响都达到今天的两广了！看来还真是个行政好手。

本来，李渊是舍不得把这个内阁大臣长期外放的，只让他"权检校"都督府长史，也就是代理，并且"期以半年"。没想到这一干上就走不了啦。半年期满，该轮到扬州人民舍不得了，集体上访，请求留任武长史一年。就这么，武士彟又待了下去，而且阴差阳错，后来再也没有回到中央任职。杨氏带着两个女儿，也离开了长安，到扬州跟老公会合了。

武士彟离京外放，固然有些遗憾，但也由此避开了大唐宫廷的一场非常事变，就是"玄武门之变"。

"玄武门之变"发生于武德九年（626）六月初四。这是唐初一次重大的政治事件，其诡异、残酷与突然，都非同寻常。

这一天，秦王李世民率心腹长孙无忌、尉迟敬德在玄武门设下伏兵，杀了长兄、皇太子李建成和四弟李元吉，逼迫李渊立自己为皇太子，并全权处理军国大事。这个举动，有兵变，有篡位，有妄杀，有逼宫，没有一点儿合法性。不过因为李世民做了皇帝之后，勤政爱民，立"贞观之治"，所以后世的人一般也就不大提这个了。即便提一提，也是只说他何等果断，或者何其幸运。

同年八月，李世民终于把父亲逼成了太上皇，自己做了唐太宗。在以太子身份执政期间，他就已经开始在中央机关大换血，让秦王府的人占据各个山头。

太宗即位之后，为了安抚父亲的旧部，把他们纷纷从外地召回，以防有不服的在外地倡乱。武士彟也在召回之列，虽然待之以厚礼，但实际上给架空了。不久，可能看武士彟确实没啥想法，就将他改派到豫州（今河南汝南）去当都督了。

武士彟在唐高祖李渊时代的黄金岁月，就这么过去了。他在非常时期押对了宝，以军需官的身份，跻身于十四名首义功臣之列，官爵之外，还受赐黄金、田宅、奴婢，获钦定免死牌（免死一次），食封邑五百户。他的崛起，带动了文水武氏家族的彻底翻身。

长兄武士稜，弃农随武士彟从军，参加了太原起兵，得授宣城县公，官拜司农少卿。二哥武士逸，封安陵县公，官至齐王府户曹。李渊在先前曾有承诺，欲使武家"一门三公"，后果然成为现实。并州文水一带的父老对此无不称奇，津津乐道。

武士彟虽未入唐初富人的排行榜，但其成功的程度，又岂是金玉满堂可比！

第三节　少女时代骤遇丧父之痛

武士彟在唐太宗时代，因其谨慎务实，地位仍得以维持，同时还有一番作为。他晋爵国公，已是从一品的显赫人物了，外放都督虽然是三品官职，但唐代一般都以武人管理地方，所以这也算是才尽其用吧。

武士彟于贞观元年（627）外放豫州，除了任都督外，还受使持节豫、息、舒、道四州诸军事，就是辖数州军事及本州政事，地位在刺史之上。他在豫州整整待了一年，武则天也就在豫州长了一岁。

到这年年底，利州（今四川广元）又有事了，需要派武士彟去安抚。原来是利州都督李孝常在京朝觐期间，向几个将军发泄对太宗的不满，乃至互说符命，阴谋发动宿卫兵叛乱，结果事泄被杀。李孝常的部下在利州蠢蠢欲动，需要有个人去镇压。

唐太宗数了数天下的人才，认为只有武士彟能行，就派他去了。

武士彟领命后，带着妻小，从栈道入剑阁，领略了一路雄奇险峻的巴山蜀水，到了利州的治所绵谷。在这里，他再次显示才干，招降抚叛，赈乏济贫，不数月就让境内安定了。

武士彟在这里一干就是四年，武则天在这里也从4岁长到7岁。利州这地方的人，后来对武则天比较认可，深引以为荣。地方上有"武则天坝""天后梳洗楼"等名胜，传说中有"江潭感孕"和"袁天罡相面"的故事，虽是附会，诚心可鉴。

利州有一湖，名曰黑龙潭，传说杨氏有一天在潭中荡舟自娱，忽然感觉到有溉龙近身，于是感龙而孕，生下了武则天。这个传说在武则天当皇帝以后就产生了，显然与上古"吞玄鸟之卵""践巨人之迹"而有孕之说是一个路数，民间的圣君崇拜而已。

中唐诗人李商隐也闻听过此事，曾在一首诗的题注中写下"感孕金轮所"之句。利州皇泽寺的历代寺碑上，也均载有此事。据此，今天仍有人认为武则天是生于利州的。

此外，《大唐新语》还载有一段逸闻，说是成都术士袁天罡奉诏进京，路过利州时，武士彟将他请至府中，为自己的妻子相面。袁天罡看了看，说道："夫人骨相非凡，定生有贵子。"武士彟就把子女都唤了出来，袁天罡先看了相里氏所生的元庆、元爽两子，道："官至刺史，堪称保家之主，然不得善终。"接着又看杨氏的长女，道："将大富大贵，然亦不利其夫。"

那时武则天尚在襁褓之中，由奶妈抱着，正巧穿了一身男孩衣服。袁天罡一见之下，大惊道："此郎君神采奥澈，其将来不可测。"他让奶妈把武二囡放下来走几步看看，看了后，沉吟半晌才说："此儿龙睛凤颈，贵之极也。惜乎为男子，若是女子，日后将成天下之主。"

这个传闻最早出于私人笔记，后世文人竞相引用，在唐宋年间大为流行。袁天罡，确有此人，但专门记其事迹的《袁天罡传》和《定命录》却不载其事。可见这故事也是民间"忽悠文学"之一。

上述种种符命之说，不足为凭。由于史料记载太少，后人无法弄清武则天的童年具体是如何度过的。但可以肯定的是：其一，她跟随父亲辗转宦游，走了当时大半个唐朝，眼界是开阔的。山川毓秀，估计也影响到了她日后的胸襟与气度。其二，她从父亲与母亲身上分别受到的熏陶都很不小。

母亲这头的影响至关重要。南北朝至隋唐时期，鲜卑的风俗影响到汉人，北方女子时兴抛头露面，主持门户。甚至凡是有打官司、请托的事宜，都由女人替丈夫、儿子跑门路，坐着车子满大街走（见《颜氏家训·治家篇》）。杨氏就不是一个庸俗女子，言传身教，影响到武则天也是礼、乐、骑、射全通，且书法也好。武则天后来有很多诗文传世，《全唐诗》就录有她的诗四十余首，此外还有政论文集《臣轨》《金轮集》《垂拱集》等。她这种才华的底子，显然是在童年时期就打下的。

父亲那一头，则给她带来最初的政治熏陶。她小时候喜欢坐在父亲膝上，翻看父亲写的奏疏和皇帝的诏敕，还喜欢摆弄官服，打听朝议趣闻，听父亲讲晋阳起兵的故事。据说，她童年时代的偶像就是太宗，虽未见过面，但常揣测其音容。及至入宫侍奉太宗十多年后，这一偶像就更牢不可破了。后来她对丈夫和儿子的要求，都是以太宗为蓝本的，其童年情结不可忽视。

日子堪堪就到了贞观五年（631），唐太宗下令撤并都督府，利州也在撤销之列。武士彟被调至荆州（今湖北江陵县一带）都督府任都督。武则天便随着父母来到荆州。一家人当中，此时又多了一个在利州出生的妹妹。

荆州那时比利州发达得多，环境很不错。可惜武士彟已身患哮喘病，病况越来越糟。在这里又过了四年，到贞观九年（635）的五月，太上皇李渊龙驭上宾。消息传来，武士彟悲伤过度，引起疾病加重，竟呕血而死。这一年，武则天才11岁。

好日子戛然而止。母亲和她们姐妹几个，从"高干家属"一下变成了孤儿寡母。悲凉之雾，瞬间笼罩了这个美满之家。今后的日子，不好说了。

"贵之极也？"暂时没有人能看到这样的前景。

第一章

才女入宮

第一节　归葬之后饱尝世态炎凉

武士彟于59岁那年病殁。大树一倒，母子几人的生活立刻陷入风雨飘摇之中。灵柩在长沙大崇福观里停放了七个月，没能及时归葬故里。武士彟生前受赏赐甚多，不可能是因为没钱办丧事，也许是妇道人家一时张罗不起来这事。

消息传到长安，引起唐太宗注意。他对武士彟一向评价甚高。贞观六年（632），荆州大旱伤稼，武士彟为百姓着急，亲赴长沙寺，迎阿育王像，祈雨七日。像这样勤政为民的事相当不少，唐太宗特下诏褒扬："公比洁冬冰，方思春日。奸吏豪右，畏威怀惠。善政所及，祥祉屡臻，白狼见于郊坰，嘉禾生于陇亩。其感应如此！"（《册府元龟》）因为把地方治理得好，象征吉祥的白狼也跑出来了，多穗大谷子也生出来了。话虽夸张，但赞赏之意跃然纸上。

唐太宗时代的政绩标准，就是"善政"。政绩不是楼盖了多少、税征了多少，而是"奸吏"被打压下去多少，百姓富不富足。皇帝当然要多给行善政之臣一些好脸色。

太宗在后来还曾对武则天说，武士彟病重时，他曾派医官前往诊治，因故受阻而返。足见他是在乎这位忠臣的。为了褒扬先进，太宗过问了武士彟的丧事，且追赠了礼部尚书，命地方官府主办丧事，归葬文水。还命并州大都督、英国公李勣监护下葬事宜。

这个待遇，虽不十分隆宠，但还不差，跟武士彟生前的地位差不多。

当年十二月，武则天兄妹随母亲杨氏扶柩回文水原籍。节气萧瑟，路途千里。一路上的车马劳顿已是不堪，还要时时应酬地方官的吊丧，他们一家人的心情不会太好。

这次远行，对于武则天这位"高干子女"来说，无疑是一次走入民间的行动。沿路百姓的困苦之状给了她极大震撼。贞观初年时，隋末大乱的创伤仍在，"户口未复，仓廪尚虚，灌莽极目"（魏徵语）。一眼望不到边的荒草棵子，穷啊！

走了一路，看了一路的乞丐。走到山西境内，衣衫褴褛跪地乞讨的尤其多。武则天终于忍不住，问娘："前年我还听爹讲过，中原富庶，可无忧。诏敕上也道'仓廪足实，黎民安乐，外户不闭'。往日在荆州府衙，亦不见有乞讨者，我还信以为真。却不知，这一路都不见民富，唯见乞讨，何也？"

娘说："府衙里来往的，尽是大僚，哪里能见着乞丐？出了州县衙署，还不都是这样子？"

武则天那时还较为天真，疑惑道："今日不是明君在位吗？莫不是州县官员克剥百姓，阻塞皇恩？不知今上可有耳闻？"

旅次见闻，给她留下了不可磨灭的印象。她后来执政时，经常考察民情、鼓励农桑，还诛杀贪官，除了权谋上的考虑之外，怜悯民生的情结也是一大因素。

路途上颠簸了一个月，总算到了地方。武士彟的葬礼还挺隆重，朝廷派来了使者，并州、文水的重要官员齐集。但是京中往日有过交往的朝官、贵戚却来得寥寥。世态炎凉，这也不怪。过去高祖在，武士彟毕竟是从龙旧部，人家多少得给点儿面子。现在进入新时代了，人也不在了，谁能真正缅怀一个"四民之末"的商人？

葬礼一毕，大都督李勣也就再不来关照了，州县诸官更不似往日那样殷勤趋奉。杨氏心里不是滋味——成功者，在一个势利社会里，真是死都死不得呀！

从小康家庭走入困顿，这种刺激最能催生非凡人物。父亲身后的萧索，不能不在武则天心里烙下印迹。

外面如此，家里也不平静。元庆、元爽依例在家守孝三年，和后妈的接触就频繁了。据《旧唐书·列传·外戚·武承嗣传》载："士彟卒后，兄子惟良、怀运及元爽等，遇杨氏失礼。"《新唐书·列传·武士彟传》也说："诸子事杨不尽礼，衔之（杨氏恨他们）。"

武惟良、武怀运，是武士彟二哥的儿子，他们和元庆、元爽一样，对武士彟娶的这个后老婆都不太感冒。武士彟活着的时候，元庆、元爽谁也不敢跳，父亲一死，他们就按捺不住了，可能是对后妈多有顶撞，或者不理不睬，总之是很无礼。

这时候的杨氏万念俱灰，原本想长期礼佛，为亡夫祈福，以消极态度打发余生。但看到武家子侄如此猖獗，便感到不能不管武则天三姐妹的命运。

杨氏是一个有独立意识的女人，想到做到，遂决定携三女到长安去投亲。瘦死的骆驼怎么也比马大，宏农杨家的人，不能在这里任人欺负！

武则天深为母亲的遭遇不平，对他的两个兄长也是"衔不置（恨个没完）"。双方结下的梁子，纠葛日久。等到武则天当了皇后以后，武家兄弟仗着是功臣之后，仍不买账。武则天母女哪里会饶了他们，安个罪名就把他们给干掉了——我让你们狗眼看人低！

把这些兄长们除掉后，武士彟的爵位宁肯给了大姐之子贺兰敏之，也不给元庆和元爽的儿子。后来杨氏死后，也不葬在文水武氏祖茔，而是葬在了杨达的墓旁边。

与武家亲族不两立的这种心态，甚至也影响到武则天做了大周皇帝之后的立嗣考虑，这当然都是后话了。

到长安后不久，大姐嫁了人。二囡这年14岁，也是待嫁之龄了。似乎她的命运也就是找个好人家，做个内当家的，终其一生。

可是，一个机遇突然降临了，说不上是好还是坏。武则天勇敢地迎了上去，踏上了一条完全不同的路。

若干年后，她在这条路上走的每一步，都会让大唐的土地狠狠颤动一次！

第二节　好运忽如春风来

老公冢土未干，杨氏就被族属逼得要去长安寄人篱下。当杨氏踏入春明门的时候，面对这八代古都的千门万户，凄惶之心怎能不油然而生？

她先去试探的，就是前文提到的侄子惟良、怀运。两人以功臣之后的身份在京中做小官。他们见了杨氏这位落魄的婶母，并没有多少同情心，只是虚以应付。

见侄子不待见，杨氏当然只能去投靠娘家人。目前的状况，在长安住下来，温饱不成问题，山一时是吃不空的，投亲靠友不过是要寻个情感的寄托。她找到了自己的堂兄杨师道。

这杨师道是高祖第五个女儿桂阳公主的驸马。桂阳公主也是当年武士彟与杨氏的主婚人之一，他们愿意接纳。

就这样，除了姐姐嫁人之外，武则天和妹妹就随母亲住到桂阳公主那里去了。

　　桂阳公主很喜欢武则天，夸她知书达礼、聪明剔透。舅舅杨师道也有心抬举一下这个可爱的外甥女。这就给武则天的命运带来了巨大的可变性。

　　杨氏回到长安落了脚，背靠了桂阳公主，便有了家势复振的意思。武士彠生前的同僚故旧，也就陆陆续续跑来探望一下，以免失礼。寒暄之后，他们惊异地发现，武都督的二囡竟然已出落成一个大美女了。

　　武则天究竟漂亮到什么程度？一千多年前的事，很难落实。现存唐代张萱的《唐后行从图》和明刻本《历代古人像赞》等，均绘有武则天的像，但都是凭想象画成，且是中年以后的形象，不足为凭。蛛丝马迹，只能从典籍中的只言片语里去找。

　　武则天曾说，自己的女儿太平公主"类己"，这首先指的是长得像自己。那么太平公主是个什么样子呢？史书上说是"丰硕，方额广颐"，即体态丰满、大脸盘。这种模样，就是唐朝的标准美人胚子。此外唐中宗当太子时的侍读、诗人崔融曾说，武则天是"奇相偃月"。还有，就是袁天罡故事里说的那个"龙睛凤颈"。这些说法，都出自武则天的同时代，怕不会太离谱。总之，她的容貌，起码能让人眼前一亮。

　　貌是如此了，才又如何？《旧唐书·本纪·则天皇后》说她"素多智计，兼涉文史"，《新唐书·本纪·则天皇后　中宗》则说她"有权数，诡变不穷"，且"城宇深痛，柔屈不耻，以就大事"。聪明或狡猾，这是一种素质的两种说法，总之就是多计谋。关键还在于涉猎文史之后，能忍、有城府、志存高远。这才是她日后崛起的基础条件。

　　尤其"成人"以后的家道中落，恐怕是大大加强了她"能忍"的这一面。

　　有貌且有才，又在婚龄期，武则天的名气在社会上就比较大了。据说，还在荆州的时候，不仅武都督的大名传至岭南，就连杨氏和漂亮二囡的名气也远及钦州一带。

　　武则天现在进入了一个强有力的人际关系圈，杨氏在皇族中的亲戚，不只桂阳公主一个。时候一到，这个关系圈子就会发生作用，而且很可能会发生奇异的"蝴蝶效应"。

　　在她们母女返京这一年，也就是贞观十年（636）的六月，宫中发生了一件事，给武则天的命运带来了意想不到的转机。这件事，就是太宗的贤内助长孙皇后病殁了。

　　长孙皇后是个好皇后，她在政治上起的作用，就是辅佐丈夫当个好皇帝。她死后，太宗很伤感，甚至觉得这个老婆简直是世无其匹。由于各种因素，此后中宫就一直虚位，没有再立别人当皇后。

长孙皇后死后，后宫的人事问题需要解决一下了。首先是妃嫔人数太少，与制度不合。按唐制，皇帝应有一后四妃九嫔，这十四个女人是皇帝正式的老婆；下面还有九婕妤，掌妇学及礼仪；再下有四美人、五才人，掌祭祀、饮宴、服饰及车驾随行等。婕妤以下诸妇实际上是掌管宫中各种事务的女官，属低级妃嫔。这支庞大的老婆兼女官的队伍现在严重空缺。其次是整个宫女队伍也缺员，因过去有好几次放归令嫁，走了不少人，所以急需补充。

于是内侍省就开始着手找人了。找宫女是从民间女子中挑选，找低级妃嫔是从官宦之家挑选。

由于宫中的情况特殊，对妃嫔的要求就很严，她们不但要侍奉皇帝起居，还要能够胜任管理工作，因此要求有貌、有才、有较高的门第出身。

选妃嫔在一般情况下，是由内侍省挑好了请皇帝批准，但太宗有时也根据传闻自己点名要人。

这一次，他就点名要前武都督的二丫头进宫当才人。令出如山，没什么商量！

唐太宗怎么会点名点到武二囡的头上？

促成这件事的，是两个重要人物。第一个荐举武则天的是杨师道。杨师道当时任侍中，职权等于宰相，又是皇亲，和太宗的关系非常密切，在朝堂上天天见面。他为了让自己的外甥女有出头之日，就极力向太宗推荐武则天的才貌。此外，桂阳公主也从旁进言，让太宗未见其面、先闻其名。加之太宗对武士彟也还有些念旧，所以这件事情很快就敲定。

另一个关键人物是杨婕妤。这个杨婕妤是武则天的表姐，原为太宗之弟齐王李元吉的王妃。在玄武门之变中，太宗杀了李元吉，却把元吉之妻杨氏封为婕妤——资源不要浪费了。

杨婕妤这女子的道行不浅，大概很会讨人喜欢。齐王死后，长孙皇后看她叫怜，就把她接到正宫里来住，太宗也就顺势把她纳入小老婆队伍。长孙皇后去世后，太宗曾想立她为皇后，可惜遭到魏徵等一干重臣反对，说是"恐遭天下人耻笑"，这好梦就没做成。

杨婕妤对此痛心疾首，对几位重臣衔恨在心，但敢怒不敢言。为了加强自己在后宫的势力，开选妃嫔之后，她就想到了自己的表妹武二囡。

上述两方面的力量形成合力，决定了武则天未来的命运。

这日，中使前来宣召，念了一通诏敕，母亲杨氏惊讶得说不出话来。等中使走后，杨氏如天塌了一般，放声大哭！杨氏深知后宫就是个角斗场，此一去，不能经常与家人团聚不说，是祸是福也未可知。官宦人家女儿，若是平平常常嫁人，起码体面与亲情都能兼备，进了宫，人人都在争宠，舒心的日子就别指望了。若是不入皇帝的眼，这一辈子不就完了？

据《新唐书·本纪·则天皇后　中宗》记载，武则天对这事的态度，与其母大不相同。当母亲与她泣别时，她却坦然自若，说："见天子安知非福，何必作儿女之悲？"

这段记载，不见他证，不知是否属实，但非常符合武则天一贯的见识。

她知道，改变命运，就在此一搏。虽然进宫不过是做个末等的妃嫔，但毕竟走近最高权力中心了。事在人为，只要有心，也许就能碰上重振家声的机会。

武则天进宫后，太宗见她果然是姿容秀丽，就赐号"媚"。其中的"媚"字，体现的恐怕不单单是漂亮，用现代民间的话语来说，就是会"勾人"。

她的宫中生涯就此开始，却在才人位置上一坐就是十一年。这和武则天心里预期的太不一样了！她根本就没有得到太宗的宠爱。在一群大小老婆队伍中，武则天不过就是个边缘人物，她的这一段经历，连记载都没有多少。

媚娘怎么会没有媚住唐太宗？根本原因很可能是：唐太宗是盖世英主，杀伐决断经历得多了，内心希望的是温柔贤惠的女子为伴。武则天，可不是这样一个文弱类型的女子。在这里，我们就要提到那件著名的"师子骢事件"了。

事情发生在武则天随侍太宗期间，但不见于当时的记载，是武则天在76岁时提起的：

> 太宗有马名师子骢，肥逸无能调驭者。朕为宫女侍侧，言于太宗曰："妾能制之，然须三物，一铁鞭，二铁挝，三匕首。铁鞭击之不服，则以挝挝其首，又不服，则以匕首断其喉。"太宗壮朕之志。（《资治通鉴》）

这女人，太厉害了，简直就是赳赳武夫。虽然太宗当时鼓励了武则天，但他对这种男性化的女人，怕是不会太感兴趣。

史料表明，太宗没被武则天迷倒。宫中日月长，武则天在宫里所做的，无非是些具体宫务，蹉跎了十一年。

而迷倒太宗的，另有其人。与武则天同时进宫的，还有一个才人叫徐惠。徐惠生于书香之家，4岁时始诵《论语》《毛诗》，8岁能作文，辞意清通，文名扬于京中，被太宗知道了，于是亲自点名召进宫。

这个徐惠的气质与思想，才是投了太宗所好。原来，自长孙皇后死后，太宗就开始有些颓废，耽于享乐，对女色兴致也高。徐惠曾为此上疏劝谏，言辞间有长孙皇后之风，太宗大为欣赏，遂把她提拔为九嫔之一，算是正式的老婆之一了。太宗死后，徐惠哀思成疾，拒绝医治，情愿早死，好与太宗"死同穴"。结果在24岁时就死了，被追赠为贤妃。

徐惠小武则天两岁，酷爱读书，入宫后也手不释卷，是个典型的知识女性。看来太宗还是比较倾心于这类风雅的女人，不看好武则天那种大咧咧的驯马者。

但从另一方面说，武则天在宫中也不算虚度。因为才人在宫中，要跟众妃嫔一起学习礼乐诗书，还要掌宴会、养蚕、休寝等职司。经过这一番锻炼，让她大大长了见识，提高了素质，熟悉了宫中大小事务——这在以后，都用得着啊！

还有更重要的一点，就是武则天在这十一年里，耳闻目睹，积累了大量政治经验。首先，她的身份，是唐太宗的贴身秘书，用高素质一点儿的说法是"亲炙教诲"。唐太宗处理政务的那两把刷子，叫谋略也好，叫驭下术也好，她是有所了解的。这叫学好帝王术，留给自己用。

再有就是置身于妃嫔群中，亲历了具体的明争暗斗，使她在实践中懂得如何韬海、如何进退，将来技压群芳的路数也让她琢磨得差不多了。

总之，十一年的磨炼与寂寞，将她从纯真变为老练，为她成为一个深藏不露的女政治家打下基础。这一只暂时还灰不秃噜的凤凰，正准备着找机会一飞冲天了！

后世有关这一时期的她，还有一段传闻：贞观二十二年（648），太白星多次昼现，太史按惯例进行占卜，结果为"女主昌"之象。恰在此时，民间也流传着一本《秘记》，内有"唐三世之后，女主武王代有天下"之语。据说，唐太宗为此很不安，将信将疑。

一日，太宗在宫中与武将们宴饮，兴之所至，君臣玩起了饮酒行令。这日玩的是报乳名，自然是十分好笑。轮到左武卫将军、武连县公李君羡（武安县人）报名字，他报出自己小名叫"五娘"！

太宗心内大惊，但佯笑道："何来女子，如此勇健！"把惊惶掩饰过去了。

宴罢，太宗琢磨这事，吓出一身冷汗——这个家伙，官称、封邑、籍贯中都有"武"字，小名又是个女人名，且与"武"同音，这不是"女主武王"是什么？于是他果断下令，将李君羡贬至华州当刺史，才到任没几天，又借故把他给杀了。

除去李君羡后，太宗还不大放心，问太史令李淳风："《秘记》所云，信有之乎？"

李淳风答曰："臣观天象，其人已在宫中，为亲属，今年不过三十。当王天下，杀唐子孙殆尽，其兆即成矣！"

太宗慌了，忙问："疑似者尽杀之，何如？"

李淳风不赞成，说："王者是杀不死的，现在杀，不过是杀了些无辜而已。况且再过三十年，其人已老，或许有了些慈悲心，会给你留下几根苗苗。若你今天将此人杀了，天还会生出个少壮的来，将你子孙杀光，那就不值了。"

唐太宗心知天命难违，只得作罢，但此后防范甚严。或许武则天不被宠爱，也与此有关？

不过，这又是小说家言。根据有三：一是"太白昼见，女主昌"是谶书里早已有的，不为武则天专设。且民间怎敢有《秘记》这样肆无忌惮议论皇家安危的出版物？二是太宗死前的遗诏中，只字未提此事，别的正式文件也无记载。三是后来武则天要当皇后时，曾遭到长孙无忌等老臣的激烈反对，但他们并无一人言及此事。这样好的攻击武器，没道理弃之不用，说明它就是没有。因此可以判断，这又是后人编造的，权当听个乐儿吧。

李君羡被除掉是事实，但天知道是什么原因。太宗后期，心胸远不及早年那么开阔了，因为细故杀大臣的事，时有发生。后世的附会，尽管再有鼻子有眼儿，也掩盖不了明君政治背后的阴影。

第三章

梅开二度

第一节　尼姑庵的日子如何熬出头

贞观二十三年（649），这种平淡无奇的日子终于熬到了头。可是熬到头并不等于熬出头，武则天的命运不料想又陡然下降一大格。

事情的起因是，太宗的身体一天比一天差，快要不行了。

太宗早年就患有"气疾"（呼吸系统的毛病），贞观二十一年（647）二月间，又因中风而加重。好不容易好转，这年三月又复发，竟严重到不能办公了，让太子李治听政。四月，到专门用于疗养的终南山翠微宫养病。在这里又染上了痢疾，需各妃嫔轮番入侍。

太子下朝后，也必来端茶煎药。到最后昼夜不离太宗之侧，有时数日不食，急得连白头发都生出来了。

不管怎么努力，人命终抗不过天命。铁打的"马上天子"，晚年意志消沉，又迷信丹药，一病，身子骨马上垮掉。挺到五月二十几日，他也知道自己不行了，叫长孙无忌、褚遂良来托付后事，写好了遗诏。二十六日，一代英主喘出最后一口气。

太宗于29岁登极，享国二十三年，死时才52岁，也算是英年而逝了。所以，历来有人说他的死因是医疗官为尊者讳，其实是服了印度僧人那罗迩娑婆的丹药暴卒的；也有人说是征高丽时在安市城下中了箭，箭伤发作而死。据我看，服丹药求长生而缩了寿是可能的，中箭说则太过离奇了。

几天后，太子李治即位，是为高宗皇帝。

高宗是个大孝子，为了给父亲追福，他决定让太宗的妃嫔们剃度出家——都念经去吧，好让老爸的灵魂安宁。

如此，武则天这一大帮寡妇，就都去了感业寺当尼姑。这个转折，还不如原来被冷落呢！青灯黄卷，远离荣华，到死，只能留下一个不载姓名的墓碑"大唐故亡尼七品大戒"而已。

那可就真就成了恒河沙，在滔滔的年代流逝中，连个响动都没有了。

武则天的命，真有这么苦吗？

关于感业寺在长安城的位置，说法有好几种，到宋代就已经不可考了。有一种流行说法是，感业寺就是崇德坊的灵宝寺。但是雷家骥先生认为，感业寺应该就在禁苑之内，离大内宫城并不远，是皇家专用的尼寺。那样的话，出家在这里，精神上虽然寂寞，生活上的落差还不至于太大。

武则天从小受母亲影响，对佛教颇感兴趣，一度还穿过尼姑衣服，在这样一个氛围里，还不至于有太大的不适应。问题的关键在于，既然来了，又怎么走出去？

北朝以来的惯例，先帝的妃嫔，有子女的，可以去依附子女；没有子女的，需终身为尼或当女道士。至于改嫁，那是绝无可能了。

如此一来，武则天的上进之路，不就走到头了吗？

钟磬香烟中，她一方面反思宫内生涯的得失，另一方面考虑得最多的大概就是这个问题。

实际上，她的路，没有绝，反而有了豁然开朗的可能。

说来难以置信，机会已经是有了，就看能不能抓住。一个人，欲望有多大，成功的概率也就有多大吧。在宫内处于边缘位置的武才人，其实早就有往中心挪一挪的图谋了。唐太宗不欣赏她，她也没有非分之想——谁来拯救她呢？

这人就是，太子李治！

武媚娘在伺候病榻上的太宗的时候，就媚倒了前来陪床的李治。

李治，小字雉奴，是长孙皇后生的三个儿子之一。他生性懦弱，排行最末，原封为晋王。太子原本是轮不上他当的。他是在贞观中期激烈的夺嗣之争中，拣了一个大便宜，才坐上这位置的。

按照礼法中的"立长立嫡"原则，大哥李承乾早在武德九年（626）十月就当了太子，那时李治还没出生呢。

承乾少时聪明，很得太宗喜爱。在贞观之初太宗就有意把他培养成合格的接班人。太宗凡是有事外出，都会令太子承乾监国，就为了好好锻炼锻炼他。

但承乾的器局还是不够，地位一稳，年纪一长，就开始放纵自己，而且搞两面派。"每临朝视事，必言忠孝之道，退朝后便与群小褒狎"，渐渐地，不走正路了。

东宫的一帮辅导老师，都是像孔颖达、于志宁、张玄素这样的大儒，他们看不过去，屡有劝谏。太子承乾当面悔过，暗地里却企图坑害这些老师。

可是，老是像这么"打左灯，向右转"，能瞒得了几时？太宗终于还是知道了这些事，大为不悦。

这就给魏王李泰提供了机会。李泰比他大哥强得多，有心计，富文采，这时候就图谋"立贤"，使出手段离间太宗与承乾的关系，一心想博得父亲宠爱。他礼贤下士，对父亲也毕恭毕敬。

太宗在对比之下，当然对李泰就更好一些，专门给魏王府设置了文学馆，让他和众多学者交往。李泰不负父亲的厚望，果然组织一批人写成了《括地志》一书，共五百五十卷。这是一部规模宏大的地理书，开创了汉代以来一种新的地理书体裁。

承乾心知李泰有夺嫡的图谋，不好好考虑该如何应对，却越发胡闹起来。他令近百名家人学突厥语、穿突厥衣、跳突厥舞。又让他们按照突厥习俗在东宫院里设帐而居，派他们去盗窃民间牛羊，宰了以后胡吃海喝。他本人也与手下人同乐，扮成突厥可汗的样子，假装倒地死去，让众人围着他跳舞。而后，突然一跃而起，吓人一跳。

这完全就是疯了。他居然还扬言："我作天子，当肆吾欲（要随心所欲）。有谏者，我杀之。杀五百人，岂不定？"（《新唐书》）这也不知是谁教给他的，天下要是这么容易就能搞定，皇帝这职业也未免太轻松了。

魏王李泰见此，夺嫡之志愈坚，把驸马都尉柴令武、房遗爱等人网罗至门下，广交朝中大臣，看上去是志在必得了。

那么承乾作何想？——老爸就是夺嫡抢到了皇位的，大伯死得不明不白，难道现在又要上演"新玄武门之变"？

他大起恐慌，索性派人去暗杀魏王李泰，不成。就派人假称是魏王门客，到玄武门上书，捏造魏王种种不法事。

太宗很感惊异，派人去查，发现全是扯淡！于是对承乾的态度就更不好了。

承乾见奈何不了李泰，便迁怒于老爸，纠合了一帮对太宗不满的人，如太宗庶弟汉王李元昌、大将侯君集等，图谋造反。同谋者以刀割臂，以帛拭血，誓同生死，要带兵杀进太极宫。

太宗这时候倒是看得长远，不愿意两子争嗣而引起政局动荡。贞观十六年（642）六月，特发布文告，追认哥哥李建成的太子称号，通过这个，多少对玄武门之变有所追悔，向世人传递了不拟换太子的信息。贞观十七年（643）正月，魏徵去世，太宗又借此机会表态，说要力保太子。

但他的计划被一场意外打乱。三个月后，也就是四月里，太宗第五子齐王李祐谋反。

承乾在此时本应该格外小心，但他竟口无遮拦，说了句笑话："齐王亦欲反？何不与我连谋？我宫西墙至大内不过二十步，即时可至，比齐王近多了！"

不想承乾的部下也有参与齐王谋反的，在齐王事败之后被逮，供出了太子谋反的意图。

太宗得报后，感到非同小可，立刻指派老臣长孙无忌、房玄龄会同刑部追查。一查，查出太子承乾确有谋反迹象。这还了得！震怒之下，太宗将承乾贬为庶人，汉王李元昌、侯君集等统统杀掉。

李泰见哥哥自己败了，大喜，对父亲就更加殷勤。按例，他"依次当立"，做太子应该没什么问题。太宗在承乾案暴露后，也答应过要立李泰为太子。但是，长孙无忌不同意，他提出：晋王李治才是合适的人选。谏议大夫褚遂良也附和这个提议。

这一片大好江山，交给一个懦弱的人，能行吗？乍听起来，这是个傻主意。也许是长孙无忌不愿有一个强势的嗣君吧，他想到的是太宗一旦去世之后自己的地位。

但是，太宗却认为这也有道理。道理在哪儿？那就是李泰也靠不住。承乾虽然栽了，却一万个不服，曾当面向父皇申辩："臣贵为太子，更复何求？"他说他是被李泰给逼的，为了谋自安之道而被人蛊惑。现在要是立李泰为太子，父皇就正好着了李泰的道。

太宗认可了这个说法，对侍臣说："我若立李泰为太子，那便成了储君之位人人可求而得之。这哪里使得？"

而李泰就怕父亲这时候犹豫，他知道太宗也是很爱李治的，就故意撒娇，扑到太宗怀里说："臣今日才真正成为陛下爱子，有如再生之日。臣只有一子，臣死之日，为不辜负陛下爱晋王之心，要杀子传位给晋王。"太宗很受感动，一下子又倾向于李泰了。他对侍臣说，李泰如此大仁大义，真不忍再另立别人为储君了。

褚遂良当即提出质疑："陛下万岁后，魏王继位，怎肯杀爱子传位给晋王？陛下先既立承乾为太子，又恩宠魏王，以致兄弟争位，酿成大祸。若陛下定要立魏王为储君，请先把晋王安置好，方可保全。"

这话击中了太宗的软肋。太宗听罢，潸然泪下，说道："我不能这样做呀！"随后起身，蹒跚入内。

李泰听到风声，怕太宗真的会立李治，就跑去威胁李治："你素与汉王元昌友善，元昌今败，你得无忧乎？"他这是要击垮李治的意志，警告李治不要在这个时候搅局。

李治是个胆小的人，经这一吓，果然忧心忡忡。太宗见他一副朝不保夕的样子，很纳闷，问了好几次。李治被追问不过，只好照实说了。太宗立刻明白了症结所在：若立李泰，自己一旦离世，承乾、李治就都没有活路。而立了李治，承乾和李泰却都能平安。

可是李治，他行吗？

英雄暮年，真是诸事不顺啊！太宗这个盖世君王，被立储问题搅得左右为难。

大臣们也分为拥魏王和拥晋王两派，争论不休。太宗经过激烈的内心冲突，终于做出决定。他知道，要立李治，就要斩钉截铁，于是想好了一场政治秀。

一天罢朝，太宗叫长孙无忌、房玄龄、李勣、褚遂良留下议事。长孙无忌猜到事情就要揭开盖子了，便示意晋王李治也留下。众人洗耳恭听，只听得太宗说了一句："朕弟元昌与子承乾，不忠不孝，实为寒心！"说罢，就一头栽倒在御座上。

众人大惊失色，忙将皇帝扶起。太宗却又嗖地拔出配刀，做欲自刎状。

褚遂良知道太宗这是要有非常之举了，便手疾眼快，夺下刀，交给一旁的李治。

众人不胜惶恐，都问："陛下要干什么嘛！"

太宗这才缓过一口气来，说："我欲立晋王！"

长孙无忌心领神会，便大声道："谨奉诏，有异议者，臣请斩之！"

如此操演一番，众臣也就知道，太宗是铁了心了，遂不再有二话。那位眼看就要成功了的李泰，立马就被降为郡王，后又被贬到了均州（今湖北丹江口）。

不过，李治当太子，也有他的问题，就是太软弱。太宗便为他配备了一个强有力的东宫班子，让元老们帮助他，硬扶也要扶起来。同时又编写了一本《帝范》，将自己总结的十二项治国经验统统传授给他。

正是这一安排，为唐朝政局后来戏剧性的变化埋下了伏笔。太宗智者千虑，但就是没想到，这个软弱儿子在自己的眼皮底下，没能抗住自己"小老婆"的诱惑。

江山易打，人心难测！英雄又能怎样？

唯一能使他感到安慰的是，新太子李治好歹是个本分小子，尽忠尽孝是不成问题的。

自贞观二十一年（647）太宗患病以来，李治开始听政，政治上的才干长进了多少不说，只要一下朝就守候在太宗左右，这个痴劲儿，其他儿子做不到。太宗有时心疼他，让他去花园里玩玩，他也不去。小子，太憨了！太宗心有所动，让人在自己的寝宫旁边专设了一所"别院"，让李治住，省得来回跑太辛苦。

想不到这一来，李治就与同在这里入侍的武则天擦出了感情火花。这种事，始于何时，如何触发，是当事人之间的秘密，不可能史有明载。《唐会要》中仅仅是说："时上（李治）在东宫，因入侍，悦之。"大部分史书，都本此说，另有说法的，我们等会儿再来分辩。

李治时年22岁，比武则天小4岁，且这时已有了太子妃王氏，但他却挡不住武媚娘的"美容止"（《旧唐书·本纪·则天皇后》），乖乖做了俘虏。当然，也可能是双方早有好感，只不过今日才有机会罢了。

两人好到了什么程度？不详。有现代史家说那是一段"激情岁月"，但无确证，恐怕早已超越了"发乎情止乎礼"的阶段。

关于武才人究竟是如何投入了太子的怀抱，史上也有另外的说法。《新唐书·本纪·则天皇后　中宗》说，在武则天为尼后，"高宗幸感业寺，见而悦之，复召入宫"。这个说法，要礼貌一些。把"悦之"的时间大大延后了。父亲死了，儿子看上"小妈"，娶回了家，也不算太违背伦常。而且同一书里还有一个更冠冕堂皇的说法，说是"武才人贞观末以先帝宫人召为昭仪"，这是说，高宗李治后来把太宗的宫女封为自己的高级妃嫔了。武则天在贞观时代的身份，在这里被大大降了等。

这两个另类说法，都是为了掩饰一件事，那就是武则天实际是李治的庶母，差着辈呢！且"悦之"是在先帝未瞑目之时，那就更不好说出口。唐初，皇族于男女伦理之大防，沿袭了北朝，并不那么严格。但这样的事情还是属于不可忍的。

至于高宗自己后来讲，在伺候老爸时，他在"嫔嫱之间，未尝近目"，也就是在那帮美丽的年轻妈妈们当中目不斜视，引起太宗叹赏，就把武氏赐给了他。这个说法，就更是欲盖弥彰了。

那么，武则天是不是出于功利目的主动去勾引太子呢？"勾引"不排除，功利目的却不一定。因为从先帝妃嫔到嗣君的老婆，这中间真有万水千山要跨过！武则天那时候有什么把握？且究竟是不是她主动的，都很难说。

　　武则天在性格上与唐太宗不是佳配，与李治却是一对儿上佳的伴侣。武则天要强、善谋断，李治内向、怯懦，这种互补是他们俩一见钟情的前提。而且，今人已有怀疑李治是否有"恋母情结"的了，我看可能有，否则"姐弟恋"不可能在那种特殊时期、特殊环境里发生。

　　但是，这一段恋情，仅仅是曾经的火花。能否把感业寺的漫漫长夜照亮，还要等待机会才行。

　　武则天这时，望眼欲穿！

　　"彼狡童兮，不与我言兮！"——他是不是把我给忘了？

第二节　感业寺的上空曙光初露

　　武则天和李治的这一段不伦之恋，在骆宾王《为徐敬业讨武曌檄》里被说成是"秽乱春宫"。骆诗人好文采，写的这文章流芳百代，把"作风不好"的帽子永世给武则天扣上了。这自是当时的道德标准。而以现代眼光看，武则天与唐太宗年龄上是两辈人，与李治才是同龄人，宫廷政治婚姻本身就是畸形关系，跟老的不来电跟少的来电，也无可非议吧！

　　我相信武则天在爱李治这一问题上是真诚的。女人，内心毕竟有柔弱处，她需要有个依托。感业寺平淡的日子里，武则天的心头却有很多波澜。

　　《全唐诗》里收入她名下的，有一首乐府诗《如意娘》，写得情真意切，不似他人代笔，应该就是在这时所作：

　　　　　　看朱成碧思纷纷，憔悴支离为忆君。
　　　　　　不信比来长下泪，开箱验取石榴裙。

　　春去也，情仍在！思恋之火，不甘燃尽。没理由说这不是爱情，要知道，武则天这时还不是权倾天下的人物，不是政坛上呼风唤雨的主宰者，她就是一个弱女子，她需要情感！可是她和李治现在连相见都难了，各自被身份束缚住，要想墙头马上的学才子佳人，岂可得乎？

在苦等中消磨了一年之后，命运终于有了转机。太宗一周年忌日，高宗要来感业寺行香，举行隆重的祭典。

这是个令她欢喜欲狂的日子！

五月二十六日，典礼完毕之后，一切顺理成章，高宗果然得以与武则天相见。

——昨日何年，今夕何夕啊？

一见之下，武则天泪流满面，惹得高宗也跟着哭。

这一哭，星星之火也就燎了原。二人旧情复燃，高宗李治回去后就开始琢磨，怎么能把武则天接进宫去。

武则天那边，当然甚感慰藉，总算有个盼头了。但是再度进宫，谈何容易？她仍有掠不去的忧虑。

这一段时间，也是两人的蜜月期。高宗在此后就完全把武则天视为妃嫔，有机会就悄悄来幽会。

也可能是精诚所至吧，历史这时候忽然奇特地为他们的靠拢敞开了一扇门。一些小小的个人私欲，改变了武则天的命运，也改变了大唐帝国今后的命运。

机会来得要比料想的快得多！

这个转机，就是高宗后院起火了。在他的后宫，王皇后与萧淑妃打得不可开交。王皇后在争宠中处于劣势，就想了个"借兵"之计。她要借的兵，就是高宗在感业寺的地下情人——武媚娘。

这个皇后王氏，出身高门，可以说是唐朝高层圈子内的成员之一。她是西魏大将王思政的玄孙女，不过到了父亲这儿，身份略低，仅仅是个县令。李治还在当晋王时，王氏就由高祖的妹妹同安长公主推荐，成了晋王妃。这个同安长公主，是王氏祖母一辈的亲戚。以后李治做了太子、皇帝，王氏的身份也就跟着升级。

王皇后有姿色，为人也甚得太宗的赞许。太宗临终前，曾拉着李治两口子的手，对顾命大臣褚遂良说："朕佳儿佳媳，今以付卿。"可见她政治地位不低。长孙无忌及褚遂良等重臣，与她关系密切，他们都是关陇集团这一伙的。

可是政治地位牢靠又有美色，不等于就能得宠。高宗偏就不喜欢父亲给安排的这个正宫。他喜欢的是萧淑妃。

　　这萧淑妃又是个什么来头？那也是很厉害的。她是来自江南的侨姓，是后梁皇族的后裔，属于在文学史上很有名的昭明太子的一支。这一支在隋朝还曾出了个炀帝的萧皇后，大唐开国，又出了个宰相萧瑀。这个身世，够显赫的，起码与王皇后旗鼓相当。萧淑妃早在东宫时，就被选为"良娣"（太子嫔御之一）。她貌美善辩，深得高宗青睐。

　　王皇后在争宠上压不过对手，感觉自己地位受到了威胁。更要命的是，自己连儿子也生不出一个，名义上的长子燕王李忠，并不是她亲生的。而对手萧淑妃，则给高宗生了一子两女。

　　这两个女人的争斗，渐渐进入白热化，还牵扯进了朝中的各派势力。高宗对这个，很感不耐烦。

　　王皇后于心不甘，与她有密切关联的关陇大佬们也于心不甘。一场既得利益保卫战，就以女人争宠的特殊方式展开了。

　　首先，长孙无忌等大臣经过密议，决定请立皇长子燕王李忠（后宫刘氏所生，其母地位卑微）为太子，以堵塞萧淑妃将来可能谋立自己儿子的路径。

　　这确实是釜底抽薪的一招。诸大臣联合上奏后，构成了强大的舆论压力。皇后无子，无嫡则立长，这没什么可说的，高宗只得同意。

　　但是，现在的问题根本不在这儿。即便立了长，萧淑妃依旧猖獗，高宗也毫无回心转意的迹象。王皇后尽管百方诋毁，高宗连听也不要听。

　　这个王皇后，血统虽高贵，心性却差了点儿，她沉不住气了，想出一个空前绝后的馊招——搬出武则天来！

　　高宗偷偷溜去感业寺与武则天幽会，这在小范围内已经不是秘密。因为这事不涉及后妃们的实际利益，所以无人追究。王皇后也知道高宗对武则天有旧情、剪不断，于是决定把武则天引进宫来，以遏制萧淑妃的势力。

　　王皇帝后想得挺简单，她认为：武则天才貌皆备，高宗义情不能舍，这些条件与萧淑妃不相上下。引入武则天，必然能压倒萧淑妃的气焰。而武则天，毕竟名分上不够正大光明，所以将来即便得势，也不能怎么样。况且这"引进"的恩情，她总要感激吧。让武、萧去互斗，自己退到一旁，坐收渔人之利即可。

　　她对武、萧二人力量的对比分析得不差；但就是忘了，人有可能忘恩负义，那不是凭一个道义上的"不该"就能止得住的。

她这是开门揖盗啊！

王皇后是被萧淑妃气昏了头，只要看到对手倒霉，别的就不大深想。她的那些亲信大臣，似乎也没把武则天放在眼里。

一个千载难逢的机会，就对武则天露出微笑了。

王皇后想到就做，密令武则天悄悄蓄留长发，而后，大约在永徽二年（651）七月，王皇后向高宗提建议：陛下干脆把武媚娘召进宫来，何必偷偷摸摸的！

谁不想呢，但是我有苦衷啊——高宗想要自己来打破这个伦理壁垒，怕是还缺乏勇气。王皇后提出这个建议，正中他下怀。

高宗喜不自禁，便顺水推舟，允了。

武则天于是得以"二次入宫"。这次入宫，初时她并无名分，仅仅就是一个低级女官或是一般宫女，并不在一百二十一名妃嫔的编制之内。

那且不管它！出了感业寺，再入大内，这往后就是顺风顺水了。面包会有的，名分也早晚会有的。

伤春的诗，无须再作了。天清地爽，就连石榴裙上的旧泪痕，现在看起来也是透着喜气。

第四章

入主后宫

第一节　由联盟翻为死敌

永徽二年、三年间，在武则天的记忆中，应该是一段鼓舞欢欣的岁月，一切好得超过想象。她入宫后不久，就怀了孕；第二年，也就是永徽三年（652）七月以后，给高宗生了一个大胖小子！这就是李弘，后被册封为代王。

这为她的身价添了一个极为重要的砝码！

武则天不是个浅薄的人，她此次跨进这个门槛，便把驯马师的狂劲儿收了起来，每走一步，都眼观四路。其间，她充分意识到王皇后背后势力的强大——有王皇后的舅父、中书令柳奭，有太尉长孙无忌，有尚书左仆射于志宁、右仆射褚遂良，有侍中韩瑗。这是三省长官和顾命大臣的联合体。在当朝宰相中，除李勣之外的所有人也几乎都是王皇后的拥护者。

他们死守着一个地盘，紧紧护卫着王皇后与太子李忠的地位。

武则天被王皇后"偷运"进宫，她自己很清楚这不过是被人利用，是被当成拆萧淑妃台的过河卒子。这种身份其实很尴尬，但武则天并不以为屈辱，她之所图，不在这一时，对势力强大的王皇后，必先顺从之。史载，她"下辞降体事后，后喜，数誉于帝，故进为昭仪皇"（《新唐书·本纪·则天皇后　中宗》）

王皇后不疑有他，只知道这个盟友选得好，识大体，懂礼貌。于是在永徽二年、三年间，在不断美言之后，索性向高宗建议，立武则天为正式的妃嫔——昭仪。

高宗哪有不允之意？武则天一入宫，就连萧淑妃也开始黯然失色。

天平已严重倾斜了，王皇后竟浑然不觉！

人际争斗，宛如棋局。人人都自认为高人一筹，都想当那个最后完胜的"渔翁"或者"黄雀"。可是，想归想，实际上如何，就要拼智商了。

武则天被封为昭仪，正二品，是九嫔之首，仅次于妃了。这是她命运上的一次"破冰"，以往她所担忧的伦理、礼法、舆论上的障碍，都由于这个封号而全部被粉碎。

——正是"关山度若飞"啊！

因她目前还是王皇后的"盟友"，所以关陇大佬们可能也乐得促其成。否则，如果这些大佬们筑起障碍，武则天就是身有双翼，也难以飞过。

名分一正，一切都不同了。

武则天心里清楚：她有两个对手，两人有优势也有劣势。萧淑妃聪明活泼，高宗愿意跟她玩，但不可以寄心语。王皇后势力盘根错节，但作为女人魅力上差点儿，且她背后的那些顾命大佬也压得新皇帝不大开心。

武则天独有的媚，则是媚到了高宗的心里去。骆宾王的千古佳句"狐媚偏能惑主"，说的就是这个。为何独有她"偏能"？是因为她抓住了老公的内心需要。

史书上说她"未几大幸"，也就是轻而易举达到了"专宠"。据说，封昭仪之前，她因为没有名分，是住在王皇后那里。高宗要见武则天的话，得天天往正宫跑，萧淑妃也就被冷落了。但是一旦封了昭仪，她就有资格别居了，搬出了正宫。

她一走，高宗也就再不来正宫了。王皇后脸上刚刚绽开的胜利笑容，不由得凝住了！她明白，这是"前门拒狼，后门引虎"啊！天大的一个败招。

这也就是《新唐书·本纪·则天皇后　中宗》上说的"一旦顾幸在萧右，寝与后不协"。王皇后、武昭仪二人的争宠马上就成了主要矛盾。

其实王皇后这人，为人并不坏，性格比较直率。史书上说"后性简重，不曲事上下"，就是对上对下都不刻意亲近。这样的皇后，必令宫人敬畏。而武则天则大搞统一战线，"伺后所薄，必款结之，得赐予，尽以分遗"——我把你疏远的人全打点好，给我做内线。这样一来，后与妃一举一动，皆在武则天的掌握中。

这两个人一有什么违规的地方，她立刻报告给高宗，无有不中。

王皇后这才惊觉，"黄雀"原来在这里！萧淑妃也大为不安，于是两人捐弃前嫌，"协心谋之，递相谮毁"。昔日的情敌开始联手了，向新的情敌开战。

但是两人的步调不够协调，只是各说各的，武则天的小报告又无比的精确，因此"帝终不纳后言，而昭仪宠遇日厚"（《旧唐书·列传·后妃上·高宗废后王氏》）。

而更可怕的是，现在对武则天来说，已经不是你们要搞死我的问题了——而是正好相反！

　　就在这个僵持阶段，发生了一件骇人听闻的事。永徽四年（653），武则天生了一个女儿，很得高宗的喜爱，视为掌上明珠。王皇后没有子女，出于身份的要求，也可能出于母性的本能，对这个女孩也很感兴趣，偶尔会去看顾一下。

　　据《新唐书·本纪·则天皇后　中宗》记载，永徽五年（654）初春的一天，王皇后又去武则天处，对这小女孩"顾弄"了一番，无非是逗着玩玩。此举乃人之常情，却被武昭仪阴险地加以利用。等王皇后一走，"昭仪潜毙儿衾下"，也就是，偷偷掐死了被子底下的孩子。等到高宗来了，武昭仪假作笑语欢言，待掀开被子一看，孩子已经死了！

　　高宗惊问左右的宫人，都说："皇后刚来过。"武昭仪顿时大放悲声，高宗哪里猜得出其中猫腻，大怒道："皇后杀我女儿！以往与淑妃交相诋毁昭仪，现在又干出这等事！"

　　由此，武则天陷害王皇后的阴谋得逞，皇后"无以自解"——说不清楚了。高宗便愈加信任武则天，开始有废掉皇后之意。

　　这段记载在《新唐书》上的事件，绘声绘色，不亚于话本小说。今天有一些武则天的传记也把此事作为确凿的事情来讲。但是，这么大的一件事，成书距离唐朝更近的《旧唐书》却不载，所以有今人怀疑是修《新唐书》的宋人编出来的。这个怀疑，自有其道理。因为撰写《新唐书》的欧阳修、宋祁，对武则天不大买账，说她是"弑君篡国之主"，而且申明之所以在"本纪"中专列"则天皇后"一章，目的是为"著其大恶"。

　　但是早在唐德宗时，苏弁、苏冕兄弟辑唐初至德宗时事编成的《唐会要》，就记载了这件事，可见欧阳修并不是无中生有。《唐会要》说："昭仪所生女暴卒，又奏王皇后杀之。"只不过"暴卒"原因不明，武则天赖到王皇后身上去了。

　　武则天诬陷王皇后杀女的事，或许有，但"亲手杀女"未必成立。欧阳修老先生太有才了，在原素材上略加点染也未可知。

　　这件事情引起的连锁反应相当之大。关于皇后的废立，从此就摆上了高宗的案头。

第二节　废后暗流遭到顽强抵制

高宗登位之初的年号"永徽"，据说在古汉语里有永远美好之意。但是这层意思，在武则天那里也许是有，而在王皇后那里就是讽刺了。

高宗起了废后之念，宫中的气氛就大不一样了，稍敏感一点儿的人都能感觉出来。王皇后这下见识了武昭仪的厉害，萧淑妃大不了缠住皇帝不放，而武昭仪则往往主动出击。其不按照牌理出牌的路数，令王皇后晕头转向。

永徽六年（655）的八月间，处于劣势中的王皇后又出昏招。她因"惧不自安"，也就是害怕武则天动摇她的皇后地位，便与母亲魏国夫人柳氏秘商，求巫婆施用"厌胜"之术。

"厌胜"之术，也叫"巫蛊"，是一种以诅咒害人的巫术。这在科学昌明的今天，只是小儿科的迷信手法，但历来在宫中搞政治的却不断有人尝试。民间人家搞争风吃醋的妇女，也爱用此法。具体做法是，用纸人、草人、木偶、泥俑、铜像乃至玉人，作为被施术者的替身，刻写其姓名或生辰八字，或者把被施术者的衣物、毛发乃至指甲，埋入土中或以针钉相刺，巫师再来画符念咒一番。据说被施术者就会有感应，心智昏迷，直至发狂，甚或不明不白地死去。

这不是中原地区的老传统，据说起源于胡人的萨满之术。

历来在宫中搞这个东西，都是大忌，惹出大乱子的例子不少。汉武帝征和元年（前92）爆发的"巫蛊案"，就曾杀掉数万人，逼得太子造反，长安城里血流成河。

王皇后铤而走险，却又搞得事机不密，"事发，帝大怒，断柳氏不许入宫"（《旧唐书·列传·后妃上·高宗废后王氏》）。

老妈因为这事被撵走了，舅舅也跟着倒了霉。在此前一年，宰相之一的柳奭因为外甥女失宠而不自安，请求罢相获得批准，仅任吏部尚书。现在，又丢了尚书的官，给贬到遂州（今四川遂宁市）去任刺史，走到中途，又贬到更远的荣州（今四川荣县）去了。

这事是谁告发的？《旧唐书》里没提。后来司马光等人不相信王皇后能昏到这个程度，便说是武则天诬陷。千年疑案，今天很难搞清楚了。但武则天在其中起了某种作用，是可信的。

出了这样的事，废后问题也就公开化了。后宫的问题成了政治问题。

高宗准备废后的想法，立刻引起两大政治势力的对峙。站在保卫王皇后一边的，是以长孙无忌为核心的贞观元老，他们这一伙，是关陇集团——士族官员的代表。一方面，他们是在忠实执行唐太宗的临终嘱托；另一方面，也是为了维护自己的既得利益。

另一方，阵容没这么整齐，倒像是散兵游勇，但不乏机智之人。其中只有一个有分量的，那就是李𪟝。李𪟝是曹州离狐（今山东东明县）人。他本姓徐，也就是《说唐演义全传》里大名鼎鼎的徐茂公。该人是土豪出身的草头王，隋末投了农民起义的瓦岗军，瓦岗军垮了后，他率部下降唐，受到高祖、太宗两代皇帝的器重，是"凌烟阁二十四名臣"之一。

因这一伙反王皇后派是以李𪟝为头儿，所以有今人称他们为山东集团，代表的是庶族官员。他们最恨长孙无忌的专权，要为自己争利益、争发言权。就拿李𪟝来说，堂堂的开国名将，却因为出身寒微，不得不对长孙无忌退避三舍，只挂了一个空衔，不问政事。他当然有想法。

长孙无忌确实霸道，因为他有那个资格。他出身鲜卑贵族，家族原姓拓跋氏，自幼就和太宗是朋友。在"玄武门之变"中，他力主发难，把太宗推上了帝位。在太宗时期曾一度独揽相权，又是拥立晋王李治为太子的发起人。两代皇帝之所以能当上皇帝，都有他的助力，他能不牛吗？

就在柳奭被罢相之后不久，高宗曾召集朝中五品以上官员开会，感慨道："贞观时，五品以上论事的，终日不绝。今日怎会无事？众卿为何都不说话？"从中可以看出，五年无人敢于上书言事，这些顾命元老是何等专制了！

这个专制，高宗要打破，武则天要打破，李𪟝与其他不是贵族出身的官员也都憋着劲儿要打破！

王皇后这个冤大头，就成了他们的发起攻击的突破口。女人争宠，就这样成了严肃的政治问题。

武则天现在的目标已经很清晰：她要扳倒王皇后，取而代之。这倒不完全是野心越来越大，而是倘不如此，"惧不自安"的就该是她自己了——王皇后开门延敌是她愚蠢；我要是做了东郭先生，那就是我愚蠢了。

她知道，这个问题的彻底解决，不能靠什么女人魅力，而是要靠"政治解决"。

参与政事、物色羽翼，就是她在这一时期不动声色干的两件事。高宗被贞观老臣牵制得太苦，她就鼓励高宗树威。皇帝嘛，就要像个皇帝样！

这是从更深的层次抓住了男人的心。高宗对武则天"亦母亦姊"的依赖感，也就是从这个时候开始的。

此刻，有一个关键人物浮出了水面，为武则天所瞩目。她要图大事，太需要这样的人才了。

郑州刺史许敬宗，上表请求告退。高宗对这份辞职书拿不准主意，就来征求武则天的意见。由此，武则天注意到了这个人。

许敬宗也是士族出身，但他不是关陇一派，而是杭州新城（今浙江富阳市）人。祖上是"南渡衣冠"，世代在南朝做官。许敬宗本人是个好笔杆子，太宗未做皇帝时就久闻其名，把他召为秦王府十八学士之一，与房玄龄、杜如晦、于志宁、虞世南这样的大名人共事。贞观初年，任著作郎，参与了修国史。

在太宗时代，许敬宗还是太子李治的侍从——太子右庶子。在太宗征高丽、李治监国期间，曾经参与过中枢事宜。

他也算个老臣了，与高宗渊源又很深，是个宰相的材料。但是高宗即位后，他受关陇派的排挤，反而地位有所下降，仅仅是礼部尚书，与相位完全无缘。后来又因嫁女给南越部落首领冯盎之子时，收了人家太多的财贿而被弹劾，被贬到了郑州，心灰意懒。

他是高宗的亲信，这个告退的奏章，其实是以退为进，暗示皇帝：是否应该重新起用我啦！

对这个人，武则天主张施以援手。她给高宗提了个建议：将许敬宗调回京，引为左右，但仍然修他的国史，估计朝臣们对此议论就不会太大。

高宗觉得很好，就把许敬宗调了回来，安排得也不太显眼，只是个管理仪仗的官儿，兼管图书和修国史。事情办完，武则天派人跟许敬宗打了个招呼。许敬宗是老官僚，当然明白这是武昭仪在向他要人情。经过考虑，他做了回复，表示可以效忠。

许敬宗走出这一步，就算踏上了武则天的船。后世史家因为他的投靠，对他评价极差，《旧唐书·列传·许敬宗》说他"自掌知国史，记事阿曲"，不是个好史官。

在他的传里，连他儿子许昂与他小老婆私通的事都记录进去了。

武则天此时已不是初入宫廷的天真小姑娘了，她对朝中各派的实力、诉求、优劣都了如指掌。抓住许敬宗这个人后，她觉得可以放心利用，就于永徽四年（653）秘密召见了他。这次密谈，武则天亮出了她的政治诉求，一是争夺后位，二是立自己儿子李弘为太子。

两件事，图谋都甚大。许敬宗毕竟老辣，只是劝武则天勿太心急，目前仍以网罗人才、收罗人心为主，伺机再动。他还特别劝武则天，要多看历代实录，知古而鉴今。

此后不久，房州刺史、驸马都尉房遗爱与妻子高阳公主谋反事发，长孙无忌在处理这件事上的一系列表现，更坚定了武则天要干预朝政的决心。

房遗爱是贞观宰相房玄龄之子，高阳公主是太宗的第十七女。这两人谋反，高阳公主是主谋，房遗爱是个没头脑的纨绔，跟着跑而已。

这高阳公主也是当今文艺题材关注的名人。她生性聪慧，备受太宗宠爱。由太宗做主，嫁给了房遗爱，但高阳公主对这个夫婿不感兴趣，夫妻关系不谐。后来高阳公主与会昌寺僧人、玄奘的高徒辩机有了私情。事发后，太宗大怒，下令将辩机腰斩。连带高阳公主的数十名侍女也全部被处死。后来高宗即位，高阳公主又犯老毛病，找僧人寻欢作乐。其中有三位僧道不安于本分，怂恿高阳公主造反。

事情就这么闹起来了。这夫妻俩联络了另外两个驸马都尉——薛万彻（高祖女儿丹阳公主之夫）、柴令武（太宗女儿巴陵公主之夫），密谋要推翻高宗，另立高宗的叔叔、荆王李元景为帝。

但一帮金枝玉叶，搞不成什么事。事情败露后，高宗命长孙无忌来收拾他们。

不过，这件事也有另外的说法。即所谓"谋反"完全是冤案，是长孙无忌为排除异己搞的一次政治大手术。

事发时，根本就没有什么谋反，只是房家自家的一桩家庭纠纷。此乃房遗爱两口子谋夺哥哥房遗直梁国公的爵位，他们夫妻俩在太宗时期就干过一回，被太宗责骂了一顿，现在又来生事，由高阳公主出面诬告房遗直对她"无礼"，究竟是不尊重还是有非礼行为，不得而知。

高宗对这事情也很头痛，就叫长孙无忌去处理。不知大家是否还记得，当年与太子承乾争位的魏王李泰，也曾有一批支持者，房遗爱就是其中之一。长孙无忌没忘记这个旧账，加之对高阳公主的胡闹也十分厌恶，于是在审案子的时候朝向了另一个方向，审出了公主借僧人的占卜之术来揣测宫中的人事变动。

这个行为虽属不法，但还远够不上谋反之罪。长孙无忌却不管那个，立马坐实两人谋反。而且，李泰已经贬死，长孙无忌深恨当年怂恿李泰夺嫡的一班人，于是索性把案件扩大化，将当年李泰一党统统牵进来，把平日与自己及褚遂良不睦的人也捎带上一同搞死，这就扯出了三驸马拥立荆王李元景谋反案，成为永徽年间震惊朝野的第一大案。

除了这几个驸马公主外，倒霉的还大有人在，最冤的是太宗第七子、吴王李恪。李恪文武兼备，素孚众望，太宗曾有意立他为太子。这样一个人如果登了大位，那长孙无忌还能有什么戏唱？于是长孙表示激烈反对，太宗也只好作罢。

太宗死后，高宗封了李恪为司空，这是正一品的荣衔，此外还有实授的都督任命，看来是较为信任。长孙无忌看在眼里，害怕李恪得势以后会报复他，就一直在找机会打击李恪。恰好谋反案发生，就干脆一勺烩了吧。

被牵进来的无辜，还有江夏王李道宗等人。

高宗虽然相信有这个谋反案，但毕竟还是心肠软，念及叔叔和兄弟之情，提出能否免李元景、李恪之死。

罗织大狱还能讲这个？长孙无忌当然不肯松口，串通一些人几次上表说："如若谋反不诛，如何惩后？"

此案审到第二年正月，有了结果。高宗拗不过长孙无忌，下诏将三个驸马砍了头，二王二公主也都赐死。

可怜房遗爱，身为太宗当年兵变五大功臣之一房玄龄的儿子，在狱中为求活命，违心地按长孙无忌的暗示，将吴王李恪诬攀进来，却仍是不免一死。

薛万彻至死也不能瞑目，临刑前叹息：未为国而死，却死于房遗爱。

吴王李恪就死之前则大骂："长孙无忌窃弄威权，构害善良，宗社有灵，当族灭不久！"

太宗庶弟江夏王李道宗流放象州（在今广西），病死于途中。

一干人犯的家属，皆流放岭南，为官奴婢。

人头滚滚，哀声遍地。被翦除的这一帮，无不是皇亲国戚，影响巨大。长孙无忌制造的这一冤案，震慑了整个朝廷，他与褚遂良已形成无敌之势力。

威权震主，这其实已经犯了做人臣的大忌。但长孙无忌环视朝中，觉得并无危险，因为没有哪一个人可以对他们构成威胁。

造成这一畸形政局的责任，还在于太宗对身后的安排——强臣弱君。他是可以料到这一点的，但太宗实在是太不放心懦弱的李治了，宁肯把江山交给自己的大舅哥去照应，也不想留下一个各方势力均衡的班子。

但是，长孙无忌忘了一点：就算是再懦弱的人，也有他的尊严，何况是当今皇帝！

长孙无忌搞的这一套，武则天默察于心。她看出了他骨子里的残忍，也学到了他构陷政敌的招数。日后她在处置长孙无忌时，用的就是"其人之道"。后世许多史家都认为，这是长孙无忌株连无辜的报应。

武则天越想越感不寒而栗，于是开始频繁地同高宗议论朝政，为高宗点迷津，鼓励他一定要树起君主的权威来。

就在谋反案审结的同时，高宗方面也开始了平衡各派势力的动作。首先是封李勣为司空，让他与长孙无忌同为"三公"之尊。得到这一荣衔的人，唐朝开国以来寥寥无几，皆为皇帝最信任的人，这就是一个明白的信号。

第二年，也就是永徽五年（654）三月，又追赠已故武士彟等13人的官职，以示恩宠。而长孙无忌方面却一直陶醉在胜利之中，没大留神就同意了这个举措，稍后才发现不对。追赠武士彟与王皇后失宠，原来是有连带关系的！柳奭就是在这个时候感觉到大事不好，便自请罢相以求自保的。

高宗与武则天在这一时期配合得相当默契。高宗已然铁了心要废王皇后，把武昭仪扶上去。追赠武士彟只不过是第一步。紧接着，他们就考虑：由昭仪而皇后，中间还差了一格，不十分便当。于是高宗就提出，在"四妃"之外，再封武则天为"宸妃"。

唐有制度，四妃为贵、淑、德、贤，本无宸妃名号。四妃位置已满，再加一个编外的，显然是权宜之计。

但是这一提议，遭到门下、中书两省首长——侍中韩瑗、中书令来济的反对，他们以为"妃嫔有数，今立别号，不可"（《新唐书·本纪·则天皇后 中宗》），不要因此乱了大唐的规矩。

反对的人很有地位，反对的理由也很有力。高宗不能霸王硬上弓，只好放弃了。

谋封宸妃无果，高宗和武则天也没了办法，想想，干脆直截了当去向长孙无忌行贿说情。这大概是中国历史上罕见的皇帝向大臣行贿的案例之一。

高宗与武则天乘坐便辇，专程来到崇德坊长孙府。长孙一见，连忙置酒招待，双方畅饮尽欢。席间，在武则天的提议下，高宗又当场封了长孙宠姬生的三个幼子为朝散大夫。这是个散官衔，没有实职，是从五品。一般唐代授予散官衔，起封点都很低，就是国公的儿子荫封也仅能从正六品封起。这三个黄口小儿一下就当了从五品的官，显然是高宗刻意笼络。就连封官的对象也都别有深意——我特别给你的小老婆面子。

然后，高宗不经意地在酒席间提起："皇后无子，又无后德，何如？"

长孙无忌收了礼，也谢了封荫之恩，但就是避而不答。一场假惺惺的感情酒席最终不欢而散。

高宗在这以后，又秘密遣使给长孙无忌送去金银、珠宝各一车，绸缎十车，作为贿赂，但仍换不来长孙的一个承诺。

武则天忍住性子，又叫母亲杨氏亲往长孙府，多次请求，长孙无忌还是坚不吐口。

这一来，高宗和武则天面子挂不住了！这个顽固的石头，不搬掉看来是真的不行了。

然而，就在此时，又有一个关键人物浮出水面，抖着胆子，把废后立武的事从地下搬到了地上，让局面转眼间柳暗花明！

第三节　皇后废立之争白热化

一个看准时机趁势而起的小人物，掀动了永徽末年的政坛波澜。

他叫李义府，也是一个闻名于当时的好笔杆子。他是瀛州饶阳（今河北饶阳）人，出身寒微，擅长文字。当年有人把他推荐给太宗，太宗要考考他的才学，即令他赋诗，他援笔立成，内有"上林许多树，不借一枝栖"之句。太宗呵呵大笑，曰："吾将全树与汝，岂唯一枝？"

他在贞观重臣刘洎、马周的推荐下，连任监察御史、太子舍人，算是李治一系的旧人马。到了高宗时代，水涨船高，升为中书舍人，成为草拟圣旨的圣手书生。其文名与中书令来济不相上下，时人并称"来李"。

但是他的后台刘洎，在贞观末年遭褚遂良诬陷而被赐死，马周也病死。所以在高宗时期，李义府的官位虽然升了，长孙一派却老压着他，没实权也就没有什么安全感。

李义府为人阴柔，面常带笑，内心却颇狭隘猜忌，人送外号"李猫"。这著名的"李义府之笑"却打动不了阅人多矣的长孙无忌。长孙无忌对他心甚厌之，准备把他贬为壁州刺史。壁州在今天四川的通江县，山高水远，是唐代的"老少边穷"地区了。

这消息被李义府提前获悉，不由得惊慌失措，只好问计于同僚王德俭。

王德俭是许敬宗的外甥，从许敬宗那里多少知道些宫廷内幕，便怂恿李义府道："皇上欲立武昭仪为后，直恐宰相掣肘而已。君何不出面建言，富贵立至！"

哦？这倒是！

就在说话的当夜，李义府代王德俭在中书省值宿，越想越是个好机会。于是说干就干，趁夜将表写好，天一亮就递了上去。他在表中声称：请废王皇后、立武昭仪，以应兆民之心。

高宗见了这表，喜出望外，马上把他唤来面谈，赐给珠宝一斗以资鼓励，原拟贬他职的敕令也作废了。武则天也大悦，派遣密使前去勉励了这个小秘书一番。

两人为什么这么高兴？

因为废后一事，到现在都还只能偷偷摸摸地进行。本想通过暗箱操作，以减轻舆论压力，但长孙无忌又臭又硬，就是不同意。这事情竟然就卡壳了。

李义府是第一个把这事公开挑明的朝官，这表示废后也是有人拥护的。话一旦可以公开说出，局面就会有松动的希望。

为了嘉奖他的首倡之功，不久，高宗就把他提拔为中书省的副职长官——侍郎，正式进入了中枢，由小臣翻为大臣。前几天对于贬窜巴山蜀水的忧虑，一天散尽！

"李猫"的这一声叫，石破天惊，朝中立刻就有响应的，呼啦啦冒出了一大批敢蹚浑水的激进派。

长孙无忌精心构筑了近七年的权威堤坝，出现了第一道裂缝。

有了李义府劝进而升官的榜样，出头"申劝"的人就多了起来，慢慢地聚集起了一批力量，他们是许敬宗、崔义玄、王德俭、侯善业、袁公瑜等。这批人的身份，多为寒族出身的小臣，成了武则天图谋"大业"的第一批功臣。

废后的舆论渐渐公开化，长安县令裴行俭听到，认为是国家之祸端，便与长孙无忌、褚遂良私下议论此事。裴行俭是将门之后，多才且擅草书，当年正值年轻气盛。他们几人的行为被大理寺丞袁公瑜探知，便告诉了武则天之母杨氏。不久，裴行俭就被贬到西州任都督府长史去了。这一脚，可就把他给踹远了——西州在今天的新疆吐鲁番。

武则天，已经开始向不可一世的长孙派挑战了！

永徽六年（655）九月初一，是个可资纪念的日子，高宗和武则天酝酿了许久的摊牌行动，就在这一天退朝之后正式展开。

当天，许敬宗被任命为礼部尚书。这是摊牌行动前的先声夺人之举。

退朝后，高宗传出话来，要在内殿召集部分宰相议事。名单是：太尉长孙无忌、司空李勣、左仆射于志宁、右仆射褚遂良。这里面，没有地位相当的侍中韩瑗、中书令来济和崔敦礼。前两位，就是曾明确反对封武则天为"宸妃"的那两个。

所议何事？退朝后正在门下省政事堂里议事的七大宰相议论纷纷。

首先大家肯定："当是与昭仪事有关。"

有人便提议："长孙太尉当先言之。"意思是说，等会儿在议废立事时，长孙应该先表态。

然而褚遂良不同意，他说："太尉是今上之舅，议事若有不如上意，则使今上有怒舅之名，不可。"

于是有人再提议："英公李勣，上之所重，当先言之。"

褚遂良还是不同意："司空乃国之元勋，若有不如意，使上有责功臣之名，不可。遂良是奉遗诏的顾命之臣，若不尽愚忠，他日何以于地下见先帝？"（《唐会要》）

褚遂良这是想要自己来打先锋。这一决定，注定了他后来的悲剧命运。

众人就这么商定了，要与皇帝死扛到底！唯有李勣不是关陇一伙的，因此没有表态。

等到众人来到御前，高宗见气氛严肃，忽然感到难以启齿，对着长孙无忌凝视良久，才鼓足勇气说："莫大之罪，以绝嗣为重。今皇后无嗣，昭仪有子，今欲立为皇后，卿等以为如何？"

褚遂良早有思想准备，随即朗声道："皇后出自名门，先朝所娶，无愧妇德。先帝病重时，执陛下手以语臣：'我好儿、好新妇今将付卿。'陛下也曾听到，言犹在耳。皇后无过，恐不可废！今不敢违先帝之命。"

这是对高宗的当头一棒，首先搬出先帝来压压你的气势！

高宗要休正妻，多少有点儿理亏，因此底气也确实不大足。随后他提出反驳，说可以根据《唐律疏议》中的"七出"原则来执行。所谓"七出"，是指中国古代丈夫休妻的七种理由，即：不孝顺父母、无子、淫乱、嫉妒、恶疾、口多言、窃盗。这七大原则，早在汉代就有。

但是高宗没有大臣们精通法律。因为《唐律》中还有所谓"三不出"原则，也就是有三种情况丈夫不能出妻。一、妻曾为公婆持三年之丧，不能出；二、娶时男方贫贱，后来富贵，不能出；三、有所娶而无所归（即娘家已无人），不能出。这也是汉代起就有的规矩。

王皇后的情况，起码符合"三不出"的前两条。

褚遂良当即以"三不出"来应对你那个"七出"。

长孙无忌早就有态度，当场虽没发话，但沉默也是态度。

高宗大不高兴，只好宣布散会。

对这一情节，史学家雷家骥先生发现了一个破绽，就是高宗并没有把"杀昭仪女"和"厌胜"作为王皇后的罪状，可见这两件事应该是没有实证的。（见雷家骥《武则天传》）

这不算完，次日下朝后，高宗再次召集宰相开了第二次会。李勣借口有病，躲了。

高宗又提起话头，问大家意见。于志宁首鼠两端，看看皇帝，又看看长孙无忌，不发一言。褚遂良仍以前言相对，高宗不听。

褚遂良急了，声色俱厉道："陛下若必别立皇后，请选天下大族。武昭仪昔事先帝，众所共知，陛下岂可掩天下人耳目？今若复立为皇后，岂不遗讥后世？陛下若亏人子之道，自招不善之名，败乱之端，自此始也！今臣近圣颜，罪当万死，倘得不负先帝，则甘从鼎镬！"——这是说，我不能辜负先帝，不允许让他的小老婆做你的老婆，你就是把我烹了我也不答应！

这是揭了高宗的老底，高宗一时无语，面色尴尬。

褚遂良还不罢休，把大臣上朝拿在手上的笏板往台阶上一放，道："还陛下此笏，乞放归田里！"说完，他解下头巾，伏地叩头至流血。

高宗也来了火，喝令来人，把他拉出去。

武则天一直在帘后观战，终于也按捺不住，大声道："何不扑杀此獠！"

强人性格，一语即见！

在此危急形势下，长孙无忌连忙阻止道："遂良顾命先朝，有罪不可加刑！"（见《资治通鉴》《唐新语》）

太尉大人的这一句话，才算把局面暂时稳住。此时有太监上来，将血流满面的褚遂良带出去了。

协商会开不成了。没参加会议的侍中韩瑗，这时恰好有事进来奏报，便借机流泪谏道："皇后是陛下在当太子时，由先帝选定，今无过错，却要废黜，四海之士，谁不惶然？且国家若屡有废立，非长久之术，愿陛下为社稷考虑！"

高宗仍然不听。

九月初三，韩瑗又为此事进谏，悲泣不能自胜。高宗听得烦了，大怒，急令人把他带出去。

长孙无忌集团知道已到了最危急的关头，此时若不奋身一搏，则全线崩溃。于是韩瑗被带出来后，又上了一疏，来济也在同时有密表上奏。两宰相的观点相当一致，他们在原来的立场上略做退让，只说选择皇后要慎重，武则天身份不正，资质不够，恐怕对国家会有不利后果。还用了妲己、褒姒、西施、赵飞燕来加以影射，分明就是将武则天指为红颜祸水！慷慨陈词，言之凿凿。总之就是认为选了这个女人为后，国将不国，指日可待！

老臣们的态度如此顽强，这让高宗在盛怒之下，也不禁心生踌躇。国家政权的运作，至今还在这批贞观老臣的掌控之下，对方固若金汤，他作为新君，要是真的撕破脸，能有多大的胜算？

高宗为此而甚感沮丧，差一点儿就要放弃立武则天为后的打算了。

但就在此时，元勋李勣的一句话，起了一语定乾坤的作用。

总攻未果，高宗和武则天都很郁闷，忽然想到李勣称病不朝，其中是否大有深意？于是，第二天高宗密召李勣入见。

面对这几乎是唯一可信赖的开国老臣，高宗自然而然就向他袒露了心曲："易后之事，遂良固执不从。遂良既是顾命大臣，事若不可，当止乎？"这是在探询，事情是不是应该停下来？

李勣对双方的态势、实力和意图，都了然于心，只轻轻松松说了一句："此是陛下家事，何须更问外人？"（《唐会要》）

快哉！人真是不点拨不透啊。高宗精神为之一振，明白了：

——必须将废后进行到底。

刚刚荣升尚书的许敬宗，此时也勇气大增，居然几次跑到太尉府中劝说长孙无忌回头是岸。终于把长孙无忌说恼，把他骂了个狗血喷头。

许敬宗见硬攻不成，就在朝中散布舆论，说："田舍翁积得十斛麦，尚欲换却老旧妇，况天子富有四海，立一皇后，有何不可？"

武则天闻言，也颇为振奋，叫左右把许敬宗此话去说给高宗听，让高宗知道废后行动并不孤立。有了臣下支持，高宗胆量愈壮，没几天就下诏，把褚遂良一脚踢到潭州（今湖南长沙）当都督去了。

长孙派折损一大将，人人心里都明白，改立皇后的事已难以扭转了。

九月初的这三天决战，以武则天大获全胜而收束。她此时的力量已不可小瞧，不单是一个最高权威站在她身后，外朝内廷处处有她的眼线；庶族官员中有不怕当出头鸟的斗狠之士，元老之臣中有李勣表态力挺。整个拥武阵营人数虽少，但有皇权做后盾，前景乐观，气势相当高昂。

反观长孙一派，虽位高权重、经营多年，但目前正处于逆势，且因专横导致众臣离心，无法一呼百应。他们固然是在极力维护贞观政治遗产，其心不二，但由于永徽以来的政坛夹杂了他们太多的私货，贞观时的清明政治已退化为单纯利益格局，因此在反废后的抗争中，无法举起令人信服的正义旗帜。没有正义做号召，没有群臣的道义支持，在皇权与相权的决战中，他们转瞬间就有可能从巨人变为土偶。

永徽六年（655）十月十二日，盖子终于揭开，高宗下诏正式废后："王皇后、萧淑妃谋行鸩毒，废为庶人。母及兄弟并除名，流配岭南。"王皇后父亲王仁祐的所有尊号同时除去。所幸老头儿已死，才得以免去一场屈辱。

接下来的五天，皇后位置出现了真空。

问这宝座为谁而留？

武则天的脸上正有着世间最甜美的笑容。

这位少妇，明天就要母仪天下了。她在这一年，不过才31岁。而此时距她迈出感业寺大门的那一天，也不过才四年。

王皇后、萧淑妃在四年前还是全唐朝最尊贵的女人，一个跟斗栽下来，竟成了阴谋"鸩毒"皇帝的罪人。高宗的这道废后诏大概是在盛怒之下草就的，为了堵住长孙一派的嘴，索性把问题说得严重，以使之没有反复的余地。

"厌胜"或有，"鸩毒"何辜？

两个紧紧依附于皇帝才得以享尽尊贵的女人，有什么理由谋害皇帝？政治的逻辑，有时真的就是不讲逻辑。

失败者的身家性命，永远是成功者的垫脚石。

王皇后与萧淑妃接到诏书后，如雷轰顶，相对而泣。争宠争出了滔天大祸，此时还有什么话说？紧接着，两人就被置于别院，形同禁闭。外家的亲属，原来鸡犬升天的，现在一切都被剥夺，只待踏上漫漫的流放路。

这时他们才会有几分清醒：由裙带而来的显赫荣华，老天把它收走也很容易！

大局已定。百官们知道时代变了，纷纷上表顺应潮流，请立昭仪为皇后。

高宗于是做出顺应民意的样子，于十月十九日下诏，称：

> 武氏门著勋庸，地华缨黻，往以才行，选入后庭，誉重椒闱，德光兰掖。朕昔在储贰，特荷先慈，常得待从，弗离朝夕，宫壸之内，恒自饬躬，嫔嫱之间，未尝迕目，圣情鉴悉，每垂赏叹，遂以武氏赐朕，事同政君，可立为皇后。（《立武昭仪为皇后诏》）

这当然是一篇神圣的谎言。

武则天的出身门第平平，不过就是本朝新贵，何以就成了人杰地灵的显赫家族？太宗时期一个默默无闻的低级妃嫔，何以就成了宫女而且是道德榜样？本是先帝病榻边两人就已定情，何以成了太宗的慷慨赏赐？

先帝的老婆如何成了自己的老婆？就这么寥寥几字，给说通了！

要骗别人，先骗好自己再说。

两天后，高宗又按例大赦天下。武则天在此时，做了一件出人意料的事，显出她非同一般的城府与老辣。她上表说："陛下前以妾为宸妃，韩瑗、来济面折廷争，此既事之极难，岂非深情为国！乞加褒赏。"

要求奖赏政治对手？这是何意？

高宗看了，心里有数，把这表章拿给韩瑗和来济观看。

韩瑗、来济是何等人物，立刻就看懂了：这哪里是请求表彰他们，分明是炫耀，是示威，是警告——这笔账，早晚要算！看罢，韩瑗、来济忧惧不已，屡请辞职。

高宗当然不许，在这个时候，他并不想有太大的政治动荡，只让你们知道厉害就好。

到十一月初一日，一切准备就绪，武则天也出宫，回武氏宅邸暂住。太极宫和武宅两处都张灯结彩——皇帝要迎亲了。

这一套手续，跟老百姓娶媳妇也差不多，只不过极其隆重。高宗派了李勣、于志宁为正副使，乘车持节，带领仪仗，煞有介事地来到武宅，举行了"求婚"和册封仪式。

武则天仪态万方，正是天下第一新娘的模样。司仪宫人为她戴好首饰、穿上凤袍，面北而立。双方人员经过一系列烦琐的程序，由武氏一方的人接过皇后任命书和皇后大印。武则天遥向宫中拜谢，然后升座，接受宫女、太监们的祝贺。礼毕，她就随着两位婚礼大使，一行人浩浩荡荡回宫。

百官则在肃义门齐集，朝见新皇后。百官朝见皇后，这是本朝开国以来所未有的典礼，自这一次创新起，竟然成为惯例。妇女地位，因之大大提高！

这是一次极有分量的政治秀，使得百官对新皇后的威严印象深刻。

女人地位上升，就要先挫一挫男人们的锐气。

一切进行得都很顺利，再没见有什么企图阻挡巨流的石头滚出来。

武则天神态怡然，俯看伏地跪拜的群臣，大约是抑制不住心潮激荡——

男尊乎？女卑乎？不一定吧。从大唐永徽年间起，事情可能要有变化了。各位，你们就请看仔细了！

第五章

母仪天下

第一节　清除宫中隐患不讲任何温情

武则天如愿以偿入主后宫，她那位死去的父亲也跟着沾光。不久，高宗追赠武士彟为司徒，封爵周国公，配享高祖庙，荣耀已达到顶点。活着的母亲杨氏也不错，封为代国夫人。

新皇后的住处掖廷宫，现在是风光无限。

但是武则天并没有刀枪入库。她知道，所有的政敌只是被她暂时逼退，其势力还没有被粉碎。只要他们人还在，心就不会死。事竟全功者，一般都是做得彻底的人。不要怕杂草多，把它们划分成片，一片一片地来拔。

最大的威胁，还在宫中。王皇后、萧淑妃虽然已被禁闭在后宫别院，但这两棵草是最容易"春风吹又生"的。

她的警惕不是没道理。

据《资治通鉴》载，王皇后、萧淑妃被囚，高宗还是经常想念她们。与关陇大佬们的斗争告一段落之后，高宗大概觉得对两个女人处理得有些过狠，心有歉疚。他有一次散步来到御花园，触景生情，想起两个可怜女人，便信步来到关押她们的别院。不来则罢，一来让他大吃一惊。只见她们的居所"封闭极密"，只在墙壁上有一个小孔，可以送进去饭食。这哪里是人待的地方？高宗恻然伤之，对着屋子喊道："皇后、淑妃安在？"

王皇后听出是高宗来探视，忍不住哭道："妾等罪为宫婢，如何还用尊称？"哽咽中又说道："皇上若念往日恩爱，使妾等再见天日，就请将此院名为'回心院'吧。"

话说得辛酸，高宗心里大不忍，急忙说："朕即有处置。"

哪里知道，宫中早就遍布武则天的眼线，随后就把这一情况反馈了回来。

武则天闻之，大怒，马上去找高宗，追问他去了哪里。

高宗懦弱，竟矢口否认去了别院。

武则天一股气冲上头顶，数落道："去便去了，岂非贻笑于人！"

说完，她立刻派人前去杖王、萧两人各一百下，截去手足，放在酒瓮中，曰："令二妪醉骨！"两人受此酷刑，挨了数日才死，尸体还被斩首。

据说，当行刑的人去宣读诏敕时，王皇后拜了两拜，说："愿皇上万岁！昭仪得宠，我自然只有死的份儿了。"萧淑妃则破口大骂："阿武妖猾，乃至于此！愿来生我为猫，阿武为鼠，生生扼其喉！"

王皇后其言也哀，萧淑妃其言也烈！

据说，武则天此后就禁止在宫中养猫。但她还是时常见到二人以披发流血之状前来作祟，只得搬到东面的蓬莱宫去住。

处死二人后，武则天还觉不解气，遂令王氏家族改姓"蟒"氏，萧氏家族改姓"枭"氏，以泄其愤。

《资治通鉴》的这段描写采自《旧唐书》《新唐书》，仅情节略有差异。有今人怀疑这故事的真实性，认为高宗既有悔意，新皇后武则天何以能促其下诏将二人处死？且"断手足""投瓮"等细节，显然是抄袭吕后残害戚姬之事。疑似是两《唐书》的编修者编出来泄愤的。

《旧唐书》在说这件事时前后矛盾，先说武则天派人缢杀二人，后面又说是塞进了酒缸。因此有人猜测：二人之死应该是高宗应武后所请，下诏让她们自缢的。

但是雷家骥先生却认为其事可能真有。因为南北朝至唐代，公主妒忌之风大盛，对丈夫的"小蜜"使用割耳剜鼻、剖腹实草酷刑的都有，武则天以上述手段虐杀最具威胁性的政敌，也不足为怪。

这个新登台的武后，政治风格与其丈夫的优柔寡断大不同。灭掉了废后、废妃，后宫其他妃嫔只有战战兢兢的份儿，哪里还敢存非分之想？也就不怕再有人乘虚而入了。以女色而进取的政治家，就要把别人以色惑主的路堵死！这是根本。

接下来要处理的问题，是太子问题。这个问题的凸显，实是眼中之刺，不得不拔。现在的太子李忠，是在永徽三年（652）七月立的，那时他才10岁。按说10岁的孩童，不可能有政治企图，他也仅仅是个象征。

当年王皇后惧怕武昭仪的节节上升，与舅舅柳奭商量好，说服长孙一派将没有什么根基的燕王李忠推上了太子位。由于这个背景，这孩子就是再小，也是王皇后族属与长孙一派手中的一张牌。只要把眼光稍稍放远一点，如果这个太子将来接任了皇帝，那后果，傻瓜也能猜得出来。

因此，这个瘤子即便是良性的，也要切掉！

而从另一方面说，武则天已今非昔比，是堂堂正正的皇后了。皇后之子，乃嫡子。古代在皇帝继承人的顺序上，向来有"有嫡立嫡，无嫡才可立长"的原则，因此武后的儿子，已是名正言顺可以当太子了。

武则天当时已生有二子。长子是李弘，封为代王，那还是在二度入宫后怀孕生下的，也有人认为早在感业寺时就已珠胎暗结，是高宗跑去与武媚娘偷情的结果。武则天运气好，不仅适时生了头胎，在当上皇后的这年，又添了二胎，是为李贤，封为潞王。新皇后有这两个生龙活虎的儿子，要把现任的太子换掉，完全有充足理由。余下的问题，就在于有人出头提出，且需要堂而皇之走个程序罢了。

跳出来当这个出头椽子的，又是许敬宗。他揣摩高宗和武后都有此意，自己又是礼部尚书，职权范围内恰好可以说的事，何不抢个头功？

于是，在武则天正式当皇后的第三天，许敬宗就上奏，大谈换太子事宜。奏章做得古香古色，大意是说：今之太子，原非嫡子。因为永徽之始，国本（真正的太子）未生，所以从权安排了。现皇后已生子，是为正统，那么皇统问题就不可浮滥。我既然是负责礼仪工作的，便不敢失职，一定要说。

高宗看了，大喜，马上召见他，夸道："卿，朕之伯夷！"忠到你这个份儿上，罕见呀！而后，又不耻下问："立嫡之义，在礼如何？"

许敬宗振振有词："皇太子，国之本也。本犹未正，万国系心（全天下都担忧）。东宫者（现在的这个太子）所出甚微，今知国家有正嫡，必不自安。窃位而怀疑（占据了位置而心怀疑虑），恐非宗庙之福也！"

他说的这些，正是武后换太子的礼法优势之所在。高宗放心了，于是说："阿忠已有意自让。"

许敬宗立即跟上："太子明智，愿速从之。"（《唐会要》）

谋私利也要披上"天下为公"的外衣。君臣俩的这番对话，正好像是一场表情严肃的游戏。这事，就这么定了。

两个月后，即显庆元年（656）正月初六，《降太子忠为梁王诏》颁布，大夸了一番李忠，说他主动提出让贤，"前后数四，情辞恳恻，义高旷古，道迈前修（道德超过前贤）"。为成其美事，特封梁王，出任为梁州都督——孩子，这一捧大甜枣儿，你都拿去吧！

同一天，册立代王李弘的诏书也颁布。次日，又下诏大赦天下（不知是否还有犯人可放？），改元"显庆"。百姓们，今个儿都来高兴吧。

正月二十三日，为了讨武后喜欢，高宗又亲临大慈恩寺，办无遮大会，召集五千名僧人为新太子设斋祈福。

废太子李忠全身而退，倒还算明智。不过当年他一个14岁的孩子，有没有这个觉悟？是好心人提醒，还是迫于压力，抑或根本就是某人强加给他的？都很难说。

太子李忠被废时，太子的老师之一、宰相于志宁未发一言。其他长孙一派的人，因为新遭重创，也不见有人出面反对。

只有一个细节令人唏嘘——

诏书颁布时，李忠上朝去听诏，还没等回到东宫，东宫的僚属们害怕大祸上身，都一逃而空，四处躲避。唯有右庶子李安仁岿然不动，在办公室坐等李忠回来。见李忠安然无恙后，方才顿首泣别而去。

谁个才是伯夷？怎样才算忠臣？

板荡时见，背运时见，众人皆狼奔惧祸时见！这就是真正的人心。

最让人叫绝的是，武后听说竟有这等忠义之人，大加赞赏，建议高宗给他加官晋爵。高宗和大臣们对武后的宽容大度都很感动。这一手，也许就是她当"才人"那会儿，揣摩太宗的政治管理术而学来的。

然而，废太子李忠的事，怕不会到此算完！以我们常人的智慧也能猜到：他起码是要坎坷一生的。

完全正确。

到梁州后，还没出显庆元年（656），武后就又把他打发到房州去做刺史了。唐代的梁州在今陕西南郑一带，离长安不太远，还不算是太大的贬谪。而房州在今湖北房县，那时看起来就远了，是山高荒僻之地。

这一转移，是彻底把凤凰打到鸡群里去了。李忠长大懂事以后，对废太子这个身份的可怕性才渐渐明白，行事极为小心，甚至到了疑神疑鬼的程度。经常穿妇人衣服以防刺客，又迷信占卜，梦到自己为帝或化身菩萨，屡次派人到京城打听情况。

他的精神一有问题，麻烦也就找上门来。结局我们到后面再说。

时不利兮，唯有叹息。出身决定命运，有时候用啥办法也改变不了。有的人终其一生，想改变或者逃避，终不能获得成功。

这边是废太子落难，那边是新太子吃到了天上掉下的大馅饼。老天似乎还嫌武后的命不完美，显庆二年（657），又让她生了个大胖小子，取名李显，封为周王。这确是要好好显摆一下，京官们为此得到了实惠——统统加勋级。

这叫——武则天生孩子，收买人心吧。有实惠可得，众官更无异议。

据说，自从武则天封了昭仪后，后宫的其他妃嫔就再也没生过子女。武氏把皇帝垄断起来了，焉得不接二连三生皇子？

看来，人的命运也是有周期率的。武则天自从迈出感业寺，事事顺遂，几乎没有想到而做不到的。

感业寺，就是武则天的炼狱，人走到绝望处，在这里的一番思想洗涤，让武则天彻底脱胎为一个冷酷的政治人物——幸福是一块总量有限的大蛋糕，我要想多得，别人就要少得或不得，哪里有什么越来越大，然后大家共享的神话。

那么，谁阻拦我独吞这蛋糕，我就要谁的命！

第二节　"贞观"时期留下的牛圈也该打扫了

后人在读这段历史的时候，很多人不能脱开一个套路，眼光总是放在武则天如何使诈术上面。其实，武则天为何能在贞观之后的政坛上迅速蹿起，高宗为何独独需要一个武则天来做政治帮手？这问题不可不弄个明白。

这事要从贞观那时候谈起。

唐太宗开创"贞观之治"，但这个政治模式在他死后渐渐有了质的蜕变。早先"贞观"之所以能"治"，是因为皇帝愿意纳谏，诚心诚意实行开明政治。而在太宗晚期，这种优良作风已大为减弱。正如魏徵所说的"渐不克终"，也就是晚节不保了。

比如，在贞观初，太宗乐于听取批评意见，"恐人不谏，常导之使言"，晚期则不大愿意听逆耳之言了，"虽勉从之，犹有难色"。再怎么英明的君主，只要一独断，就什么毛病都来了：早年简朴，晚岁奢靡；以前爱惜民力，后来却热衷于"不急之务"。征高丽，就是他不惜劳民伤财、好大喜功的一个顶点。

皇帝如此，权臣也如此。长孙无忌等一派人，固然对贞观末年的政局稳定功不可没，但是在贞观之后，已经把太宗的开明政治变成了专制政治。五年里无人上书言事，他们并不以为这有什么不正常。

永徽初年，朝中贿赂、谋官、枉法求财（权钱交易）的风气已经很盛，连褚遂良这样的大僚也不能免，一度曾因贪贿而被贬为刺史。

大唐的吏治呈现出了僵化、专制、腐败流行的病态。这连高宗也有所耳闻，他曾经询问长孙无忌："朕闻京都的衙门，行事互观颜面，多不尽公。为何？"

长孙无忌根本就没当回事，随便答道："颜面阿私，自古不免。至于徇情枉法，那是言过其实了。稍许收些人情，恐陛下亦不免，何况臣下为亲戚谋私，怎么能完全杜绝？"

对贿赂之风表现得如此麻木，可见当时的政治已有相当大的黑暗面。宰辅大臣不以为非，反而认为这是官场常态，这离贞观精神已有十万八千里了。

高宗上台，肯定是想整顿纲纪、刷新风气的。只可惜他不像乃父，缺了点儿刚烈之气，所以，为实现自己的政治抱负，就需要有一个强悍的政治同盟。这个同盟，非武则天莫属。这就是为什么两位后妃年轻漂亮，却败给半老徐娘的武则天的原因之一。

武则天得宠的另一个原因，是高宗与长孙一派的君权与相权之争已经到了必须解决的临界点。武则天的出现，给了高宗"收复失地"的巨大决心，也带来了现实的可能性。

正因为有这些政治因素在，武则天的蹿升以及争宠斗争的残酷才有了一个合理的解释，才不至于仅仅是一场争风吃醋。

也是天佑武则天，恰从显庆元年（656）起，高宗的头痛病加重，"多苦风疾，头重，目不能视"。据今人考证，可能是高血压加耳前庭功能失调。这就给武则天提供了参与政务的更大空间。

据史书载，高宗"凡百司奏事，皆委武后详决"，百分之百地信任武则天的政治判断力。

武则天初登后位，雄心勃勃，也乐于完成这个非凡的使命。按照高宗安排，她与亲信许敬宗每天在武德殿西门值勤（待诏），掌控朝政，了解动向，不知疲倦。

上朝时，夫君在前应答，武后在后决断，形成流水作业程序，有条不紊。以至于到后来宰相们认为"天下无虑"，竟提出，可以改变以前那种每日视事的制度，改为隔日视事了。

在这种高屋建瓴的态势下，武则天要实施的下一步，也是最重要的"定点清除"行动，当然是以长孙集团为目标的。

对长孙无忌的打击，有一系列的前哨战。

比较有意思的是，两军对垒，却是武则天一方的中坚——李义府首先受到冲击。李义府此时是武则天阵营里官职最高的一个，中书侍郎、同中书门下三品，已经挤进了宰相队伍。

事情的起因，还在于李义府的人品太烂。这年八月，李义府有恃无恐，闹了个桃色事件。

洛州妇人淳于氏，因犯奸淫罪被关进大理寺狱，李义府听说这女人长得美，便垂涎三尺，竟然叫大理寺丞毕正义徇情枉法，把这女犯放出来，好纳为妾。

大理寺是古代的"最高法院"，丞是具体办事的从六品小公务员。毕正义官太小，不敢不听命，更不敢讲什么"正义"。

关陇一派得知这消息，哪里肯放过他！大理寺卿（从三品）段宝玄立刻将此事上奏。高宗让给事中刘仁轨等人去审理，毕正义也被下狱。李义府害怕事情泄露，竟然逼毕正义在狱中自杀。

这个丑就丢大了，估计武则天也是火冒三丈；但用人之际，不能计较太多，孟尝君、曹操就是榜样。下属私德有亏，无碍大局。也许是她跟高宗吹了风，高宗便不打算处理李义府。反正毕正义已死，死无对证，且纳女犯为妾并未成为事实。放一马，也不是不可。

然而侍御史王义方不服，认为不可如此草草，他上奏弹劾李义府"擅杀六品寺丞，罪不可恕"。他还指出，如若放纵，今后生杀之柄将不决于皇上。

高宗此时已经铁了心要维护李义府，他撇开这个话头不提，反而责备王义方"毁辱大臣，言辞不逊"，将他贬为莱州司户（掌户籍、赋税的小官）。

软弱的君主也有不讲理的时候啊！高宗从这个时候起，施政上已开始有了明显的"武氏风格"。

这个反击武氏阵营的好机会，长孙无忌、韩瑗并没有加以利用。他们仍然保持沉默。后世史家认为，长孙集团这一阶段的应对策略极为不妥，是"前不应当示强，后不应当示弱"。此时再软弱，也没有回身余地了，不如绝地一搏反而有再生的可能。

武则天这边却是进行得有板有眼，对长孙集团的剿灭行动已悄悄开始！

按照武则天的计划，先实施的是外围行动。把长孙无忌的亲信一个个调离京城外放。太常寺卿、驸马都尉高履行，被派到益州（今四川成都一带）大都督府任长史；工部尚书长孙祥，被派到荆州大都督府为长史。从表面看，这两位部长级人物虽然外放，但所任的职务也非常重要。这两个州，是天下显要州郡，都督是由亲王在京城遥领，不实际到任，那么副职长史就是实际上的州官，权力很大。

然而，这两个人不是别人，一个是长孙无忌的表兄弟，一个是他的堂兄弟。这一步棋，天下人都看明白了：是未演"定军山"，先演"断臂山"，砍了你的左右手再说！

长孙无忌此时倒还沉得住气。他自武则天封后以来，一肚子的怨恨，索性不去上朝了，在家编纂《武德贞观二朝史》，以静制动——反正我是皇帝的舅舅，还能吃了我不成？

统帅隐身于后，避开风险，以免中军动摇。而在前台做困兽之斗的，是韩瑗、来济。

此时，褚遂良外贬已有一年多，侍中韩瑗上奏，想说服皇帝把褚遂良召回，以恢复关陇一派的元气。他奏道："朝廷贬谪贤良之臣，向为风气败坏之兆。遂良体国忘家，乃国之老臣，无闻罪状，即遭贬谪，内外、百姓无不叹惋。遂良虽有迕君之罪，然颠沛经年，陛下何不怜而赦之乎？"

高宗此时情绪还好，平静地说："遂良之情，朕亦知之。然其悖戾好犯上，故而责之。卿何必言重？"

韩瑗、来济见高宗的话有所松动，便慨然力争："遂良乃社稷忠臣，为谗谀之人诋毁。陛下无辜弃逐旧臣，恐非国家之福。"

高宗听这话说得无礼，脸色就有些不好。

韩瑗却不察言观色，一时失口，竟然说："赫赫宗周，褒姒灭之。臣不愿见唐室之衰亡也！"

高宗闻言，勃然变色，吼道："你下去！"

朝议时，武则天在帘后，但始终未出一声。她观察得很细，心中已然有数。

韩瑗退下后，立刻上本辞官，但高宗不准。

显庆二年（657）闰正月，高宗带着武后行幸洛阳宫，在这里住了下来，并于当年年底宣布将洛阳定为东都。后世有史家说，因武则天在长安宫中常见王皇后、萧淑妃的鬼魂作祟，故有此避祟之举。而实际上，是因为唐疆土已比前朝有所扩大，政治中心南移也是为便于统治。

到了三月，不知出于什么原因，关陇一派建议高宗，把褚遂良从潭州（今湖南长沙）调到更远的桂州（今广西桂林）任都督，这也可能是为了让他再远离政治中心一些以避祸。

关陇一派恢复声势基本是无望了，与此相对，拥武一派却在一路猛进。9天后，李义府被提升为中书令。中书省是国家的政务中枢，在唐代也一度有西台、凤阁、紫薇省之称。中书令则是中书省的主官，正二品，是辅佐皇帝执大政的国家重臣。

这个安排，预示着终局一击就要来临！

果然，到了当年七月，许敬宗、李义府秉承武后意旨，突然诬奏："韩瑗、来济潜谋不轨，与褚遂良朋党为奸，密谋叛乱。因桂州为用武之地，故改授遂良为桂州都督，意在引为外援。"

几个宰相要谋反？荒唐，但也不是没可能啊！

高宗是经不起吓的，闻奏大惊，也不管有没有证据，立刻贬韩瑗为振州（今海南三亚）刺史，来济贬为台州（今浙江临海）刺史，并终身不许入朝。

褚遂良更是问题的核心，又被贬到爱州（今越南清化）为刺史。王皇后的舅舅柳奭虽然已是死老虎，早就贬到荣州（今四川荣县）了，这次也受牵连，又贬到象州（今广西）为刺史。

至此，关陇集团瓦解。

大唐南疆的化外荒僻地，忽然多了一批宰相级别的刺史。

褚遂良这一贬，给贬到如今的外国地面去了，心情恶劣可想而知。他左思右想，再无扳回局面的可能，当初的倔强劲儿早已消失，只有上表乞怜。他说：自己当初是有功于陛下的，曾反对李泰为太子，与无忌等四人定策，要立陛下。先帝临终时，臣独与无忌二人受遗诏，陛下当时哀恸，臣曾加以宽慰，陛下手抱臣颈。臣与无忌立刻奉陛下还京，处理大事，致使内外安宁。臣力小任重，动辄得罪，今成蝼蚁微贱之躯，乞陛下哀怜！（见《新唐书》）

表上去之后，高宗不理。

这表章写得字字血泪，情动于中。按理说，高宗不可能不被打动。之所以没反应，据《新唐书》推断，是"牵于武后"——被老婆管住了。

政治不讲感情，高宗的冷漠给褚遂良的身心打击很大。第二年，就在越之南郁郁而终，时年60岁。

褚遂良这个人，是个功过参半的人物。他是贞观元老，办事干练，为大唐的兴盛立过大功；又是著名的书法家，博闻广识，说是一代人杰也不为过。但在另一方面，此人又并无甚高明见解，思想迂腐。私德上也有一些问题，比如曾经强占民田，为人所诟病。尤其在太宗末期陷害前宰相刘洎，导致刘洎被太宗冤杀，是他抹不掉的一大政治污点。

这正是，现在人家拿来攻子之盾的，都是子之矛。

许敬宗因诬告了这帮贞观老臣，四天之后，就升了侍中，成了正宰相，顶替了韩瑗的位置。现在，武则天在门下省有许敬宗、中书省有李义府，高宗的圣旨再不会受到阻挠了，政务上的事情顺手得多了。

许敬宗、李义府这两个人，为人谄谀，行事诡诈，以株连功臣而发迹，人多有不齿。武则天在开辟政治通道时，起用了这两个人，使她后来很难洗清名誉。尤其在后人的眼中，形成了她专用卑鄙小人的印象，多少掩盖了她后来在用人方面的公平与明智。

最先投靠的许敬宗，当时名声就极臭。隋末江都兵变之际，其父许善心遇害。许敬宗不敢营救，反而在乱兵面前跪地求饶，才活了一条命。此事传出后，为天下所耻笑。

李义府更是个无赖小人。高宗和武后信任他，他就狂了，卖官鬻爵，大捞黑钱，把老妈、妻子、儿子、女婿都发动起来收钱，到他家走门路的人不绝于途。

闹到后来，连高宗都看不过眼了，把李义府叫去劝诫："听说你儿子、女婿皆不谨慎，多有罪过。我亦为你掩盖，未对你讲，你可好好劝告，勿令如此。"李义府勃然变色，颈腮发红，稍后反问："谁向陛下道此？"高宗说："只要我说得对，何须问我如何得知？"李义府拒不认错，缓步而去，高宗居然也容忍了。

中书令杜正伦是李义府的同僚，资格比李义府老，看不惯这个新贵穷凶极恶的样子，李就衔恨在心。两人在高宗面前互相攻击，高宗一气，就把杜正伦贬为横州（今广西横县）刺史，把李义府打发到普州（今四川安岳县）当刺史。

吏部尚书唐临是长孙一派的人，他见李义府被贬出中央了，大为兴奋，想趁机扳回局面。他把素与李义府有怨的张伦调为剑南道（今四川、云南一带）巡察使，准备好好收拾一下这个不知耻的李义府。

唐临还保奏与来济关系不错的许炜为江南道巡察使，以保护被贬在台州的来济，等待将来翻身的机会。

武则天当然知道李义府不成器，但"革命"大业初起，好人不愿意参加，不用这混蛋用谁？于是对李义府施以援手，决不给关陇一派以喘息之机。她对高宗说："唐临弄权，私自选人授官，朝中对此多有烦言。不罢此人，朝廷将蒙尘。"

高宗相信了这话，立刻贬了唐临的官，断了关陇一派最后的幻想。不久唐临就死在了潮州刺史任上。武则天接着又提议，让许敬宗代李义府为中书令，另派大理寺卿辛茂将兼任侍中。

到显庆四年（659）四月，武则天的人事安排全部到位，宰相队伍差不多全换成了自己人，关陇一派仅剩下长孙无忌孤家寡人一个了。

第三节　把最后一棵老树彻底砍掉

研究长孙无忌这几年的心态，是一件很有意思的事。这位关陇集团的核心人物，在武则天当了皇后以后，就不问世事，埋头著书。

从显庆元年（656）起，他与史官、国子监祭酒令狐德棻合作，陆续编出了武德、贞观两朝《国史》。还组织史官编撰了梁、陈、周、齐、隋《五代史志》三十卷，组织礼官修成了《显庆新礼》一百三十卷。

外面在厮杀，他却稳坐著书斋；其他的关陇大佬接二连三被贬，不见他发一言，这真是一场奇特的"静坐战争"。他这是心灰意懒，是无能为力，还是惧祸？后世史家的说法不大一样。

有史家认为，关陇一派在后期的绝望挣扎，都是他在幕后导演的，他不过是外冷内热。但我认为不大像。关陇集团和武后势力的此消彼长，越研究就越觉得不可思议——武则天的进展，真是太顺利了。

首先，关陇一派这几年虽然处于劣势，但百足之虫，死而不僵。一大批既得利益者，要维护自己的利益，不可能坐以待毙，他们会构成顽强的阻力。其次，广大的中间人士恐怕也看不惯显庆新贵们的卑污，不会积极附和武后势力。最后，"后党"一派的人数实际上少得可怜，他们不过就是敢跳出来而已。论资格、论声望、论实力，都微不足道，就算有高宗和武后的支持，也不至于这么痛快地过关斩将。

但是，一个声威赫赫的官僚集团，就这么无声无息地被搞垮了，没有激烈的反抗，没有宁死不屈之士，没有覆灭前的绝唱，这才是怪透了！

我认为，首要的原因，就在于关陇的第一领袖长孙无忌放弃了反抗。他这样做的原因是什么？值得探究。

长孙无忌是一个长于行政与智谋的官僚，在生死存亡之际，怎么会有如此的书生气？我看，这是由于信念的破灭。

唐这个国家，虽然是高祖李渊缔造的，但在整个贞观时期，可以说是太宗李世民再造了国家。而长孙无忌，则是再造国家的关键人物之一。

看到自己亲手创造的国家一天天变得陌生，他大概是感到了空前的幻灭。他是"玄武门之变"的坚定发起者，却眼看着永徽年间，一个比宫女高级不了多少的女人渐渐坐大，控制了皇帝和朝政；一些急功近利的低级官员，一夜之间爬上最高的政治平台逞狂；这位元老免不了要寒透了心。

他看到了政治理想的虚无。一切光辉灿烂之物，瞬间一钱不值。那么，还有什么可为之而奋斗？放弃一切，这就是他带有极端个人色彩的选择。

然而，他的"大隐隐于朝"，带来的是灾难性的后果。一个庞大的势力，无人统领，无人协调，就等于卸去了甲胄的巨人。

褚遂良虽然也是关陇重臣，但他始终是辅佐型、智力型的人物，不能操控全局。于是，群龙无首，不战自溃，这个结局当然就一点悬念都没有了。

关陇集团垮台垮得这么窝囊，还有一个原因。就是前面说过的——专制使人心疏离。这个集团长时间养尊处优、唯我独大，既失去了斗争意识，也在士林中失去了号召力。他们成了一只体态庞大，只知道"天不变道亦不变"的恐龙。而一旦天变了，就不知所措，只能听天由命。

所以大僚被贬，没有激起任何波澜。武后登台，百官行礼如仪。

他们灭亡得真是不清不楚。

现在，关陇集团所有的人都已经倒下了、闪开了，就剩下这一棵老树还站着。

磨刀霍霍声，已隐约可闻。

长孙无忌仍然那么神闲气定：早晚要来的这一天，就让它来吧。有后世史家说，这一天，是他内心深处的一个梦魇。不对！如果是的话，一切就不会是这个样子了。

生死荣辱，长孙已完全不在乎了。

显庆四年（659）四月，命中注定的一刻到来了。此时，距褚遂良死已有半年。

事情的起因并不严重，但却是个很微妙的突破口。有洛阳人李奉节，出头告发太子洗马（东宫掌图书的官员）韦季方、监察御史李巢，说他二人勾结朝中权贵，朋党而营私。这是个"说你有，你就有"的罪名。人有朋友，乃是常情，何况官场关系从来盘根错节，谁都有人际关系上的渊源。

所以，这类告发一般都是别有图谋。朝中权贵，所指为谁，在那时不言自明。两《唐书》的编者均认定，这就是许敬宗事先策划好的打击方案。

高宗接到这个白丁的举报后，居然下诏让许敬宗、辛茂将负责审理此案。民居然能告官员结党，皇帝居然马上就立案，这都很蹊跷。

许敬宗接了这个活儿，立刻就开始他准备扳倒长孙无忌的步骤。当初在皇后废立之际，他曾不知深浅地跑到长孙家里去游说，被长孙好一顿臭骂。如今这笔老账，可以来算一算了！

此外武则天在谋取后位时，也曾与皇帝老公低三下四去长孙无忌那里求情，遭过老头子的白眼。现在，也要有个交代了。

上有新皇后，下有新宰相，两股力量开始联手发力。

韦季方跑不了了，大理寺的官员哪敢不买账？他们秉承许敬宗的意思，审问甚急，想让韦季方自诬与长孙无忌有勾结。问官许诺，只要承认了，便可从轻发落。

韦季方究竟是如何得罪了许敬宗的，史记不详。但看得出，他起码是个有良心的人，不忍诬陷长孙无忌。在狱中，他不但抵死不认，还寻机自杀。自杀虽然未成，也是命在旦夕了。

许敬宗见犯人活不长了，又一时榨不出口供，索性就造假了，上奏诬告："季方欲与无忌构陷忠臣近戚，使权归无忌，伺隙谋反。今日事发，所以自杀。"

他怕高宗不信，又将一封从韦季方身上搜出的密信一并递上，并奏道："此信是题给'赵师'的。赵师者，无忌也。阴为隐语，欲陷忠良，以伺机谋反。"

一个一般的告状案，到此陡然露出险恶的一面。这是要兴大狱的兆头！

高宗近几年虽与舅舅渐行渐远，但也仅仅是执政理念有所不同，万想不到会有阴谋在身边酝酿。他刚开始的反应，就是不信，让侍中辛茂将再去核实。

这位新贵辛茂将，是许敬宗的心腹，他的复核结果，当然是确有其事。

高宗还是不能信："茂将无用，所奏不可信。果有此邪！阿舅为小人所间，生疑阻则有之，何至于反？"

许敬宗知道，"以疏间亲"的风险极大，必须要扳倒对方，一点儿退路都没有，所以嘴相当硬："臣详细推究，反状已露，陛下犹以为不确，恐非社稷之福。"

高宗听了，很懊丧，叹道："我家不幸，亲戚间屡有异志。旧年高阳公主与遗爱谋反，今阿舅亦然，使朕愧见天下人！"说罢，竟然泪下。

稍后，又问："此事若实，如之何？"他一下子没了主意。

许敬宗见高宗已有所动摇，便趁热打铁道："遗爱乳臭小儿，与一女子谋反，岂得成耶！无忌与先帝谋取天下，天下服其智；为相三十年，天下惧其威。臣恐无忌知季方自杀不果，事将败露，若为救急计，一旦悄然发动，陛下遣谁当之？今幸而宗庙有灵，苍天有眼（另外还有我许敬宗有胆），因审小事，乃得大奸，实天下之庆也！臣昔日见宇文述、宇文化及父子均见信于炀帝，结为婚姻，委以朝政。宇文述死，宇文化及又得统领禁兵。一夕间在江都作乱，先杀不附己者，臣家亦遭其祸乱（我虽想救父但怕死未敢）。大臣苏威、裴矩等，皆附之。待天明，隋之江山亡矣！前事不远，望陛下鉴之，速作裁断！"

这一番如簧之舌，说得高宗心烦意乱。惶急之中，好歹还算守住了底线，没有立刻表态，只是让许敬宗再去审审清楚。

这事哪还能搞得清楚！许敬宗退下后，神态虽还自若，其实已汗流浃背。他这一篇谎言，哄哄最高领导还行，一旦与当事人对质，势必漏洞百出。长孙无忌若闻得风声，到高宗面前自辩，自己恐怕就无活路了！这样的后果不得不防，他急派心腹禀报武后，希望得到内援。同时又派人严密监视长孙一家，务求阻断长孙无忌与朝中的消息往来。

这一夜，他过得焦虑不安。

幸而，长孙无忌现在已是光杆司令，不似先前满朝都是耳目。太尉大人仍是闭门谢客，埋头著书，丝毫没想到将有大祸临头。对自己的结局，他是有估计的，虽然武后之酷烈，已露出大部分锋芒，但自己毕竟与当今皇帝有舅甥之亲。所谓娘舅亲，历来是"打断骨头连着筋"的亲缘关系，就算将来夺了他的太尉名号，又能怎样？

他现在，是真正意义上的孤臣，其辈分、其资历、其清高，都不允许他低下头去哀求一个由自己亲手扶上龙椅的外甥。即便是那个野心勃勃的女人，又能如何？武士彟本来就不算个什么人物，武家的小丫头，还能翻了天吗？

——老臣的自信，就跟老树一样，不容易摇撼。

许敬宗安然度过了这一晚，其间大约是得了武后的明确指点，底气足了不少。

次日，许敬宗复奏，一番话编得有鼻子有眼："昨夜再审季方，季方已承认与无忌谋反事，并供出韩瑗曾对无忌说：'公以梁王（李忠）为太子，今梁王既废，皇上亦疑公，故将高履行（无忌表弟）贬出。'由此，无忌不安，始谋求自安之计。后见长孙祥（无忌堂弟）又被贬出，韩瑗亦得罪，故日夜与季方等谋反。臣参验供词，均与事实符合，请按律收捕！"

许敬宗现在虽有宰相之尊，但终究资历尚浅，他这么说话，简直是在要挟皇上。这后面如果没有武则天在暗助，估计借他一万个胆他都不敢。

高宗闻言，极为震动，忍不住泣下道："阿舅若果如此，朕绝不忍处分，否则天下如何言朕？后世又如何言朕？"

许敬宗再次紧逼："薄昭，汉文帝之舅也，文帝以代王而登极，薄昭有大功焉。后薄昭犯罪，仅为杀人之小过，文帝法不阿私，命百官着孝服，流泣而杀薄。迄今天下皆以汉文帝为明主。今无忌忘先朝之大德，舍陛下之大亲，谋夺社稷，若比薄昭之罪则不可同日而语，按照典刑，合诛五族（岂不是要诛到皇帝家来了）。今所幸奸状自暴，逆贼供服，陛下何疑，犹不早决？臣闻'当断不断，反受其乱'，安危之机，间不容发。陛下若稍迟延，恐即生变，悔无及矣！"

这简直就是一篇事先背好的演讲词。危言耸听之下，高宗给吓住了，对许敬宗这一番"推心置腹"的胡说八道完全认可。

高宗本人并不是一个谋反起家的皇帝，对这方面其实并不敏感。但他的父亲李世民就是个靠谋反夺位的皇帝，因此，贞观一朝对谋反的警觉气氛仍弥漫于今。

许敬宗的恐吓，明显是有的放矢，终于说得高宗跟着他的思路转了。

脑筋缺根弦的皇帝也不想想：长孙无忌若要谋反，日夜与一个图书馆长商量什么？

长孙无忌他们当年的算盘打得好：扶起一个无甚主见的皇帝，元老们的日子会快活些。这是搬起石头砸了自己的脚——皇帝能被你们左右，同样也就能被别人左右。

高宗竟然不把长孙无忌叫来问问，就下诏削其太尉官爵与封邑，以扬州都督身份安置到黔州（今四川彭水县），但仍按一品官员的待遇供给饮食。

看开列出的朝廷供给清单，很有趣——每日细白米二升，粳米、粱米各一斗五升，粉一升，油五升，盐一升半，醋三斤，蜜三合，梨七颗，酥一合，干枣一升，木撞十根，炭十斤，葱、韭、豉、蒜、姜、椒之类各有差。每月给羊二十口、猪肉六十斤、鱼三十尾、酒九斗。

这是载于《唐六典》的一品供给标准，要真是每日不打折扣地供给，那真是"物质极大丰富"了，让今人不敢想象。

历史上对罪臣这样的处置，极为罕见。这个处置，本身就充满矛盾。既谋反，就应族诛，何来以封疆大吏身份安置？若谋反不确凿，又为何要从高位拿下，近乎流放？政治待遇降了，何以生活待遇照旧？

高宗不问长孙无忌原委，就强行处置，我以为原因有两点：一是可能被吓着了，不愿意直面阴谋，毕竟那是自己曾万分信任的舅舅，问起来会尴尬；二是心里还有些虚，怕三两句话被舅舅问倒，定不了案，从而留下隐患。

总之，长孙无忌就这么莫名其妙退场了。也许他以为，厄运最多不过如此。可是这位大僚想错了，事情到此，许敬宗已无法回头。那么，留下一个活口，就等于留下可能翻案的机会，许敬宗怎能安睡？

所以诬陷者，必然要把事情做绝。不管你是否放弃抵抗，活着，就是你的罪！

长孙这个决口一被打开，总清算的浪潮就势不可当。许敬宗趁势再奏："无忌谋逆，由褚遂良、柳奭、韩瑗构扇而成，柳奭仍潜通宫掖，谋行鸩毒。于志宁亦党附无忌。"于志宁早在皇后废立之争时，就明确表示出中立态度，但也逃不掉——不在于立场如何，是因为你不下来，我们的人就上不去。

接下来的整肃，犹如铁碾滚过，一片狼藉。高宗下诏，追削褚遂良的官爵，连已故爱州刺史也不是了。除去柳奭、韩瑗名籍，免掉于志宁的官职。长孙无忌上路期间，沿途发兵遣送。

扫荡了关陇大僚本人，再扫荡亲属和裙带关系。

褚遂良的儿子彦甫、彦冲流放爱州，在半途中双双被杀。

长孙无忌之子、秘书监、驸马都尉长孙冲除名，流放岭南；族弟长孙诠流放嶲州（今四川西昌），到了流放地后，被县令按上意杖杀；表弟高履行由益州长史再贬为洪州（今江西南昌）都督，不久又贬为永州（今湖南零陵）刺史。

还有一个人的命运令人感叹。凉州（今甘肃武威）刺史赵持满，力大善射，性喜豪侠，其姨为韩瑗之妻，其舅为长孙铨。许敬宗怕这个莽汉发难，就诬陷他与长孙无忌同反，将他快马召至京师，下狱，用尽酷刑。但赵持满终不诬服，只高声叫道："身可杀也，辞不可更！"狱吏无法，只得代写供词结案。后被下诏诛杀，尸首弃于长安城西，亲戚都不敢去收尸。

他的友人王方翼叹道："栾布哭彭越，义也；文王葬枯骨，仁也。下不失义，上不失仁，不亦可乎！"于是前去大哭一场，收而葬之。金吾卫（负责治安的禁军）把他关了起来，上报高宗，高宗赞赏其义气，就没给他定罪。

许敬宗此时处于高度亢奋状态，用了一个月的时间把这些事全部办妥。稍微喘了口气，于当年七月，又将此案进一步升级。

在长孙无忌离京后的三个月间，究竟发生了什么事，现不得而知。可以见到的是，形势到了七月，突然更加恶化。从四月的处置看，高宗在下手时还保持了一点温情——我虽然贬了你，但让你吃好喝好。但等人到了地方，他忽然就变了脸。

七月，高宗有诏，命李勣、许敬宗、辛茂将和新拜相的兵部尚书任雅相、度支（户部）尚书卢承庆这五位，共同复查长孙无忌案。

来者不善！

高宗究竟是要宽恕长孙，还是要将此案升级，不是很明确。但许敬宗有了令箭，就由不得高宗控制了。他特别挑选了以前告发裴行俭的那个中书舍人袁公瑜来当催命使者，冒着炎天暑热赶赴黔州，再审长孙谋反事。

袁公瑜狐假虎威，逼长孙无忌在供词中株连他人。一个中书舍人也来胡搅，算什么东西！长孙无忌当即严词拒绝。

袁公瑜是个小人，对许敬宗的意图了然于心，他故意激长孙无忌道："公何不自缢以谢罪？公死，我必代公具状。"

长孙无忌被逼到这一步，知道硬扛下去生亦无望，而且日子拖长了，恐怕还要连累更多的亲属及他人。万般无奈之下，只得自缢了断。

　　袁公瑜阴谋得逞，马上具状上奏，说铁证如山，完全属实。高宗得报，又下令斩柳奭、韩瑗。柳奭遂被杀于象州。

　　袁公瑜此次执行命令，积极得近乎疯狂。当他得知韩瑗已死在振州的天涯海角了，竟然风尘仆仆南下渡海，到了韩瑗贬所，开棺验明正身无误，才返回复命。

　　这一案中，长孙、柳、韩三家受牵连被贬降者，计有十三人。中间派于志宁也被贬为荣州刺史，亲属被贬者九人。

　　关陇一派的几大名相中，只有来济的命运稍好。他当初被诬告，只说他与褚遂良一起煽动长孙无忌不满，没说他参与"谋反"，因此得免一死。结案后的次年，从台州再贬为西域庭州（今新疆境内吉木萨尔之北）刺史。唐诗中多次出现的"轮台"，就在这地方，那时候与古高昌国接壤，是唐朝极为偏远的地方。

　　两年后，突厥来犯，来济毕竟是大唐忠臣，且对前途完全绝望，于是集合将士，慷慨陈词道："我曾陷刑网，蒙赦性命，当以身尽职，特报国恩！"遂不等披上甲胄就冲入敌阵，最终战死，时年53岁。高宗闻报，大概也有所触动，追赠他为楚州（今江苏淮安，古与扬州、苏州、杭州并称"四大都"）刺史，由官方提供灵车送还故乡，总算是有了一份死后的哀荣。

　　来济，是扬州江都人，身世也相当显赫，父亲来护儿是隋朝的左翊卫大将军、荣国公。在宇文化及发动的兵乱中，阖家遇害，仅剩下他一人。史载，他自幼多艰，笃志好学，有文词，善谈论，尤其通晓时务。中进士后，在贞观年间任通事舍人，后升为中书舍人，与令狐德棻等同撰《晋书》。

　　他一向是个敢说话的人。太子承乾谋反事发后，太宗问侍臣道："欲何以处承乾？"群臣没有敢讲话的，唯有来济上奏道："陛下上不失作慈父，下得尽天年，即为善矣。"太宗由此大悟，妥善安置了承乾。

　　这样一个人才，被许敬宗之流牵入一场诬陷案中，结局如此壮烈，完全可证，所谓"谋反案"实乃子虚乌有，不过是打击政敌、排除异己的手段而已。古亦然，今亦然。最高执政者也不会不明白这道理，总归装糊涂罢了。

　　长孙无忌无声无息地死于蜀中。至此，垄断大唐政坛约四十年之久的长孙集团，完全被摧毁。一棵老树倒下，连枯叶都没有飞扬起来一二。此后，再无余波，再无集团性的反扑。正如史家所说，"自是政归中宫矣"（《资治通鉴》）。

　　分析整个事件，不能不令人惊叹。其诡秘之处甚多，精彩之处也甚多。

　　首先是武则天这只"无形的手"，在剿灭长孙集团过程中到底起了什么作用？我们能够看得见后果，却不大能看得清它的动作。

　　在永徽年间，长孙集团垄断了全部相位和绝大部分中层职位，以"朋党"而论，其势力之大堪称惊人。相权绝对压倒皇权的现象，也很惊人，以至于在房遗爱谋反一案中，高宗向大臣求免叔叔和兄长一死都不能如愿。

　　然而，从永徽六年（655）起，长孙集团开始迭遭打击，时间才过去两年多，就宣告全盘覆灭。任何人，看到这样一个进程、这样一个战果，都不能不佩服在帷幕最深处的那位决策者。

　　今天有人评论说，对长孙集团实施的是"剥笋式"的打击战略。也就是先外围，后核心；先枝叶，后主干；先断两臂，后斩首。

　　不错，整个打击过程，有重点，分步骤，讲效果，看得出有一个完整、成熟的部署。

　　这样一只果断、高明的"无形的手"，不可能是许敬宗、李义府这类躁进之徒能胜任的，也不可能是高宗这个庸懦的皇帝能想到的。

　　那个在幕后不露声色的棋手，只能是武则天。这盘棋，别人下不了。

　　在打击行动开始之初，台面上实际只有两个人在跳，许敬宗和李义府。他们面对的是四位现任宰相（长孙无忌、韩瑗、来济、于志宁）和两位前宰相（褚遂良、柳奭），实力和经验都不成比例。尽管在两人背后有高宗支持，但高宗从来就没有在任何时候表现出果断来，这样的君臣三人，是撼不动长孙无忌这棵老树的。

　　显庆二年（657），李义府又因恃宠枉法被贬，公开舞台上只剩下许敬宗在唱独角戏。但是剿灭行动一点儿没有因此而迟滞，反而更加迅速、凶猛。

　　可见，帷幕后面那个人，只能是武则天。

　　可是，她究竟在哪一件事上发了什么话呢？

　　没有。

　　特别是在最后的"长孙无忌谋反案"中，武则天没有一次走到前台来。所有的"指使""操纵""授意"等说法，都只能是推测，查无实据。

　　武则天已经学会了"不着一字"。她已经不是那个在愤怒时能够脱口而出"何不扑杀此獠"的性情女子了。坐在皇后位上的她，已经是一个成熟的女政治家了。

　　有人评说道，她的"第三次杀人"（第一次权且认定是杀女儿，第二次是杀废后废妃）与前两次相比，手法老练，手段残忍，规模巨大。诚然！这不过是同一个评价的另外一种表达方式。

总之，对长孙集团的清算，绝不是简单的报复、出气、争权，而是显示出了一种战略性的政治思维，这才是她身上最可怕的一点。

她绝对是"女人身，男人心"！

击杀长孙无忌一派，根本不是她政治蓝图上的一部分。只不过是她自己想画画儿，请别人交出笔来。

许敬宗、李义府是何许人也，她很清楚。她没跟他们一块儿蹚浑水。这些人，不过是棋子。至于高宗，对她来说，固然是丈夫、知遇者、拯救者、权力的来源；但是，在终极的意义上，恐怕也是颗棋子！

高宗在这场剿灭行动中的态度，也非常奇怪。后世对他"昏懦"的评价几成定论。但我越注意这段历史，就越觉得蹊跷。史家们从编撰《旧唐书》时起，直到现代，大多认为他是被武则天牵着鼻子走，最终撕去舅甥之间的温情面纱，下了毒手。但我以为，未必。高宗，我们不能低估他在这一阶段的智商。他是不愿意受制于人，才与长孙无忌渐渐疏离，最后闹翻了脸的，那么又怎么解释他能甘愿受制于另一股力量？

高宗性格软弱，但绝不是白痴，也不是"甩手掌柜"。政务上一切决于武则天，不等于他可以允许老婆随心所欲。武则天之所以能说服他、控制他、能指点着他走，是因为两人有相交集的政治需求。

摆脱相权制约，摆脱老臣政治——这是两人共同的"痒点"。武则天为他挠准了地方，他才有可能言听计从。

因此，从他和许敬宗关于长孙无忌有没有可能谋反的对话来看，这个历来为史家所看轻的皇帝，如果不是一个傻瓜，就是一个绝顶的天才。

许敬宗不过是个新进大臣，纵然巧舌如簧，如何能几次机辩就把皇帝的看法根本扭转？这个皇帝想做什么，不想做什么，是随便什么人都能说服得了的吗？如果是，那么武则天怎么可能当得上皇后！

我怀疑，在长孙谋反事件中，皇帝、皇后和新宰相是三人联手唱了一台戏。许敬宗唱黑脸，因为他需要有个固宠的机会。高宗唱白脸，因为他不愿意担骨肉相残的恶名。武则天则不露脸，因为她珍惜名誉——不是为了身后，而是为了当世，而且不久之后就有用。

戏唱完了，三人各有所得。不过两个男人在名誉上均有所失。许敬宗，罗织陷害，株连将相，这个恶名就算钉牢在他脊背上了，千秋万代有人骂。高宗，懦弱无智，忠奸不辨，千年之下也有人不屑。

有得而无失的，只有武则天一人——起码手上未沾一滴血！

凡要走路，总会有人说，就让人家说去吧。

最后再来评价一下长孙事件。从历史的细部来看，这是个大冤案。高宗、武后起用小人，以阴谋手段诛灭大臣，助长了一班小人的谄媚竞进之风。但是从历史的宏观看，推翻贞观老班底，打破门阀垄断，又是开一个新体制的前提条件。

高岸为谷，深谷为陵。世事为什么不可以翻转一下？

汉以后，就一直没有长久且稳定的大一统王朝。在恢复了稳定后，好的执政者，就应有所作为。贞观一朝的努力，只使社会恢复到了隋末变乱之前的状态。一个肇始不久的皇朝，当然不应仅止于此。

今后，应该有怎样更好的制度？

——这就是武则天之所想。

长孙集团不愿意想这些，那就注定了有人要请他们退场。

这个出来清场的女人，所图者大，是一个天生的"革命女人"。

第六章

辅政之初

第一节 先革了门阀制度的命再说

显庆四年（659）的这场大戏，台面上互斗的人物命运迥异，或白日飞升，或永坠地狱，或有悲歌呜咽，或弹冠相庆。

我们如果仅仅把这看作个人的宠辱、权谋的高下，那历史就不免太乏味了。其间，所有的纷争，其"表"是元老与新贵之争，其"里"却是阶层利益的碰撞。

前面我说过，长孙集团所代表的，是创建这个皇朝的关陇贵族群体。他们把这个社会通往上层的渠道完全壅塞，只要是他们的子弟、他们的裙带，那就条条大路通长安。

如此几十年下来，一荣俱荣、近亲繁衍，不得了！大唐满朝都是他们一个品种的"马铃薯"了。

天下之大，却为几大姓的家族所独霸。大姓之间通婚援引，越有权势的，其子弟当官、晋升就越容易。非我族类的那一拨儿，你们就一边歇着吧。

仅以长孙无忌为例，家族中有多人官居四品以上，儿子皆任要职，族中子弟乃至族孙也都荫袭不断。一门高官数十人，遍布京华与各地。

这个集团中的头面人物，彼此又都是亲家，长孙与韩瑗、来济、于志宁、柳奭都有联姻。亲戚之外，还有门生故旧，枝叶蔓连，拔起萝卜带着泥。在当朝得意者，只要查一查背景，都有谱系，都有渊源。国家虽有号称选贤任能的选官制度，名义好听而已，骨子里不过是几只硕鼠护着一大群毛色相同的小耗子而已。

这就是魏晋以来有名的"门阀"制度。

门阀，又称"阀阅""世族"或"士族"。它讲的就是一个高门槛、好出身。"阀阅"的词源，就很说明问题，古代的官宦人家，大门外都有两根大柱，左为"阀"，右为"阅"，是用来张贴功状的。后来人们就以"阀阅"来指代显赫人家。

豪门大姓把天下的好处占尽，这就不说了，关键是这一窝窝的"水葫芦"繁殖得太旺盛，会侵害到两大力量的利益。

一个是侵害了皇权。朝中尽是豪门大姓的人，名义上的最高执政者就有可能号令出不了宫门——我们的荣华富贵皆来自出身门第，凭什么要听你的？

另一个是堵塞了寒族子弟的上进之途。只要推荐制（不经考试或投票）存在，那就一定是走后门拉关系的勾当，此乃百试不爽——豪门手中的铁饭碗、金饭碗凭什么让给你们穷小子？

豪门士族，就这样上欺皇帝，下压寒门，成了谁也碰不得的"精英阶层"。

但是皇帝和寒族都是人，受了挤压，自然有不服的，因此他们与士族的关系就越来越紧张。显庆年间的政争，不过是总爆发而已！

说透了这一点，前面所有的纷纷扰扰，就不难找出利益之争的内在理路了。

武则天一生中最有个性、最凶猛的一句话——"何不扑杀此獠"，就是被褚遂良的出身歧视给激出来的。

惹了这个女人，那就会有后果。于是我们就能看到，武则天在从政之初，给自己定下了一个任务：先革了这个可恶的门阀制度的命再说！

她究竟是早有此志，还是被长孙集团给激的？不得而知。笔者认为，后者的可能性大。

在这个问题上，可以说，是历史选择了一个不服气的女人，来把"门阀"这个老牛圈连锅端掉！

门阀制度这颗大瘤子，最初形成于东汉，到魏晋南北朝时期达到鼎盛。

话说起来就长了，自汉武帝时起，由于当局崇尚儒学，所以当官的多以读经起家。他们的官做大了，就喜欢授徒讲学，把"学而优则仕"的诀窍往下传，使门生故吏遍天下，渐成势力。其子孙也由于家学渊源而能继续做官。这么延续下去，到了东汉的中期，就有了世代为官的"大姓"。

东汉的缔造者刘秀，在开国后大封功臣，造就了汉以来的第一批真正意义上的豪门。到了三国时期，魏文帝曹丕正式确立"九品中正制"，把门阀制度以立法形式加以确认。这个选官的办法，实际上是典型的暗箱操作，即：由各郡推选出有声望的人作为"中正"，并按照才干分为九等，以备朝廷分配职务。那么，选谁不选谁，被推选者才干、人品如何，全由主持选拔的"大中正"说了算。

要是大中正既"中"且"正"，那倒还行，可以保证人才的质量。可惜天下没私心的人太少，因此推举上去的人不仅全是豪门子弟，而且难免有品行不端的阿猫阿狗。

在汉代，被举荐的叫作"秀才""孝廉"，结果老百姓编了顺口溜大加讽刺："举秀才，不知书；举孝廉，父别居。" 父别居，就是连自己的老爹都不肯养活。这种幽默，颇似近世的"一等公民是公仆"之类，其实是很讽刺的。所以，推荐制根本就是扯淡，掩耳盗铃而已。

南北朝时期，豪门士族控制了国家政治、经济、文化的大部分资源，有时连皇帝也仅仅是块牌子。门阀制度开始成为政治制度的组成部分。晋南渡以后，琅邪大姓王导、王敦拥立司马睿为帝，世间就有"王与马，共天下"的说法，可见其势力之大。

那时候，山东（泛指黄河中下游）有崔、卢、李、郑；侨姓（南渡人士）有王、谢、袁、萧；吴郡有顾、陆、朱、张。这些都是"金枝玉叶"，是南北朝时期的"红五类"。

门阀制度，就好比篱笆，圈起来的是最肥的一块。士族可免徭役，婚姻要讲门第。在日常生活中，士族一般不与庶族往来，偶有接触，也自矜门第，对寒门人士甚鄙薄之。这么干，当然要造成"士庶之际，实自天隔"的状态。而且这道篱笆又扎得非常紧密，即所谓"上品无寒门，下品无世族"。就算是在士族之间，也有高低等差。想要钻空子，门都没有！

寒门人士的上升之途被堵塞，历代都有不平之鸣，比如《古诗十九首》里有一首，就是诉说这种郁闷的："人生寄一世，奄忽若飙尘。何不策高足，先据要路津？无为守穷贱，轗轲长苦辛。"

但是，事情也有两面性。这篱笆固然圈住了一个大金饭碗，但也养活了一大批无能而又骄奢的废物。到了南北朝后期，在战乱中，寒门人士多有以军功崛起的，甚至当了皇帝的也有几个。实践证明，有没有能耐，根本不在于门第。士族在动乱中无力自保，政治特权丧失，经济上也不行了，"名虽著于闾里，身未免于贫贱"，门阀制度由此才开始衰落。

到了隋文帝坐天下，他大刀一挥，宣布要废除这万恶的"九品中正制"，同时开始实行科举制，把门阀制度砍开了一个大口子。

可是万事开头难，直到唐初，科举制取官的人数还是非常少，一科只有几十人，晋升速度也极为缓慢，不可能成为输送公务员人才的主流。传统习惯仍占上风，当官的主要渠道，还是要靠门第、荫庇，或者投门下（也就是"抱粗腿"），而且勋贵子弟上升也极快，官都做得很大。

唐取天下，依靠的基本力量是关陇士族，唐太宗尤其重视这一伙人。实际上，关陇集团的特点是"尚武""尚冠冕"，而传统意义上真正的贵族——山东士族则是"尚礼法""尚婚娅"。严格来讲，关陇集团甚至不能称为"士族"，他们不过就是一些"勋臣"。但是，唐太宗的意思是，既然打天下的是这一批人，那么他们就该是"老子天下第一"。

——这就是长孙无忌集团之所以专横于朝的一个背景。

太宗一向对山东士族不太感冒，对他们在衰败之后靠门第卖婚而趋炎附势的做法尤为不齿。为了抑制一下他们的臭架子，太宗特指派吏部尚书高士廉领衔编撰《氏族志》。他明令，编写时要把以皇族为首的关陇士族的地位拔高，起码要与山东、吴郡士族坐上一条板凳。

这个高士廉是什么人？说出来吓你一跳，他是长孙皇后和长孙无忌的亲舅舅，本人更是身世显赫。他名俭，字士廉，渤海蓨（今河北景县）人，是典型的山东士族。爷爷高岳是北齐神武帝高欢的堂弟，封清河王，官至左仆射、太尉。父亲高劢，北齐乐安王，也曾任左仆射。隋朝初年，高士廉的妹妹嫁给了右骁卫将军长孙晟，生了一子一女，男孩就是长孙无忌。妹夫长孙晟死得早，高士廉就把外甥和外甥女接到自己家中抚养，视若己出。

高士廉很早就对李世民极为看好，主动将外甥女长孙氏许配给了李世民。这个长孙氏，就是后来的文德皇后，习称长孙皇后。

高士廉长于行政，精于文学。在"玄武门之变"中，他和外甥长孙无忌一块儿参与了密谋。事变当天，老头儿还亲率吏卒从监牢里放出囚犯，授以兵甲，组成临时队伍驰援李世民，胆量也是不小。

因而在贞观年间，他的官运就极为亨通，历任侍中、安州都督、益州大都督府长史、吏部尚书、尚书右仆射、同中书门下三品，封申国公。

这是个货真价实的贵族，一家三代仆射（宰相），儿子高履行为尚书、驸马（娶东阳公主），外甥长孙无忌为太尉，外甥女长孙氏为皇后。家门风光，一时无两。

他这样一个人物，来执行唐太宗的这样一个指示，连我们都能看出，恐怕要文不对题。果然，他一接手，就广搜各地豪门家谱，依据史书辨别真伪、考证世系，按门第高下把全国各大姓分为九等。《氏族志》写好后，太宗翻开一看，差点儿气晕。因为列为一等的，是山东望族崔民干，其余山东卢、李、郑等大姓也都列为高等，排名在皇族的关陇李姓之前。

太宗顿时发了脾气，说："我与山东崔、卢、李、郑，以往并无猜嫌，只因其世代衰微，全无冠盖，犹自称士大夫，婚姻之中，则多要钱财。才识平庸，而自视甚高，不过是以名气为交易，依托富贵罢了。我不解人间何为重之？……我今特定族姓者，欲崇重今朝冠冕（就是关陇大佬），何因崔民干犹为第一等？昔日汉高祖只是山东一匹夫，以其平定天下，主尊臣贵。卿等读书，见其事迹，至今以为美谈，人人心怀敬重。难道卿等看不起我给各位的官爵？"

他再次申明，修这个志，"不论数世以前，只取今日官爵高下作等级"（《旧唐书·列传·高士廉》）。贞观十二年（638），太宗让高士廉把稿子回炉重来。

高士廉道理虽然听懂了，但感情仍拗不过来，修改后的《氏族志》成了个折中的产物。他把皇族李姓列为一等，外戚为二等，还是把崔民干列为第三等，骨子里仍旧以门第为标准，绝大部分有军功而非士族的人都未列入。

《氏族志》就这么蒙混过关了，唐太宗的初衷并未完全实现。

太宗是看清了魏晋以来选官制度的毛病的，由于选拔程序中靠的是门第、势力、关系，选上来的官，素质必然越来越差，大量优秀分子则淤积在社会下层。久之，国家机器就会运转不灵，底层人才也因不满而酝酿着颠覆情绪。这样一来，国何以安？民何以宁？

这是贞观年间的一段旧事。唐太宗没能把死而不僵的门阀制度送进殡仪馆，这个任务，就要由武则天来完成了。

唐太宗颁布了《氏族志》一百卷，对山东士族的唯我独尊多少是个摇撼。但他迫于传统的压力，只能满足于把军功卓著的关陇士族与山东旧族拉平，让社会承认成功者的高贵。而武则天则做得更加彻底，她干脆就是打击士族（甭管是哪里的），抬高寒门庶族，要让门阀制度见鬼去。

由于武士彟只是已故三品大臣，资格不够，因此，《氏族志》里没有叙武氏家族的"郡望"。郡望是指某地某家族的声望、发祥、渊源等，现代汉语里很难找出对应的词。这个名单里不列出你的家谱，自然就是轻视；加之褚遂良又曾公开蔑视过武氏家族，武则天当然要耿耿于怀。

几乎与发起对长孙无忌最后打击的同时，彻底颠覆门阀制度的"革命"也开始了。导火索还是由许敬宗来点燃，他在显庆四年（659）三月以《氏族志》不叙武氏郡望为由，奏请修改。李义府也耻其家族榜上无名，立刻予以附和。

武则天显然是力主此事可行，于是高宗下诏，命礼部郎中孔志约等十二人主持修订，不让任何士族人士介入，改《氏族志》为《姓氏录》。从名字上看，这已经与《百家姓》很接近了，强调的是"姓"，而不是"族"。《姓氏录》的编写原则是，"皇朝得五品官者书入族谱"，不问你是豪门还是寒门，就算是打仗有功而当了官的军卒，也算数。

《姓氏录》共有二百卷，比过去多出一百卷，但是原来的士族却少了四十八家，另有一批"无名鼠辈"进入了新士族的行列。高宗亲自作序，明确肯定了新的等级。此举一出，天下寒士俱欢颜，这就不光是许敬宗在前台一个人蹦、武后在幕后一个人操纵的问题了。

在《姓氏录》中，姓氏共分为九等，武氏作为皇后一族，当仁不让进入了第一等的前茅，与长孙皇后家族并列。而长孙家族的其他人，已经杀的杀、削籍的削籍，都没有资格进入名录了。

李勣在贞观年间虽然位高权重，但因为他是由山东土豪起家，门第不高，在原来的《氏族志》里等级很低。现在好了，堂而皇之地进入第一等。许敬宗、李义府两人，则以宰相之尊名列第二等。

士族们当然咽不下这口气，都把这个新名录称为"勋格"——官阶表，对之极度鄙视。

但是，《姓氏录》将士庶界限彻底打破，一律不注明郡望，只按官阶排等级，甚至由军卒起家的五品官都可以与昔日的士族平起平坐，这是让士大夫颜面扫地的事。李义府还嫌不过瘾，又奏请搜尽天下《氏族志》而焚之，省得纨绔们老是怀旧。

在整个过程中，武则天依然是在幕后，没见她有公开的言行。可是，没有她的授意、支持和默许，这一切都是不可想象的。

笔者想，《姓氏录》就相当于唐朝的《解放黑人奴隶宣言》吧，它解放了门阀制度下千千万万的"黑五类"。小人物进入上流社会的门被打开，只要你有本事能把官做大。

武则天就是用这个办法赢得了广大中下层官员的拥护，特别是笼络住了一大批草根出身的武官。长孙无忌在倒台的过程中几乎没有人为他说话，他也找不到军方的支持者以政变的方式自卫，原因很可能也在于此。

以决然的手段打破出身门第的藩篱、打通人才上流的渠道，给衰败的门阀制度以致命一击，武则天在这方面的远见与胆略都远超英明盖世的唐太宗。

魏晋以来绵延了四百余年的门阀制度，至此彻底从上层政治结构中退出，仅残存于社会习俗中，继而日渐消亡。

在社会习俗中，他们维持地位的方法是联姻。豪门大族在南北朝后期的动荡中，往往沦落，他们便以联姻的方式依附权贵，获取资财。为了达到这个目的，当然要维持和炫耀这个有名无实的"门第"。

唐太宗是新兴贵族，不吃这套，曾带头抵制与山东士族联姻。唐初皇子公主的婚配，都在勋臣之后中选择。但是在一般大臣的观念里，婚姻还是要讲门第的，魏徵、房玄龄、李勣这些元老人物，都热衷于与山东大姓联姻。

就在《姓氏录》新标准颁布的当年十月，新蹿上来的李义府自认为身份不错了，就向山东望族崔氏求联姻，被老贵族拒绝了，外加一顿羞辱。李大宰相气歪了鼻子，当即奏请：不许山东崔、卢、郑、王、李诸大姓彼此通婚。

高宗同意，下诏规定这几大姓不得自为婚姻，以削弱他们在社会上的潜在势力；还特别限制了天下官民嫁女接受彩礼的数目，并严格禁止夫家接受"陪门财"，让旧贵族们休想靠嫁闺女、娶媳妇发大财。

对这个规定，虽然望族暗中抵制，或者偷偷嫁女，或者女老不嫁，但是大姓在联姻上的优势仍逐渐逝去。

与钦定新的士族秩序同步，武则天当了皇后以后，唐朝的官员任用还有一项大的变化，那就是大量"杂色"进入"流内"。杂色官员，是指那些既没有门荫，也没有经过科举的官员，是为"不入流"的小官。与之相反的，则叫作"正色"。

当时进士出身的候选官员每年只有十多人，再加上"明经"科的，也没多少。大量候选官员中，以"流外"或以军功得官的为多。在太宗时期，杂色入流要经严格的铨选（审查选拔），而在武后时期，杂色入流几乎没有什么关卡。

皇后要想控制朝政，就要在外廷有大批支持者。这道理，武则天心里明白。她放任"杂色入流，不加铨简"，就等于稀释了官员队伍中以门荫为主的势力，为自己聚集了大批拥护者。

当然这样做也有副作用，最明显的就是李义府借此机会狙獗卖官，成了唐朝的一大巨贪。

武则天有意以"恶"为新政开道。李义府敢这么干，没有武则天的默许是不可能的。当然，卖官的恶果以及如何处理是另外一个话题。武则天借李义府之手"多引腹心，广树朋党"，掏空了长孙无忌的政治基础，培植起了自己在外廷的庞大势力。

在武后辅政治时期，科举制也有一些变化，一种选拔特殊人才的"制科"途径大大拓宽了，到显庆三年（658）三月，制科共设有八个科目，有九百人候选，选出了张九龄、郭待封等人进入弘文馆，作为皇帝的顾问。这也是为了积聚人才力量，等到第二年，她就发起了对长孙无忌的最后攻势。

现在我们回头来看，谋立皇后之时，从武则天被褚遂良激出的那句话——"何不扑杀此獠！"就能看出，一切皆有来龙去脉。

獠，是唐人咒骂南方人的话。褚遂良祖籍河南阳翟，晋时为避乱渡江，世居江南。所以武则天骂他为獠人。意在表达既然你蔑视我，那么我也同样可以蔑视你，同时还要剥夺你高傲的资本。所谓翻天覆地，不仅仅是换一个人当皇后的问题。

我想，一个革命家或者改革家，总想以天下为己任，破坏掉一些什么，创建出一些什么。那么衡量他成功与否的标志，不是他道德如何、手段如何，而是他鼓捣出来的东西合不合用，是否能福及后世。

秦始皇的"革命"，手段残暴，他也落下了一个暴君的恶名，但是他的郡县制、书同文的诸种好处，我们至今还在享用。

王莽、王安石也搞改革，要花样翻新地造福于民，而且据说带有"中世纪社会主义"的色彩。但是他们的东西不合用，搞到天怒人怨，留下的不是功业而是笑柄。

武则天的"革命"，与秦始皇相仿，起码废除门阀制度的好处福荫至今。一千多年来，在大的原则上，"学而优则仕"，不会有一大群人因"出身问题"而被阻于下层了。

武则天是古人，但其思想并不腐朽，我再次提醒大家正视。

第二节　女子在军事上未必不如男

长孙无忌被诛杀，新贵地位被抬高，武则天自是扬眉吐气。显庆五年（660）正月，她决定，要回并州故乡一趟。

这是一次大张旗鼓的衣锦还乡！

跟他一块儿去的，不光是皇帝丈夫，还有朝中所有五品以上的官员。

离别二十年，今日回并州！离开的时候，是在葬父之后，那时武则天还是一个怀着无尽凄惶的少女；今日回来，身份已翻作万姓之上的国母。这巨变，不啻是沧海桑田！

我们还能记得她当年的一句话吗？——"见天子安知非福！"

看来，成功的第一前提，就是敢想。

看一路上的山川田畴，正是"二月春风似剪刀"。春风剪开了大唐皇室空前荣耀的一幕。仪仗金光耀日，百官迤逦而行。队伍抵达并州（太原）后，高宗大宴群臣，连带并州的官员、父老，同时各给赏赐不等。就连并州都督府监狱内的人犯也沾了光，获得赦免。

并州这地方，是高祖起兵的"龙兴之地"，高宗在这里举行了盛大的典礼，祭祀当年的阵亡将士，赏赐功臣子弟。为此又连着办了三天酒宴。唐开国迄今已有四十一年，据说，这里还从来没见过这么大的场面。

之后，又祭高祖李渊的旧宅，以武士彠、殷开山、刘政会三位已故功臣配享，武家的荣耀，可说已达到顶点了。

公家的事办完，武则天又亲自宴请亲属、邻里、故旧，还在居所接见了命妇和有关妇女。让她们看看，当日的"二囡"，今日是否给父老特别是女同胞们争光了？

高宗这个姑爷也很知趣，给并州的地方主官——长史和司马各加了勋级；对武氏亲族、乡邻也各有赏赐。最绝的是，城内80岁以上的妇女都"版授郡君"。郡君，是古代妇女的封号，四品以上官员的妻、母才有资格获得。

无端就得了一顶大帽子，老太太们怎能不心花怒放？

如此闹腾了两个月，直到麦子抽穗时，省亲队伍才打道返回东都洛阳。

这一闹，文水武氏名噪一时，哄传天下。武则天本人的声望，在官民之中也急剧地提高了。这才叫真正的"母仪万方"。

但是她，不会仅仅满足于此。

这一趟光宗耀祖的旅行，从正月出发，到当年六月才回到东都，也许是一路寒暑太辛苦，也许是暴饮暴食没控制好，四个月后，高宗突然发病，"风眩头重"，眼睛都看不清东西了。于是百司奏事，高宗就只有委托武后来裁决。"由是始委以政事，权与人主侔矣"（《资治通鉴》），也就是说，武则天就是从这时开始正式辅政的，权力与皇帝相当，迈出了她作为最高统治者的关键一步。

当时这么做，只是个权宜之计，因为没别人可以依靠。太子李弘年仅8岁，象征性地临时"监国"还可以，但辅政基本没有可能。国家事务这么大一个摊子，只有让武后来参与管理。武后辅政之后，高宗身体又迟迟不能复原，他虽然勤政但力不从心，权宜之计也就演变成常例了。

高宗患的究竟是什么病？后世看法不一。有说高血压的，有说近视的，有说神经衰弱的，有说心血管疾病的，没有定论。有人根据后来他的遗诏内容推断，可能是中风。

对于武则天辅政，《新唐书》的一帮作者很不以为然，说她"已得志，即盗威福，施施无惮避"。这是说，她窃取权力，耀武扬威，不知收敛。《新唐书》还指责高宗昏庸，受牵制于武后。

这多为激愤之语，并不是事实。高宗性格虽软弱一些，还不至于是像晋惠帝那样的白痴。

太宗挑三拣四，最终选李治为接班人，看中的就是他的"忠孝"，不可能胡来。他即位以后也颇有建树，不是个糊涂蛋。唐代最周密的一部法典《唐律疏议》，就是他在永徽初年叫长孙无忌等一批大臣们搞出来的。其条目简明，涵盖甚广，图表齐备，堪称古代法律的经典。

高宗头脑聪明，也善于纳谏，有一定的分辨贤愚的能力。他在即位之初，还保留着当太子时的爱好，喜欢打猎。一次，出猎途中遇到暴雨，雨衣挡不住雨水，他问谏议大夫谷那律："油衣若何为，得不漏？"这雨衣要怎么制作才能完全防雨？谷那律想劝他不要因打猎而荒废政务，就一本正经地答道："能以瓦为之，必不漏矣！"高宗一听就明白了，大笑，赏了谷那律绢帛二百匹。

武则天辅政，遭欧阳修等人的诋毁，原因不是她谨慎不谨慎、参政工作做得好不好的问题，而是在"儒家政治"的框架里，女人就不能干政。只要你参预了政务，不管是合法非法，不管是善政还是恶政，都是牝鸡司晨，就是罪！

我们今天还能听到与欧阳老夫子类似的腔调，且喋喋不休，不能不让人感叹：高贵不能由血统延续，愚蠢的因子却能代代相传啊！

武则天辅政之后遇到的一个较大的问题，就是四境开始不宁，东西两方都频频有警。

在此之前，唐太宗的赫赫武功使四夷宾服，也使大唐在贞观初期安享了十多年的清静。太宗到了晚年仍不服老，亲征高丽，还想最后地风光一把。可惜好大喜功，欺人太甚，遭到了人家顽强的抵抗，最终攻不下一个小小的安市城。

仗打得挺热闹，但是顿兵于坚城之下，又不敢冒险奇袭击平壤。结果在冬季将至、后勤难以为继的情况下，狼狈撤军。这使他在武功方面失了不少分。此战虽未能全部完成战略意图，但也留下了深远的影响。

显庆年间，唐周边局势陡然恶化。西边，中亚强国西突厥称霸西域，阻断商路，使西域归附唐朝的国家颇感不安。东边，与唐有密切关系的新罗，遭到高丽和百济的夹击，吃不住劲了，向唐朝求援。

边境问题一向相当复杂，就连唐太宗也不是回回得手。高宗、武后两人面对险境，冷静判断形势，正确制定了对外战略，软硬两手并用。自显庆元年（656）起，积十年之功，东征西讨，使四境局面大大改观，疆土之广也达到了唐代的极致。

在征伐行动中，他们既任用老将李勣、刘仁愿、刘仁轨，也起用新崛起的苏定方、薛仁贵。雄师西出玉门关，所向披靡，开始了唐朝首次向中亚霸权的挑战。读这一阶段的历史，唐代边塞诗中的雄浑景象宛然在目，可谓快哉！

最后，唐朝在实际上灭掉了中亚霸权势力西突厥，并成功地取而代之。随后在天山南北两路广设府州，确立了大唐在西域的统治权，使大唐疆界西延至咸海和阿姆河以西，到达了今日阿富汗和伊朗的边界。

这一时期，东部的战事也颇为顺手，苏定方兵临平壤城下，刘仁愿、刘仁轨攻破百济，形成了对高丽的夹击态势。尤为令人振奋的是，唐军在百济一战中，大败百济请来的日本援军，烧日本船只四百艘，致使海天尽赤，敌为之丧胆！

这一时期大唐在四境的武功，客观地说，已经远远超过了贞观时期。

此为谁之功？不用说也明白！

在西部屡与大唐争雄的突厥，史界一般认为是匈奴的一个分支，估计是在汉朝时没跑得太远的那一支。其势力初起于北魏末年，有官制，有立法，有文字。到北齐、北周时，成了世界强国，它的疆域，东到辽海，西至咸海，南抵阿姆尔河南，北越贝加尔湖。若是从地图上看，整个是压在唐朝脊背上的一只巨熊。

突厥这个名字，源自其部众的主要居住地——金山（今阿尔泰山），此山酷似一个帽盔，俗称"突厥"，其国也就由此得名。

到了隋初，突厥帝国发生内讧，分裂为东西两部，其中的东突厥在地理位置上位于中原的北方，所以史籍上又称"北突厥"。隋文帝抓住天赐良机，征抚并举，引他们两家铁帽子互斗，导致他们双双衰落。

到隋炀帝乱政时期，隋实力大减，突厥又有反弹，力量相当不小。唐高祖李渊在太原兴兵时，还要遣使向东突厥称臣，以为依托。

唐建国之后，东突厥屡次进犯，高祖不胜其扰，一度曾有迁都的打算。武德九年（626）八月，就在秦王李世民杀兄逼父、正式坐上皇位以后的第十天，东突厥大可汗颉利就亲率精骑二十余万入寇。八月十九日打进来，二十八日竟然冲到了渭水便桥边上。中间虽有尉迟敬德在泾阳（在今陕西）阻击了一下，但未伤其根本。东突厥大军沿渭河一字摆开，气势夺人。颉利可汗派出使者逼盟，对唐进行军事讹诈。

太宗又气又恼，下令扣押了突厥使者。这时唐朝这一方的情况很不好，长安城内兵力空虚，人心未定，仅有的军队里还有太子党、齐王党，是否能跟太宗一心阻敌还不一定呢。

但太宗毕竟是绝世的英雄，他亲率六骑（里面有几个还是文士）到渭河边与突厥大军对峙，斥责颉利背信弃义。

颉利理亏，答不上话来，又见唐北衙"六军"（中央禁卫军）陆续开到，队列严整，竟被这支高祖起兵时的"元从禁军"给唬住了。他不敢挥军过河，便与太宗在渭桥上订了"白马之盟"（杀白马盟誓），以示此行逼和了唐朝。

颉利可汗逼盟成功，大胜而归。唐太宗将此视为一生中的奇耻大辱，"坐不安席，食不甘味"（《贞观政要》），郁闷了好久。从此，下决心要平定突厥，把唐以前的防守战略转变为进攻战略。为此做了大量的准备，整军练武，修复边障，动员军民，就专等着出手的好时机。

到了贞观三年（629），内外条件终于成熟。是年底，太宗任命兵部尚书、检校中书令李靖为定襄道行军大总管，节度李勣等六道行军总管，发兵十余万，分道出击突厥。

在这场让全亚洲都喘不过气来的双雄决战中，老将李靖舍正出奇，只率三千骁骑突袭，一举击溃颉利部众，斩首万余，俘男女十余万口。颉利率残兵万余人在仓皇逃遁中，又受到李勣的堵截，断了逃回漠北的路。老将李靖哪里能放过他，一路猛追，"穷阴山之北"。

可叹颉利这个世界级的枭雄，兵败如山倒。逃亡路上，随从纷纷逃散，他本人也被唐军生俘。

不可一世的东突厥，居然就这么一战而亡！

唐军仅以少数奇兵，就灭掉了一个世界头号强国。这让中亚一带的国家目瞪口呆，大唐周边的国家更是受到强烈震动。西北诸国相约上书，拥戴唐太宗为"天可汗"。

雄图大业，何其伟哉！几十年后盛唐边塞诗中那些豪气干云的句子——"万里寒光生积雪，三边曙色动危旌""黄沙百战穿金甲，不破楼兰终不还""杀气三时作阵云，寒声一夜传刁斗"——只有放在这个背景下，我们才能感受到它们内在的雄壮！自此，西起阴山、北至大漠的大片地域，统统都收入了大唐的版图。如果你能看到那时的唐疆域图，你就会感到，这一大片新疆域的形状，犹如一面旗帜，在风中傲然飞扬！

东突厥垮掉了，但是西突厥的势力仍然强大。唐太宗此时对周边态势的考虑是，以睦邻为主，压制住邻邦可能的霸权倾向，能达到关系均衡即可，因此他并没有灭掉西突厥的战略打算。但是在其后，他接连出兵，先后平定高昌、焉耆、龟兹，打掉了西突厥在西域的"腿儿"，压住了西突厥的霸主气焰。

这次用兵，再加上先期的征服吐谷浑一役，可以说，为后来高宗时代彻底解决西突厥，创造了极有利的条件。

至贞观二十二年（648），三大战役完成，诸国纷纷内附，西域遂告统一，连西突厥也对唐军之盛感到震惊，不得不表示恭顺。

太宗为了对这一大片广袤的区域实施有效治理，特设了"安西四镇"，即龟兹

（今新疆库车）、疏勒（今新疆喀什）、于阗（今新疆和田）、碎叶（今吉尔吉斯斯坦北部托克马克附近）。被西突厥干扰多年的"丝绸之路"终于开始畅通，太宗实现了他晚年最后的辉煌。

但是在永徽初年，西突厥势力又有所复燃。太宗死后，已内附的西突厥一名首领阿史那贺鲁公然反叛，率部向西"还国"。此后渐渐坐大，拥有兵力数十万，竟成了一派大国气象。西域诸国也有不少倒过去的。

永徽二年（651），这个西突厥的后起之秀贺鲁，大破亲唐的射匮可汗，在碎叶城的双河及千泉建"牙帐"，号称"沙钵罗可汗"。此时，大唐仍然延续太宗的"国际战略"，绝不能坐视境外的势力称雄称霸——趁着对方立足未稳，就要赶快收拾掉。永徽三年（652）和六年，高宗先后两次派兵往讨，拉开了大唐对西突厥的大规模军事行动的序幕。

永徽六年（655）五月，高宗又开始部署大的行动，命贞观老将程知节任葱山道行军大总管，引军西击西突厥这个新冒出来的沙钵罗可汗。

这个程知节的本名，说起来大名鼎鼎，原来就是程咬金！因为给写进了通俗演义小说，此名进入了日常谚语，至今妇孺皆知。他是济州东阿人，"少骁勇，善用马槊"（《旧唐书·列传·程知节》）。在隋末大乱中，聚数百徒众，投靠了瓦岗军李密部。瓦岗军败，他只得降王世充，武德二年（619）与秦叔宝在阵前一起降唐。

归唐后，程知节被派在秦王府效命，就一直跟着李世民了。他是"凌烟阁二十四功臣图"中的第十九名。

显庆元年（656）正月，高宗亲至玄武门为程知节饯行。老将出马，一开始还是很顺手的。八月，程大将军在榆慕谷（今新疆吉木萨尔境内）大败歌逻禄、处月二部，斩首千余级。副总管周智度进攻突骑施、处木昆等部，也获得大胜，攻下了咽城（今新疆博尔塔拉），据说斩首三万级。

十二月，程咬金又引军至鹰娑川（在今新疆焉耆），遇到了突厥强兵四万骑。前军总管苏定方，发了神威，率五百骑迎头逆击。西突厥大败，唐军狂追二十里，斩杀俘获一千五百多人，缴获战马及器械遍野皆是，不可计数。

后来，这场战役突然发生转折，结局很窝囊。

据说，副大总管王文度嫉妒苏定方之功，矫旨"以程知节恃勇轻敌，委王文度为之节制"，拿过了统兵大权。他要求军队自结方阵，遇敌则击，不得深入追敌。士卒终日跨马披甲，不胜疲顿，马也死了不少。苏定方见痛失歼敌良机，认定所谓"密旨"有诈，劝程知节囚王文度，飞报朝廷，弄清楚再说。但程知节已不复当年造反时的气节，全无这样的勇敢了。

更有甚者，王文度又杀了来降的胡人，分其财物。苏定方认为这哪里是伐叛，简直是自己做贼来了，但屡谏不从。结果将士离心，此后大军无功而还。

回师以后，这些事情当然掩盖不住，高宗、武后做了严厉处置——王文度矫诏当死，特免死除名；程知节因"逗留不进"免官。

对这场半途而废的征伐，后世争论颇多。有人认为，王文度哪里会有胆量矫旨？而且矫旨之罪居然不死，后来仅仅三年时间就重新起用，这就更令人不解了。其内幕，实为高宗要打击程知节这位贞观老将。这只能聊备一说了。

此战没获完胜，第二年接着来，高宗授苏定方为伊丽道行军总管，率领万余唐兵和回纥兵，自北道再征西突厥阿史那贺鲁。

苏定方，名烈，字定方，是冀州武邑（今河北南部）人。其父苏邕，在隋末大乱中聚乡里数千人，保土讨"贼"。那时苏定方才15岁，即随父作战，史载他"骁悍多力，胆气绝伦"。父死，代领其众，后降窦建德，为建德大将高雅贤养子，从窦建德、刘黑闼攻城克邑，累建战功。刘黑闼败后，苏定方隐居乡里。贞观初，在别人说服下，离乡效力于唐廷，为匡道府折冲都尉。贞观四年（630），随李靖征东突厥并任先锋，就是打得颉利可汗狂逃的那一仗。

当了两次先锋，能打不能打已经得到检验，因此，高宗这次放手让这个已届老龄的新秀当了一路大军的统帅。

显庆二年（657）十二月，他率军至金山（今阿尔泰山）以北，先击木昆部，一举破之。大军到了曳咥河（今额尔齐斯河上游），沙钵罗可汗率军十万，倾国而来。沿河西列阵长十里。

这将是一场预期中的大决战。古代打仗，在原野列阵，两军阵势一目了然，更容易激发男子汉的豪情。好一个勇将苏定方，自任前驱，仅率精兵万人出战。沙钵罗可汗见唐军人少，便挥军而上，企图把唐步兵"包饺子"。

苏定方要的就是这个，他命步兵持矛环据南原，矛尖向外，密如刺猬，遇敌不得擅动；自己则率骑兵列阵于北原待机。西突厥军三冲南原，仍动摇不了唐的步兵阵。苏定方见敌气馁，立率骑兵反击，一以当十，跃马飞驰。西突厥军挡不住，大溃。苏定方急追三十里，斩获数万人，至晚方罢。

次日晨接着追，西突厥军哪里还跑得动，纷纷来降，可笑沙钵罗可汗比颉利可汗强点儿，但不多，仅剩数百骑西逃。

苏定方乘胜追击，所过之处诸部落莫不归附，追至伊丽河（今新疆伊犁河）西的邪罗斯川，天降大雪，平地积雪二尺。诸将请求暂时休息等候天晴，苏定方说服部众一定要追穷寇，于是昼夜兼程继续追歼，在双河与南路唐军会师，又长驱二百里，直抵沙钵罗可汗牙帐。

这里是沙钵罗可汗的根据地，其部众正在忙着打猎补充食物，毫无防备。苏定方纵兵进击，一举斩获数万人。贺鲁父子逃脱，苏定方"遣副将萧嗣业追捕之，至石国（今苏联塔什干一带）"，贺鲁被当地人执送唐军。

这个可汗战俘，后被带回长安，免死封官，不久病死在长安。雄踞中亚的西突厥就此灭亡！

苏定方值此战时，已是65岁的老将军了。战后，因功拜左骁卫大将军、邢国公。

这是收获的季节。唐西部疆土这面旗帜，比前代更加辉煌夺目！旗角所及的地方，是赫赫有名的古国——波斯、天竺、吐火罗。

当我们今天的读者，看到这个辽阔、陌生、遒劲的旗帜形状时，胸中不能不涌起浩叹——

唐之盛，首在武功。国之盛，唯有军威！

为了有效地管辖这片国土，高宗、武后下令，在西突厥故地置"北庭都护府"。下辖二州，昆凌、蒙池二都护府，及二十三个都督府。

太宗时期设置的安西都护府则西移至龟兹，对西突厥旧部分而治之，切断他们与原臣属诸部的关系。诸部归属州府，各给印信，开始对其行使统治权。

唐在西域平定后，又在天山南路（于阗以西、波斯以东）分置十六个都督府，以及八十个州、一百一十个县、一百二十六个军府，均隶属于安西都护府。

这就是鼎盛时期的大唐。太宗的梦想和太宗没有梦想到的，都在高宗、武后时代奇迹般地实现了。这是一个继承了太宗之风的蒸蒸日上的时代，连记述那时的史籍文字也都具有神奇的色彩。在上者胸怀阔大，所图就大气磅礴；在上者知人善任，虏骑自然闻之胆慑。

西域兵息后，东境尚未安宁。毗邻的朝鲜半岛上正在上演"三国演义"。高丽①、百济、新罗，呈三足鼎立之势。

这里要重点说说高丽。这个辽东的蕞尔小国，面积与人口仅相当于隋唐的一个郡，却让大隋垮了台，让大唐的太宗碰了壁。

真是块够厉害的石头！

这个高丽（亦称高句丽），并不是指古代朝鲜，它只是统治朝鲜半岛北部的中国边疆政权。朝鲜是朝鲜，高句丽是高句丽。隋唐时，朝鲜半岛南部分裂为百济和新罗两国。

而高丽与朝鲜并非同源，高丽是辽东的一个部族，与中原文化的联系十分紧密，连文字用的都是汉文字。关于它的记载，最早见于先秦古籍《逸周书·五会篇》，曰："北方台正东高夷。"后孔颖达疏注："高夷，东北夷高句丽。"西汉时，高丽兴起于浑江和鸭绿江一带，其势渐强后，疆土达于现今中国东北的南部和朝鲜半岛北部，将百济、新罗挤压到现朝鲜半岛的最南端。

笔者曾有幸到过吉林省的集安县（现为集安市）。在清幽的山城中，亲见高丽王陵（俗称"将军坟"）。高丽雄踞东亚七百年，遗迹甚多，有城垣，有著名的"好太王碑"，据说在集安的群山中分布着高丽墓葬近万座。笔者当时曾进入将军坟的墓室内看过。此为高丽第二十代王"长寿王"的陵寝，外观完全是一个小型金字塔。室内有壁画，色彩鲜艳，风格飘逸。画中是左青龙右白虎、南朱雀北玄武的格局，还有莲花白鹿、伏羲女娲等，造型很独特，但总体也是汉文化一脉。

就在高句丽灭亡200多年后，也就是唐亡之后的后梁贞明四年（918），三韩人王建在朝鲜半岛建立高丽王朝。这个新的朝鲜国家袭用了"高丽"之名，却与隋唐时期的高丽（高句丽）毫无关系。

隋炀帝就是栽在这个高丽国的手里。

隋大业七年（611），隋炀帝发布《征高丽诏》，从全国各地征兵百万余人，先后三次征讨。但是远征军士气低落、后勤补给困难、指挥严重失误。每次征讨，不是惨败，就是无功而返。结果国家元气大伤，百姓不堪其苦。

那么，隋炀帝为什么要打高丽呢？

---

① 高丽：又称高句丽，是中国古代边疆政权，统治今中国东北地区和今朝鲜半岛北部，与918年王建建立的（王氏）高丽有本质区别，二者无继承关系。因史料记载该中国古代边疆政权时多用"高丽"，仅有一处用"高句丽"，本书尊重史料称谓，亦用"高丽"一词。望读者有所区分。

此时的高丽国主世袭爵辽东郡公，名义上受中土羁縻，而实际是辽东的霸主。

隋文帝的时候，隋与高丽的关系总体还不错，但是高丽老是在辽东和朝鲜半岛的几个国家之间打打拉拉，严重破坏辽东一带的"国际秩序"，而其一旦坐大以后，势必影响隋朝本土的安全。隋文帝生前觉得征高丽时机不成熟，就没怎么动它，还封了高丽国主为王。但是到了隋炀帝就不同了，这位先生本人的自我感觉太好了，"慨然慕秦皇、汉武之事"（《隋书》），要亲自来完成灭高丽的千秋大业了。

历史狠狠捉弄了隋炀帝，"征高丽"不仅成了笑柄，还成了噩梦和送终曲。

被捉弄的还不止他一个，还有一个比他经验足、比他城府深的"百战老人"——唐太宗。

那么，唐太宗是如何想起来要征高丽呢？

那是因为——无论隋炀帝还是唐太宗，都有一个很固执的想法，就是：高丽现在的地盘本是汉朝的"四郡地"，这小国是占据了"我中国郡县"。我不计较就罢了，你居然还不恭顺，所以要讨伐。

于是关于如何收复辽东故土的事，就此列入了太宗与臣下的议事日程。

隋朝的前车之辙，太宗心里当然有数：前后发兵百万，像武装大游行似的去打高丽，哪有成功的道理，拖也把自己拖垮了！他认为，只须"发卒数万"，且水陆两路合击，则取之不难。

然而，这是犯了主观主义错误，仍然把形势估计轻了，埋下了失败的伏笔。

贞观十六年（642），高丽内乱。其东部大人（酋长）泉盖苏文，弑国王高建武及诸部大臣百余人，立高藏为王，自封"莫离支"（相当于吏部兼兵部尚书）。

此人本姓渊，唐人为避高祖李渊讳而写作"泉"，盖苏文是他的名。泉盖苏文专横残暴，以严刑立威，"国人皆苦之"。

属国的大臣杀了国王，又实行暴政，上国当然有义务来管一管，这就为唐太宗征高丽提供了一个理由。出师之前，太宗诏告天下，特别列举了此次征高丽的五条必胜缘由："一曰以大击小，二曰以顺讨逆，三曰以治乘乱，四曰以逸待劳，五曰以悦当怨，何忧不克！"

征高丽的诏令一下，立刻有数以千计没被征发，但自愿私人购置装备从军的志愿者，要求从军，且声称："不求县官勋赏，唯愿效死辽东！"其间，更有百姓给新生儿取名"平辽"的，形成时髦。民间复仇情绪顿然高涨。

贞观十八年（644）十二月二日，太宗发出总进攻令。下诏水陆诸军及新罗、百济、奚、契丹等分道进击高丽。贞观十九年（645）二月十二日，太宗亲统六军（中央禁军）从洛阳北上，三月十九日，抵达定州（今河北定县），留太子在此监国，令房玄龄与高士廉、刘泊、马周等辅政。三月二十四日，太宗率部离定州，踏上征程。

太宗亲率的陆路，进展相当顺利，一路攻城略地，到六月中，兵锋直指平壤的最后一道屏障——安市城（今辽宁海城东南）。二十日，大军到达安市城下，连气也没喘一口就开始攻城。次日，盖苏文派遣高延寿和高惠贞率兵十五万赶来援救。

有人分析，抵达安市城的这一路唐军顶多有五万人，除去维持后勤保障线和继续围困安市的军队，能迎战高丽援军的兵力大概有三万人。

一对五，形势陡然严峻！

然而，看见敌兵源源开来，太宗不但不慌，反而高兴得亲自上阵指挥。就连唐军的普通士卒对战场形势也都极为乐观。这不光是意志的问题，而是太宗料定高丽援军仗着人多，一定会跟唐军展开野战。那就正好闯到虎口中来了！

唐史上这场著名的"驻跸山大战"，一触即发！

江夏王李道宗此时提出建议，他认为，高丽倾全国之力来救安市，都城平壤守备必弱，因此请拨精兵五千，直趋平壤，一举拿下。若如此，来的这十五万援军也必不战自溃。如果太宗采纳了这一建议，此次征高丽的战略意图就可以完全实现。可惜，可能是出于谨慎，也可能是太想亲自指挥打一个漂亮仗了，太宗没有答应。

六月二十二日，总攻开始，各路唐军鼓噪而进，将高延寿的人马围在了核心。高丽军猝不及防，一片混乱。

就在这时，天色忽变，阴云密布，有耀眼闪电连番劈下，状极奇丽。但见战场上，一员白袍唐将跃马而出，手持方天戟，腰挎两张弓，大呼陷阵，所向无敌。高丽军惊恐万状，皆披靡而逃。唐军气盛，三路齐发，越战越勇，将高丽军击溃，斩首两万余级。这个有如天神下凡的白袍将军，就是在《说唐》里大名鼎鼎的薛仁贵。

薛仁贵名礼，字仁贵，是绛州龙门（今山西河津）人。他自幼贫寒，习文练武，有膂力，以务农为生。这次征辽，他到将军张士贵门下应募，被收为部属，是为著名的"白衣从军"。在两军对垒中，他服装奇异，胆魄过人，真是大大出了一把风头，可以说是唐朝的一场超级男子秀！

在山上观战的太宗果然注意到了这个奇人，大为赞赏，战后论功，授游击将军、云泉府果毅，职守皇宫玄武门（北门）。及征高丽还军后，唐太宗还特对薛仁贵说："朕旧将皆老，欲擢骁勇付之外事，莫如卿者。朕不喜得辽东，喜得虎将。"又加封薛仁贵为右领军郎将。由此薛仁贵骤然崛起，成为初唐将领中的一员新秀。

大战方歇后，高延寿、高惠贞率残兵败退至山上，依山自保。但又被唐军团团围住，欲归无路，只得请降。

降将膝行而前，拜伏请命。太宗面有得色，傲然问道："后敢与天子战乎？"

这也是一代雄主的千古名言了！

战后，太宗曾驻扎的山岗被命名为"驻跸山"，这场大战也因此得名。

经此一战，高丽举国震惊，后黄城（今辽宁沈阳南）和银城（今辽宁铁岭南）守军全都自行逃遁，数百里内无复人烟。

收拾了高丽援军，转过头来该收拾安市城了。安市城（今辽宁海城）不仅城池高峻，且守城的名将杨万春也是个奇人。当年盖苏文篡权作乱的时候，独有杨万春不服。盖苏文派兵攻伐，却怎么也打不下来这座城，只好默认杨万春在安市城的权力。

太宗知道安市很难攻，杨万春也绝不会出城与唐军野战，于是提议：舍安市而西攻建安。因为此时张亮率领的水军正在围攻建安城，拿下了建安，安市就成了一座孤城，困也把它困死了。

但李勣不同意，认为西攻建安，唐军离后勤补给基地辽东城的距离就太远了，如果安市的高丽兵冲出来截断唐军后路，情势必然危殆。他坚持"先攻安市"。

八月十日，唐军切断了安市与建安的联系，开始攻城。城内高丽守军士气高昂，死守不弃，且每次看见太宗的旌旗、麾盖，必登城鼓噪，弓矢乱发。

太宗何曾受过如此的羞辱，勃然大怒。李勣便请求，于克城之日，将城中男子尽诛以泄愤。这消息不知怎的传入了城中，守军益愤，人皆死战。

百战百胜的唐军这次却无论如何也啃不下这块骨头了。

高丽降将高延寿见此情形，献策道：可移兵进攻乌骨城（今辽宁凤城以南），乌骨守军薄弱，大军可朝至而夕克，然后麾军南下，平壤即唾手可得。群臣诸将基本附和这一意见，但长孙无忌出于谨慎却极力谏止，他也是怕扔下安市将来会腹背受敌。

太宗又令江夏王李道宗发动士兵在城南筑土山，以逼近城内，作为发射点。如此，唐军筑山昼夜不息，先后历时六十多天，山顶距城已不远，且居高临下。城内守军也加高城上的建筑，双方较上了劲。

谁也没想到的是，由于土山太高，屯兵过多，结果突然塌下，压倒了城墙一角！

这是征高丽一役中最为惊心动魄的一刻。太宗的梦想，就断送在了这一刻。

本来这是唐军突入城内的绝佳时机。但是唐将傅伏爱擅离职守，土山附近的唐军群龙无首。高丽守军数百人反而从城缺处杀出，占据了土山，在四周挖堑壕而守之，唐军竟无可奈何。

太宗大怒，将傅伏爱斩首示众，下令一定要夺回土山。然而连攻三天，寸土未得。战事就这么成了胶着状态。一路破城而来的唐军受阻于安市，如出峡之水渐渐失了冲击的势头。时间拖了快一个半月，进入了九月。辽东寒霜早降，草枯水冻，严冬将至，已不适于长期作战。加之唐军的军粮将尽，人马也难以久留。

在万般无奈之下，太宗遂于九月十九日做出撤军的决定。

这场轰轰烈烈的征高丽之战，从三月自定州出发，至此，历时已半年有余。

回师之前，太宗考虑到安市守将杨万春抵抗得也很不容易，特赐绸缎百匹以示嘉许。而杨万春则登城拜谢，遥送唐军返乡。

归途上霜色千里，满目苍凉，不知道那些疲惫的唐军将士们有何感想——

这一仗究竟是打胜了还是打败了？

清点战果，这次东征，唐军共攻克玄菟、横山、盖牟等十城，迁徙居民七万人入内地。共斩首四万余级，俘敌十万人（都发给口粮打发回家了），又获牛马各五万以及大量粮食。唐军自身战死两千人不到，堪称奇迹。只是战马损失较多，大概死了十之七八。在撤军途中又不幸遭遇暴风雪，"士卒沾湿多死者"。

史载，太宗征高丽不如意，深悔之，叹曰："若魏徵在，不使我有此举也！"

这次出征，显然没有达到预期的战争目的，那么失误到底有哪些？

第一，轻敌。隋炀帝倾全国之力征伐高丽，劳民伤财，固然不对，但唐太宗则走到了另一个极端——派兵太少。陆路大军为进攻主力，却仅有六万，一路留下来维持后勤保障线和守卫所占城池的，占去一万余。唐的大国军队优势，在具体战场上则变成了兵力上的弱势。以至于在安市一战中，两次都不敢下决心绕城而过。

第二，水陆两军未能进行有效的战略配合，且水军战果太少，仅攻下一座卑沙城（今辽宁海城），此后便"耀兵于鸭渌水"。建安城也没能拿下，对敌构不成实际威胁，无助于主力突进。

第三，一线大将用人不当。因太宗怜惜名将李靖年纪太大，没有叫他随行，唐军少了一员猛将。据史载，李靖是中国历史上少有的"全能将军"，能打各种类型的战争。唐军长于野战，但在攻坚战上略逊一筹，而进入高丽后，最大的问题就是攻坚战。

第四，皇帝压阵反而导致束手束脚。太宗本人在历次战事中，一向敢于行险，但这次文臣武将都有怕担风险的顾虑，不敢出奇兵直袭平壤，只能以己之短（兵少路远），攻其所长（城坚地险），最终为坚城与气候所阻，未能实现战争目标。

但是也有论者认为，战争取得了相当的成果。首先，这是自三国毋丘俭攻破高丽屠王城以来几百年间，中土王朝第一次真正战胜高丽，且收复了在南北朝时期被高丽夺走的许多辽东土地；其次是使高丽在战后无力再袭扰新罗，这就已经达到了惩罚战争的目的。

唐太宗可没有这么达观，估计他的看法就是没胜，贞观二十二年（648），唐太宗还不死心，想趁高丽连年受灾、国力困弊，在下一年发三十万大军灭掉高丽，而且已经下令剑南道伐木造大船了。但是第二年，太宗病逝，这个计划便搁置了。

太宗未竟的东征事业，从显庆年间起，由高宗和武后接过来发扬光大了。高宗在贞观末年征高丽之役时，曾经监国，管过内外大事；武则天那时是宫中才人，也用心揣摩过太宗的谋略。两人对征高丽失利的印象肯定十分深刻。如何才能彻底征服高丽，他们事前做过周密的研究。这在以后唐军战略的改变上可以看得出来。

永徽六年（655），休整了十年后的高丽、百济气焰复张，又联手压迫新罗，接连攻下新罗三十三座城。新罗上表向高宗求救。

一开始，高宗并不想大动干戈，只是用了围魏救赵之计，派程名振、苏定方、薛仁贵等率军一万往击辽东贵端城。唐军渡过辽水后，"高丽见其兵少，开门渡贵端水逆战"。唐军"大破之，杀获千余人，焚其外郭及村落而还"。这只是小规模的牵制性战役，打击力度不大，所以高丽并没被吓住。显庆三年（658）和显庆四年（659），唐又两次出兵辽东，斩获颇丰。连续几次的军事行动，虽然牵制了高丽的兵力，减轻了新罗的压力，但没有从根本上解决问题。

显庆四年末，百济又攻陷新罗的独山、桐岑二城，新罗王金春秋向唐廷连连告急。

半岛形势恶化，引起高宗与武后的高度关注。此前，唐朝用兵重点一直在西域方面，现在西域稍定，可以聚精会神来认真对付高丽、百济了。

高宗和武后早就意识到，仅从辽东方面出兵牵制高丽，远水解不了近渴。小打一下可以，大打又会陷入炀帝和太宗深陷过的泥潭。

怎么办才好？

要拯救新罗，从陆路进攻不能考虑了，只有渡海作战才能避开高丽的地利优势。而且渡海支援新罗，可以先打击百济。新罗的地理位置是在半岛的东边，而朝向黄海的这边，恰恰是百济的领土。其时，大将刘仁轨建议说："欲吞灭高丽，先诛百济，留兵镇守，制其心腹。"这是在朝鲜半岛作战中制胜的不二法门，甚至迄今仍然有效。从陆路由北向南推，后勤将越来越匮乏，攻击势头也会越来越弱。而登陆沿海，中心开花，对方就很容易呈瓦解之势。

高宗和武后对这个建议极为赞赏，立即接纳，调整了针对半岛的战略方针。确定：先派兵渡海，与新罗联手打击百济，渡海远征军在半岛取得立足点后，再与辽东方面的唐军南北夹击高丽。

显庆四年（659），朝廷遣薛仁贵、梁建方、契苾何力等，与高丽军激战于横山（今辽宁辽阳附近华表山）。新秀薛仁贵仍是一马当先，冲入敌阵，箭无虚发，所射者无不应弦倒地。

接着，又与高丽军战于石城（今辽宁省辽阳县东北），此战役唐军获全胜，预示着高宗时代对高丽战争的兆头很不错。

显庆五年（660）三月，百济又攻新罗，高宗与武后开始实施新的战略，任命老将苏定方为神丘道行军大总管，统帅精锐水陆军十三万渡海，进行登陆作战；又委任新罗王金春秋为嵎夷道行军总管，率新罗军夹击百济。

这是一套非常完整的战略构想：唐水陆大军船队从山东沿海出发，横渡黄海，在半岛登陆后直捣百济都城泗比。新罗武烈王则亲率五万新罗军，从陆路由东向西夹击泗比城。

这次唐军有兵力上的绝对优势，首选打击点是敌方的软腹部，在另一战线又有助攻的生力军。这个新战略把太宗征高丽时的弱点完全避开了。这就是高宗与武后在战略思想上的高明之处。

八月，苏定方的远征军船队从城山（今山东荣成）启航，至熊津江口（今韩国锦江）。百济军据熊津江口拒守。唐军先锋抢滩登陆，上山结阵，与百济守军展开激战。后续唐军船队正逢涨潮，源源开到，一时扬帆盖海，无比壮观。百济军根本抵挡不住，迅即被击溃，死伤数千。唐军顺利攻下了熊津江口，取得了稳固的立足点。

但是从陆路助攻的新罗军，进展却不大顺利，遭遇百济名将阶伯所率的五千士卒的殊死抵抗，最后勉强惨胜。

老将苏定方一向是个穷追猛打的高手，唐军水陆大军刚一站稳，就齐头并进，沿江而上，直抵百济都城泗比城外二十里。百济这时是到了生死存亡关头，倾国来战，但已无济于事了。唐军再次大破百济军，斩首万余，又穷追残敌直抵泗比城下。

不久，百济义慈王与太子隆也一起来降。百济宣告灭亡。

从唐军出征，到此刻，还没出一个月。

百济亡后，下一个目标就是高丽。苏定方率唐军主力约十万，分道北上进击。大将刘仁愿留守百济都城泗比城，被重新起用的王文度留守熊津江口。唐廷还在百济故地设立了熊津等五个都督府，委派当地的酋长分任都督、刺史。

龙朔元年（661），征高丽的大业让高宗心情激动，想效法父亲，也御驾亲征一把。他从陆路派出增援军直奔鸭绿江，并下诏表示要亲率六军跟进。但这一想法被武则天极力劝止——太宗的教训，难道还不深刻吗？现在的问题是，境外的作战宜速不宜迟。

高宗接受了武则天的意见，下令诸路军速攻高丽。

其时百济虽亡，但各地的地方势力和守备军并未受到打击。亡国一个月后，百济各地就掀起了抵抗运动，蔓延全境。刘仁愿兵少力单，竟被困于泗比城。熊津江口方面，王文度到任后就死了，部众无人管带。

半岛南端的局势又麻烦了。北面，苏定方的主力现在已与高丽军接上了火，不可能回师南下解救。情势紧急，高宗乃派刘仁轨率领援军渡海，又令新罗军迅速西进，协助唐军解泗比之围。

十月下旬，唐援军赶到，汇合王文度的部众和新罗军，大败百济叛众，成功地解了泗比之围。两位刘将军会了师，经过商议，他们一致认为津江口是进退要地，便退守于此，等候高丽战场上的消息。

我们再来看正面战场。龙朔元年（661）四月，唐军四万四千人以水陆两路再向高丽进攻，连战皆捷。七月，唐军进抵平壤城下。但唐军的攻坚能力似乎并没有多大提高，围住平壤后久攻不下。

从北面陆路增援的任雅相一部，则在鸭绿江受阻。后来，契苾何力带领另一支援军赶到，两军会合，大败盖苏文之子泉男生率领的数万高丽军。可是不久，任雅相却在军中病死。高宗见陆路增援不是十分顺利，为防不测，就让契苾何力赶快撤军。

而平壤已成了吞不下的鸡肋，高宗便于次年二月命苏定方撤围退兵。这次征高丽的行动就此告一段落。

高宗审时度势，不死要面子，打得不顺手就撤，这是对的。但这样一来，留在百济故地的刘仁轨、刘仁愿一军就处于险境了。

可是，谁也没想到，恰恰是这一支孤军，在百济创造了一个奇迹！

更可称奇的是，刘仁轨年已六旬，原为刺史，这次来百济竟是他第一次带兵！

唐高宗诏令刘仁轨便宜行事，或留镇新罗，或乘船撤回，都可以。

刘仁轨心中自有主张。此时北线唐军已撤，百济余部满心以为南线唐军早晚也要走，防备上也就疏忽了。刘仁轨的意见是：要灭高丽，必先彻底灭掉百济，如果放弃熊津府回国，则百济马上就会死灰复燃。那么，不仅此次出兵前功尽弃，以后也再难得有这样的机会了，所以他不想走。这个意见得到高宗的认可之后，刘仁轨趁百济余部不备，突然出击，先后攻克了支罗城及伊城、大山、沙井等地，又与新罗联兵攻克了险要之地真岘城，一举打通了通往新罗的粮道，保证了唐军的补给，牢牢站稳了脚跟。

百济再也无力进攻唐军，九月，便派了使者赴日本请援。龙朔三年（663）三月，日本天智天皇出于转移国内矛盾的考虑，同时也想在半岛上插一脚，便派大将率军近三万人渡海登岛支援百济，占领了新罗的沙鼻歧、奴江两城，切断了唐军与新罗军的联系。

五月，唐威卫将军孙仁师率七千人的援军登陆，与刘仁轨、刘仁愿部合兵一处，唐军声势大振。新罗文武王（原太子金法敏）率新罗军，再次攻入百济。

几路大军会师后，刘仁轨力主直取百济的屯兵之地周留城，诸将同意。由孙仁师、刘仁愿和文武王率步兵从陆路围攻周留城；由刘仁轨、杜爽率水军从水路经熊津江进入支流白江，封锁白江的出海口，切断周留城与海上的联系。

这边刚刚谋划好，日本又向百济派出了万余援军。如此，日军在百济的总兵力就达到了四万二千余人，实力已相当不小。

九月二十七日，两国水军在白江口狭路相逢，日军先向唐军发起了进攻。

这是历史上第一次中日大战。两军舰船数量相差悬殊，唐朝水军为七千余人，战船一百七十艘；日本水军万余人，由六个大将统率，有战船一千多艘。但唐朝国力强盛，经济发达，所造海船以形体高大、性能良好著称于世，因而唐军在战斗力上远超日军。

刘仁轨临敌不惧，指挥唐水军沉着接战，进退有序，将日军舰队全部包围。

唐军以两艘战船为一组，远则以火箭攻击，近则以船头撞击，充分显示了先进军事力量的素质。而日军则是由各地豪族的私人武装拼凑起来的乌合之众，只凭着一股蛮勇与唐军纠缠。日军将领盲目自信，以为靠勇气就能战胜一切，"率日本乱伍中军之卒，进打大唐坚阵之军"（《日本书记》卷二十七《天命开别天皇》），结果可想而知。

唐军与日军互发火箭攻击，唐军的大型战船占了便宜，一旦着火，可以及时扑灭。而日船规模不大，着火后很快就会烧及全船。同时火势也会在自己舰队中蔓延。就这样，日军舰船接连被焚毁，日军大将朴市田来津也被唐军乱箭射死。

白江口激战共两天，日军大败，战船近半被毁，士兵溺死者不计其数。史书上关于此战的记载也非常传神："仁轨遇倭兵于白江之口，四战皆捷。焚其舟四百艘。烟焰涨天，海水皆赤，贼众大溃。"

百济新立国王扶余丰从火中逃出性命，驾舟逃去了高丽。败报传到周留城，城中的百济余众与日军只得开城投降。百济全境归顺，复兴之梦彻底破灭。

唐之国威，一战而成！

白江口海战获胜后，唐军很快占领百济全境，与新罗一道，形成对高丽的夹击态势。日本方面也如惊弓之鸟，天智天皇深恐唐军进攻日本本土，自次年开始，在国内耗费巨资修筑了四道防线，以备唐军。

这一战，对东亚格局也有着深远影响，日本在此后九百年里不敢染指半岛。此后不久，日本"遣唐使"的派遣进入了高峰期，其"大化改新"也越加深入，致力于建立中央集权制度，向先进文化看齐。

战后，高宗召刘仁愿、孙仁师回朝，令刘仁轨领兵镇守百济。百济这个小国穷兵黩武，不自量力，结果搞到"合境凋残，僵尸相属"的地步（《旧唐书·列传·刘仁轨》）。刘仁轨做了大量的恢复工作，掩埋骸骨，登记户口，修路架桥，赡养孤老；又在百济颁布大唐正朔及庙讳。百济人心大悦，各安其业。刘仁轨还在百济屯田积粮，训练士卒，把百济故地经营成了攻打高丽的前进基地。

此前，百济有两位首领沙吒相如、黑齿常之，在苏定方撤军后，招集百济亡众据险固守。白江口海战后，两人各率部众归降唐军。刘仁轨见他俩忠勇有谋，便力排他议，委以重任，为大唐收揽了两员大将。其中黑齿常之后来在边境战争中立下大功，后文笔者还会讲到。

此次征高丽中刘仁轨的一系列作为，意义非常重大，使这场战争保存了极有价值的战果。假如他当初选择了撤退，那么唐朝下一次进攻高丽的行动就会困难得多。

刘仁轨，字正则，汴州尉氏（今河南尉氏）人，自幼清贫，但"恭谨好学"（《旧唐书·列传·刘仁轨》），原为文臣，经此一战，成了大唐著名军事将领、水军统帅。

更令人感慨的是，此前在李义府逼死大理寺丞毕正义一案中，刘任轨受命审理案件，因为秉公决断，得罪了李义府，屡遭李的打击。出征高丽之初，刘仁轨原负责监统水军输送物资，被李义府陷害，险些被处死。后被免职，白衣随军效命。

所幸高宗、武后识人，紧要时刻果断起用他为援军统帅，成就了一番大业。

几乎就在征高丽的战争打得热火朝天的时候，西部又起烽烟。龙朔元年（661）三月，一向与唐友好的回纥首领婆闰死，继位的比粟与大唐为敌，屡次犯边。

回纥也称回鹘，是个逐水草而居的游牧部落。因喜乘高轮车，所以北魏时亦称高车，或称铁勒。隋至唐初，居住在娑陵水（今蒙古色楞格河）一带，分为九部（九姓），势力渐强。起初役属于突厥，贞观年间归顺唐朝，隶属燕然都护府。

高宗经过斟酌，命郑仁泰为主将，薛仁贵为副将，领兵赴天山征讨回纥。而回纥九姓则拥众十余万，抗拒唐军。

薛仁贵在上次征高丽时练出了胆量，这次仅带数十骑当先开道。回纥见他人少，也只派数十骑前来挑战。薛仁贵见敌骑临近，大呼"看箭"，连发三箭射死三人。其余回纥骑兵慑于薛仁贵的神威，连忙下马请降。

这时后面的唐朝大军已到，薛仁贵乘势挥军掩杀，回纥大败，降众两万余人。

薛仁贵这个农夫出身的将领，忽然发了狠心，将降众统统赶下峭壁坑杀。接着，又越过碛北追击回纥败众，擒其首领叶护兄弟三人。

薛仁贵回营后，军中纷纷传唱："将军三箭定天山，壮士长歌入汉关。"这一仗打得实在是狠，回纥九姓从此衰败，不敢再为边患。

征西军班师回朝后，武则天亲自接见了薛仁贵，见他器宇轩昂，不禁大为赞叹，没追究他杀俘、掠取"番女"为妾等罪过，反而额外给予赏赐。

显庆初年以来大唐的东西边患，至此告一段落。唐朝的最高决策者在几次对外战争中，都表现出了很高的水准：一是战略思想符合实际，注意了扬长避短；二是将帅选择得当，又赋予其临机处理的权力，使他们放得开手脚、敢于行险取胜；三是充分发挥了友邦作用，令敌方处于腹背受敌的困境。

高宗初次面对重大战争，却处理得如此理智、客观、高明，这里面，皇后武则天功不可没。这一时期，恰是高宗头痛目疾很严重的时期，政事一切委诸武后。武则天在战争时期的襄赞、策划、拿主意，恐怕多少是起了决定作用的。她在年幼时崇拜太宗的雄才大略，年轻时又亲受太宗熏陶，此次初试身手，竟是青胜于蓝！

由此看来，战争并不是男人的专有领域。

第三节　铁腕平息"废后"风波

武则天自辅政以来，越来越显示出她凌厉的手段。唐朝的高层政治风格也与永徽年间有了很大不同。正因为高宗暗弱，当不起维护皇权的重责，才有武则天走到皇帝的身后，进而从幕后走到前台。

我们不要忘了，所有关于武则天的精彩大戏，都源于这样一个历史的节点。

在她的观念里，皇权强盛，就是帝国强盛；所以她一生为之奋斗的目标，就是巩固皇权——不管是李家的，还是她自己的。

凡是与此抵触的，就要无情地扫荡之。

抓住这条脉络来分析她的行为，一切表现在她身上的悖缪、冷酷、矛盾，就都有逻辑可循。

比较能说明问题的，是在用人方面。武则天用人有一个"小人—酷吏—良臣"的曲线变化，但这并不意味着她先糊涂、后清醒，这只是由政治情势所决定的。

武则天以皇后身份辅政、主政乃至最后大权独揽，这些行为触犯了正统的儒家礼法，必然会遭到士大夫阶层的"制度性抵制"。人心、舆论先验地就把她摆到了邪恶的位置上，"正人君子"不会主动依附她、支持她，这就迫使她起用小人或者品行有争议的人来为新政开路。但是，即使是使用小人，她也始终处在操控地位，不会为小人所左右。小人们的角色，不过是揣摩她的政治意图，充当一个工具而已。

当政权稳操在武则天手中以后，这些小人、酷吏便失去了作用，她就会顺应人心将他们毫不留情地抛弃。这样的例子不止一个。当后来她登上权力顶峰并巩固了体制之后，所用之人就基本都是"正人"了。

武则天驭下，注重的是量才录用。但对于所器重的大臣，也绝不是无原则地祖护纵容。尤其是，她对拥立自己的功臣虽怀有感念之心，但一旦他们闹过了头，她处置起来也相当严厉。

显庆四年（659），武则天听说支度尚书卢承庆才堪大用，便建议将他提拔为宰相，仍兼原任尚书。卢承庆是个经济学奇才，早在贞观时，太宗有一次问他历代户口之数，他竟一口气从夏、殷时代一直讲到隋朝，听得太宗目瞪口呆，嗟叹不已。

但卢承庆出任宰相后不久，在度支尚书的工作上出了纰漏，因未能征足赋税受到御史台官员弹劾。高宗觉得此事不好处理，因为卢承庆是武后建议提拔的，出任宰相的时间还不到一年。

武则天闻知后，请高宗按章办事，对大臣要功过分清，不需看她的面子。于是，下诏将卢承庆免职以示惩罚，后又考虑其才干起用为润州（今江苏镇江）刺史。

当时的左相许圉师，位高权重，政绩出色。其父许绍是高祖李渊的少时伙伴，在高祖、太宗朝都是重臣。武后对许圉师相当尊重，曾屡次登门求教。

龙朔二年（662）冬十月，许圉师的儿子许自然在游猎时踩踏了农民的庄稼，与田主起了争执。许自然不仅不认错，反而发响箭吓唬人（一说误杀一人）。许圉师隐而不奏，只想对儿子杖一百就算了事。事主不服，一状告到了司宪台，司宪大夫杨德裔不敢过问。

时任西台舍人的袁公瑜叫人写了一封匿名信告到了高宗那里。武后权衡此事后，建议高宗严惩。

高宗把许圉师叫来质问："圉师为宰相，侵陵百姓，匿而不言，岂非作威作福！"

许圉师辩解道："臣位居中枢，向来以直道事陛下，不能悉得众人之心，故为人所攻讦。至于作威福者，或手握强兵，或身居重镇。而臣不过是个文吏，奉事圣上，惟知闭门自守，何敢作威福！"

高宗立刻发了火："你还恨手中无兵吗！"

许敬宗在一旁插言道："人臣如此，罪不容诛！"

高宗于是令人把许圉师撵了出去，并下诏免官。次年三月，又贬为虔州（今江西赣州）刺史，两个儿子也被免了官。司宪杨德裔因徇私枉法被流放庭州。

这里顺便提一句，"大唐第一古惑仔"诗仙李白的妻子许氏，就是许圉师的孙女。

再一个典型的例子，就是对"李猫"李义府的处置。

李义府是个被钉在历史耻辱柱上的贪官、小人，这就不用说了。但他在做官之初，似乎还是个可造就之才。他在当太子舍人时，曾经写过一篇《承华箴》，劝当时还是太子的李治"勿轻小善，积小而名自闻；勿轻微行，累微而身自正"，又说"佞谀有类，邪巧多方，其萌不绝，其害必彰"。

这文章连太宗看了都叫好，连呼："朕得一栋梁也！"

这些话确实说得有大智慧。官场躁竞的小人，一般都耐不住寂寞，一有机会就要打破头地抢官做。青年李义府懂得克制，懂得以正直立身，原是一块很不错的璞玉。可惜他官越做越"聪明"，最后完全成了唯利是图之人。

显庆二年（657），李义府被高宗一气之下贬到普州（今四川安岳），但在那里只待了一年。因为武后在端掉了长孙无忌的宰相班子后，需要有一个听命于自己的班底，于是向高宗说情，将李义府又调回中枢，升任右相，封河间郡公。

李义府起复后，忽然起意要改葬他的祖父。改葬就改葬吧，但是墓地又偏偏选在高祖李渊的爷爷李虎的"永康陵"（唐咸阳城东北的三原县）旁。这简直是太不知深浅了。他这样做，一是为了光宗耀祖，二是要测试皇帝对自己的恩宠究竟能到什么程度。

获得批准后，他便示意附近各县调派丁夫、牛车为他祖父修墓。三原县（今陕西富平）县令李孝节为讨好李义府，私征丁夫，昼夜劳作。其他七县的县令见了，都不敢怠慢，也起而效仿。高陵县令张敬业为人恭谨，迫于李义府的威势，终日操劳，最后竟累死在了工地上。自王公以下的各级官员，也都以襄助迁葬为名，争先恐后向他送礼。高宗还下诏，让御史们都去哭送灵车。这下还了得！皇上一发话，从灞桥到三原七十多里的路上，送葬的车马络绎不绝，史称"人臣送葬之盛典，无与伦比者"。

龙朔三年（663），李义府在居母丧期间，听一个方士杜元纪说，他的宅第有"狱气"，应积蓄二十万缗钱才可以除去晦气。李义府信之，加紧收敛钱财。他派儿子右司议郎李津找到长孙无忌的孙子长孙延，说："我可为你求一官，数日后诏书便可下来。"过了五天，果然授了长孙延"司津监"的职务，并向长孙延索要七百缗钱——诚信为本嘛！

高宗还特地恩准李义府初一、十五休假在家哭吊亡母。他却利用这个机会换上普通百姓的衣服，与杜元纪偷偷溜到东城，于凌晨登上古墓观望风水。估计是作恶多了心有点儿虚，想预测一下自己将来的命运。

一个宰相搞这名堂，怎么能瞒得住人？于是有人告发他"窥看灾异，蓄有异图"。《新唐书》中干脆就说他有"异计谋"，也就是想造反。同年四月，右金吾仓曹参军杨行颖，又将他卖官的事参了一本。

武则天早知李义府素有恶名，恃宠骄恣，甚至到了敢于顶撞高宗的地步。但武则天念他拥立功大，只是委婉地劝过他。这对李义府来说，已经是宠眷渐衰了，再加上出的这些烂事，终于超出了武后的忍耐限度。

高宗、武后于是下令，拘李义府下狱，派司刑太常伯刘祥道与御史、详刑寺官员共同审讯，又命司空李勣监审。

经过高规格的审讯，查明犯罪属实。高宗便于当月下诏痛斥李义府，将其削除名籍，长期流放巂州（今四川西昌），其子李津也除名，流放振州。其他诸子及女婿一并除名，流放庭州。

这个处置李义府的决定，高宗应该征求了武后的意见。因为李义府不仅是皇帝的亲信，也是皇后的亲信，在立武氏为后一事上起到了关键的作用。要丢弃这颗卒子，一定是两人共同协商的结果。

李义府垮了台，朝野莫不称庆，有人还写了一张《河间道行军元帅刘祥道破铜山大贼李义府露布》（即罪行布告），张贴在交通要道上。这布告够幽默的，"行军元帅"是唐时远征军统帅的俗称，这里用来称呼办案人刘祥道；称李义府为"铜山大贼"，是说他搜刮的铜钱堆积如山。

李义府得势时，常把别人家的奴婢占为己有，势败时，这些奴婢一哄而散，纷纷跑回原来的主人家。

后来高宗在泰山封禅时大赦天下，但规定长期流放的人不在此列。李义府为此忧愤成疾，一命呜呼，时年53岁。

倒是武则天最终念及李义府在永徽年间有功，在她当了大周皇帝之后，追封李义府为扬州大都督，十多年后又大赦李义府的妻子还归洛阳，表现出一定的人情味。

李义府被贬后，留下了空缺。武则天便建议，让办案有功的刘祥道来顶右相的缺。但是刘祥道却多了个心眼，他怕武后因李义府的事迁怒于他，便屡次上表请求告老还乡。高宗开始很不解，没病没灾的告什么老？后来悟出来：这是怕武后报复啊！

不想，这一件小事却引发了高宗与武后之间的嫌隙，进而引发了一场大风波。先前李义府顶撞高宗的时候，他心里就有不快，而这次刘祥道请辞的事，却引起了高宗许多联想。早些年，是长孙无忌霸道，群臣不敢提意见；现在是自己的老婆太厉害，大家还是不敢说话。问勋臣李勣，大家为何不敢直谏，李勣也只是挑好听的说。

高宗也懂得一点儿朴素的辩证法：大家都夸好，那就是有问题！问题在哪里？是不是武后太专权了？——我偶有过失，她就当面批评；我谈论朝政，她也敢跟我唱反调。后宫的女人，哪个不怕武后？哪个还敢跟我嬉闹？我岂不是成了个"惧内"的皇帝？难道我就是受制于人的命？

武则天却对高宗的心理变化毫无察觉。她很忙，忙着处理政务，忙着学习贞观时期的奏疏诏敕。忙得上了瘾，通宵不睡也是有的。她的角色实际已发生了很大变化，打理一个国家，心里就放不进去女人的细事了。

如此把高宗撂在一边，高宗就不免思想空虚。多病多愁，又有个强悍的老婆管着，是够郁闷的！

孱弱的人有时会有异常的行为；苦闷的人必须找一个发泄渠道。这两点，武则天都给疏忽了，结果，就在她的眼皮底下，高宗的感情出轨了！

威仪赫赫的武则天也有情敌？谁这么大胆？自然是有人，而且不是一个。她们不是别人，就是武则天的亲姐姐和外甥女。

武后的姐姐韩国夫人，曾是越王府法曹贺兰越石之妻，生有一子一女。贺兰越石死后，韩国夫人就成了年轻的寡妇。这个寡妇虽已年过四十，但风韵犹存。举止仍然柔媚，笑容可人，而且还有一股子少女的娇态。

武则天当了皇后以后，家人的地位也大大提升，她姐姐的韩国夫人封号就是这么来的。因为有这层关系，韩国夫人可以经常带着女儿贺兰氏出入宫禁。小贺兰氏也是尤物一个，生得娇小风流，惹人怜爱。她们与高宗在后宫经常见面，互不避忌。

在愁闷中，这母女俩真是天赐给高宗的一对佳人。高宗愿意和韩国夫人聊天，也愿意逗贺兰氏玩。韩国夫人比高宗年长6岁，心思细密，善解人意，与武则天的严厉形成了鲜明对照。那个小贺兰氏，就更是一朵含苞欲放的花儿，惹得高宗魂不守舍。高宗跟这母女俩在一起，估计是如沐春风，跟一家人似的，每日都召她们到寝宫来谈笑，有时还赐食赏宴、同赏歌舞。这么亲密的接触，不出问题才怪，时日一久，母女俩竟然双双成了高宗的枕上伴侣。

有了这温柔乡，高宗就更是乐得经常托病不朝了。

这是宫里的超级绯闻，宫女们看在眼里，谁也不敢多嘴。

武则天不知出于什么原因隐忍未发。对姐姐和外甥女一如既往热情有加，对高宗更是只字不提。逢到高宗上朝，她就垂帘于后，尽力照顾这多病的丈夫。事情竟然就这么奇怪地延续了两三年之久。

谁也料不到，韩国夫人忽然一下就死了。她死于何时、如何死的，史籍上都不载，真是消失得无声无息。据说，她死于某个深冬，临死前几天，她紧闭房门，不许任何人进，一听到有外人的动静，就惊坐而起，让宫女把人赶走。就连高宗、武后与贺兰氏也不得近前。弥留之际，这可怜的韩国夫人把宫女们也统统赶开了，入夜，在一派凄凉之中气绝身亡。

姐姐死了，武则天悲痛欲绝。她去掉首饰、穿上素服，亲送灵柩于墓地，下葬时抚棺痛哭，还请高宗罢朝三日为之举哀。这一切做得无可挑剔。大概也正是由此，后世才有人怀疑韩国夫人是被武则天毒死的。但是，没有证据。

韩国夫人"成仙"了，高宗当然很受伤。他茶饭不思，缅怀不已，一想起当日的种种温柔，就潸然泪下。他把对韩国夫人的爱恋，都加到贺兰氏身上了，对其倍加宠爱，索性封了魏国夫人。而且还想正式册封贺兰氏为妃嫔，但碍于武后那里不好通过，就迟迟不敢确定。

武则天对姐姐不说什么，可能是出于多年的感情，但是对这个没大没小的外甥女，就没那么客气了，内心甚为忌恨。高宗在想什么，武则天当然心里清楚，但她故意装作不知，弄得高宗心里有话、口难开。

魏国夫人贺兰氏毕竟还是太嫩，听说有可能当妃嫔，满心都是乐。为博君王开颜一笑，每天都要在妆台前花费很长时间，她的梦，做得大了！

就在这时，一件事打破了长期的微妙局面。麟德元年（664）十二月，宦官王伏胜举报，说武后常召道士郭行真进入宫禁，行"蛊祝""厌胜"之术。

前面说过，这"蛊祝""厌胜"之术，就是暗地里咒人早死或者倒霉。那么，武后要咒谁，还煞有介事地请了专家来？史上不载。后世有人推测，总离不了韩国夫人母女两个人。

高宗得了密报，大怒：又来这一套！他深恶有人在宫中搞这名堂，王皇后之废，重要罪状之一就是搞"厌胜"，太有失皇后体统。再者，道士郭行真毕竟是个男人，居然可以在武后庇护下私自出入宫禁，这怎么能忍？

盛怒之下，软弱的高宗也来了蛮劲儿：他想要再次废后！

不过为谨慎起见，他找来了一个人商量，这人就是文学史上很有名的上官仪。

上官仪时任西台侍郎、同东西台三品，是宰相。这个看着很眼生的"东西台"，是新改的部门名称，就是原来的门下省和中书省。

他是陕州陕县（今属河南）人，家居江都，是初唐有名的才子，通佛儒，善文章。太宗李世民闻其名，召他为弘文馆直学士，后又升秘书郎，负责记录皇帝言行，还曾参与《晋书》的编撰。

据史载，太宗和他算是文友了，每逢写文章，都要让他改稿；写了满意的文章，还要让他也来上一篇相合。皇帝家的私宴，他顿顿都落不下。

高宗即位后，升上官仪为秘书少监。龙朔二年（662），经武后建议，提拔其为宰相。

上官仪幼年成长于南方寺院中，受南朝文风熏陶，"文并绮艳"，尤擅五言诗，很讲究格律。他的作品中清新可读的有，但大多都是歌功颂德的，无甚可取，只是辞藻华丽罢了。后来因为地位显赫了，时人多仿效，世称"上官体"。

比如下面这首《咏雪应诏》，就有拍马之嫌。

> 禁园凝朔气，瑞雪掩晨曦。花明栖凤阁，珠散影娥池。
> 飘素迎歌上，翻光向舞移。幸因千里映，还绕万年枝。

至于上官仪的为人，有的记载说他"刚直肯谏"，有的说他"恃才任势"，总之挺狂傲，为当世所嫉。

这个时候李义府已经垮台，上官仪就成了高宗身边为数不多的心腹之一。

高宗把他叫来，说自己实在忍受不了妻管严了，问他有什么主意。

上官的位置虽然显赫，但本质上不过是个文学侍臣，城府还不够深，一家伙就卷到这旋涡里来了。不知他是早就对武后专权不满呢，还是仅仅为了附和高宗，张口就道："皇后专恣，人所共知，失四海之望。莫如将其废去，以安民心。"

高宗心里一喜：这下可找到知音了！于是就叫上官起草废后诏书。

这密室密谋，端的是风波骤起。难道武则天头顶上的凤冠，要摇摇欲坠了？难道王皇后的幽灵，真的在向她招手了？

皇帝诏书，就是金口玉牙，一颁发下来，就不好翻身了。

这是为数不多的可以改写历史的关键时刻。换了别人，早就跌下马来，但武后毕竟是武后，她的情报网在当昭仪时就遍布宫内，如今更是严密。事情一出，早有左右侍者奔告武后。

我们不要以为古人办事效率比今天低，那时的人大多数知道主子是谁，为主子效劳是牵扯自己利益的事，因此也有效率奇高的时候。

武后闻讯，大惊。她与夫君共结连理以来，也是一波三折，才巩固了权力，算是患难夫妻了吧。况且平日政见又甚吻合，怎么突然就会有此变故？

她毫不迟疑，立刻去见高宗。

这边上官仪运足了文思，把废后诏书一挥而就，据说开列的罪状有十数条之多。上官刚放下笔，草诏的墨迹还未干，高宗大概也正在推敲，忽见武后面带愠怒出现在他们面前！

人赃俱获！看来眼线报告的是实。所幸诏书只是个草稿。按唐代制度，诏书由中书省官员或皇帝指定之人起草，再由门下省审核，而后誊抄一份，盖印生效。现在这个稿子，还没有任何法律效力。晚来半步，就无力回天了！

此时上官可能是趁机溜掉了，高宗面对武后，羞愧不已。

武后当即跪在高宗面前自辩，问自己到底有什么过错，要被夫君休掉。

高宗只好从实招来，说是王伏胜举报云云。武后则辩驳道，王伏胜并不在后宫值勤，他何以知晓有厌胜的事？

高宗无言以对。

随后，武后不卑不亢地陈述了几年来辛苦辅政的事，软中带硬地问，为何不信妻子却信一个奴才，竟然不顾夫妻之情，妄弃无辜？

这一问，一下子就把高宗给制服了，连忙收起诏书草稿，但仍是惊魂未定，生怕武则天怨恨，便说："是上官仪教我！"

武后听了，恨道："好，好！"说完起身就回了后宫。

高宗乖乖地跟在后面。两人在后宫密谈了很久。高宗想想，自己做得实在不对，便连连道歉，待武后亲密如初。

这个废后的事，高宗想得太天真，也处理得太轻率了。武则天当皇后，迄今已有八年多，一直注意培植亲信。辅政之后，权力等于半个皇上，有权就有势力在，就会有人拼死维护。哪里会像王皇后，一纸诏书就给打倒了。现在要扳倒武后，不辅以武力，万难成功，跟文臣密谋能成什么事？何况高宗还是个"妻管严"，当面交锋，一触即溃。

最冤的还是上官仪。他在这场风波中究竟扮演了什么角色，正史不载。如今不同立场的武则天传记，有不同的说法。甚至有人说，是他唆使宦官王伏胜坑害武后，在事件里充当的是主谋。但大多数史家还是认为，他不过是附和了高宗的意图罢了。

上官仪是个作诗的好料子，放着好好的五言诗不作，登上了宰相位置，这里就潜伏着悲剧因素。他受高宗和武后的器重，任宰相一年多，就达到了"独持国政"的地步。这已经是与武后的权力有所冲突了，居然还这么不小心，卷入了皇帝两口子的矛盾，犯了"疏不间亲"的大忌。

北方老农有言：小两口闹别扭，炕头掐架、炕梢和好。外人掺和进去，不当牺牲品才怪！

这场风波其实非常凶险，武则天之所以能举重若轻，一番言辞就把危机化解了，是因为她抓住了高宗的弱点。但是事情不能这样就算完，发难者、附和者，都一定要付出代价。武后要杀鸡给猴看，好压制住潜在的反对派。

高宗被厉害老婆逼得无路可退，只好随她去了。

于是上官仪就成了武后要杀的鸡，成了被高宗甩出来的替罪羊。

上官仪吃透了作诗的格律，却没吃透辅佐皇上的禁忌。他付出的代价是：一颗才思敏捷的脑袋！

能把上官仪和王伏胜牵到一起的线索，很容易就给找到了，那就是废太子李忠。上官仪和王伏胜居然都跟李忠有点儿瓜葛。在李忠为陈王时，上官仪是王府的谘议参军，王伏胜也曾经服侍过李忠。

李忠是身份何等敏感的人物！有这些关系在，就足够了。武则天开始动手报复，她授意许敬宗，诬告上官仪和王伏胜教唆前太子李忠"谋大逆"。

太子（法定接班人）本来就容易被扣上谋逆的帽子；前太子，那就更是"只欠砍头"的角色了，至今还能活着就是奇迹。

这道奏表一上，高宗心里暗自叫苦：这是要折我的臂膀啊！但是为了平息武后的怒气，他只好准了奏。

麟德元年（664）十二月，上官仪被捕下狱，和他儿子上官庭芝，还有王伏胜，一并被砍了脑袋，家属也被籍没。上官仪的孙女上官婉儿，那时还在襁褓中，也跟着做了宫婢的妈妈入了宫。

其后，废太子李忠被赐自尽。

事情还牵连到刘祥道，他因"与上官仪交通"而被罢右相之职，留任司礼太常伯（礼部尚书）——他一直就在往后躲，但秋后算账还是找上了他。还有郑钦泰等一批朝士也因相同罪名被流被贬。

鸡杀了，毛拔了，也就风平浪静了。至于为什么要杀鸡，连鸡自己也都明白，因而武后的目的也就达到了。

可惜了上官仪一肚子的文才，他的一首五言诗《入朝洛堤步月》，至今还令古典文学教授们拍案叫绝。其诗曰："脉脉广川流，驱马历长洲。鹊飞山月曙，蝉噪野风秋。"诗里的"广川"是指洛水，"长洲"是指洛堤。诗歌写的他在东都洛阳皇城外等候上朝的情景。唐初时，百官上早朝没有"待漏院"可供歇脚，大家必须在破晓前赶到皇城外等候。洛阳的皇城紧挨着洛水，皇城门外就是横跨洛水的天津桥。

唐代宫禁森严，天津桥入夜要锁闭，天明时才开锁放行。因此百官一大早都得在桥下的洛堤上站着，隔着洛水等候放行入宫，就连宰相也不能免。

据刘悚《隋唐嘉话》载，上官仪当宰相那会儿，"尝凌晨入朝，巡洛水堤，步月徐辔"，就是骑着马儿慢慢地走。某日大概心旷神怡，即兴吟咏了这首诗。当时一起等候入朝的官员们，听到远处上官大人的"音韵清亮"，再一抬头，"望之犹神仙焉"！

到底是诗人出身的宰相，同是在洛堤等候，其超逸之气，在群僚中如鹤立鸡群。

在下早年也是弄过诗的，略知皮毛。细品这诗，直如长风吹透胸怀。惜乎，悲乎，若早点儿不要这顶官帽子，上官大人，何愁不成大唐第二个"古惑仔"！

这次政治事件，有论者归纳为武则天二进宫后的"第四次杀人"。下手比较狠，但波及范围很有限，主要是震慑。果然，鸡杀了之后，猴儿也就老实了，在很长时间里，再也无人敢对武后辅政说三道四。

反对派企图废后的举动，反而刺激了武则天，她感到有必要把权力抓得更牢一点儿。此后每逢上朝，高宗在前，武后必垂帘在后，正式成为定例。政事无论大小，都由二人共同裁决。群臣朝谒，万方奏表，都将高宗、武后称为"二圣"。

武则天，又升了一步，与真正的皇帝比肩了。

而在实际上，她所获更多。经过夫妻俩的这一番较量，高宗彻底认输，把大权拱手让出，群臣上奏，要看的必须是武后的脸色了。《资治通鉴》对此描述道："天下大权，悉归中宫；黜陟杀生（官员升降和生死），决于其口；天子拱手而已。"

如此一来，高宗的所有重要政治活动，就都在武后的直接监视之下了。高宗本来已不大的施政空间，又进一步缩小，武则天的权力宝座则进一步加固。她把天下下成了一盘棋，完全由她独自执棋的日子已经为期不远。

有人讲，在中国古代，皇帝幼年时，太后垂帘听政并不算稀罕；但是，皇帝还没死，皇后就开始垂帘，这是仅有的一例。

天上就这样出现了奇异的"双日并出"。武则天除了没有帝号，皇帝的一切权力她都有了，而且，比真皇帝说话还管用！

是时势造英雄、英雄造时势，还是两者互动？

历史有时真是太诡异！

第七章

天后专权

第一节　先"封"了泰山再说

此时的武则天可谓踌躇满志。环顾海内，再无对手；回首来路，步步升高。处在上升期的强者，其自信、其抱负，总要有个方式表现出来。她现在想到的，就是要去泰山封禅。

这是帝王之思了，胆魄非常惊人，敏感的人不难察觉她将来可能的发展走向。

泰山封禅是中国古代一种规格最高的祭祀仪式。具体来说，就是最高统治者登上泰山之顶，堆土筑圆坛而祭天，这叫"封"；在其南边的梁父等小山上筑方坛而祭地，这叫"禅"。两个坛的形状之所以不同，是因为古人相信"天圆地方"。

关于封禅最早的说法，起于春秋战国时代。当时齐、鲁的一些儒生看到诸侯争霸有趋于统一的趋势，就提出了这种设想。他们认为泰山为天下最高的山，人间的最高统治者就应当到泰山上去祭祀至高无上的天帝。

这个想法，当然来源于君王"受命于天"的观念。那么君王跑到泰山顶上去干什么呢？是去答谢天帝之恩。泰山高，在那上面大概"可与天语"吧。积土为坛，则是象征性地增加泰山之高。以这个方法祭天，表示"功归于天"。

据《史记·封禅书》所引《管子》的说法：古代封泰山、禅梁父的帝王，共有七十二个，管仲本人记得的有十二个，都是"受天命"以后举行封禅典礼的。那么，怎样来判断帝王是否受了天命呢，首先必须是天下太平，此外还要天降十五种祥瑞。诸种条件具备，才能举行封禅。因为《管子》是战国时的齐人纂辑的，所以这实际上是战国时人们对封禅的看法。至于所说的那七十二个上古帝王，到底有没有真的去封禅，还不一定。

据记载，到隋唐时，已举行过封禅的帝王有秦始皇、汉武帝、汉光武帝。

武则天，准备向他们看齐！

这封禅可不是闹着玩的，耗资巨大，劳师动众，国力不强大根本就搞不了。前面的那几个帝王搞封禅，基本都符合国力强大这一条件，而自唐初以来，还一次也没有过。

其实早在贞观六年（632），就有文武官员力劝封禅，主张以此来扬大唐国威。太宗当然很愿意，露脸的事谁不愿意干？但魏徵出来泼凉水，说国力尚弱，不能"崇虚名而受实害"。太宗明白这道理，叹口气，算了。

武后时代的家底，要比太宗那时候厚多了，国库能不能承担得起费用，她一点儿不用担心。而且，她对自己与高宗联合执政以来的成就，充满了高度自信。你看——天下太平、万邦悦服，百业兴盛。这份功业，远，可以与秦皇汉武比，近，可以与高祖太宗比。要是能以封禅的形式宣示天下，那就不光是炫耀，而是可以把帘子后的那个宝座夯得更结实！

麟德二年（665）五月，她把这事情考虑好了，就上表高宗请封泰山。其实在高宗即位以后，就不断有人在建议此事，武则天也一直在暗中推动。这次她一出面，大家就一齐响应，纷纷赞成。有的还列举了民生富裕的例子来说明其必要性，他们说连年农业丰收，"米斗至五钱，麦豆不列于市"，老百姓只吃大米了，杂粮都上不了台面了，况且米价又奇低。形势好成这样，不封禅行吗？古人的观念与我们截然不同，他们认为经济繁荣的标志是物价下跌，而不是上涨。

这个建议，高宗哪能不同意？于是下诏，让李勣、许敬宗、陆敦信、窦德玄等为检校封禅使，先去筹备，把仪式程序定下来。六十多年都没人搞这个了，有些程序已无人知晓，必须从文献里找根据。

在推敲仪式方案的时候，武后发现了一个严重的问题：如果按照传统的程序，那么她这个"二圣"之一的皇后，在礼仪中将没有位置。

按照旧制，祭天，以皇帝为首献，也就是皇帝率先主持告天；亲王为亚献，是第二拨主持人；德高望重之臣为终献。这个序列里，是没有女人的位置的。祭地的时候倒是有女人的名分，是皇帝首献、皇太后亚献。不过，皇帝的母亲一般都老态龙钟了，上不了泰山，一般是由公卿替代，意思一下而已，实际上还是没有女人出现。

不过，这个问题难不倒武则天，她现在要革旧制度的命！这倒不是因为她有平等观念，或者有"反封建"的勇气，而是她有权。有权的人随心所欲地改变制度，有时也自称是变革，近世我们大概已见多不怪。

到十月，她正式提出：按照旧仪式，祭地神的时候，太后亚献由公卿代劳，这很不妥当，公卿的身份怎么够级别？所以这次典礼，请允许我率内外有身份的妇女亚献，且一定要亲自登山致祭。

高宗认为这当然可以（老婆比老妈一点儿不差），就下诏，决定这次祭地以皇后为亚献，以越王李贞之母、越国太妃燕氏为终献。在太宗的后妃之中，只有这个燕氏还活着，白捡了一回风光。

妇女们也要在国家大典中抛头露面了，这确实只有武则天干得出来。祭地的时候，第二拨和第三拨，就由她和燕氏带头，率领妃嫔和皇族亲眷致祭。

武则天又从幕后向前台进了一步！

去泰山，不仅百官、六宫都要随行，各地的都督、刺史也要参加，因此高宗给了大家一个很长的准备期。预定麟德三年（666）正月举行仪式，公告于麟德元年（664）七月就发出，地方官要在麟德二年（665）十二月准时赶到泰山脚下会齐。诸王在麟德二年十月必须齐集东都，随皇帝出发。

高宗一行在麟德二年年初，启程前往东都。十月，车驾从东都正式出发。仅是随行的仪仗、扈从、百官，就绵延有好几百里。这样的阵势，现代人已无从想象。

这是牵动整个亚洲的大游行。从东方的高丽，到西方的波斯，各国都派了使臣参加。还有的部落酋长不肯错过机会，也亲自跑来参加，他们各带了不少的部属，以至于毡帐驼马，拥塞于途。一到黄昏，这些弟兄们宿营的时候，只见穹庐遍野，犹如星斗。

那时候，亚洲流行的口号，没准儿就是——"一定要努力赶上唐朝！"

车驾到达寿张（今山东台前）时，听说当地的张公艺一家九代同居，齐、隋、唐三代官府都立有牌坊表彰，高宗和武后就特地上门去拜访。

据说隋末时，太宗曾经单骑到农民起义首领徐圆朗军中刺探军情，被人认出，围攻捉拿。太宗在负伤逃跑时，被张公艺救下。太宗对他一直念念不忘。

此时的张公艺已是88岁老翁了，高宗问他：如何能做到家族和谐？张老爷子一口气写了一百多个"忍"字，并详细说明了"百忍"的内容，比方：父子不忍失慈孝、兄弟不忍外人欺、妯娌不忍闹分居、婆媳不忍失孝心等等。高宗听得直流泪，赏了老汉许多缣帛——大唐的老百姓，就认识这一个"忍"字也就够用啦！

他又当场封张公艺为醉乡侯，封张公艺的长子张希达为司仪大夫，并亲书"百忍义门"四个大字予以表彰。

高宗大概是觉得又找到新的知音了——他自己现在也是要忍啊！

麟德三年（666）元旦，一元复始，高宗在泰山开祭昊天上帝，用时两天。第三天，在社首山祭地神，高宗首献完毕后，把在场的男性全部清走，由宦官手执帷帐，武后和越国太妃出场，率娘子军上山登坛行礼。

此时的场面颇为另类：表演仪式歌舞的都是宫女，宦官执的帷帐皆由彩色锦绣制成。到处莺歌燕舞，一路花花绿绿。庄严大典有如走秀，群臣远远望见，多有窃笑的。

千年庄严的古典礼，竟然来了一群"超女"，真是世风日下呀！

但是官员们尽管笑，妇女毕竟是扬眉吐气了一回，泰山顶上也能站一站，与老天爷聊聊心里话。男尊女卑的规矩，就此被打破。而且，你们也笑不了太久了！

正月初五，高宗登坛，接受百官和中外使臣的朝贺，宣布当年改元为乾封元年（666），大赦天下，百官统统加爵进阶。完事以后，就举行实质性的中国式大典——吃，连吃七天。直闹到正月十九日，车驾才离开泰山返回。归途中来到曲阜，拜祭孔子家祠，追赠孔子为"太师"。后过亳州，拜老君庙，尊老子为"太上玄元皇帝"。直到当年四月，才回到京师。

这一趟大游行，历时一年多，行程数千里。最乐的大概是那些朝廷命妇，能代表全体大唐妇女登上了泰山；最苦的大概是沿途百姓了。

在武则天辅政、摄政和执政的发展曲线上，泰山封禅可谓一个重要的拐点。她的政治开拓之途，与她内心自我评价的曲线，实际上并不完全一致。在掌控政权方面，这时候的她还远远没达到顶点；但是，其心理上的自我评价已经升至顶点。

历史上凡能控制万民命运的政治人物，多有为祸百姓、搅得天下不宁的。这类人又分为两种：一种本质上就不是善类，他们根本就没想留下好名声，视百姓为草芥、视善良为无用，怎么快乐怎么来。另一类人，在执政之初尚有兢兢业业之心，生怕功业不及前贤而留下恶名。而当真干出一番业绩之后，就开始自我膨胀，视自己为不世之才，不大顾及百姓疾苦了。

武则天当皇后之后的头十年，以政治偶像太宗为楷模，干得还是比较小心的。太平盛世时，一般的执政者往往把持不住，一有成绩就开始胡来，以为这太平的资本可以万世万代地吃下去。

从早年通宵达旦学习贞观诏敕，到现在公开出面提议封禅，武则天已经发生了变化，骄奢之心渐起，独断之风已成。在此之前，经营东都的时候大起宫殿，就已经消耗了不少财力，封禅更是一个空前的政治奢侈品。打这以后，武则天演奏的政治乐章，就开始不断有一些不和谐的声音了。

看来，成功的果实，不是那么好咽的。

古来不知有多少帝王，败在他们曾经太成功了！

第二节　顺手牵羊干掉了花样年华的情敌

封禅活动把大唐上下闹了个鸡犬不宁，武则天以此树威的目的完全达到。不仅如此，她还借着这个机会，把令她十分难堪的外甥女贺兰氏也干掉了。

同时被干掉的，还有她的两个堂哥哥——现任始州（今四川剑阁）刺史的武惟良和任淄州（今山东邹平）刺史的武怀运。当年他们欺负孤儿寡母的老账，现在要一起来算。

能把这三个人穿成一个糖葫芦，看来事先经过了相当周密的筹划。

事情的过程有如侦探小说——

皇帝要封禅，各地刺史一般都先到京师集中，再从驾出发。武惟良和武怀运也在此列。唐时官场习俗，官员有向皇帝献食的做法，据说，两位武兄也分别带了任职地的土特产，有柑、橙、白鱼、糖蟹等。

这是人之常情，说来他们还是外戚呢，与皇帝的关系怎么也比别人要亲一点儿。可就是这些瓜果海鲜，酿出了一场大命案！

这个事件，涉及武则天对武氏家族的态度问题。

武则天不管有多么英明，多么够资格管理大唐，但她唯一能够从政的"合法"资格，也不过就因为她是皇帝的老婆。中国古代的皇权制度，在政府序列里没有女官，除了以妃嫔、皇后、太后的身份干政以外，女人从政别无他途。

一旦涉及皇后干政，就有一个依靠什么人的问题存在。皇后干政，先天就名不正、言不顺，在朝中支持者寡，所以只能引用外戚，也就是娘家的人。但是外戚介入得多了，又容易导致政权易手，因此这个问题一向敏感。

武则天对自家的亲戚，也就是武氏那一伙兄弟子侄，态度总有些摇摆。一方面，她知道外戚势力如果坐大，将会贻害无穷；因此她在当皇后的第二年，就专门写了《外戚诫》一文。这明明白白是警告娘家人不要胡来。

正如有的论者所说，她之所以要用雷霆手段干掉长孙无忌，也是忌惮太宗留下来的外戚势力太大，"臣权"已有压倒皇权之势。

此外她还和一般干政的女性不同，就是她对武家的亲属并不是很看好。当年父亲武士彟死后，武家兄弟（不管是同父异母的、还是叔伯的），都给了她们母妇女不少脸色看。这使她对武氏家族一直缺少天然的信任感。

她与外戚之间，是有疏离倾向的，尤其在政治上不会依靠他们。但是事情还有另一方面，即在这个问题上武则天遇到了她解决不了的困惑。古代最高权力的维系，往往离不开血缘，血怎么也要浓于水。而武则天就不好办了——她的冉冉上升，李唐家族不会给予支持；朝中虽有大臣依附，但他们毕竟是属下。自己的血缘根基在哪里？

——还是在武氏家族那里，大不了再加上母亲杨氏的那一边。

所以，她对武氏家族的态度，一向不是特别明朗，让人有捉摸不定的感觉。这一点，也曾在后世引起不同的看法。

在清除掉长孙这个唐朝最大的外戚势力之后，武则天恐怕是有"无枝可依"的感觉。思前想后，便把当年的恩怨放下了，为了大局，还是把武氏兄弟从低级官员提拔成地方大员或中央的部门官员。

前面提到的两位堂兄武惟良是司卫寺（掌宫门屯兵）少卿，武怀运是淄州刺史，同父异母兄武元庆是司宗寺（即宗正寺，掌皇族事务）少卿，武元爽是内府（掌管宫中用品）少监，都是连升三级以上，从六七品直跳为四品。

就是说，武则天此时的想法是，不用他们则亲戚中无人可用，用了好歹能增强一点儿己方的力量。

武氏兄弟如果领情，这正是命运向他们开口笑的好时机，掌握得好，未来前程不可限量。但是武家子女的性格有遗传，都是死倔死倔的。武家兄弟中，竟然没有一个领这个妹妹的情的。

关系恰恰就在这个时候恶化了。某一天，武后的母亲，已封为荣国夫人的杨氏置酒高会，请了武惟良等人闲话家常。老太太那年80多岁了，女儿有出息，晚年得享太平，心情非常好。看到武氏兄弟各个也都是体面之极，不禁问道："你等还记得昔日之事吗？今日之荣贵又如何？"

按照虚套，无论武家哥儿几个心里怎么想，都应该回答说："托老太太的洪福，我们摊上个好妹妹，才能有今日的光景。"

可是武家兄弟个个都是牛脾气，根本就不想巴结。他们正色道："我等以功臣子弟早登宦籍，自认才分不高，不求发达。哪知道因我们是皇后亲属，侥幸受朝廷之恩，加官晋爵，我等正引以为忧，不引以为荣！"

这话说得其实没错，错就错在不应该说。这跟武则天当年驯狮子骢时说的话是异曲同工，可以见出他们的父亲武士彟，绝非庸常之人！

此话一出，老夫人立刻不乐意了：这叫什么话！我这是热脸贴了你们冷屁股。结果，原想冰释前嫌的一顿家宴，就不欢而散了。

杨老夫人干了这件很丢面子的事，恨在心头，就旁敲侧击地撺掇武后，去跟高宗说，把武家这几个小子赶出去任外职。

武后知道了原委，也不禁大怒，你们既然不领情，那我也就不用再照顾面子了。

武家哥儿几个的京官也就当到了头。亲哥哥武元庆外放为龙州（今广西龙州）刺史，武元爽为濠州（今安徽凤阳）刺史，堂哥武惟良则给踢到剑阁的大山里去了，武怀运原本就在黄海边上。几个人去的都是老少边穷地区。

他们尝到了"功臣之后"的牌子什么用也不顶的滋味，出了京，厄运就开始降临。他们知道，这个铁腕的妹妹不会放过他们，这不过是迫害的开始。武元庆到任后不久就忧愤而死，武元爽到任后又被牵连进一个案子里，改为流放振州（今海南三亚），到了天尽头，不久也死了。

两个堂哥身体好一些，没死，但也终日惶恐。这次两人到京，在客馆落脚之后，忽有宫里的宦官来通报，说皇后召他们去荣国夫人杨氏宅。他们不知有何事，又不敢不从，只好匆忙赶去。进门一看，见皇上和魏国夫人贺兰氏居然也在。二人大惊，连忙参拜。

武后说："听说你等带了些吃的来，要献给圣上，何不取来？"

武氏兄弟一听，原来如此！这才放下心来，说：不错，是带了一些瓜果鱼蟹。

武后笑道："闻听白鱼味甚美，圣上一定喜欢。不妨烹几条，我们与圣上在此共饮一杯。"

二人遵命，叫人去取了鱼来。武后亲自挑选了几尾，送去庖厨烹了。

白鱼烹好，武后先端起一盘，出人意料地放在了贺兰氏面前，面带戚容地说：

"自韩国夫人去世后，唯有我最怜你。你一心侍奉皇上，辛苦非常。今日这鱼，你就先尝吧，算是姨妈的一些心意。"

贺兰氏那时最多不过二十五六岁，绮梦未醒，以为姨妈可以和自己和平共处了，好日子还在后头呢，于是不无感动地接过了这盘鱼。哪知道贺兰氏几口鱼下肚后，突然口鼻流血，大叫一声，倒地身亡！

其乐融融的家宴，立刻乱了套。高宗吓坏了，扑在魏国夫人身上大哭不止。武家哥儿俩更是六神无主，跪在地上大呼："何为？何为？"

武则天立刻拍案而起："欲毒死圣上乎！"随即请高宗下令，拿下这两个逆贼！

高宗在神志恍惚中，也迁怒于武氏兄弟，下令将二人逮问。当夜经过突击审讯（没有电棍也一样见效），两人都招了：是要毒死皇上。

这动机毫无逻辑可言，被屈打成招是无疑的。第二天，两人即被缢杀。可怜这兄弟俩，小心避祸多时，最终还是免不了一死。临死前他们也许曾经哀叹：我们武家老哥俩，有何罪？没罪，是因为有了妹妹那个"武"，就不容有我们这个"武"！

女人的心肠，有时也是很毒的啊！

兄弟俩死后，武后还不解气，将他们改姓为"蝮"氏，开除属籍。

武怀运的哥哥武怀亮死得早，算是善终的。但是他的妻子善氏当年不礼于荣国夫人，这次也因这个案子被没入后宫为奴。三十年河东，三十年河西，杨老夫人终于可以出这口气了，她让武则天找了个事由，用成束带刺的树枝狠狠鞭打善氏，直到打得肉烂见骨而死！

势利惯了的小人们可要记住了，即使落魄之人，也万不能欺！人家落魄时你施人一饭，即使换不来什么，也不会有什么害处。要是给人家一个白眼，伤了人家自尊，说不定日后就撞到了人家手里。

人世间升升降降的事，谁也说不好。永不降格的铁帽子王爷，能有多少？

第三节　风流小生贺兰敏之的终局

这个食物中毒事件，就是著名的武后"一计除三亲"事件。后来骆宾王在《讨武罂檄》中，为了摇撼武氏统治的合法性，曾极力攻击武则天的人品，说武则天"杀姊屠兄"。

"杀姊"一说，史无记载，不能够确认，可能只是民间的一种说法而已。但是"屠兄"却是《旧唐书》《新唐书》均有记载的，《资治通鉴》也予以确认，武后十有八九脱不了干系。不过，有那么多人出席的宴会，要想以食品里的剧毒精确地杀死一个特定目标，并不容易。

到此时，武氏家族身居高位者，已基本翦除干净。从这次"杀人"的指向来看，她主要针对的是家族内部的敌对因素，个人恩怨的成分比较大。虽然杀贺兰氏是在政治上维护自己地位的一个断然措置，但起码也有一部分原因是为了泄愤。

强者在取得政权和巩固地位的过程中，清除异己算是常规操作，只不过有人做得谨慎，有人做得扩大化而已。武则天是历史上的统治强人之一，她下手清除异己是题中应有之义，绝非什么个人品质所致。她对于整个官僚系统的震荡性清理，还远远没有开始，即使在发生了极其危险的"废后"事件后，也不过仅仅震慑一下群臣了事。这不是因为她对臣下很宽容，而是时机还未到，她认为自己还不够强大。

武氏兄弟因为与武则天不和而相继殒命，那么，在这个过程中，武后是否考虑过继续援引外戚的问题呢？当然有过。

早在两位亲哥哥因忧惧而死之后，武则天就想到了这一点。从父亲武士彟那里承袭下来的周国公的爵位，现在空出来了，她决定不交给哥哥的儿子继承，而是要交给姐姐的儿子、外甥贺兰敏之。

她把贺兰敏之叫到寝宫，和他密谈了这个想法，决定让贺兰敏之改为母姓，也就是改叫武敏之，袭周国公爵位，加弘文馆学士、散骑常侍。

这是武则天精心策划的移花接木之策。文水武氏一脉，她从内心反感之；自己所生的儿子，先天就是李唐正统的维护者（无论他们主观上想如何）；想要在血缘亲族内找到依靠力量甚至后备军，就只有考虑母亲杨氏的这一脉。

历史的诡异处就在这里，就目前来看，任何政治势力都不足以抵挡武则天上升的脚步了，然而一个看不见摸不着的"祖宗礼法"，却把这位女强人始终堵在了一个死胡同里——她物色不到合适的接班人。

这个贺兰敏之，是初唐的绝佳人物，翩翩公子一个。他的命运，由于和武则天搅在了一起而暴起暴亡、倏忽而逝，也是颇令人感慨的。

"贺兰"这个姓氏来自贺兰部落。据有人考证，"贺兰"一词可能出自突厥语，是指颜色驳杂的马；贺兰山的得名就与这个有关，因为那山上草木颜色驳杂，远望如杂色之马。贺兰部落的历史源远流长，据说有匈奴的背景，后来为鲜卑之一部，是北魏早期的母后一族。因部落势力太强大，被北魏的创建者——魏道武帝拓跋珪"离散"，其后人逐渐散入中原。

据近世出土的《贺兰敏之墓志》描述，此人"风情外朗，身材内融"，又说他"飞文染翰，为伯为雄"。抛去溢美的成分，总还是不会太离谱。他于弱冠之年当官，二十几岁就当了三品大员。他的文才着实不错，偏重于做文字工作，曾奉命召集学士刊定经史、编写人物传记。（另，2007年江苏省的高考语文卷，文言文的试题就来自他亲撰的笔记小说《三十国春秋》）。

贺兰敏之仕途之所以顺利，据推测，与武后之母杨老太太喜爱这个外孙有关，同时也与高宗宠爱他母亲韩国夫人和他姐姐贺兰氏有关。

武则天对他显然也颇为看好，想把他培养成政治新秀。当初的拥立功臣都已老去，朝中一定要有能接替的新贵才行。虽然武则天与姐姐韩国夫人之间关系微妙，民间对韩国夫人的暴死也有流言蜚语，但武则天吃准了贺兰敏之不会不为利益所动。

她猜对了！贺兰敏之对武则天的器重果然大为感激，竟叩头谢恩至流血。从此朝夕跟随，"坐为师友，入作腹心"，成了武后跟前的大红人。

俊美少年，文采斐然，官运亨通，上级独宠。这些好运气要是集中在一个人身上，怕不是好事——他要担不起！

中国的辩证法，其实两句话就可以概括：一句是"木秀于林，风必摧之"，这是真理，摧毁你的不仅有不如你者，有时还有亲手把你提拔起来的人；另一句是"否极泰来"，那就多少像是安慰言辞了。否极了，大概就死啦，哪会有大善人能让你"泰来"？

贺兰敏之改叫武敏之以后，终于在一件事上被彻底"摧"了，这就是姐妹贺兰氏之死。

贺兰氏被离奇毒死，武敏之进宫来吊唁，高宗泪流满面地对他说："如何死得如此仓促？你可知道些什么？"

武敏之不答，只是号哭。

有眼线立刻将此情况密报武则天，武则天思之再三，怒道："此儿疑我！"从此，武敏之就在武则天那里失宠了。但是武则天并未立刻变脸，她欲擒故纵，一直看着武敏之蹦跳了四年——你自诩风流倜傥，我看是鸟为食亡。显贵子弟没受过磨难，一旦骤登高位，没有能把握得住自己的！

到了咸亨元年（670），荣国夫人杨老太太死了，转过年，武则天才动手。她正式上表，提出了一份武敏之违法乱纪的罪状。其中有的罪行在我们现代人看来，简直骇人听闻！

武后提出的罪状书，首要的一条就吓人一跳，说武敏之"烝于荣国夫人"，什么叫"烝"，与长辈女性通奸谓之烝。杨老太太是武敏之的亲姥姥，都七老八十了，能与自己的亲外孙乱伦？真是匪夷所思！但这一条《旧唐书》言之凿凿，《资治通鉴》也予以采信。后世史家多有为此感到迷惑的。有的干脆回避不提这事，有的指为五代时史家编造，还有比较谨慎的，说是实无证据，恐怕是武则天以牺牲自己母亲名誉的手段来坑害武敏之。但这一说也似乎太玄，总之是特大疑案一桩！

其二，司卫少卿杨思俭（也是武后的娘家人）有一女儿，貌美，已由武后选定为太子妃，不日即将成婚。武敏之垂涎其貌，竟将她"逼淫"，也就是给强暴了。

其三，在荣国夫人府"逼淫"太平公主的贴身宫女。

其四，在荣国夫人的丧期内，擅自脱去孝服，在家载歌载舞。

提出这份罪状的时候，是在咸亨二年（671），高宗按理说应该对武敏之还有顾念之情，但是很快有诏下，将武敏之流放到雷州（在今广东），恢复其本姓贺兰氏。

估计贺兰敏之确实有过不检点之处，因为多才与风流往往是伴生物，不奇怪，但恐怕远没有罪状里说得那么吓人。武后的这些指控，极有可能是夸大，而高宗，大约也是迫于武后的压力才进行了制裁。总之，这流氓分子的帽子，贺兰敏之就算戴上了。直到今天的一些文艺作品里，贺兰敏之还往往以恶少形象出现，十分不堪。

冤就冤吧，自古多才而被嫉的不止他一个。可是，他实在是太冤了，流放走到韶州（今广东韶关一带），莫名其妙就死在当地官府里了，史籍上有说是"以马缰自缢而死"（《旧唐书》），有说是被武后令人用马缰绞死的（《资治通鉴》）。

朝士中的纨绔子弟，因与贺兰敏之有交往而被流放岭南的还有一大批。

由此看来，风流也，富贵也，一个人摊得多了就不是好事。贺兰敏之即便是什么罪也没有，起码他过于得意忘形了。光想着有姥姥护着就不怕，眼光未免短浅了一些。

　　贺兰敏之一死，周国公这顶帽子就找不到人戴了。三年之后，武则天又想用武家的人了，别无选择，便奏请将二哥武元爽的儿子武承嗣从天涯海角召回，袭周国公，任了五品的尚衣奉御，第二个月又越级提为三品的宗正卿（掌皇族事务）。

　　秋千又荡回来了：武氏一族，还是得用啊！

第四节　老将军李勣平高丽

　　就在封泰山这年的五月，东边的高丽有了新情况。天赐给大唐一个良机！

　　自从百济被灭之后，一向不服软的高丽也有点儿恐慌，老实了不少。高宗封禅时，高丽王高藏也派来了太子福男参加仪式，表示了顺从的姿态。

　　到了乾封元年（666）五月，高丽的权臣、"莫离支"盖苏文死了。权臣在接班人问题上没处理好，他一死，高丽就发生了内乱。

　　按照嫡长继承制，盖苏文的长子泉男生升任了莫离支。此人还比较敬业，一上任就到各地去巡视，把弟弟男建、男产留在都城代理朝政。这一走，有人就挑拨他们兄弟之间的关系，泉男建受到诱惑，遂自立为莫离支。

　　结果，正宗的莫离支泉男生反倒不敢回都城了，只能别走他城。他气不过，派儿子泉献诚向大唐求援。

　　这机会千载难逢！高宗和武后经过商议，决定发大军征讨高丽。这次的战略意图非常明确：就是要平了这个东方宿敌。

　　唐军以契苾何力为主帅，庞同善、高侃为辅，让泉献诚充当向导。庞同善、泉献诚领军先发，一入高丽境，就大破前来阻截的高丽军。被夺了位的泉男生见救星来了，立刻来了精神，准备率部会合。唐廷让他做了辽东大都督，还封了他玄菟郡公。

　　到了十二月，高宗、武后觉得战事进展还不够快，便又任命老将军李勣为辽东道行军大总管，郝处俊为副大总管，带领薛仁贵等将领率援军投入战场。先前的各军，也都全部归李勣节制。

　　老将出马，气象到底是不同，唐军渡过辽水后，庞同善、高侃分两路并进，薛仁贵带着一支人马专打游动战，策应各军。

这次唐军气势相当凶猛。仗打了一年，一连拿下了高丽十六城。泉男建不服输，企图派兵偷袭，结果被薛仁贵一部中途横击，大败之。高侃率军行至金山，遇到高丽兵据险防守，打得不顺手，随后向北撤退。高丽兵离开险地，纵兵穷追，结果又被薛仁贵拦腰打了一家伙。高侃也返回身来，两军会合，一口气斩了高丽兵五万人！

唐军趁热打铁，接着又连下三城，与泉男生的队伍会师了。

金山得胜之后，总章元年（668）年初，薛仁贵又统兵三千，直扑扶余城。诸将认为这点儿兵不够用，都不主张打。薛仁贵来了蛮勇的劲儿，说："兵不在多，而在使用合度，何患少焉？"说完引兵前冲，正与赶来拦截的高丽大军迎头相撞。一仗下来，三千猛士果然一以当十，斩俘万余人，顺势拿下了扶余城。

这次战争，唐军打得实在漂亮。高丽方面本应该步步据守，还像过去那样打守城战、持久战。但是几次大的战斗，他们都是倚仗人多，与唐军展开野战，当然没有好果子吃。

李勣见两路都打得好，捋着胡子笑了，派侍御史贾言忠回京告捷。

高宗见了贾言忠，问他进展如何。贾言忠说："高丽必平。"

高宗大喜，问道："卿何以知之？"

贾言忠便不慌不忙地说出一番道理："隋炀帝东征而不克者，人心离散也；先帝东征而不克者，高丽未乱，无隙可乘也。今高丽王微弱，权臣擅命，盖苏文一死，男建兄弟相攻，男生内附大唐，为我向导，彼方情形，无不知之。以陛下圣明，国家富强，将士尽力，以乘高丽之乱，其势必克，无须费力矣。且高丽连年饥馑，人心危骇，其亡可跷足待也。"

高宗又问他对诸将的评价，贾言忠一一道来，各有优长，尤其称赞主帅李勣"夙夜小心，忘身忧国"，统驭之才在诸将之上。

高宗、武后对贾言忠的分析评价大为满意，且深以为然。

此次出兵，看来是占尽了天时、地利、人和。时机选得准，将帅用得好，胜负便已操手中。从高宗、武后认真听取前线情况的态度来看，他们显然是很重视隋炀帝和唐太宗的教训，对战争相当谨慎。慎者，成也。这是胜利的前提之一。

总章元年九月，唐军拿下扶余后，高丽方面又犯昏，派了五万兵来，企图夺回扶余，恰与李勣大军遇于薛贺水。好，又是一场野战！李勣奋力迎击，大破之，狂追二百里，会合了诸路军，直抵平壤城下。围困了一个月后，高丽王高藏挺不住了，派泉南产率各部首领九十八人，举白幡投降，李勣以礼相待。

但是死硬派泉男建仍是不降，闭门拒守，还派兵出战。在这个情势下，这其实是无意义的举动了。诚然，他坚决保家卫国，堪称一条汉子，可是高丽军民与他父亲在世的时候大不一样了，似乎全无斗志。他把军事委托给一个和尚信诚来管，但这个和尚名不副实，暗中派人与李勣联络，以为内应。

五天后，信诚和尚大开城门，李勣纵兵登城鼓噪，焚城四角。泉男建见大势已去，举刀自杀，但未遂，被唐军擒住。

就这样，让隋唐两朝君主头疼了五十多年的高丽，到此全部平定。

这年十月，李勣领兵西还回京，在昭陵和太庙献俘。十二月，高宗、武后又参加了在含元殿举行的盛大受降仪式。对高丽诸首领都按照政策做了处置。对高藏，因为他仅是个傀儡国王，所以免死；先后归附的泉氏两个兄弟都封了大唐的官职；抵抗者泉男建按大唐罪臣待遇流放黔中。

平辽将领也各有封赏，尤以大功臣李勣为最，加封太子太师。

现在，整个高丽正式收入大唐版图，七百年东方之珠，点缀了中土的高昂之冠。高丽原有的五部，共计一百七十六城六十九万户人口，现分为九都督府，四十二个州，置一百个县。统属安东都护府管辖，原高丽首领凡有功者（乖乖投降的），各任府州县官，与中土派去的华人共理政务。

安东都护，就由大名鼎鼎的薛仁贵担任，领兵两万镇抚之。据说，其时高丽人只要说一声"薛礼来了"，家中小儿马上就会止住啼哭。将军的赫赫威名，甚至流传千年不衰，笔者早年下乡时，经常听到村里中老年农民侃"薛礼征东"。我插队的那个地方，又恰恰是高丽故地。现在回想起来，仍觉神奇。那辽河流域的草莽之中，还真是有些故事。

以78岁高龄统率征东大军的李勣，第二年（669）年底就病故了。李勣是从武德年间就开始建功立业的，从江洋大盗，做到了堂堂宰相，堪称传奇。他回首早年经历时，曾颇为风趣地说："我年十二三时，为无赖贼，逢人则杀；十七八时为难当贼，怒则杀人；二十岁时为大将，用兵救人死。"

这话，大致不错。这个瓦岗寨的好汉徐懋功，终于修成了正果！

他的名字，流传于世的有好几个，这里顺便提一下。前面讲过，他本姓徐，名世勣，字懋功。北朝以来，世人多流行以字行（称呼字而不称呼名），所以在瓦岗寨时期他叫徐懋功。而《说唐》的作者懒得写中间那个烦琐的汉字，就改为徐茂公，自此，这个名字便家喻户晓。

武德二年（619），因他献黎阳等十郡归唐，功劳甚大，高祖李渊赐他姓李，此后就叫李世勣了。李世民时期文化管制比较开明，姓名中一个字与皇帝相同，也不是十分忌讳。于是太宗时期他依然叫李世勣。高宗上任，改民部为户部，以避太宗名讳，李世勣对这个很在乎，就自动改名叫李勣。

他的名字演变史，简直就是一部他个人的奋斗史。

老将军去世后，高宗、武后异常悲痛。元老里面，当初几乎就是他一个人支持立武则天为皇后。也只有他一个人，完全不与长孙一派合流。大树凋零，"二圣"不能不感伤。于是高宗有诏令，追赠李勣为太尉，让他的孙子李敬业袭爵英国公。

就是这个小英国公，也许血统中就有不安分因素，后来闹出了一场大乱子。不过这是后话了。

李勣死后的第二年，咸亨元年（670），武后的亲信、太子少师许敬宗请求致仕。他回乡两年后，也去世了。

在永徽年间曾起过重要作用的几个人物，就这样一个个地走了。有时候，一个时代的结束，是以一些人的死掉为标志的。也许，这正预示着一个新的时代就要来临？

第五节　武则天的改革纲领《建言十二事》

据记载，武则天是于显庆五年（660）十月正式参预朝政的，由开初的权宜之计渐变为常例，至上元元年（674），已经有十五个年头。

这是一个值得记住的年份，因为它是一个开启大时代的分水岭。

这一年，武则天正好50岁。年华转眼成沧桑！

但一个长于理政、沉稳多谋的女政治家，已被大唐政坛锻打成型。

这一年，为了纪念武则天的50寿辰，高宗下诏，追尊父亲李世民、母亲长孙氏以上四代双亲以显赫的皇帝皇后名号。因为李世民与长孙氏的新名号中都有一个"圣"字，所以高宗与武后不便再称"二圣"，为此，高宗为自己加了"天皇"名号，为武则天加了"天后"名号。

名分的变化，看似游戏，实质不是。所谓避讳只是个借口，为自己升级换代才是真的。

这极有可能是出于武则天的主意，高宗是万乘至尊，再加上"天皇"实在是意义不大。与前朝明君相比，自己水准如何，他心里应该有数。而这件事，对武则天就不同了，它是进一步确认武则天参政合法性的重大宣示。

高调褒扬自己的同时，她也出人意料地使出了怀柔政策，试图消除部分朝士心中隐匿的敌对情绪。

昨日之冤案，她要亲手来翻。本年九月，她请高宗追复长孙无忌官爵，令其曾孙长孙翼袭爵赵国公。并准许长孙无忌归葬，并陪葬昭陵（李世民陵墓）。这是大臣死后无上的荣耀。就让他们君臣在地下好好叙旧吧。

她使出这一手，当然需要有一定的自信。虽然创伤是无法抚平的，事后的安慰近乎作秀，但，这就是政治的艺术。

无论从哪方面看，这一对天皇、天后，都是不平衡的。李治不类其父，是太宗李世民耿耿于怀的憾事。可是武则天从精神上继承了太宗的政治能力。她认真揣摩过太宗晚年所著的《帝范》十二章，把贞观之治的精髓吃透了。

"二圣"耶？其实只有一圣。

上元元年的年底，武则天经过深思熟虑，拿出了一整套新的改革方案，她要按照自己的意志全盘改造这个国家了。

这就是她给高宗的上表，著名的《建言十二事》。

这十二事，并不是朝中琐事，而是涵盖了国家各方面事务的大政方针，从中可以看出：武则天现在考虑的，不仅仅是如何巩固自己的地位，她的所思所虑，已有了圣明君主的格局。

《建言十二事》的具体内容是：

一、劝农桑，薄赋徭。

二、给复三辅地（免除三辅地百姓徭役）。

三、息兵，以道德化天下。

四、南、北中尚禁浮巧（在全国手工工场禁止浮巧）。

五、省功费力役。

六、广言路。

七、杜谗口。

八、王公以降皆习《老子》。

九、父在为母服齐缞三年。

十、上元前勋官已给告身者，无追核。

十一、京官八品以上，益禀入（加薪）。

十二、百官任事久、才高位下者，得晋阶申滞。

这十二条，归纳起来是四大政策：一是富国强民，二是善用人才，三是笼络百官，四是提高妇女地位。

四海之广，何为根本？

武则天纵有千条错误，但唯有国之根本她看得准，抓得也很牢。

历代君王，自夸英明的比比皆是，没有几个人肯承认自己是无能的。但是，英明不英明，只有一条检验标准——民是否富？国是否强？

用这一条来检验武则天，她起码是现代的所谓"心里装着老百姓"的执政者。

她步入政坛后，风波迭起，颇不平坦，耗费了很多心力来应付局面，但是太宗之魂从没有离开她的头脑。武则天自始至终把富民强国作为头等大事来完成。

在她和高宗联手执政时期，大唐从战后恢复期进入蓬勃发展期，国力渐盛，人口激增，万民乐业。这才是武则天屹立不倒的根本原因。她的智谋、权术、心计，固然是她纵横政坛的利器，但即便是一个绝顶聪明的政治家，如果漠视民意，或敢于倒行逆施，那是早晚都要被民众情绪这个"覆舟之水"掀翻的。

劝农桑，薄徭赋，就是我们这个古老国家的根本。无论何时，"牧羊者"都必须爱惜羔羊。老百姓的负担多少，看似与在上者的稳定无关，而实际上，民不堪赋役索取之累，是历代所有皇朝灭亡的原因或导火索，无一例外。

武则天在第二条中提出的免"三辅地"徭役，是指免去京畿地区（大致为现今的陕西中部地区）人民的徭役。京畿百姓负担本来就很重，那几年，关中又多有灾年。所以这一条，显然就是今天我们常说的"惠民措施"。

在她的执政过程中，像这样把目光投向底层疾苦的事例多得是。

关中在咸亨元年（670）遭大灾，连续发生旱、霜、虫灾，民间多有流离失所的儿童。在武后的推动下，高宗有诏下，准许民户领养年十五以下不能存活者，也可以让他们干活，但不得为奴婢，这样好让穷孩子们有个活路。四年后，又有诏下，要求把这些当年由各家收容的难童放归原籍，各家还要给够他们衣食。

而对于一般饥民，则准许他们去其他州县"逐食"（谋生或乞讨），又下令转运江南租米来赈济难民。

永隆二年（681），中原因遭水灾发生严重春荒，武后便带头捐出脂粉钱救济灾民。她还把皇后穿的十二道褶裥罗裙改为七道，以示节俭。她的举动，直接影响到公卿阶层，压抑了官民中盛行的奢侈夸富之风。

在中国古代，每逢春季，皇帝要率领公卿"祭先农"，亲自耕一耕地，做个表率；皇后也要率领命妇"祭先蚕"，亲自打理桑树。这就是著名的"劝农桑"仪式。武则天打破了惯例，在上元二年（675）特别举行了大型的劝农桑活动，把原来的小范围的仪式，变为在邙山之南举办大规模公开仪式，以此激发民间的农业生产热情。

一个施政者，心里头有没有百姓，做出的事是大不一样的。武则天出身于勋臣家庭，是个典型的高干子女，但在早年，丧父归葬时的一路所见，使她终身不忘百姓疾苦。这也是她治下人民的一大幸事吧。

《建言十二事》里讲到的"学《老子》"，有论者说，这是尊崇李家老祖宗之意，是为了表明她是李家媳妇，并无篡逆野心。笔者以为，这是武则天大有深意的一个举动。唐朝本来就尊老子，用意为加强统治权的合法色彩，武则天提倡全体官僚读《老子》，则是为了刷新意识形态，为她将来的大变革开道——让官僚们感觉到变革的先声，以便将来更容易接受变革的事实。

其实，只要是意识形态体系，无论老子、孔子，都没多大区别，都不过是在解释世界。之所以新的统治者要使用新的意识形态，主要也是为了强调自己的合法性。武则天作为女人参政，与儒家政治相违，近乎异端，那么就来一个"道可道，非常道。名可名，非常名"，让变易、变革、变动不居的理论先占据舆论制高点。

其中第九条"父在为母服齐缞三年"，则是为妇女壮胆提气的措施。中国古代有规定，人死了，其近亲要穿熟麻布制作的丧服，也就是民间所说的"戴孝"，不过一般都用白布替代。丧服根据亲疏远近的不同，分为"斩缞、齐缞、大功、小功、缌麻"五个等级，统称为"五服"。其中"斩缞"为第一等，即把衣服边撕开，不剪不缝，也就是毛边孝服。子为父、父为长子服孝，都称斩缞。在这一级别里，没有妇女的位置。

齐缞要低一等，衣服边是缝好的，所以叫"齐缞"。在这一档次里涉及母亲的有：如果父亲已死，母亲死时，儿子服齐缞三年；如果父亲还在，母亲死了，儿子服齐缞一年。对比来看，母亲的地位还不如长子。

把母丧的服孝规格提高一步，是武则天有意在提高妇女地位。虽然只提高了一小步，但对等级森严的礼法无疑是个挑战。从后来发生的事情看，这也算是深谋远虑的一步棋吧。

其余"广言路""加俸禄"等，都涉及官员阶层和政治体制，武则天在这方面是下了不少功夫的。但十二事中的"广言路"等措施很难实行。其实"广言路""杜谗口"之类，极易流于口号。武则天虽然是比较善于纳谏的，但是也免不了听信谗言。

谗言这东西，危害了政治正义几千年，统治者也知道它不好，可为何没有好法子禁绝？因为再清明的政治，也总有暗箱操作，谗言的生存空间就在这黑箱中。

谗言之所以有效，是因为在上者不可能常到"第一线"找人了解情况，他要靠听汇报来掌握下情。而谗言就与真实情况具有了平等身份，上面怎么能一下就察觉？等到真相大白时，那巨奸大恶已养成了。

统治者名义上反谗言，但实际上并不痛恨，他们知道谗言对所有的官员都有威慑力，有了这个东西，大家就会老实点儿吧。谗言有利于控制官员，这是皇权制度下谗言不绝的最根本原因。

当然，在政治体制方面，武则天也做了一些实际的事，大部分都属于"改革"措施。她深知一个道理：大变动，要靠小变动来开路。大家一旦习惯变动了，真的天崩地裂也就没人感到稀奇了。她所做的比较重要的事主要有两件：一是削弱相权，二是起用低品级文官参预中枢。

乾封元年（666）对高丽开战后，宰相多由武人组成，这些人与武则天并无渊源关系。加之其后李勣和许敬宗的去世，武后在朝中已无得力骨干。在这种情况下，宰相班子对皇帝的影响就越来越大。

武则天当然不能容忍这个趋势发展下去，她于龙朔二年（662）提出，太极殿低洼阴湿，不利于高宗的病况，应将皇帝居所移往大明宫。大明宫是早年太宗为太上皇李渊修建的避暑宫殿，尚未完工李渊就死了，于是工程半途停建。现在武后下令把它建好，改名为蓬莱宫。第二年，高宗正式移宫，此后就在蓬莱宫的正殿紫庭殿听政了。

过去，皇帝起居、上朝和百官办公，都在太极殿，堪称君臣一体。现在一搬家，皇帝听政的地方就和原来的宫城隔开了，中书、门下两省都不在禁中。这样一来，中枢的谋议就在内廷进行，而不像过去那样在外朝进行了。宰相的地位由此大降，而皇权则一下子就变得非常厉害。

此外，武则天在参政以后，还悄悄改变了大唐的高层运作机制。

太宗时期的中央政务，是"三权分立"，即中书省出旨、尚书省执行、门下省封驳（监督）。这样的设置，是怕权力过于集中会产生尾大不掉的权臣，分权后大臣互相制衡，会好一些。

这时候皇帝的权力并不大，更像是一个"虚君"，所有的表章到皇帝手中时，已是经宰相们审议并有了意见的，皇帝只要批准或否决。如果否决，也不是他老人家一票就算，而是要和宰相共同商议。皇权与相权并未截然分开。

武则天当权后，情况发生变化，宰相的裁决权无形中被取消，仅剩下汇总百官表章上奏的职权，裁决权归于皇帝。实际上是"百官表奏，皆委天后详决"，她不再允许宰相们分割皇权了。

这种变动，对中央集权制度的意义极为重大。它是否具有进步意义，不能以现在的民主观念来衡量，在大一统的皇权国家，面对纷繁事务、辽阔疆域，加强集权也许就是一种进步，不然这样的事不会一再在历史上发生。

范文澜先生曾经将唐代三大君的执政风格做过比较。他说，太宗是"慎始慎终"，玄宗是有头无尾，而武则天是"权不下移"，为专断之主。

在政治体制上的另一重大举措，就是启用"北门学士"。

这件事的背景因素有两个：一是武则天在朝中的盟友不仅人数少，且已逐渐凋零，她需要有一批集团化的官僚作为自己的政治基础；二是中国皇权制度到了唐代趋于完善，政务开始细密化，尤其相权被削弱后，工作更多。武则天一个人承担不了繁重的章表批复，因此她决定在内廷建立一个智囊班子。

为此，她把一批品级不高的文士召入内廷，参与决策，起草诏令。起初这些人没有名号，人员也不固定，到乾封元年（666），武则天特许一批文士从北门（玄武门）出入禁中，朝中大臣讥之为"北门学士"，这才算有了个称号。

当时知名的北门学士有元万顷、范履冰、苗神客、周思茂、胡楚宾等人。他们出入北门，与政府办公的"南衙"无涉，形同武则天的私人。朝中大臣知道这是为了分宰相之权，因此就多有讥讽。这些北门学士极受武则天赏识，在武则天后来以太后身份临朝时，北门学士就成了最基本的政治力量。

在北门学士中，这里值得一说的是元万顷，他是北魏皇族之后，史书上称他"属文敏速，然性疏旷，不拘细节，无儒者之风"（《旧唐书·列传·元万顷》）。这么一个洒脱之人，必有《世说新语》式的掌故。他在随辽东道大总管李勣征高丽时，一个人就有两件事成为掌故。

在李勣的陆路大军之外，当时还有一支偏师水军由裨将郭待封统领，前去袭击平壤。别帅冯本率领大军在后，增援郭待封，不巧船破失期，大军没有赶到。郭待封那边苦等不至，急了，想要写信给李勣，但又怕被高丽兵截获，知道唐援兵不至，就会乘危迫之，于是写了一首离合诗（或作藏头诗）赠给李勣。李勣不解其意，大怒曰："军机急切，何用诗为？必斩之！"元万顷当时为辽东总管记室（文书、翻译），只有他一个人看明白了，为李勣解释了一番，李大总管这才熄了火气。

李勣在军中曾令元万顷作讨高丽檄文，文章写好后，其中有一句话是讥讽高丽的，"不知守鸭绿之险"。泉男建收到檄文一看，大受启发，给李勣传了个话，说"谨闻命矣"，而后移兵固守鸭绿江，使唐军不得渡江，这可把李勣给气疯了——我的人居然给敌人出点子。事情闹大了，元万顷被判流放于岭南。后来遇赦得还，官拜著作郎。

上元年间，武后的权力空前增强，她特地把刘祎之、元万顷等从流放地召还，储备政治力量。北门学士果然也是名不虚传，就在武则天升为"天后"之后的第四个月，他们就协助武则天拿出了《建言十二事》，抛出了一整套政治新概念，打破了贞观以来的理论闷局。

这个班子，在武则天的主持下，还前后撰写了《臣轨》《百僚新诫》《列女传》《内轨要略》《孝子传》《乐书》等著作共千余卷，作为整顿吏治、普及荣辱观教育的启蒙文本。

武则天对政治体制还有一项改革，看似没有实质意义，其实也可以说是意识形态变革。那就是改职司名称和官职名。龙朔二年（662），在她的建议下，大唐中枢的重要机构和官职一股风地改了名。门下省改为"东台"，中书省改为"西台"，尚书省改为"中台"。三省长官也随之改名，侍中改"左相"，中书令改"右相"，仆射改"匡政"。此外还有尚书为"太常伯"，侍郎为"少常伯"，左右丞改"肃机"，诸司郎中改"大夫"。其余二十四司、御史台、九寺、七监、十六卫，都改了名。名字动了，实际职能却并未动，所以有人说武则天性格不稳定，喜欢玩文字游戏。其实不然，把前代制定的职司官名改变，这本身就是一个鼎革的信号，同如前面所说，意图是形成变革前的气氛。

改过了中央三部门的名称，中枢机要的色彩淡化了，作为辅助办事机构的色彩增强了，这不是完全没意义的。而改革后的官职名，专业特色非常突出，是干什么的一望可知，且名称很有文采，有人估计都是武则天的杰作。

武则天在这以后，还改过几次官职名，都有革新政局的意思在内。

顺便提一句，她在后来又将改中书省为"凤阁"，中书令称"内史"。到唐玄宗开元元年（713），又一度改中书省为"紫微省"，中书令称"紫微令"，真是越改越有诗意了。流传至今的《千家诗》启蒙读本里，就收有白居易的"紫薇花对紫微郎"一诗。这是白居易在当中书舍人时，描写中书省黄昏景色的诗句。白大诗人以"紫微郎"自称，意境至为闲适。

《建言十二事》中，有两条不甚引人注目，但却意味着大唐国策即将发生重大转折。这两条，都涉及战争。

第十条说"上元前勋官已给告身者，无追核"。这一条，如果不加解释的话，现代人不大容易弄明白。所谓"勋官"，就是战斗功臣，他们虽然没有具体的职守，但可以根据勋品的高低获得一定的"勋田"。

这不光是一个福利待遇的问题，勋官本人以及五品以上勋官的子弟，还有资格做实授的官。具体办法是，服役一定期限或缴满一定的资金，再经考试，合格就可以参加"铨选"（成为候补官员）。

对无权无势的小老百姓来说，勋官也是一个很不错的进身之阶。况且勋官之服色，与同级官员一样，在社会上还是很有身份的。

可是在当时，由于战争创伤及经济无着，一些勋官经常会惹出些麻烦，而被朝廷"夺赐破勋"。武则天提的这个建议，就是要求对上元年之前犯有罪错的勋官不再追夺勋赏。这是对荣誉军人的照顾。

上元之前，大唐四境武功赫赫，都是靠军人打的，安抚他们理所当然。这起码说明，武则天不认为打仗是游戏、是比拼个人的勇气，她知道打仗不容易，百姓承担得太多。安抚军人，也算是"悯民"措施的一部分吧。

另外是第三条"息兵，以道德化天下"。这里的"天下"，包括唐四边的诸国在内，说的是国际问题。"息兵"这两个字，分量可是不轻，它表明武则天对"国际战略"已有了全新的看法。

既然连高丽这样难啃的敌国都给端掉了，为什么还要提出息兵呢?

第六节　大唐东西烽烟又起

在平高丽之后的七八年间，大唐四境的局势又有了新变化。新的强敌崛起，老的对手复苏，情况不是很稳定。

此时西境逐渐强大起来的是吐蕃，它把手伸到了西域，连连攻陷唐西域各州。在另一端，东境也没有消停，高丽、百济灭后，唐昔日的盟国新罗渐渐坐大，好了伤疤忘了疼，时而背叛唐朝，做些不仁不义的事。还有早就被灭掉的突厥残部，也有卷土重来的意思。

烽烟又起，哪一处不去平都不行。其他的，都还可说是癣疥之患，但是吐蕃不能不认真对付。

吐蕃这次对唐的挑衅，上下一心，攻势凌厉，其社会发展水平虽然还处在向唐朝学习的阶段，但对大唐帝国毫不畏惧。

这个初生之犊，让高宗、武后大大地头疼了一回。

吐蕃，相信大家都不陌生，那就是著名的文成公主嫁过去的地方。吐蕃，族源于羌族，繁衍于今西藏及四川西部一带，原为分散部落。在北周时便开始兴起，隋唐之际已是群雄并踞。到唐初，松赞干布统一吐蕃各部，定都于逻些城（今西藏拉萨），用正统史学家的话说，是"建立了统一的奴隶制政权"，势力渐趋强盛。

贞观八年（634），松赞干布遣使向唐求婚，唐太宗同意和亲，这才有了贞观十五年（641）文成公主入蕃的佳话。

吐蕃也是"向唐朝学习"的诸国之一，和亲之后，派了不少贵族子弟到唐求学，两方关系转为密切。唐太宗死后，关系也还不错，松赞干布还给唐廷写了信表示忠心。永徽年间，文成公主派人向唐"请蚕种及造酒、碾、纸墨之匠"，高宗都欣然应允。

可惜的是，在永徽初年，这位深具眼光的大英雄松赞干布死了，其子早亡，由孙子即位。孙子年幼不晓事，便由禄东赞为相，掌握国中大权。

显庆三年（658），吐蕃向唐朝献金盎等礼物，请求再次通婚，双方的关系还是相当友好的。

局面是在龙朔之后开始逆转的。这一时期，吐蕃这个落后生产力政权的国力已十分强盛，有了攻略四方的雄心。它的邻居吐谷浑早在太宗时就被平定，内附大唐，成为大唐防范吐蕃的屏障。禄东赞对其久有图谋，龙朔三年（663）时，便趁大唐正在东边与百济打得不可开交之机，悍然率精兵进攻吐谷浑。吐谷浑可汗顶不住，狼狈奔入唐地凉州（今青海武威）。

西境局势骤然恶化，为防不测，唐也屯兵于凉州、鄯州（今青海乐都），双方已经是兵锋相对。

总章年间，高宗、武后曾召宰相姜恪、阎立本，将军契苾何力等，商议能否出兵打击吐蕃，援助吐谷浑。但三个人意见不一致，有说不可的，有说不忙的，只有姜恪坚持必须马上打。结果议而不决，错失良机。

这个时候，吐蕃透露，与吐谷浑还有讲和的余地，高宗也准备调停，可惜禄东赞却死了。史载"东赞不知书而性明毅，用兵有节制，吐蕃倚之，遂为强国"（《新唐书·列传·吐蕃》）。他的死，更导致局面不可控制。

他一死，他的四个儿子同时当国，雄心更甚，完全没有了节制，开始大举进攻西域。唐西境自此正式上演"双雄会"。

到咸亨元年（670）四月，吐蕃大军已连陷西域十八个羁縻州，唐的安西四镇顿时烽烟遍地。前面说过，安西四镇为龟兹、疏勒、于阗、焉耆，其中的龟兹就是大唐安西都护府的治所。这四镇，是大唐羁縻西域各部的一个政权体系。

吐蕃这次胃口甚大，和于阗部落联手，竟然拿下了安西大本营龟兹的拨换城（今新疆阿克苏）。

搞什么搞，不可忍了！"二圣"决定用兵，派名将薛仁贵任逻娑道行军大总管，阿史那道真、郭待封为副大总管。

阿史那道真，这名字像个外国人。其实，他是个混血儿，乃突厥王子阿史那社尔与衡阳长公主所生。

阿史那社尔是唐初相当有名的一位传奇人物，这里先回过头去略说一下。贞观十年（636），阿史那社尔在突厥内乱中战败，率部归唐。太宗视他为兄弟，任命他负责守卫皇宫北门（玄武门）。一年后，他迎娶了太宗的亲妹妹衡阳长公主，成为大唐驸马。贞观二十一年（647），太宗任命他为昆丘道行军大总管，带兵西征天山一带的西突厥。此战大获全胜，唐军连破处月、处密二部，攻占龟兹的都城——拨换城等五座城，于碎叶川西大败西突厥军，俘龟兹国王和公卿。

这一战，也震动了整个中亚，西域有七百余城摄于大唐声威，争先请降。唐的疆界一下就推进到了帕米尔高原和中亚。

唐太宗死后，阿史那社尔悲痛欲绝，请求殉葬，但高宗没批准。永徽四年（653），阿史那社尔死，赠辅国大将军、并州都督，陪葬昭陵。

其父如此，其子也必不差。

另一位将领郭待封，就是在高丽战场上写藏头诗向李勣求援的那位。

这次征吐蕃，派出的将领阵容不弱。从薛仁贵的领军头衔来看，唐对拉萨也是志在必得。但是，问题就出在将领不和上。

仗开始打得很顺手。薛仁贵经过多年历练，已非当年吴下阿蒙，胸中也有一点儿韬略了。十万唐军行至大非川（今青海共和县），准备奔袭乌海（今青海兴海县），薛仁贵拿出了作战方案。他对两位副将说："乌海险远，军行甚难，辎重跟随，恐难成功。今宜筑两栅于大非岭上，辎重悉置于栅内，留二万人守卫，我等兼程前往，乘其不备，必能破敌。"

随后，薛仁贵即率所部先行一步，阿史那道真为后援，兼程疾行。郭待封率二万人暂屯大非岭，保护辎重。

这个部署，非常得当。唐军一路冲去，在积石河口遭遇吐蕃军，果然一战而胜，又进军至乌海驻扎。然后，薛仁贵便派兵一支去接应郭待封的辎重队。哪知道派去的兵到了地方一看，郭待封已将辎重全部弄丢了！大军远行，这不是要命吗？

辎重怎么会丢？原来，都是这个郭待封惹的祸！他原先的官职与薛仁贵平级，这次深感耻居薛后，于是闹开了情绪，屡次抗命。薛仁贵让他原地坚守，他偏不听，非要押着辎重缓缓前行。

这一着实在是险棋！果然，半途上突遇二十万吐蕃大军来攻。唐军就是再神勇，又怎能护得住一大堆粮草器械？

郭待封情知不妙，硬着头皮迎战。结果，东西给丢了个一干二净。

薛仁贵听到败报，气晕了，只好急速退兵至大非川，等候朝廷增援。

吐蕃方面的统帅，是宰相钦陵（吐蕃语称宰相为"论"，故史书中也称其为"论钦陵"，本书中亦有此称）。这也是一位能打仗的好手，他不给唐军以喘息之机，又率四十万大军来攻。唐军顶不住，再次大败。薛仁贵见取胜无望，只得派人与论钦陵约和，而后率残部东归。

这一仗打得太窝囊。"二圣"闻知后震怒，下令将三统帅逮至京师，皆免死除名。

副手自作主张，搞坏了战局，这在先前征突厥时就有过一次了。看来，唐军的前线指挥问题，自显庆元年（656）就一直没解决好。

这一仗没打好，吐蕃的崛起就更加势不可当。其势力所及，东接凉、松、茂、嶲等州，南邻天竺（今印度、尼泊尔），西至葱岭，北抵突厥，"地方万余里"，俨然一大国了。仪凤元年（676）前后，又频频侵扰唐境。

天皇、天后便命宰相刘仁轨出镇洮河（今甘肃西南）。刘仁轨虽知兵，但是他与朝中另一宰相李敬玄不和。刘仁轨有事上奏，李敬玄就要捣捣乱。刘仁轨有气难平，竟把国家大事当儿戏，推荐李敬玄来替他镇边。

其实这个李敬玄并不是个坏人，史书上没有关于他的劣迹，反而称他"风格高峻，有不可犯之色"。他博览群书，是个典型的文人。贞观末，高宗在东宫时，马周就把李敬玄推荐给了高宗，后召入崇贤馆侍读，曾在吏部（后更名"司列"）任职。这个人工作起来也很干练，史载他"典铨有序，选者岁万余人，每于街衢见之，无不知其姓名，时人服其强记"。

两人闹别扭，据说是因为文人相轻，刘仁轨虽然在东征时一战成名，但他本人还是把自己归入文人之列。另外一个说法是，刘仁轨以前为李义府所不容，是反武派；而李敬玄是许敬宗提拔起来的，与拥武派渊源深厚。两人阵线不同。

李敬玄听说刘仁轨推荐他去接任洮河道大总管，知道这是刘仁轨要把他放在火上烤，就奏请改派他人。

据记载，那天正好高宗听朝，见李敬玄再辞，就说："仁轨须朕，朕亦自往，卿安得辞！"——刘仁轨要是点名让我去，我都得去，你怎么能不干！

皇帝都这么说了，李敬玄只好硬着头皮去领兵。

高宗为何如此坚持，不得而知。有论者说，高宗是以这种方式表达对武后专权的不满，我觉得不大可能。高宗也许就是认准了，有行政能力的人也一定能带好兵。

这是注定了的失败之旅。李敬玄推辞不了，带着工部尚书、检校左卫大将军刘审礼等一班将领，率兵18万浩浩荡荡西去。这是仪凤三年（678）九月的事。

这李敬玄全不知兵，临阵心又怯弱，与他搭档的刘审礼却正好相反，勇莽无谋，就知道冲杀。这个搭配，令人悬心。果然，入了吐蕃境内，唐军的情况就不大妙了，李敬玄的主力沿途逗留，刘审礼一部只顾往前闯，两军前后相隔已远。

这个情势，正是吐蕃求之不得的。吐蕃论钦陵率十多万兵，看准战机，把刘审礼一部团团围住。刘审礼拼死抵挡，只望着李敬玄来救，偏偏李敬玄率后军就是迟疑不进。可怜刘审礼一身蛮勇，怎么也突不出重围，身中数箭，被吐蕃兵拿将去了。

吐蕃的统帅论钦陵不仅是个好战分子，也是个善打仗的能手，首战得胜，立刻就进兵袭击李敬玄。李敬玄听说刘审礼被擒，慌了，连忙奔逃到承风岭。可巧承风岭下有大沟，李敬玄急忙命将士守住大沟，在己方加土自固。

论钦陵则屯兵对面高山上，居高临下，逼住唐营，声势甚猛。

李敬玄不是刘仁轨，没有武略，愁得不知所措。

但孬人居然也有天佑。唐左领军员外将军、百济降将黑齿常之这时也在队伍之中。他倒是有胆有谋，乘着天黑，只率了敢死队五百人，便悄悄去劫敌寨。

吐蕃想不到还有这等不要命的，一时大乱。论钦陵虽然还稳得住，怎奈他的右营部将跋地设不知唐军虚实，领兵就逃。军心一乱，论钦陵压不住，只好跟着也退了。

黑齿常之杀了个痛快，从容回营。李敬玄大军才得以徐徐退走，进入鄯州。

刘审礼的儿子刘易从，听说父亲陷于敌手，便自己绑了自己，到朝门请求入吐蕃以身赎父。这简直是天朝耻辱！高宗、武后也没别的办法，恩准他去"省亲"。等刘易从到了吐蕃，刘审礼已伤重身亡。刘易从悲伤得昼夜哀号，连吐蕃人也生了怜悯心，准许他把尸体带回去。据说，刘易从就赤脚徒步，背着父尸回到了大唐。

这次黑齿常之力挽危局有功，高宗、武后提拔他为左武卫将军，把李敬玄召还朝，贬为衡州（今湖南衡阳）刺史。此外，还有一位监察御史娄师德，应"猛士诏"从军，在李敬玄大败之后，他收集散亡兵士，唐军声势才稍稍振作。高宗、武后很欣赏他的胆略，就命他去宣谕吐蕃（去开导人家）。

吐蕃大将、论陵钦的兄弟赞婆，以盛大的兵容来欢迎这个说客。娄师德对他们一番开导，仔细陈说了利害，把赞婆听得口服心，情愿讲和。此后有一年多时间，吐蕃兵不再入唐境。

战争是检验将才的唯一标准。此后数年，唐对付吐蕃主要就靠黑齿常之了。黑齿常之先为河源（今青海西宁）军副使，永隆元年（680）领兵击退吐蕃的再次袭扰，升为河源军经略大使。他认为河源为唐蕃双方力争的冲要之地，必须守住，但这里地处边远、运输不畅，粮食问题解决不好，于是就筑起了烽火台戍所七十余所，开屯田五千余顷，年收粮五百余万石。

河源防线的军粮充足后，再无后顾之忧，把吐蕃的进军脚步给死死挡住了。

吐蕃将军赞婆不甘心就这么被黑齿常之制住，也率部三万人在良非川（今青海共和县恰卜恰河）屯田。两军搞起了生产大竞赛。

高宗审时度势，决意打一个主动仗。开耀元年（681）五月，命黑齿常之出击。唐军精骑万余夜袭吐蕃兵营，大获全胜，斩首二千级，缴获羊、马数万。赞婆不好好记住娄师德的劝谕，这次输得狼狈不堪，仅单骑逃走。

史载，黑齿常之在河源军前后共七年，吐蕃兵畏之如虎，多年不敢犯边。

在这前后，突厥的旧众也先后复叛，好在都被唐军迅速平定。在平定东西突厥余部的战争中，涌现了一颗新的将星，也陨落了一颗老的将星。新星就是早年因反对立武则天为皇后而被人告了密的裴行俭。这人文武兼备，被贬到西州（今新疆吐鲁番）后，很快又被高宗、武后起用，后来一直上升，曾当过安西都护。在平定叛归吐蕃的西突厥余部时，他出了个主意并受命实施，以护送滞留唐廷多年的波斯（今伊朗）王子回国的名义，假道西突厥。在当地召集了他在西州结识的众部落头领，汇聚了万余人，以打猎为名，兵不血刃就将西突厥两个首领擒获。

陨落的老将就是薛仁贵。永淳元年（682），东突厥又有余众反唐，薛仁贵奉命前往云州（今山西大同）征讨，敌帅闻其大名而丧胆，不战而逃。薛仁贵斩三万余人，大捷而归。回到代州（今山西代县），不久患病死去，终年70岁。

西境战争连绵，东境后来也一直不安宁，高丽余众不断有反叛。最可气的是新罗，现在已全然忘了当年的救命之恩，居然派兵助高丽余众与唐军作战，同时还公然占据已归唐朝管辖的百济旧地。

高宗、武后震怒，于上元元年（674）派刘仁轨领兵征讨新罗，把这昔日的小兄弟狠狠打了一顿。新罗畏惧，遣使者入贡谢罪，这才算罢了。

但是由于西境突厥、吐蕃方面的压力太大，高丽余众又一直反叛不断，唐廷终究无力顾及，只得在后来的仪凤元年（676），将安东都护府移到辽东城（今辽宁辽阳），默认新罗独占半岛，对部分高丽旧地也放弃了直接管辖，而只是让亲唐分子去打理。

回顾这一段的边境战火，令人感慨系之的事很多。后世有论者指出，高宗一朝的对外战争，以总章二年（669）为分水岭，前面是一连串的辉煌，屡败敌国，领土骤增；而后面则是从顶峰跌落，开始出现令人惊异的惨败。财政困难，防线过长，两面作战、用将不当等一系列潜在问题开始暴露。

咸亨元年（670）与吐蕃的争锋，名将薛仁贵居然吃了大败仗（尽管事出有因），唐被迫罢安西四镇，这是一个标志，说明危机已然爆发。

特别令人困惑的是仪凤三年（678）李敬玄大军征吐蕃的惨败。这次对外战争，时机不可谓不好，准备不可谓不充分，完全有可能获胜。

其时为吐蕃国丧期间，选择的战机是敌国人心不稳的时期。

除了李敬玄的主力之外，高宗还敕令益州长史李孝逸、嶲州都督拓王奉等调动剑南道（治所在今四川成都）之兵，予以配合，做了两线部署，正确。

高宗还派了金吾将军曹怀舜等分赴黄河南北广招精兵良将，组成精锐的参战部队，保证了主力军的战斗力。

派遣兵力总计十八万，对一次远征作战来说，人数相当充足（参照征高丽动用约十三万人），丝毫也没有轻敌。

可是，为什么主帅偏偏要选用一个在军事上纯属窝囊废的李敬玄？这项人事安排，高宗、武后难道没过脑子？

笔者在读唐史的时候，深感一千多年前的古人，思维方式、行事准则与今人有太多的不类之处。不像明清与近世接近，其人其事，当代人都还容易理解。所以，对这场战争中的失误，笔者只能对其原因做一般性的推测。一是高宗、武后可能觉得只要兵员充足、兵卒健锐，就一定能马到成功；二是觉得李敬玄能像刘仁轨在高丽那样，以文臣身份在战场上出奇制胜。

上述第一个原因，其实还是轻敌。第二个原因，则是犯了经验主义毛病。刘仁轨的意外胜利，有具体的主客观因素，是不能复制的。况且刘仁轨当时的处境，是偏师（增援部队）和次要战场（高宗曾考虑放弃），即使败了，于全局的牵动也有限；而李敬玄面对是与论钦陵大军决战，让他挂帅，实在是冒险。

两次大败，给"大唐必胜"的狂热大大浇了一瓢凉水。

在高宗朝对外战争的初期，因为取胜容易，战争时间短，平民百姓渴慕军功，都争先投军。有的甚至"不用官物，请自办衣粮，投名义征"。正合唐诗里写的"宁为百夫长，胜作一书生"之意。

可是到后来，这种可能性越来越小。战争残酷的一面显露出来。出征时间拖长，胜利没有把握，甚至把性命搭上也难有胜算，因此民间厌战情绪日渐高涨，连兵源都发生困难了。

武则天的息兵建议，就是在这样的大背景下提出来的。

战争不光是前线作战，还要考虑国力、民力，要能制定出有胜算的宏观战略——这些，武则天都做过认真的思考。

从唐廷在后来推行的对外策略可以推断出，她思考的结论有以下几点：

前一段四境武功战果辉煌，是因为国力强大、百姓富裕。但是，大唐不是以军事扩张立国的帝国，对外战争是为了国内百姓安居，一旦军事负担透支，百姓厌战，战争就必然撑不下去。这是其一。

当东、西、北几面受敌时，决不可均衡用力、四面出击，必须"抓住主要矛盾"。把对大唐威胁最大的敌国作为主要打击和防范对象，其余国家能和就和，再不然就以夷制夷。这也是考虑到了不能无限度地消耗国力。这是其二。

对暂时啃不动的敌国，就采取守势，不能赌气，不能为了面子就发动一场劳师动众的战争。一定要有充分的耐心等待最有利的时机，哪怕把任务留给下一代。这是其三。

对可能复燃的游动部族之敌，要趁其羽翼未丰就将其干掉，不能养痈遗患，闹到将来不可收拾。这是其四。

所以，武后考虑的这个"息兵"政策，并不是主张放弃强大国防、全面收缩，而是主张对国际关系要有理性的处理。

唐之周边关系，与我们今天正相反。当时东部的敌人，无论从国力、战略纵深和作战特点上，都不能对唐本土构成太大威胁。新罗就是再忘恩负义，也不过就是想在半岛上当个统一的老大，还不至于到唐的本土来攻城略地。因此，东边是次要之敌。

威胁最大的还是西部的两大强敌——突厥余部和吐蕃。一个要复仇，一个要扩张，都在咄咄逼人的崛起过程中，唐的西部领土是他们窥伺已久的，因此必须全力对付。

从咸亨元年（670）起，安东都护府两次后撤，最后撤至辽东，彻底放弃了半岛，除了高丽余众不好管理的因素外，主要也是出于"以西部为主"战略的考虑。

这一时期，高宗虽是与武后联合执政，但从某些迹象可以看出，两人在对待战争的态度上还是有区别的。回想当年东征高丽，高宗兴奋得跃跃欲试，差一点儿就要率六军亲征。而武则天则公开上表劝阻，用舆论的力量制止了他。

此外，在武则天后来单独执政时期，也一直坚持奉行息兵政策。可见，她不是一个穷兵黩武的统治者，这是近世绝大部分史家的定论。

关于用人不当的问题，当然也引起了高宗与武后的反思。黑齿常之的被擢拔、被除名的薛仁贵的起复，以及一大批新老将领对稳定西北的贡献，都说明在用将方面唐廷也十分谨慎了。

有人研究过，高宗后期，唐与外族友好往来的频率突然增加，有很多还是与唐并不接壤的远邦。可以推断，这个变化也是在武则天的推动下实行的，就是为了远交近攻。

高宗对《建言十二事》相当赞赏，曾下诏褒扬，并要各衙门去执行。其中比较重要的"息兵"一条，被高宗欣然接受，成为国策。

在君臣的共同努力下，大唐四境渐趋稳定。高宗一朝，边境上共设有五大都护府。大唐的声威，远被欧亚。我们来看这个时期的疆域——

安东：初期治所在平壤，后移至辽东新城，所辖远至乌苏里江以东，包括黑龙江两岸入海口处。

安北：治所在今蒙古杭爱山东部，所辖今蒙古与西伯利亚南部。

单于：治所在今内蒙古和林格尔西北，所辖今内蒙古、阴山与河套。

安西：治所先在西州（吐鲁番），后移至龟兹（库车），再移至碎叶城（吉尔吉斯斯坦的托克马克市），所辖远至咸海。

安南：治所在今越南河内，即原来的交州都督府。史载"统海南诸国及境内诸羁縻州"，辖今越南北部、中部。

再加上后来武则天的大周又设立了北庭都护府，治所在庭州（今新疆吉木萨尔北破城子），辖天山以北包括阿尔泰山和巴尔喀什湖以西。

以上为著名的唐代"六大都护府"。

如此的疆域，怎不叫人拍案慨叹！

正所谓——"匈奴草黄马正肥，金山西见烟尘飞，汉家大将西出师。将军金甲夜不脱，半夜军行戈相拨，风头如刀面如割"。

壮哉！大唐！

就这样，武则天终于找到了本朝对外用兵的症结，拿出了一服好药方。《建言十二事》虽然仅有短短百字，但却凝结着治国安民的大智慧！

第八章

铁腕临朝

第一节　先后两位太子或死或废的谜案

叙述到现在为止，笔者讲的仍然是高宗与武后联合执政的事。武则天在当了大周皇帝以后，曾有一句很著名的话："朕辅先帝（高宗）逾三十年，忧劳天下。"（《新唐书·本纪·则天皇后　中宗》）

她这里说的"逾三十年"，只是个大略数字。如果从永徽二年（651）武则天从感业寺归来起算，到高宗驾崩，是三十一年多；如果从永徽六年（655）当皇后起算，是二十七年多；如果从显庆五年（660）正式辅政起算，则是二十年不到。

武则天对最高权力的获取，不是一夜之间的事，而是在这二十多年中悄悄渐进的。有人把她参政后的时间分为了三段：第一段是高宗日日临朝，而武后只是偶尔为之；第二段是两人临朝必同进同出，此为"二圣"时期；第三阶段是从上元元年（674）起，武后日日临朝，而高宗上朝倒是有一搭没一搭了。

有人做过形象的比喻，说高宗手里的权力像沙漏一样，一点一滴"滑落"到武后手中。说得妙！

高宗到后来就很苦了，跟韩国夫人母女犯了"生活作风错误"之后，在武则天的严密管制下，别的女人碰不得了。武则天以老婆多了有害健康为由，对六宫制度进行改革，把妃嫔编制大大压缩，一品妃为二人，名称改作"襄德"，二品嫔为四人，名称叫"劝义"。看看这官名吧，哪还有女人味儿？可以想见，高宗额外的性生活大概基本被取消。其余的，就是打杂、伺候起居的宫女了。皇帝的后宫规模，比一般王公大臣都不如。

老婆管得死，倒还可以忍受。而权力的日益丧失，则是关乎国本的问题。

其间，高宗是有所警觉的，也爆发过不满，"废后"事件就是典型的例子。但当他有所"觉悟"时，已被武后钳制住了，动弹不得。宰相班子几次换血，"后党"充斥；北门学士也已羽翼丰满。所有的亲信大臣旋起旋落，都不敢发一言，唯一敢于掺和的（上官仪），也白白掉了脑袋。而且，自己的身体也不争气，朝政不让老婆处理，谁又能行？

在这种情况下，他想到了太子，对太子寄予了厚望——我是软蛋了，但儿子一定得强一点儿，将来总能做主，不至于大唐老是阴盛阳衰，潜藏着难以估量的危机。

我们先来看高宗的儿辈。高宗共有八个皇子，武则天从感业寺回宫之前，就已经有了四个，即燕王李忠、原悼王李孝、泽王李上金、许王李素节。武则天回宫后，又为高宗生了四个，即李弘、李贤（一说为韩国夫人所生）、李哲（原名李显）、李旦。这以后，其他妃嫔生的就没有了，因为武则天回来后受到高宗专宠。

皇长子李忠早先因长子身份而被立为太子，在武则天当了皇后之后，被迫让贤。武后亲生的大儿子李弘，顺理成章接任了太子。

武则天既然有意总揽大唐的最高权力，当然要考虑为自己的亲生儿子扫清潜在对手，于是几个庶子的命运就有些凄惨。

李忠的结局在前面已略有交代。他不当太子后，以梁王身份远徙房州（今湖北房县），因精神压力太大而得了迫害妄想症。显庆五年（660）七月，一个服侍李忠的婢女从房州赶到东都，举报了李忠的种种异常行为，其中甚至有谋逆迹象。高宗在愤怒之下，将他废为庶人，据公开的诏书讲，似乎这还是武后含泪为他求了情，才从宽发落的，否则脑袋就掉了。

此后，李忠以白丁身份被软禁于黔州（今贵州彭水），就关在他的大伯、前朝废太子李承乾的旧宅里。到了麟德元年（664），终难逃一死，被诬陷牵涉上官仪"谋反案"，在囚所被赐死，死时年仅22岁。

泽王李上金、许王李素节先后被流放到边远州府安置，其中李素节是萧淑妃生的，更是被处终身监禁。

即便是武则天的亲生儿子，在太子这个位置上也是连连出变故，好像总也坐不稳的样子。武则天也因此背上了"与子争权""废杀亲子"的恶名。

读史读到"杀亲子"，很容易让人惊骇——

早年她已涉嫌杀了一个襁褓中的亲生女儿，现在如何又能忍心杀成年的亲子？虎狼之毒，亦不为此。武则天，其心真的如铁吗？

关于"杀子"的传闻，来源于太子李弘之死。

李弘这人，从记载上来看是个很不错的接班人。他早年就熟习政务，有主见，能

"持正谏诤"（敢说真话），且体恤民情。咸亨三年（672）冬，因夏季旱灾引起饥荒，关中百姓多有饿死。李弘看见兵卒的粮食里掺杂着榆树皮和草籽，大为怜悯，马上吩咐把自己私库里的粮食发给士兵们吃。同时上奏父皇，请将近畿闲地分给饥民耕种，以渡过难关。

这在皇权时代，可以说是一位够资格当明君的好苗子了。

就连太子李弘的名字，也是大有来历的。南北朝时期，因社会动荡过于剧烈，令世人普遍有浮生若梦之感，民间一直流传着"终世之说"，即末日来临说，余风一直延续到初唐。道教民众中则有"老君当治""李弘当出"的谶语，是说太上老君将转世为人主，化名李弘，拯救众生。草莽中假借李弘之名起事造反的事，也屡有发生。高宗和武后把头胎儿子取名为李弘，毫无疑问是想"应谶意"，对这个孩子寄托厚望。

但是据《新唐书》记载，上元二年（675），李弘在合璧宫被鸩杀，时年24岁，"天下莫不痛之"。而且，在两处地方明明白白写着，是天后怒而毒死李弘。

这就是扑朔迷离的"合璧宫命案"。

武则天为什么发怒？

《新唐书》说了两个原因：一个是武则天"方图临朝"，"将骋志"，然而太子李弘不知怎的，在奏请的时候触怒武后，结果惨遭鸩杀。另一个更有传奇性，是说萧淑妃的两个女儿义阳、宣城公主，因母亲之故得罪，被幽禁在掖廷（宫女宿舍），年近40岁还未嫁。李弘听说后，起了恻隐之心，请求把她们嫁出去。武后闻言大怒，把两位公主嫁给了两名当班卫士，李弘也由此"失爱"。

从宋代起，就有人说这事情是《新唐书》在摆乌龙！首先，《新唐书》作者并无武后鸩杀李弘的证据，只是推测因果。而说武则天在上元年间就想临朝称制（摄政），那是胡扯。至于太子请嫁两公主之事，两《唐书》都有说，但是《新唐书》演义得太出格了，起码有两条不确：一是两公主的年龄，具体是多大，没有任何记载，但李弘请嫁那年，高宗不过才43岁，女儿岂能有40岁！《资治通鉴》对这个漏洞也有所察觉，略作了修饰，改为"年逾三十不嫁"，但就这样也很勉强。二是据《唐会要》载，义阳公主的老公权毅、宣城公主的老公王勖，都不是卫士。

也有人进一步质疑，说是"请嫁公主"这事可能根本就没有。萧淑妃被害后，她的儿子素节，按说比女儿更易使武后猜忌，但也仅是撵出京师，去当了申州（今河南桐柏县）刺史。那么，有什么必要将萧淑妃的两个女儿幽禁在掖庭？

《旧唐书·列传·高宗中宗诸子·泽王上金》里有"义阳、宣城二公主缘母萧氏获谴，从夫外官"一句，这说明两公主早就嫁了。另外《册府元龟》根本就没载请嫁公主之事，这就令人更起疑了。

另外，《新唐书》有载，武则天后来曾经上表高宗，请求为义阳、宣城二公主的老公升官。不管这是不是作秀，起码能证明，太子即使请嫁公主，也不致招来杀身之祸。

所以司马光考证来考证去，最后还是说："按弘之死，其事难明，今但云时人以为天后鸩之，疑以传疑。"什么意思？这就是说，把传闻重复千遍，就成真的了。

那么，太子李弘到底是怎么死的？想要搞清楚，也不难。

他是得肺结核死的！《旧唐书·列传·高宗中宗诸子·孝敬皇帝弘》里载有一篇高宗皇帝的悼念文，明明白白说太子李弘"自琰圭在手，沉瘵婴身"。

这是什么意思？"琰圭"是古代一种上尖下方的玉器。"自琰圭在手"，是代指李弘当太子；"沉瘵婴身"是说他得了一种"瘵"病。瘵，痨病也，就是肺结核。直至青霉素尚未普及的近代时期，这还是一种很难治的传染病。巴金的小说《寒夜》、费穆的电影《小城之恋》中的男主人公，都是肺结核缠身的病秧子。相信看过这两部作品的人，印象都会很深。

李弘深受高宗喜爱，4岁就当了太子，看来这病在他童年时就已染上。他爸爸高宗，因为在他爷爷太宗死的时候操劳过度，也染有"风瘵"。父子俩都有这病，并不奇怪。太子李弘19岁的时候，据他自己讲"比日以来，风虚更积"（《旧唐书·列传·邢文伟》），也就是病情更加严重了。

古人不懂现代医学，面对太子弘的病况都束手无策。高宗和武后便想让他结婚，以新婚来"冲喜"——这种愚昧的习俗，直到民国时期都还很普遍。司卫少卿杨思俭之女被选为太子妃。这位杨氏女子，在辈分上实际比李弘大一辈，是武后的表妹。哪知道，咸亨二年（671）揭出了此女被武敏之玷污过，于是大婚泡汤。

婚事拖了两年，父母又为李弘物色到了左金吾卫将军裴居道之女。这年李弘恰是22岁。裴氏女出身于河东名门，彬彬有礼。高宗甚为喜欢，对近侍说道："东宫内政，吾无忧矣！"（《旧唐书·本纪·高宗》）咸亨四年（673）十月，太子李弘终于成婚。

可是迷信治不了病。小日子过了一年多，到上元二年（675），李弘来到东都，住在合璧宫，病情猛然开始恶化。四月二十五日，死在倚云殿。

高宗为此悲痛欲绝，大病了一场，破例追赠李弘为"孝敬皇帝"，从而使李弘成为唐代第一位死后谥为皇帝的太子。

高宗发布的悼念诏书《皇太子谥孝敬皇帝制》中有一个细节，是高宗在探望李弘病情时，曾明确告诉儿子："庶其瘳复，以禅鸿名。及膝理微和，将逊于位。"也就是等李弘病稍好，就要禅位于他，高宗自己要去当太上皇了。

而李弘由于"天资仁厚，孝心纯确"，听了这消息的反应是，"既承朕命，掩欷不言，因兹感结，旧疾增甚"。因为思想压力过大，想得太多，结果病情加剧，一命呜呼。

当然，这仅仅是官方的说法。但李弘自幼多病，长大之后更严重，这是有他自述为凭的。而说他被武后鸩杀，凭据何在？没有。道听途说而已。

比较可信的《旧唐书》中只是说："上元二年，太子从幸合璧宫，寻薨，年二十四。"这只是一个陈述。"寻薨"，也就是很快就死了，没说什么"鸩杀"。《旧唐书》成书时，大唐早已往事如烟，著者没有必要忌讳武后什么。在一般情况下，没说，就是没发生过。

那么宋人欧阳修老先生，是从哪里挖到的"武后怒而鸩杀李弘"的猛料呢？

据与他同时代的司马光考证，此说有两个来源：一是根据唐人柳芳编著的《唐历》上的一句话，即李弘"不以寿终"而来。但是，"不以寿终"是短命的意思，怎能拿来做鸩杀的依据？二是根据李泌和唐肃宗的一段对话而来。这又是一个有趣故事了，跟一首"黄瓜歌"有关。

《新唐书》中有这样一个记载，说是李泌对饱受皇嗣问题困扰的唐肃宗说到前朝事，讲了一个故事——

高宗时，李弘仁孝，而"（武）后方图临朝，鸩杀之"。李弘死后，李贤代立为太子，每日恐惧，不敢多言，就作了一首歌，叫《黄台瓜》。歌词曰：

种瓜黄台下，瓜熟子离离。
一摘使瓜好，再摘令瓜稀。
三摘犹尚可，四摘抱蔓归。

李贤叫乐工在宫中唱这首曲子，以期感悟父母双亲：可不要一再残害儿子们了。

李泌讲完了这个故事后，正色告诫唐肃宗说：你现在已经一摘了，可不要再摘了！肃宗"愕然曰：公安得是言？"——您怎么说这样的话？

以皇子比瓜，不可一摘再摘，免得最后闹个没有接班人。这典故十分动人，歌词也写得好。可是，唐肃宗和李泌是什么时候人？

唐肃宗李亨，是大名鼎鼎的唐玄宗的第三子。安史之乱爆发，玄宗在马嵬驿兵变后西逃入蜀，李亨就在灵武即位，他是唐朝第一个在京师以外登基再进入长安的皇帝。他登基之日，正是安史叛军攻陷两京之后；后来他病死于长安之时，安史之乱仍未荡平，在位共六年。

李泌则是个江湖异人，曾在衡山学道，后入朝为官，当到了宰相高位，算是肃宗的朋友兼军师。他对平叛战争极富战略眼光，出过不少好主意。

算一算，两人上面的那段对话，发生于李弘死后八十年！

于是有人怀疑，这《黄台瓜》词作得这么好，酷似曹植《七步诗》，比喻、格调都像，怎么未见当时有记载？会不会是李泌自己编出来的？

《资治通鉴》中还记载了肃宗的一句话："你把歌词录下来，我要写给大臣们看。"

似乎肃宗对这首歌一无所知！《新唐书》如果是以这个《黄台瓜》作为武后毒死李弘的证据，那基本可以断定是一条假料了。

李弘死后，备极哀荣。高宗在《孝敬皇帝睿德记》中称他具有"九德"：至德、至孝、至仁、至明、至俭、至正、至博、至直、至睦、至通。当然这是溢美之词，但都还沾点儿边。

既然追谥了皇帝名号，这位没登过极的皇帝就要有相应的陵墓，命名为恭陵。原本打算葬在长安昭陵附近，但武则天以节约民力为由，将其安葬在了洛阳，成了唐代在洛阳少有的帝王陵之一。选址就在洛州的缑氏县（今河南偃师）的景山，至今仍有遗址。

恭陵"制度尽用天子礼"，陪葬甚厚，这大概是寄托了高宗和武后的哀伤。民间传说道，由于陪葬的珠宝既多又好，唯恐被盗，所以，派兵卒从洛河取沙，堆成了一座山，表面再用泥封固，若有盗墓者必被流沙活埋。陵工由武则天亲自主持，先调蒲州刺史李仲寂监工，限期四个月完工。一座皇陵，历朝修几十年的都有，四个月期限等于要民工的命。其间民工不堪劳役，发生过骚乱，投乱石击伤监督官员，烧营而逃。后来起用司农卿韦弘机来监工，才如期完成。

太子妃后来被追号"哀皇后"，死后也葬在恭陵附近，因此现在当地人把这里称为"太子坟"和"娘娘坟"。陵前神道十分开阔，翁仲、天马、望柱两两相对，气势不凡。神道一侧，有高宗亲撰的《孝敬皇帝睿德记》石碑，高约六米。

历经千年，恭陵至今完好无损。而娘娘坟却在当代遭了厄运。1998年1月末，太子妃墓被一伙盗墓贼用炸药炸开，盗走国宝级珍贵瓷器等六十余件。此事惊动了国务院，所幸案件很快破获，国宝追回，十一名盗墓贼也被绳之以法。

李弘死后无子，那么就"兄终及弟"，由他二弟李贤继为太子。李贤此时已封雍王、任幽州（今北京一带）都督，时年22岁。

这个李贤，是个很有性格的皇子，后人把《黄台瓜》歌词编排到他身上，也是有一定道理的。他小时天资聪颖，阅读典籍和诗赋能过目成诵，成年后"容止端雅"，似乎是个素质极高的公子型人物。

他"幽州都督"的职位只是遥领，自小没离开过京都，从18岁起，高宗就有意让他也学习处理政务。现在顶哥哥的班做太子，也还不算突兀。

高宗在李弘病逝前后，病况也加重了，一度想让天后摄政，可是这个想法遭到宰相郝处俊的激烈反对，因而作罢。现在，高宗当然对李贤寄予了厚望，马上就让他监国。

新太子的属官，也配备得非常强，先后有郝处俊、高智周、薛元超、张大安、李义琰、戴至德等，都是位居宰辅或德高望重之人。

李贤在好学方面，酷似哥哥，但要比哥哥更聪明。此外他天性活泼、不拘礼法，又不似他哥哥那样胆小谨慎。这种性格，在男孩子来讲是求之不得的，可是李贤上升到太子这个敏感位置，性格还是不变，结果就种下了他日后悲剧的种了。

刚开始时，苗头还不错。李贤本人表现很好，众大臣也很捧场，都说他处事审明、礼敬大臣。高宗、武后都很满意。次年，高宗还对他优诏褒扬，说李贤自监国以来，留心政务，工作做得到位，听政之余还能诵习经典，思考问题。

"家国所寄，深副所怀！"这就是高宗对新太子的评语。

李贤在这一时期还有一个引人瞩目的成就，就是召集太子左庶子张大安、太子洗马刘讷言、洛州司户格希元及一班学士，注了《后汉书》。著作完成后，呈给天皇、天后御览，二老很高兴，对学者们"赐物品三万段"以示嘉奖。这里顺便提一句，这个注释本子，到今天仍为史家所重视。

可惜事情并没有善始善终。后来发生了两个情况，导致李贤与母后的关系骤然紧张。

一个是，李贤兢兢业业的时间没保持多久，就开始放纵自己。经常在长安四郊飞鹰走马，整日游猎。又在东宫和倡优、奴仆们吹吹打打，当音乐发烧友。生活作风上就更不检点了，纵欲无度，热衷于泡妞。更要命的是他还颇好男风，宠爱一名娈童赵道生，动不动就赏给金帛。

我们现在来研究这个时尚青年，其实他很有特点。李贤的年纪不过二十二三岁，有叛逆性格是难免的。他好学和好玩的这两面，是汇聚在一个矛盾体中，并不为怪。但是他身为太子，不走正道，对政局和对他自己的影响就太大了。

他一胡来，周围的大臣就比较难办。太子属官多为正人，内心都不大赞成武后专权，对李贤的太子地位十分在乎。可是太子这个样子，让他们既失望又恐惧。他们看在眼里，却不敢劝谏，因为一旦写出谏议报告来，太子的名声就完了，李家的这根"黄瓜"恐怕又要被摘去。只有司仪郎韦承庆不管那些，上书给太子力谏。李贤这时候玩得正疯，根本不听。

一班乐户、奴仆见主子这般潇洒，都挖空心思捧着他玩，"亲左右，承颜色"，一派乌烟瘴气。东宫的有些低级属官也投其所好，刘讷言就是其中一个，专门撰写了《俳谐集》——就是搞笑文章——来讨好太子。

李贤成了又一个李承乾。江山还没开始坐呢，就迫不及待地玩，实在是悬啊！

韦承庆上书，是在仪凤四年（679）五月。此时是风流太子李贤的多事之秋。韦承庆的这个上书，其实并没有什么背景，是他个人的性情与责任感使然。韦承庆过去就是李贤的幕僚，为人恭谨，现在的职务太子司议郎又是专掌规谏的，他站出来说话，是理所当然的。他劝告李贤"居处服玩必循节俭，畋猎游娱不为纵逸"，这也让人无话可说。

就这样，李贤的另一面被揭出来了。然而，事情如果到此为止，问题还不大。

此时高宗和武则天都巡幸在东都，武则天大致知道些情况，就命北门学士写了《孝子传》和《少阳正范》，赐给太子阅读，还写信对李贤提出严厉批评。

李贤对母亲的干涉大为不满。他本来就觉得母亲对后辈过于严苛，这么劈头盖脸的批评，他更接受不了，于是干脆不理不睬，母子关系就此开始恶化。

这个事情，笔者以为武则天没做错什么。她是一个高度政治化的女人，对待子女也不免从政治出发。平时不溺爱、不放纵，只希望在他们中能出一个像太宗那样的经天纬地之才。这大概是她最大的心结。儿子们如果对此不理解，当然要生出怨恨来。

但是雷家骥先生却指责武则天没有妥善处理好这件事，说她不该如此刺激李贤，使其不安。这大概是雷先生过于宅心仁厚了，用了新时代的观念来评价这件事。不过，新时代在教子这方面也不见得新。

儒家教子，历来严厉，余韵至今犹在。眼下"望子成龙"的家长，家家皆有，具有自由开明思想的家长反倒是凤毛麟角，因此笔者认为武则天此举不应受到责备。

就在李贤与母亲有了嫌隙时，各种不利于武则天的舆论又深深影响到李贤，令他对母亲的专制和冷酷越发不满。这些流言，据说一个是大臣们传说李弘死得可疑，一个是有大臣认为高宗已完全被武后控制，失去了自主权。

此外，在太子属官中，有一个典膳丞高政，是长孙无忌的外甥，他向李贤讲了不少长孙一系当年如何被整肃的事，对李贤的震动很大。

最后，还有一个最致命的流言，就是宫女中有人传说：李贤并非武后所生，而是武后的姐姐韩国夫人生的！

这还了得！李贤听了，更感疑惧。他联想到母亲的种种严苛手段，对此深信不疑，认定了这位非血缘的母亲将来一定会对自己下狠手。

那么，李贤究竟是不是武则天所生？这，又是一个千古之谜。

我们来看，李弘生于永徽三年（652）七月以后，李贤生于永徽五年（654）十二月，两人出生相隔两年，这中间还有过一个早夭的公主（就是传说为武则天闷死的那个）。这三个孩子，一年生一个，在武则天当时那个年龄，也不是不可能的。

而且，那时武则天刚从感业寺回来，正受专宠，还轮不到韩国夫人钻空子。因此，李贤的身世应该没有问题。雷家骥先生就是持这种观点。

另外也有持怀疑态度的一派，他们分析如下：据《旧唐书·本纪·高宗》记载，永徽五年（654）十二月十七日，武则天生李贤于去昭陵的路上，是早产。这一派认定，武则天是在永徽四年（655）年初生的李弘，此后又生一女，再生李贤，就等于是在两年跨度里生了三个孩子，似乎太过密集。他们推测，这个数九寒天在拜谒昭陵的路上所生的早产儿很可能并没活下来。极有可能是与高宗有私通关系的韩国夫人把自己刚生的儿子拿来顶了包。

他们提出的证据是，李贤降生仅一个月，高宗就给他封王，如此匆忙地要确立这个孩子的地位，似乎是有什么隐情。至于武则天，出于对巩固自己在后宫地位的考虑，也不会反对多一个儿子，但是当李贤成年后，武则天就越来越不放心这位冒牌的儿子了，对立他为太子显得很勉强。

这后一种说法，推测多于论证，我们权且当个故事听吧。

就在这流言四布的敏感时刻，又出了一件事，使太子问题这个火药桶瞬间被引爆！

事情缘于一个装神弄鬼的正谏大夫明崇俨。他是皇帝侍从，专掌讽谕的，可是他不好好给皇上提意见，老爱玩相面术、预测学。古代士大夫对这种旁门左道不屑为之，一旦有人会这个，就很显眼。天皇喜欢听他胡侃，因为能解闷儿，天后也很敬重他。不知这人是出于什么动机，借着相面，对诸皇子做了一番品评。他说："太子福薄，不堪继体；唯英王（李显）貌类太宗，相王（李旦）貌当大贵，两子中择立一人，方可无虞。"

武后对他虽然很信赖，对太子也有些失望，但并未把这话当真。据后世史家分析，明崇俨敢于这么胡说八道，可能是打探到了武后对太子有所不满。他这么说了，也没受什么斥责，说明他的观点与武后的态度暗合。

但是，有人却把这话当了真。李贤知道后，当然把这个明崇俨恨之入骨。

调露元年（679）五月，明崇俨从东都到京师去办事，走在半途，夜遇刺客，被杀死。皇帝的座上宾，竟然就这么稀里糊涂地死了，天皇、天后不禁大怒，下令追查凶手。逮起来不少嫌疑人，但始终没找到真凶。

当时就有人猜测，是太子李贤恼怒明崇俨多嘴，暗中派人杀了他。武后也有些怀疑是太子干的，但找不到证据。

事情拖到第二年春，太子李贤随天皇、天后去游少室山，一家三口看起来其乐融融。可是，一回到东都，武则天就开始摘瓜了！她派人向天皇告发太子李贤的诸种"阴事"。

捅出来的具体是什么事，无载，无非是声色犬马之类吧。尤其李贤与娈童赵道生欢狎之事，使高宗大为震怒，于是太子及其同党被拘。武后便命宰相薛元超、裴炎，御史大夫高智周与法司官员同审。

组成这么高级别的特别审判庭，意味着武则天要起大狱了！

果然，法司在东宫马坊里搜出了惊人的物证——"皂甲数百领"！

藏这几百套甲胄干什么？难道李贤要谋反？

这时候，娈童赵道生在审讯中招供：是太子让他带人去杀的明崇俨。他的招认又给这事雪上加霜。

所有情节，全部对上了榫！可怜李贤枉读了好多诗书，搞到这地步，已是逃无可逃了。

明崇俨究竟是不是被太子唆使赵道生所杀？史无明载。这也许是事实，也许是薛元超等人按武后意图用了酷刑，逼迫赵道生做了"自诬服"。这个疑点，永远也搞不清了。

但这个罪，对太子来说并不太严重，不过就是唆使杀人罪。

比较严重的是——几百领甲胄缘何而来？

如果藏盔甲是事实，那武则天就不是小题大做。按照唐律，严禁个人与单位私藏武器，甲胄也在禁止之列。包括府兵，平时都不能存有武器，武器全部存于兵器库，出征打仗时再发给。冷兵器时代，谁要是藏个大刀长矛什么的，犹如现在民间私藏枪支弹药，那是相当危险的。《擅兴律》规定，百姓私藏盔甲一领，判徒刑一年半；若私藏三领，就处死——再爱民的皇朝，也怕草民造反啊。

这次在东宫一下搜出几百领盔甲，李贤是无论如何也洗不清的。

历朝历代，确实可能有对政敌栽赃罗织谋逆罪的，但大不了是唆使法司人员在被查抄者家中偷偷塞入龙袍、印玺、文告这类玩意儿。而现在的这几百领盔甲，用一队兵卒搬也得搬一阵子，现场栽赃如何能掩人耳目？

当然，藏盔甲不等于就是谋逆，但说你谋逆，你也难以辩解。

高宗平素很喜欢李贤，现在看看事闹大了，心又软了，想宽恕李贤。但武后坚决不同意，她说："为人子而怀谋逆，天地所不容。大义灭亲，何可赦也！"

于是李贤被定罪，于八月二十日被废为庶人，并派遣兵将把他押送回京师，幽禁在一处"别院"。

李贤的那些狐群狗党，一个也没跑了，全部伏诛。盔甲在东都洛水的天津桥南公开焚毁，以示士民。

这个风流公子哥儿，就此在政治舞台上谢幕，旋起旋落，令人叹息。

武则天对李贤的这个处理，被后世有些史家激烈抨击为"居心狠忍"。从人伦之常来看，当然可以这样说，但此事涉及的是古代的"政治正确"，武则天这样做，在那个时代有她的法理依据，况且，接班人不合格就除掉，在封建社会并非此一例。当代人不应以此来苛责武则天的！

这大概是人之常情吧：一般人在仕途上因无背景而受阻，就骂裙带关系误国；可是遇见大义灭亲的，又要骂人家蛇蝎心肠。评价标准上的这个矛盾，有时是不易察觉的。

东宫的相关官员们也受到不等的处分。刘讷言的《俳谐集》在这次查抄中被搜出，高宗翻阅后，大怒，说："以六经教人，犹恐不能教化，以此鄙说呈进，岂是辅佐之义？"这个不尽责的刘老师因此被打发到振州（今海南三亚）反省去了。

高政，也就是给李贤痛说长孙家史的那个，他不光是长孙无忌的外甥，还是高士廉的孙子。高宗念及这双重的亲戚关系，就饶了他，把他交给他父亲高真行去教育。这高真行担任负责保卫宫禁的左卫将军，很受信任；现在家中出了这么个逆子，真是又恨又怕，竟然和几个亲族一起，动用家法把高政给杀死了。

负责注释《后汉书》的左庶子张大安，以阿附太子罪被贬为普州（今四川安岳）刺史。

对李贤一案之所以处理得这么重，在后世也有一个说法，是说张大安等在注《后汉书》时，有抨击母后临朝、外戚专权的议论，引起武则天的猜忌。李贤属官中，唯有张大安被处理得较重，从这一点看，也可能有这方面原因。

其他的东宫属官，可能是由于罪责不大，皆免罪，各复本职。薛元超等长出一口气，舞蹈谢恩。唯有李义琰心情不好，因自责而泫然泣下。他深悔未能引导太子走正道，又没能瞒得住武后，以至李贤垮台，武后专权的局面仍将继续下去。以后他每见高宗，便伤心哽咽、不发一言，但高宗对他的暗示一点儿也没领会，只是奇怪这人怎么患了抑郁症？

李贤被废的次日，三弟英王李哲（即李显）被册立为新太子，第三个瓜又结出来了。为庆贺大唐有了新的接班人，高宗宣布改元"永隆"，大赦天下。

这件事的处理，本不为过，但是在武后专权的背景下，有的大臣就不免要嘀嘀咕咕。高层的事确实令人担忧：高宗看样子撑不了多久，太子的"黄瓜"又一再被摘，武后的权势越来越大，这该如何收场？如何是个了结？大家说什么的都有。

武后知道了有这舆论，但也毫无办法，她只有采取缓和措施，上表请求免去庶子李上金、李素节原来的罪，分别给了刺史做。又请给义阳公主和宣城公主的老公授官，以此来冲淡紧张气氛。

后来在永淳二年（683），也就是高宗去世的那年，李贤又被迁徙至遥远的巴州（今四川巴中）幽禁。那一带，草民我年轻时曾经去过，是在万山丛中，即便是在当今，也能使人有强烈的与世隔绝感。

走的时候，太子妃和三个儿子也随行，一家人行装简陋，衣衫破旧，仆人们的装束就更狼狈了。以至于新太子李哲心里也不忍，上表请求，每年春秋由官府发一点儿衣服给他们一家，以示照顾。

昨日鲜衣怒马，望之若仙；今日鹑衣百结，不及匹夫。政治，真是不好玩啊！

在李弘暴卒和李贤被废的前后，舆论之所以汹汹，是有直接诱因的。李弘病危之前，曾发生过这样一件事：武则天曾经把"三瓜"周王李哲（后改封英王）的妃子赵氏幽禁致死。这是两《唐书》和《资治通鉴》都予以确定的事。

赵氏是无辜的，她本人并没犯什么大错，主要是受她母亲牵连。赵氏的来头很大，祖父赵绰是唐开国功臣，父亲赵瑰是左千牛将军、皇帝的贴身侍卫；母亲就更厉害了，是高祖李渊的第七女——常乐长公主，论辈分，这位老公主是高宗的姑姑，而赵氏姑娘则是高宗的表妹。

周王李哲娶了赵氏，是与表姑母结婚，差了一辈；但这在当时，不称其为障碍。

据说，两人是很有一段因缘的。赵氏姑娘小时常随母亲来宫中走动，与李哲是青梅竹马。成年后，二人又常在一起参加庆典、筵宴与游乐，有时还在一起读书，渐渐地就互生爱慕。太子李弘看在眼里，有心撮合，就在父亲面前为他们做了"大媒"。

高宗对这姑娘当然了解，非常满意，当即向武后提起，做主敲定了李哲的这门婚事。

但是，武后的感觉又不同了。因为常乐长公主素为高宗所敬重，两人关系很密切，武则天对此十分忌惮。只是此番亲事高宗本人看好，武后不便反对。她不能容忍高宗和自己儿子身边有如此亲密的异己力量，马上就采取了反制措施。

武则天处理这事的手段非常狠毒。在周王婚后三天，周王妃按例去向婆婆请安。当时武后还没起床，周王妃并不知道，就直接进了内寝。武后借故怒斥周王妃"失仪"。周王妃吓蒙了，下意识地辩解了两句，武后便大怒，以忤逆为名将她软禁在内侍省，不准出屋，每天只给点儿米粮充饥。几天后，卫士发现周王妃住的地方烟囱不冒烟了，就开门进去看，原来人已死了多日了。之后，武后下令把周王妃匆匆埋了，埋到了什么地方也无记载。

周王妃的父亲赵瑰受女儿之累，被贬为寿州（今安徽寿县）刺史，常乐长公主也被勒令随行。这股危险的势力，就这样被武则天果断地击垮。

周王妃被人发现死亡，是在四月七日；18天后，太子李弘死于合璧宫。两件事隔得实在太近，无怪乎引起诸多关于太子被害的流言。

武则天的这种狠，一方面缘于她的性格，"驯师子骢"的那股劲儿始终都在；另一方面也是她在皇权专制下出于自我保护的反应。你不狠，人家就要狠，史上的教训已经有成千上万。虽然她在这方面应受到指责，但也应把这个问题放到专制背景下去看待。

疑神疑鬼，凡是柄政者都在所难免！

而在政治高压之下，有的臣僚为了避祸，也有过度反应。前面提到的那个李贤党羽高政，高宗并不想处理他，只是把他交给家长教育，但高政的长辈们却慌了神儿。高政一回到家，他父亲高真行就用佩刀刺中他的喉管，高政的大伯、户部侍郎高审行把佩刀刺入他的腹部，堂兄高璇用佩刀砍下他的头，然后把尸首抛到路上。高宗闻之，大为不悦，认为做得太过，于是贬高真行为睦州（今浙江淳安）刺史，贬高审行为渝州（今重庆市）刺史。

一场惨烈的风波过去，"第三瓜"的命运又将会如何？实在令人悬心。

这个新太子李哲，也是一位性情中人，比二哥李贤还要喜好玩乐。他和李贤没受过当太子的教育，养成了放逸享乐的性格。而且，据说他在做亲王的时候，性格中还有十分"勇烈"的一面。

如何把这个公子哥儿扶起来，高宗、武后也是动了一番脑筋的。他们之所以没有因李贤案惩罚原来的宰相兼东宫班子，而是让他们留任，就是想用一班老成之臣来辅佐新太子。高宗夫妇到东都去，留李哲监国，就专门指令薛元超辅佐。高宗还殷切叮嘱道："吾子未娴庶务，关西之事悉以委卿。所寄既深，不得不讲！"（《旧唐书·列传·薛收》）

所幸，李哲因为有了哥哥的教训，也有前妻（周王妃）被废的教训，对母后还比较恭顺，在当太子期间，与武则天的关系也还算融洽。关于他未来的命运，在后面再交代。

一年后，当年激烈反对天后摄政的中书令兼左庶子郝处俊被罢相，中书侍郎兼右庶子李义琰也因故受到高宗谴责，托病致仕。当初郝处俊对高宗说：高祖太宗之天下，只该"传之子孙，诚不可持国与人，有私于后"！中书侍郎兼右庶子李义琰也曾大力附和（《旧唐书·本纪·高宗》），一时形成强大舆论，致使武后摄政之议流产。

那么，出来混，现在就该来还了。

武则天仍然不断在做排除异己的工作，但客观地讲，她这时还不能说就有了"篡位"野心。她现在所做的，仍然是想让自己的一个儿子能够立得住，并且和她一条心。

第二节　高宗在忧心忡忡中一病不起

日子渐渐来到弘道元年（683），一直病歪歪的高宗大限到了。这一年，武则天对高宗的健康还抱有一定信心，她亲自给高宗侍奉汤药，并有一个宏愿，想在高宗有生之年封遍五岳，创下前无古人的记录。

为了封嵩山，还专门在嵩山之南筑起了一座"奉天宫"。

监察御史李善感不同意这样做，他上表劝谏说：几年来灾害不断，饥荒遍野，又有外族侵入，交兵不止。陛下却劳役不休，太令天下人失望了。

这种尖锐的谏言，据说朝中已有二十年听不到了。群臣颇感振奋，称此谏为"凤鸣朝阳"。

李善感并没有夸大其词，当时的内外情况确实不太好。但武后辅政二十多年顺风顺水，自我感觉太好。对民间的疾苦就看得轻了，执意要完成封五岳的大业。

弘道元年正月，高宗夫妇就前去视察了刚建好的奉天宫。七月准备封山时，高宗身体突然不好，于是把时间推后。到了十月，高宗和武后再幸奉天宫时，高宗病情急剧恶化，头部沉重难忍，眼睛几乎都看不见东西了。在这种情况下，只得下诏暂停封山事宜。

武后急召御医秦鸣鹤、正文仲前来诊疗。秦鸣鹤看了后认为，高宗的病症是"风上逆"，要"刺头出血方可愈"。

武则天在帘后听到这主意，大怒，说："此人可斩也，乃欲于天子头刺血乎！"

秦鸣鹤吓得要死，只顾叩头求饶。

高宗的脑筋倒还清醒，他说："御医议病，不可加罪。且我头重闷，殆不能忍，出血未必不佳，但刺之。"

有了最高指示，秦鸣鹤才小心翼翼地在高宗的百会、脑户二穴上各扎了几针。

不一会儿，奇迹出现了。高宗说："吾目明矣！"

武则天大喜过望，在帘中再三向秦鸣鹤拜谢道："天赐我师！"然后又亲自动手搬来一百匹彩缎，赏给了秦鸣鹤。（见《旧唐书》《唐新语》）

但是高宗的这条命，人留天不留。无论武则天多么虔诚，妙手回春的效果终究是有限的，高宗还是进入了病危状态。在奉天宫一躺躺了20多天，眼看再待下去，皇帝就要死在外头了（这于皇帝是大忌），于是到十一月下旬，车驾匆忙返回东都。

消息早已传开，百官都自动汇聚在天津桥南拜迎。但是高宗实在是太虚弱了，还都后连宰相们都没有谒见的机会。

熬到十二月四日，在武则天建议下，下诏改元"弘道"，并大赦天下。武则天提出这个建议，是为祈求上天赐福，同时也是尽人事而听天命。

改元的意思，也就是要让官民弘扬道家宗旨，崇尚简朴，咸与维新。诏书还特别肯定了武后的政绩，说她"言近而意远，事少而功多"。这些内容，应该说是高宗在为稳定身后的局面造舆论了。

高宗极为重视这道诏书，想亲自登上宫城的正门——则天门去向百姓宣读，但在被扶出宫门后，却因气逆不能上马，登城楼那就更不可能了。于是改行权宜之计，召百姓到殿前宣读之。宣读完毕，他问侍臣："百姓们都高兴吗？"

侍臣答道："百姓蒙赦，无不欢欣。"

高宗叹道："苍生虽喜，吾命危笃！"稍后又说："天地神祇若能延长我一两月之命，得还长安，死亦无憾！"

当晚，高宗急召宰相裴炎入贞观殿，口授遗诏，指定他辅政。高宗把后事交代完就不行了，于当晚驾崩，享年56岁。

这一年，武则天60岁，太子李哲28岁。

就这样，侍中裴炎成了宰相中唯一的顾命大臣，他也由此卷入了高层政治的旋涡。

这里要提的是，裴炎亲领的这道遗诏，为日后政坛的诸多波澜埋下了伏笔。

这道遗诏，去掉那些冠冕堂皇的自我吹嘘，实质就两条：一是死后七天就要出殡。天下之大，继承人的问题不能拖，太子就在灵柩前即位；二是新皇帝执政后，"军国大事有不决者，兼取天后进止"。

一切问题，都出在第二条上。这句话看似简单，其实有严格限定，是说国家大事如有决定不下来的，再按照天后的意见定夺。

那么，高宗在临死前，究竟是怎么安排身后这盘棋的？

究其内幕，他左右为难！

首先是对武则天的考虑。他对武则天的执政能力自然是一百个放心。自显庆五年（660）以来，他和老婆互为表里，把一间夫妻店开得很好。但是武后势力日益坐大，有可能会引起难料的后果，他也是有所警觉的。

高宗在病重期间，他深为器重的尚书左丞冯元常曾上密言，说："中宫（皇后）威权太重，宜稍抑损。"（《资治通鉴》）高宗对这个意见深以为然，但他病体支离，哪里还有精力来压制武后，于是就没有下文。

不过，对武则天的防范心理，却直接体现在这道遗诏上——遗诏中最厉害的一点，是剥夺了武则天的执政权。不仅没有让她摄政（临朝称制），甚至不让她再过问政事以及军国大事，如果新君能"决"，那就无须请示天后了。那么，天后平时干些什么呢？退休！

高宗在生前无力完成的事情，他想借皇位更替的机会一举解决。

白纸黑字，这一句话，就让武则天退居二线！

其次是对储君李哲的考虑。这个接班人，也让高宗十分头痛。李哲是个资质平平的人，远不及李弘、李贤，高宗与武后也并不溺爱这个"第三瓜"。李哲的浮出水面，完全是论资排辈，轮到了他而已。

在李哲监国期间，顽心不改，仍然大肆游猎，不像个干大事的样子。高宗与武后对他费尽了心思，除了加强东宫属官的力量之外，还特别立李哲之子李重照为皇太孙，目的就是让李哲安心，好好学习政务，多少要有个登大位的准备。

可是李哲对父母的这一番苦心并不领情，依然我行我素。在三年半的太子任职期间，几无长进。

高宗和武后大概也考虑过再摘瓜的问题。但是，太子是国本，目前已三易其人了，再换，不利于天下安定。况且四子豫王李旦年纪尚幼，又无特殊功绩，没什么过硬的理由可立为太子。李哲再不行，也得是他。

正是出于对接班人的忧虑，高宗才提出了"如大事不决，以武后意见为准"的原则，这是一种不得已的制衡措施。

以上的种种是高宗考虑了多时，在临死前与裴炎定下来的。对武后的防范和对李哲的制约，考虑也算周全。但是，高宗人在的时候都无力解决的事，死后凭一纸遗诏就能定乾坤吗？

我们再来分析武则天这时的心理。

武则天当然看明白了这遗诏的奥妙，知道自己的权力已基本被剥夺。她当然大为失落。以她的性格和二十多年来的习惯，如何能甘心就此放弃，去当一个甩手太后？

她在这一期望间，所思所虑只有一个，那就是：如何获得独立的执政权。她的势力已经大到完全可以这样做，但若公开违背遗诏，总还是有所顾忌。

事态进入了最微妙的状态。

客观地讲，在高宗驾崩之前，武则天并无更大野心，她对"夫妻店"的模式十分满意。虽无最高统治者之名，但有最高统治者之实，又何乐而不为？所以，她还是真心希望高宗能好起来。因为高宗一走，局面会怎样？谁也不好估计。

她对权力更进一步的野心，应该是在高宗驾崩之后。失去权力的危险和获得更大权力的机会同时降临在她面前，她决不会犹豫！

当然，这种思想转变，不是在一夜之间发生的，而是在高宗死后的一系列事件中完成的。

按照高宗遗诏的部署，太子李哲应于十二月初六在灵柩前继位，七天后正式册立为新君。按照古代惯例，在这几天过渡期内，虽然还没正式册立，但只要嗣君是成年人，就可以发号施令。国家事务，一天也不能停转。可是谁也料不到，唯一的顾命宰相裴炎，在这时候忽然插了一杠子。他在嗣君即位的第二天忽然提出，嗣君既然还没正式受册，也没开始听政，那么就不宜发号施令。这几天的国家大事应该由宰相奏议，然后由武则天以"天后令"的形式下达到门下省执行。

　　这个建议，石破天惊，使裴炎一下就成了改写大唐历史的人物之一。

　　他这个建议，其实并没有前例可循，以前都是皇帝一死，太子就成为实际上的执政者，大臣们哪里会有异议？而且，更为可怪之处是，他的建议与遗诏的关键点正好背道而驰。高宗遗诏说"军国大事不决"之时，才听取天后的意见，而裴炎的建议则是任何事情都由宰相议定，呈报天后，再由天后发话。

　　"天后令"又是下达到门下省的。裴炎这个侍中，恰是门下省的首长，同时宰相班子的"政事堂"也设在门下省。这样看来，这个建议是大有来头！

　　这个裴宰相，到底要干什么？

　　后世史家多指出，裴炎的这一建议实在是没有道理。他之所以这样做，有三种可能：一是为讨好武后；二是对武后的参政已习以为常，认为今后继续下去也无妨；三是裴炎自己想避专权的嫌疑，拉上武后来平衡一下。

　　而实际上，这是一场静悄悄的政变！

　　本来高宗去世，最高权力者应为嗣君李哲。现在裴炎无中生有，让宰相和天后瓜分了最高权力，嗣君竟完全被架空！

　　据说，武则天正在为失权而闷闷不乐，裴炎此议一出，她精神为之一振！

　　这究竟在搞什么名堂？我们先来看看裴炎这个人——

　　裴炎，字子隆，绛州闻喜（山西闻喜县）人，史称他"寡言笑，有奇节"。他出身于当时的名门"洗马裴"家族。其父裴大同，曾任洛交府（今陕西省富县）折冲都尉，是个军官。裴炎幼时就勤奋好学，在被补为弘文馆（设在门下省的贵族子弟学校）学生后，每遇休假，其他同学大多出去游玩，他却苦读不辍。弘文馆的学生谋官很容易，但他志向远大，在学馆发奋读书十年之久，精通《左氏春秋》和《汉书》。他的仕途也相当顺利，明经及第之后，最初任濮州（今山东鄄城）司仓参军，后历任御史、起居舍人、黄门侍郎，于调露二年（680）入相。

　　从这个人后来的言行看，他是忠于李唐、反对武后专权的，并因此殉国，死得很壮烈。可是，为什么在这个关键的时刻出了这个大昏招？这不是给武则天送去了一个求之不得的机会？

　　此人的思维方式，真是让我们万难猜度！

　　今有论者分析，说裴炎集团此次是在利益上与武则天不谋而合，即都是想废掉嗣君。裴炎是想立李旦，而武则天是想夺回失去的权力。两方有所默契，便联手来对付新皇帝。

　　这个说法可以聊备一说，但笔者以为，事态后来的发展是一步步形成的，说裴炎早就为立李旦而与武后勾结，有些勉强。裴炎此举，很可能是为了加强宰相班子的权力，恢复以往的议事权。但是，如果动机仅在于此，那么白送给武则天这样一块大饼，实在是风险太大了。不知裴大人是如何想的？

　　七天之后，李哲继承了皇位，是为中宗，并更名为李显。"李显"这个名字，也是为了应谶意。据民间传说，这是老子降临人间的另一个化名。所以有人讲，在李显更名的问题上，可见出武后对新皇帝还是寄予厚望的。母子俩的冲突，是因李显后来的不慎而引发的。

　　天后现在被尊为太后。裴炎所请，被武则天欣然接受，可是权力并没在7天之后还给即位的新皇帝。大小政事仍取决于武则天的意见，"太后令"仍然是最高号令。

　　这个状态，也还有理由能说得过去，因为在十二月底之前，是嗣君的守丧期。在非常时期，须有非常措施，别人不好说什么。月底之后，武则天要不要还政？这是各方都很关注的一个问题，恐怕也是武则天考虑得最多的一个问题。

　　但是在这段时间内，武则天很稳得住，马上着手做了几件事。

　　头一件事，是安抚地位尊崇的宗室诸王。给韩王元嘉、霍王元轨等一大批爷爷辈、叔伯辈的亲王加封了一品荣衔。历来新皇登极后，辈分高的亲王都是不稳定因素。武则天谙熟历史，先就把他们按住，不使其生乱。她明白：自己再怎么尊贵，也只是李家的媳妇，万一长辈闹起来，脸面上太不好看。

　　第二件事，是调整宰相班子。此时朝中一批名相都已先后病死或致仕，可称重臣的只有刘仁轨和刚任宰相的裴炎，其余郭待举、岑长倩、郭正一、魏玄同、刘景先等，是一拨新人，且都是低品级的宰相。这样一个班子，看起来怎么都有点儿弱。

　　她首先把太子少傅刘仁轨改任左仆射，仍让他留守西京。再把裴炎从门下省调到中书省来，转为中书令，让他掌握出旨权。以前宰相们都在门下省议事，现在也都随着裴炎改在中书省议事。

　　既然遗诏是任命裴炎辅政，同时武后看到裴炎也很知趣——白送我一块大饼，那么就让他掌握出旨权，有事好商量，不会在出旨上卡壳。

　　其余新人都有不等的提升或者改任，且统统升级为"同中书门下三品"衔，变成了资深宰相。官帽子一加高，他们自会感恩效力。

最后一件事，是派出一批将军，前往当时最重要的并、益、荆、扬四大都督府，与各府司共同镇守，以防变故。

这是武则天成为太后之后的三把火——干净、利落、周全。

新君即位，天下晏然。从这几手就能看得出武则天已是谋国的老手了。

第三节　中宗面对军事政变瞠目结舌

按照历代皇朝的旧例，即位的皇帝若年纪太小，太后可以摄政，这就是"临朝称制"。太后临朝，是一件光明正大的事，而武则天临朝，却为何遭后世非议颇多？原因就是，她的临朝"不合法"。

天皇在遗诏中没有说要太后临朝的话，新上来的中宗也没有委托母亲临朝，所谓"太后令"并没有体制上的依据，是典型的人治。

弘道元年（683）十二月三十日，嗣君的服丧期满了，但是武则天就像不知道一样，照旧临朝。转过年，改元"嗣圣"，大赦天下。次日，太子妃韦氏也正式成了皇后。武则天只是在此时对中宗夫妇稍微做了一下安抚，把韦氏的一个远亲韦弘敏提拔为太府卿。

武则天本想平稳一个阶段，过了这个过渡期，再从长计议。但就在这时，朝政陡然起了一场大风波！

"性勇烈"的中宗却对母亲的安抚极不满足。或许是有心讨好老婆；或许是对太后临朝不满，他做出了一个抗争举动。次日，他提出：要把自己的老丈人韦玄贞提拔为侍中，来顶裴炎调走后的缺。此外，还要把奶妈的儿子也封个五品官。

敏感时期，他的这个举动究竟是经过深思熟虑的，还是脑袋一热就提出来的？

笔者看好像是后者。中宗李显这个人，《旧唐书》对他评价不高："志昏近习，心无远图，不知创业之难，惟取当前之乐。"这幅画像应该不错，都28岁的人了，刚开始做皇帝就要提拔老岳父，就算这是有所图谋，也不免幼稚。

皇帝要下令，就要中书令来出旨，这就显出裴炎这个中书令的重要性了。他面对中宗的旨意，感到很荒唐。这个韦国丈，原先不过就是普州（今四川安岳县）的一个小小参军，开耀元年（681）五月，因为荣任"太子岳父"而升任为豫州刺史了，管的是东都附近的大州。这已经够照顾的了。到现在三年尚未满，寸功未建，又无其他三品官资历，怎么可能一下就被提拔为宰相？

裴炎提出劝谏，坚持以为不可——我的好皇帝呀，您可不要闹笑话了！

这个中宗，大概也是"妻管严"，有些惧内。一看跟老婆要交代不了，不由大怒："我让国于韦玄贞又有何不可，何为吝惜侍中耶？"

中宗这话显然有赌气的成分，但可以听出对老裴极为不满。老裴以"太后令"做交易，为自己揽权，让新皇帝当了无权的傀儡，中宗还不至于傻到对此毫无察觉。

不过，他之所以要提拔老岳丈，笔者分析也不大像要扶植外戚与母后抗衡的意思，不过就是满足一下虚荣心。母后的权力有多大，裴炎的势力有多大，他还是基本有数的。别说一个老丈人，就是十个老丈人也未见得能斗过对方。

他只是恨裴炎的张狂！——你到底还是个臣子，我们家的事你少管！

裴炎看到皇帝发火，害怕了。这笔账，将来要让我还怎么办？他没有别的办法，转身就把此事禀告了太后。

武则天闻报也大吃一惊：这个李显太没有城府！如此任性，怎能做一国之主？

她是一个很警觉的人。在中宗的话里，有借外戚以自重的意思，这是一个极其危险的信号，她不能不认真对待。

经过再三考虑，她决定废帝！这第三"摘"的决心很不容易下，因为前面的两"摘"，舆论就已经很大。现在高宗不在了，"三瓜"刚坐满一个月，再次下手的话，宗室、朝野会怎么讲？舆论狂潮能不能顶得住，出了大乱子能不能应付得了？

放到别人身上，也许会举棋不定。但武则天办事果决，她想好了就干——风险固然有，总要比养虎遗患强。就冲着中宗的那句话，他这小崽子就不可为君！

武则天想好之后，就把裴炎找来密议。恰好裴炎也有此意。他想废掉中宗，是公私两方面的因素都有。两个人为此策划了一段时间，将所有部署逐一安排好，废黜中宗的"太后令"也由裴炎起草好了。

就等着看戏吧，各位大人！

如果说，裴炎在一个月前奏请太后问政，是一时糊涂，那么这次他与太后居然密谋废立，那就绝不是糊涂了。利益所致，鼠目寸光！我们真是无法断定这位老先生在想什么。

高宗有遗诏，明令"王公卿佐，各竭乃诚，敬保元子，克隆大业"。裴炎作为唯一顾命大臣，即使有异议，也要尽量扶一扶中宗这阿斗再说。高宗尸骨未寒，就公然违背最高指示，那是有违为臣之道的。

也许他深知中宗是个昏人，不足以当大任，维护中宗就等于毁了大唐，与太后专权比起来危害更大；也许他还看不出武则天专权的发展方向……总之，他不仅没有按照高宗的意图充当嗣皇帝的保护者，反而"开门揖盗"，把历史生生扭了个方向。他忘记了：谋废立的臣子，脑袋一般都不会稳，除非他想篡逆！

因此，后世对他与武则天合谋的动机，有过如下分析：一、真有篡位野心，只不过没料到武则天比他强硬得多，结果他成了为人作嫁衣。二、他确实是李唐死党，废中宗是因为他怕大唐天下落入韦后一族手中。三、他只是贪恋权位，参与废中宗是为了防止相权被削弱，或是希望自己看好的李旦能当上皇帝，以加重自己的分量。

笔者认为，前两条都有些极端化，可能性不大。想篡逆，裴炎的条件还远远不够，他不至于狂妄到那种程度。怕韦后干政，也不必把皇上给废了，况且太后干政同样对大唐不利。所以极有可能就是贪恋权位，想扶起有书生气的李旦，自己好扬眉吐气。只不过他想错了一点，就是小瞧了武则天的能量。

人，就怕钻进了思维的死胡同！

双方密谋了近一个月之后，大幕拉开。

二月初六，太后在洛阳宫的正殿乾元殿召集百官开会。

这个紧急会议，开得有些蹊跷：一是自打显庆二年（657）五月起，因天下无虞，皇帝就是单日上朝、双日休息了。初六是双日，如何要突然上朝议事？二是这天上朝的地点是在用于大朝会的乾元殿，似是有非常之举。

中宗与百官到会场一看，情况确实有异：负责左右羽林军的将军程务挺、张虔勖竟然带兵入宫警戒，现场总指挥是裴炎和曾是北门学士的中书侍郎刘祎之！

大殿里刀光耀目、铠甲鲜明，一派肃杀气氛。

这是要干什么？中宗和百官都在闷葫芦里，面面相觑。

只见裴炎出班，高声宣读"太后令"：嗣皇帝昏庸无德，不能为一国之主，着废为庐陵王，恢复李哲原名。念完，立刻命卫士扶中宗下殿。

中宗的临场表现还可以，并没被突然的变故吓傻，在这紧急关头抗声问道："我何罪？"

帘后传来太后威严之声："汝欲以天下与韦玄贞，何得无罪？"（《资治通鉴》）

李哲顿时就没了话说。押下殿后，被幽禁在别殿，韦后和皇太孙李重照也同时被废，其余韦氏家属流配岭南——天下暂时轮不到你们韦家，先尝尝荔枝去吧！

在大唐宫廷史上，这是继玄武门之变后的第二次成功政变。不同的是，玄武门之变是以弱胜强，流了血的；而这次是以强胜弱，兵不血刃。

太后这次的成功，首先是笼络住了宰相集团。具体参与其事的裴炎、刘祎之、程务挺、张虔勖等大臣都具有浓厚的李唐色彩，所以没人敢说这是武氏政变。其次是抓牢了近卫武装。左右羽林军都是成立时间不长的禁军，太后没忘了把这两支武装牢牢控制在手里，急需时，就能做到刀剑出鞘，而中宗仅有一个皇帝名号是不顶用的。最后是抓住了对方的致命短处——政权归属问题岂能戏言？说你不够格，你也不好反驳。

此外高宗遗诏中的"兼取天后进止"，也给了她一定的法理依据。

她的突然出手，成功几乎是没有悬念的。

但是，政变的目标因受遗诏精神的制约，也只能是换一个皇帝，而不是由武则天直接坐天下，否则她将立刻失去最有力的支持，而陷入"大唐逆贼"的泥淖。

出于合法性的考虑，政变第二天，武则天就迅速宣布，她的幼子豫王李旦为新的嗣君。这个李旦，原来名叫李轮，武则天赐了他这个新名。

李旦时年22岁，早已成年，当皇帝在资格上没有任何问题。他的王妃刘氏——被吐蕃俘虏后死在异乡的将军刘审礼的孙女——被立为皇后。长子李成器被立为太子。当年改元为"文明"。

——武则天喜欢改元，凡有所动作，总要改元以纪念。不过，以"文明"二字来纪念一次武装政变，也是大有幽默意味的哦！

新的嗣君就是睿宗。这"第四瓜"的情况又如何呢？《旧唐书》说他"谦恭孝友，好学，工草隶，尤爱文学训诂之学"，为人谦虚谨慎，显然比"第三瓜"强；好学多才，又类似"一瓜、二瓜"，但就是缺少大哥、二哥的胆略，对政务既没经验也没兴趣，是个典型的文人。

武则天压根儿就没想睿宗一上来就能管理天下。从这一天起，她就让睿宗居于别殿，不得干预政事。当月十二日，武则天驾临武成殿，李旦率百官给她重上尊号。十五日，武后临轩称制，派礼部尚书武承嗣正式册立新的嗣皇帝。双方完成了互相确认的程序。从此武则天以61岁高龄，开始了长达六年的垂帘听政。她的问事地点就在乾元殿后面的紫宸殿，垂下一幅浅紫帐来，坐在那后面视朝。

睿宗，你就是再"睿"也没有用，关起门来，好好读书吧！

这次废中宗事件，虽说是裴炎昏头昏脑送来的一个大礼，但无疑也触动了武则天最敏感的神经：最高权力，一天不可远离！于是，她在理应含饴弄孙之年，反而冲到了最前面，当上了不是皇帝的皇帝。以笔者看，她后来更大的政治野心完全可能是由此事激成的。

像李哲这样一个不成器的皇子，尚且知道蠢蠢欲动，未等龙床坐热，就要扶植外戚。这事使武则天想起了被流放到巴州去的废太子李贤。李贤目前虽是个"白人"，但他的危险性，又远大于李哲，不可轻忽。在政变的第三天，武则天就派左金吾将军丘神勣赶赴巴州，检查软禁中的废太子李贤住宅（看是否又藏了盔甲），以备外虞。

这位丘神勣将军跑得倒也快，不到二十天就到了巴州，不仅检查了住所，还把李贤"幽于别室"，逼令李贤自杀。二月二十七日，李贤死在巴州公馆，两《唐书》和《资治通鉴》都言之凿凿，说是"逼令自杀"，三者的资料来源都是《则天实录》，可信度高。

这个所谓金吾将军，不过是个管理首都治安的武将，高级警督而已，怎么有胆量逼死故太子？所以说逼死李贤，毫无疑问是武则天授意。后来的处理恰也证明了这一点。丘将军三下五除二完成任务，还都复命，武则天却宣称他擅杀，把他贬为叠州（今甘肃迭部）刺史，当然很快又官复原职了。

如果真是擅杀，他丘将军就要脑袋搬家，哪里还会有什么刺史做？

显然这是武则天在非常时期的过度反应，担心废中宗会引起宗室和朝野不服，有人可能会利用李贤之名造反，李贤本人也可能趁机而起。

李贤安然度过了高宗驾崩的国丧期，却为一场与他毫不相干的政变而送了命。李贤之死，武则大绝不会有什么怜惜，因为"四瓜"中唯有这一瓜是真正有一点儿反骨的。

这就是武则天夺权史上著名的"废帝杀子"事件。

后世也有人反复研究过几部史书所载，认为是丘神勣将军做事做得太认真了，把李贤关到了石室里，看管甚严。李贤不管怎么有反骨，总还有一些名士气，不像政治家那样抗折腾，一看如此，以为永无出头之日了，于是自杀。但即使是这样，也等于逼死，不能为武则天开脱些什么。

对武则天来说，人死了，也就好办了，死后的文章可以好好做。武则天专门在显福门为李贤举哀，举行了隆重的追悼仪式，一年后，又追赠李贤为雍王。这事，就这样了结了。

李贤的家人，却一直留在巴州不许回来。一直到武则天死后，"三瓜"李显复辟，才把李贤尚存的唯一儿子从巴州接回。后来，到了"四瓜"李旦二度登基，才追赠李贤为太子，谥号"章怀"，陪葬乾陵，可以去跟父亲的幽灵诉诉冤了。后世也就习惯把他称为"章怀太子"。

《庄子》说："山中之木，以不材得终其天年。"李贤是武则天四个儿子中最有才气的一个，风流倜傥，千年之后也可以想见。可是不仅皇帝没捞着做，且又死得最冤。

圣贤说得对啊——有才犹如红颜，是福是祸真的太不好说了！

顺带说一下，1971年陕西历史博物馆在乾陵东南方挖掘了章怀太子夫妻的合葬墓，可惜墓已经被盗墓贼光顾过，陪葬损失了一些，章怀太子夫妇的骸骨也残缺不全。但仍保存有一批陶俑和三彩殉葬品，墓中的壁画也保存完好。此次挖掘还出土了神龙二年（706）的《雍王墓志》与景云二年（711）的《章怀太子墓志》。其中，《章怀太子墓志》以骊姬谗害太子申生、江充谗害太子据的典故，比喻李贤谋反案的冤情。墓志文辞华丽，记录了章怀太子的准确死期。斯人逝时，年31岁。

今人若读到《后汉书》中有"章怀注"的词条，即是李贤带领儒士们撰写的。这位在历史上电光一闪的人物，留给后人的似乎唯有伤感。

再说那位被当今年轻人说成"中国历史上十大搞笑皇帝"之一的中宗李哲，现在已是庐陵王了。在被软禁三个月后，于当年四月与老婆孩子一起被迁到房州，到了地方，屁股还没坐热，四天后又改迁均州（今湖北丹江口），被幽禁在他已故伯父李泰的故宅里。前面笔者曾提到过，太宗之子魏王李泰争皇位失败以后，就是被贬到这里的。

武则天让这一大家子人辗转于途，又安排了这么一个灰暗的地方落脚，就是要从精神上摧垮这个不知天高地厚的儿子。

这位心里只装着老婆的废帝，果然沮丧得很，想死。多亏他那漂亮而又富于心计的老婆韦氏给他鼓劲，说："祸福倚伏，何常之有？岂失一死，何遽如是也？"意思是说，倒霉最多不过倒一阵子，不可能一辈子翻不了身。谁都免不了一死，你急什么？

患难见真情啊！经过开导，这位废帝稍有振作，随之立下毒誓："一朝见天日，势不相禁忌！"（《旧唐书·列传·后妃上·中宗韦庶人》）这是说，我若翻了身，你愿意怎么干就怎么干！——他又开始搞笑了。

韦氏在流放地生了小女儿，就是后来的安乐公主，也大受李哲溺爱。李哲的宽纵，成为后来韦氏和安乐公主乱政的原因，这是后话了。

李哲被废，确实很冤，他极力抬举的老丈人韦玄贞，真就不是个热衷权谋的人。据说，这老人家为人很淡泊，喜欢游山玩水，原先不过就是个小小的文吏，估计性情跟陶渊明差不多。因为搞笑皇帝的一句话，韦玄贞一家也跟着倒了大霉，被流放到钦州，他后来就死在那儿了。老伴更惨，被当地首领杀死。韦氏的四个兄弟中，有两个弟弟不禁折腾，也死在了钦州。直至挨到武则天晚期，废帝做梦似地复辟了，才把老丈人的其余家属接了回来。

——嫁女儿，看来也得小心一点儿，尤其不能嫁给搞笑的皇子！

事态发展到此，武则天下一步想要干什么，许多人都有所预料了。她的几个瓜蛋儿，到现在被摘得是七零八落，皇子们的坎坷命运也博得了不少人的同情，不然后来不会有《黄台瓜》出来。

但是，个人的命运有时与历史的轨迹并不一致。

在一个皇朝新开基业、大有希望向上走的时候，往往会有一种潜在的"历史期待"，那就是国家渴望强人，百姓渴望明君。可是专制制度却决定了这种期待本身没有什么作用，谁能在最后站出来，完全是出于权谋、时势和机运。在皇权体制下，不会有代表全民意志的选择机制。因此，国家的命运如何，就要看揭幕以后，是哪一个人站出来了。

秦灭六国，隋定天下，基业不可谓不大，但是继承雄主之位的人，实在太糟糕，因此国运转瞬而衰。

在古代中国，君主的性格、能力和品质，能决定一个国家的兴衰。大唐从开国到"开元盛世"，李渊、李世民、武则天、李隆基，可谓四座首尾相连的桥梁，一步步把国运推向上。

很难想象，在太宗之后，高宗抑或李贤、李哲、李旦，他们哪一个可以完成这个任务？因此武则天的"冲上前来"，无疑是应合了历史的期待。说她夺权的动机是个人欲望也好，是帝王野心也好，但只要是于国家有好处，就不应受到过多的指责。

在帝王中，没有私欲，单纯要为人民做个好皇帝的，百无一二，为什么独独要苛求武则天？

如果她在揽权之后不思进取，那么说她只不过就是个权谋家，也还有道理。但是，这位六十老妇在完全掌握政权之后，还是有一番大作为的，大唐盛世的帷幕，就是由她亲手拉开。仅此一点，她就足以屹立于历代"英主"的群像之列！

在临朝称制之后，对付潜在不满的舆论，她使用了恩威两手。对政变功臣委以重任，对不满者给予无情打击。

政变过后，曾有参与废帝行动的十多个飞骑（皇家卫队）军士在坊间饮酒，其中一人发牢骚说："早知道没有封赏，还不如拥戴庐陵王当皇帝。"座中一人起身偷偷溜出，直奔北门告密。酒席未散，在场者即全部被逮，囚禁于羽林军监狱。次日，太后下诏，非议者斩首，其余知而不报者缢杀，独告发者授以五品官职。据说，告密之风由此兴起。

武则天一向信任的老臣刘仁轨，对临朝称制也有看法，曾上表劝谏，还举了吕后任用外戚被后世嘲笑的事做例子。他认为，现在应归政给睿宗，才是正道理。刘仁轨的态度很坚决，并提出要告老还乡以明志。

武则天知道刘仁轨的分量，也知道他提这建议是大公无私，于是以出奇的温和态度予以劝解。她派侄子、秘书监武承嗣持她的亲笔信，专程去长安城安慰刘仁轨。信中辞意恳切，甚至把刘仁轨比作萧何，说："昔汉以关中之事委萧何，今托公亦犹是矣。"她特地解释：自己临朝，是因为皇帝还不懂事，所以只是"且代亲政"。至于提到的吕后事例，武则天也没恼火，反而说："引喻良深，愧慰交集。公忠贞之操，终始不渝，劲直之风，古今罕比。初闻此语，能不罔然？静而思之，是为龟镜！"也就是说，你提的意见我一开始很茫然，但仔细一想，可以无则加勉啊！

最后，武则天劝老爷子还是以匡救天下为怀，就不要以年老的借口告退了。

至尊者把话说到了这个份儿上，刘仁轨也就不好意思再坚持，于是再无话，继续为太后守好西京。刘仁轨德高望重，把他一给安抚住，舆论也就渐渐平息了。各地官员见风使舵，竟争言祥瑞，以表示衷心拥护太后临朝。

此刻风平浪静，万里山河可谓都在武后股掌之中。且看下一个篇章，这位踌躇满志的老太太该如何书写了。

第九章

垂拱而治

第一节　功臣之后徐敬业密谋叛乱

皇权治下，一个草民要是死了，不过像蝼蚁，无声无息。但一个皇帝要是死了，国家这条船就有可能要晃几晃，弄不好，还会翻掉。高宗虽不算明君圣主，但他死后的局面也是够复杂的。好在，武则天还压得住这条船。

这年五月，高层的事情摆平了，武则天腾出手来，要好好安葬自己的大恩人、亲爱的老公高宗了。十五日，她提出要亲护高宗灵柩西返长安。群臣不同意，纷纷谏阻。武则天于是让睿宗扶灵回去，并主持安葬事宜。这个小子从皇子直升皇帝，连太子都没做过，正需要历练历练。

灵柩离开东都的时候，睿宗率千骑缓缓而行，队伍两旁的送行者一片哀哭，气氛突然变得悲壮。武则天遥望灵车远去，忍不住泪流满面。

翠微宫，感业寺……那些岁月不知不觉已过去30多年了！

春华依稀宛在，秋叶实已零落。

武则天此时是真的动了感情。只有这个男人，是她永不能忘记的人！

六月，睿宗抵达长安。因为乾陵还在修建，灵柩停于太极殿西侧；到八月十日，才移灵于乾陵（在今陕西乾县）。下葬之日，武则天亲撰的《哀册文》就摆放在高宗的梓棺前。册文里充满了"瞻白云而茹泣，望苍野而摧心""泪有变于湘竹，恨方缠于谷林""寄柔情于素简，播天音于金石"这类的句子，华美而哀伤。

后世史家人多认为，这文章的凄切是真情流露，不是做官样文章能硬做出来的。

武则天还打破历代皇帝陵前不竖碑的惯例，为高宗立了一块巨型石碑。据说碑石取自西域于阗，高七米多。碑身有七节，榫眼扣接，连为一体，俗称"七节碑"。碑文《述圣记》是由武则天亲撰、李哲还没被废的时候书写的。武则天在碑文中把永徽以来的政绩，统统都归于高宗。

斯人已逝，一个新的时代也就随之而来。安葬事毕后，武则天想让睿宗临朝理政，实习一下，自己退下来，在旁边辅导。但是睿宗表示自己还没有那个能力。鉴于此，武则天决定继续临朝称制。

这下，武则天是明白了：这个局面，暂时没法改变了；走了一步，就要接着走下去。她这次下的决心很大，表示要"励精为政，克己化人，使宗社固北辰之安，区寓致南风之泰"，要上对得起高宗的顾托，下对得起天下的拥戴。

九月六日，武则天宣布大赦天下，改元"光宅"。这样一来，这一年（684）就有了"嗣圣""文明""光宅"三个年号。第一个，是表示中宗上台；第二个，是表示睿宗即位；最后一个，则代表武则天名正言顺地临朝称制。

所谓临朝，就是上朝处理政事；所谓称制，就是自称为"朕"，以皇帝制诏的名义发号施令。这是太后代君执政的合法形式。

值得注意的是，"光宅"这个年号也非同寻常。《尚书·尧典》有云："昔在帝尧，聪明文思，光宅天下，将逊于位，让于虞舜，作《尧典》。"西晋著名才子左思的《魏都赋》里面，则有"暨圣武之龙飞，肇受命而光宅"之句。"光宅"的意思，大约是指"使所居住的地方光彩熠熠"。《尧典》里说的是尧禅位的事，而《魏都赋》说的"圣武"是指"魏太祖武皇帝"，就是曹操！看到这个词的渊源，就可以窥见，武则天想当皇帝的念头在此时已经相当明确了！

与此同时，一系列"改革"也同时推出，全都涉及意识形态。武则天是历代执政者中少有的意识形态专家，每走一个"虚"步，都要求产生一个"实"惠。不懂的人以为她在玩花活儿，懂的人才知道她大有深意在内。

其一，是易旗色，她决定把大唐的旗帜颜色从红色改为"金色"，也就是白色，仍饰以紫，画以杂纹。旗帜的颜色及标识，历来是一个政权的象征，政权更迭有时就叫"易帜"。武则天此时已在做易帜的准备了。

其二，是改东都为"神都"，改洛阳宫为"太初宫"，以提高新都的政治地位。这其中还有一个隐蔽的因素是，东都曾经是过去周王朝的东都。武则天已经在考虑如何"重造大周"了。

其三，再次更改官职和官署名称。改门下省为"鸾台"，中书省为"凤阁"，御书房为"麟阁"，尚书省为"文昌阁"。六部尚书也改了名字，各以"天、地、春、夏、秋、冬"等六官名之。尚书省首长左右仆射，改称"左右相"；门下省的首长侍中，改称"纳言"；中书省的首长中书令，改称"内史"。这次改官名，是依据《周礼》而改，武则天表示要"因时而立号""适事而标名"。但当今也有人说，她搞的这一套有仙家色彩，把大唐中枢机构搞得跟西王母的瑶池差不多了。

其四，改御史台为左肃政台，负责监察在京各衙门、监军和出使。同时新设立一个右肃政台，负责对州县的按察。这一条倒是很务实，就是把监察部的腿儿伸到了地方。

其五，尊李唐皇家的"祖先"老子李耳的妈妈为"先天太后"（一说是尊老子的夫人），规定"先天太后"的像要进老君庙。这一条，当然是影射现实。唐开国时，高祖李渊就认了老子李耳为远祖，后又尊为"太上玄元皇帝"，为之立老君庙，几乎把道教尊为国教。现在武则天又抬出老子的老母亲来，其用意不言而喻。

总之，这是以《周礼》夹杂着神道仙家学说，推出的一整套意识形态改革。可以看出，武则天这时主意已定，不仅要大干一场，也决心要"一切重新开始"。

这一系列动作中隐含的意图，让李唐宗室和朝中一些官僚们大惊失色。高宗入葬后，按理说就应该归政睿宗，现在不归政就罢了，还要大肆更改本朝的老规矩，这不是要变天吗？

最为失望和愤怒的，大概要属裴炎了。他支持太后废中宗和临朝听政，本意是立李旦为帝，希望在睿宗的治下，宰相集团能有更大的施展空间。

而现在的情况，与他当初的设想相差太远了。武氏家族势力在急剧地增长，朝中的格局也有了很大变化。这使得裴炎集团感到极度不安，他们与太后短暂的蜜月期宣告结束，双方开始产生裂痕。

就在改元十天之后，武则天之侄武承嗣上表，请太后追尊武氏祖先，立武氏七庙。这"七庙"是个什么东西呢？在古代礼制中，这是天子才享有的权力，即建立四亲庙（父、祖、曾祖、高祖）、二祧庙（高祖的父亲和祖父）和始祖庙。也就是《礼记·王制》里说的"天子七庙，三昭三穆，与太祖之庙而七"。到后来，"七庙"也泛指帝王的宗庙。

武承嗣的意思很明显，他是想顺势而动，鼓动太后建立新的"领导核心"。

武则天也恰有此念，她认为，自己贵为太后，按礼却只能立"三庙"，显然是男女不平等，但是如果建七庙，那就成了天子之礼，属于僭越，又容易授人以柄。

在犹豫之中，她将此议交给大臣们去讨论。

裴炎对这个提议坚决反对。他现在已经完全看明白了：武则天绝非等闲老妇，而是一个千载罕有的政治女强人。大唐天下，危矣！他对武则天说："太后母仪天下，当示以至公，不可私于所亲。独不见吕氏之败乎？"

这话说得很不客气了。但武则天似乎也有思想准备，振振有词地答道："吕后以权委生者，故及于败。今吾追尊亡者，何伤乎？"死了的人就是抬得再高，于今天还能有什么大碍吗？

裴炎则坚持："事当防微杜渐，不可长耳。"

武则天不听，下诏追尊自己的五代祖以下的祖先，各为国公和郡王，配偶为夫人或王妃，并决定在故乡文水立"五庙"。按古制，"五庙"是诸侯之礼，逊于天子，这也算是她稍稍做了一点儿让步。

武氏的侄儿一辈，武三思、武攸暨、武攸宁、武攸归、武攸望等，也都统统加官晋爵。

在此之前早已得势的武承嗣，在政变之后就已被授为礼部尚书。太后册立"嗣皇帝"睿宗时，就是由武承嗣主持的典礼，其地位已明显在裴炎和刘仁轨这班老臣之上。

立五庙这件事，成了裴炎与武则天决裂的导火索。其实武则天对裴炎还算可以，虽有所疏远，但还比较倚重。裴炎却不领情，他不再抱任何幻想了，认定：一个当代的吕后，已经出现了！这件事也直接催化了武则天与宗室及部分大臣之间的矛盾。面对武氏咄咄逼人的进取态势，心向李唐的一派人极为愤慨，不甘束手待毙。

政治气压之低，已是山雨欲来。

人心里有了怨恨，如果压之过甚，必会喷发而出，由无形的情绪变为有形的行动。令武则天万想不到的是，就在她兴致勃勃地导演托古改制大戏的时候，忽然有急报传来：徐敬业"据扬州起兵，自称上将，以匡复为辞"。

这是啥意思？有人造反了！"匡复"，就是要恢复大唐旧制的意思。

谁能想到在大唐的最繁华之地，竟然竖起了反武大纛！

这个徐敬业是谁？他就是武则天的得力臂膀、已故英国公李勣的孙子。李勣本姓徐，后被赐姓李，所以徐敬业当时叫"李敬业"。

这位功臣之孙，并不是个纨绔，还是有一些真本事的。他自幼练武，射艺过人，能走马如飞。长成后曾随李勣南北征战，十分勇猛。历任太仆少卿、眉州刺史，袭爵英国公。此人有一点儿胆气，但他爷爷认为他太过狂妄。

据说，高宗时，有"群蛮"聚众为寇，官军讨之不利，于是派了徐敬业去做刺史。州府专门派了兵卒在郊外迎接他，徐敬业却让这些士兵们统统回家，自己单骑到府衙报了到。城外的"贼"们听说新刺史到了，都很紧张，磨刀擦枪严阵以待。但徐敬业对贼事却一无所问，待处理完其他公务，才抬头问："贼安在？"部下答道："在南岸。"于是徐大人就带着两名下属前去查看，观者莫不惊骇——这刺史胆也忒大了！

"贼"们手执兵器远望，只见官船里就这么一个光杆司令，船中没藏人，也没有武器，不知这刺史玩的是什么猫腻，于是把营门一关，都藏了起来。

徐敬业直入其营内，告之曰："国家知汝等为贪吏所害，非有他恶，可悉归田里。不走的，那可就是贼了！"然后他回到衙署，召其"大帅"来问话，责备他们为何不早降，各打了数十板子，都遣散回家了。从此以后境内肃然，再也没人闹"贼"了。

李勣闻之，大为赏识他的胆略，叹道："吾不如也，然破我家者必此儿！"（见《隋唐嘉话》《唐语林》）功臣毕竟见多识广，早就看出苗头不对。

史载，此次起兵的主谋者是徐敬业和骆宾王，此外还有唐之奇、杜求仁、徐敬猷等。

起义的第二号人物骆宾王，名气更大，他是初唐赫赫有名的大诗人，与王勃、杨炯、卢照邻合称"初唐四杰"。

骆宾王是婺州义乌人，7岁能诗，有"神童"之称。据说，那首神童诗《咏鹅》就是他7岁时所作。"鹅，鹅，鹅，曲项向天歌。白毛浮绿水，红掌拨清波。"这首诗，流传至今，几乎家家小儿都会背诵。

他父亲曾是博昌（今山东博兴）县令，死在任上。父亲死后，他颠沛流离，早年的日子比较困苦。

在"四杰"中，顶属他的诗作最多，尤擅七言长诗，名作《帝京篇》为初唐罕有的长篇，当时以为绝唱。他还曾久戍边城，写有不少边塞诗，诸如"晚凤迷朔气，新瓜照边秋。灶火通军壁，烽烟上戍楼"之类，气魄很浩大。在中国古文学史上，少不了这位大才子的名字。

然而才高不等于运气好，他在仕途上颇不顺利。仪凤三年（678），他好不容易当上了侍御史。又因上书讽刺武后而入狱。他在狱中写的《咏蝉》诗云："露重飞难进，风多响易沉。无人信高洁，谁为表余心？"就是抒发那时悲愤心情的。次年，遇赦被释放。调露二年（680），骆宾王出任临海（今浙江台州）县丞，世称"骆临海"。但这种高人，终不是县级官场中的人物，郁郁不得志，遂弃官游广陵。他的仕途坎坷，既是由于爱说真话，也跟他恃才傲物有关系。据说，他的上级一般都认为他华而不实，行为不检点，好与下九流的人勾搭。估计他与他上司，经常是互相鄙视的吧。

这样一个怀才不遇的文人，是怎么和徐敬业搅到了一起的呢？他们又是因何缘故，都凑到扬州去举义旗的呢？

说来很富有戏剧性。

就在这一年初，徐敬业因坐赃（贪污受贿）被贬为柳州司马。他的弟弟徐敬猷，原为周至（在今陕西）县令，因受牵连也被免职。兄弟二人就带了前周至县尉魏思温一道南下，同去柳州。

此时，另外两个角色，原给事中唐之奇也因事被贬为括苍（今浙江丽水）县令，原詹事府司直杜求仁被贬为黟县（在今安徽）县令，此时也正好在南行途中。

也许是命中注定，这几个官场失意的人赴贬所的途中，在扬州鬼使神差地碰到了一块儿。偏巧骆宾王也不早不晚，从临海弃职后，游历来到了扬州。

伤心人对伤心人，话就说得难听了，"各以失职怨望"。大家都不是庸碌之辈，落到这个地步，完全是苍天无眼。眼下万里投荒，前途渺茫，倘或不去赴任，又有杀身之祸，体制内的生活真不好过啊！

渐渐地，众人又说到了时势，都觉得大唐今日外疲于戎狄、内困于水旱。朝中又是武氏临朝，杀太子，废皇帝，李唐已是名存实亡了！说到激愤处，有人就提议，干脆反了算了。眼下太后正在忙于安葬高宗，无心他顾，只要打出"匡复"旗号，宗室旧臣必会响应，天下可传檄而定。

即使拿不下天下，总还可做一个匡复功臣，青史上会留下一笔，岂不快哉？

这几个热血分子，把一件押上脑袋赌博的大事，就这样在酒桌上定了。

于是，几个人就都不走了，滞留扬州，密谋起兵！

这一伙人里，徐敬业兄弟、唐之奇、杜求仁都是士族出身，家族是上了《姓氏录》的，但现在已然落魄。而骆宾王、魏思温则是庶族分子，始终不太得志。大凡人到了途穷，就会思变，他们想用武器改变命运。魏思温虽是个小官，但是很有政治头脑，被公推为军师。密谋酝酿了很长时间。这些人不是揭竿而起的农民，也不是民间地下宗教团体，都是被降职使用的官员，徐敬业还是位居公卿之首的国公，所以策划水平还是一流的。首先他们选择的起事地点还不错，扬州远离京都，又是富庶之地，朝廷的政治触角在这里不很灵敏，便于前期筹备活动；而在举事之后，招兵筹粮又很容易。

其次是他们考虑到了，一定要在朝中找到有力的内应。

他们的目标，盯住了当朝大僚裴炎。

第二节　扬州烽火连累宰相裴炎被杀

其实，徐敬业这次造反的成功系数并不高。

造反也要有条件。最易成功的有两种：一种是在皇朝末世，皇帝昏聩，民不聊生，老百姓为奔个活路都愿意跟着闹，这是有民众利益做基础；另一种是军阀坐大，拥兵夺天下，这是有军事实力作为基础，当然也要在末世才容易成功。

而大唐此时正处于上升期，政治大厦并没有朽烂，应对地方叛乱的能力绰绰有余。百姓也没有吃不上饭的问题，不可能出现一哄而起、传檄而定的局面。

徐敬业手中也没有现成的兵马，临时招募来的"义兵"，其战斗力和忠诚度都要大打折扣。

唯一可利用的条件，就是朝野都有一批对武氏专权不满的人。但这仅仅关涉信念或者意识形态，有多少人愿意为意识形态而死战，这很成问题。

武则天在历次清除异己的行动中，打击面都很有限，定点清除往往只限于一两个家族，并没有出现士族阶层利益大面积受损害的情况。至于百姓，只要生活安定，那么谁来做皇帝他们一般不在乎。因此，徐敬业起兵，缺少强大的民意基础。

不过他选择的时机还是相当不错的。武则天刚刚建立权威，遇到的阻力很大，正在忙于安抚内外，绝想不到脚底下会有政治地震。天时、地利都有了，徐敬业急需的是"人和"。

这个争取"人和"的机会也给他抓到了：武则天与朝中最重要的一股政治力

量——裴炎集团有了裂隙。

见缝就要插针！徐敬业看准了裴炎是个同盟军。

据唐人张鷟《朝野佥载》和《新唐书·列传·裴炎》所载，裴炎确实被他拉下了水。徐敬业先把裴炎的外甥、监察御史薛仲璋发展成了党羽。后世史家有的认为，没有裴炎的默许，薛仲璋绝无胆量参与造反密谋。

此外，唐之奇、杜求仁都与左武卫大将军程务挺关系不错。程务挺是手握军权的实力派，连武则天也要高看他一眼。

这一文一武两位大员，就成了徐敬业的主要拉拢对象。

据《朝野佥载》记载，为了拉裴炎下水，徐敬业让骆宾王想办法鼓动裴炎反叛。骆宾王不愧是当世才子，他一足踏于墙上，沉思一顿饭的工夫，就炮制出一首童谣来："一片火，两片火，绯衣小儿当殿坐。"

"一片火，两片火"，这就是"炎"字；"绯衣小儿"，就是"裴"字。当殿坐，也就是当皇帝。古代谶语，有不少是以童谣形式流传的。骆大才子编的这童谣，直指裴炎的内心，不怕他不上钩。歌谣编好后，徐敬业就派人去裴炎家乡，教小孩们唱。这歌谣朗朗上口，很快连洛阳的小孩也都满街唱开了。

裴炎有所耳闻，就想找学者来问问歌谣的玄奥。因为骆宾王名气大，裴炎就把他召来，送了他不少礼物，请他解释歌谣之意。骆大才子却不吭气。裴炎知道这一问的分量，便又送了伎女和骏马，可骆宾王仍不说话。

裴炎便拿出古时的大臣图像来，与骆宾王共赏。等看到司马懿的画像后，骆宾王忽地站起，欣然道："此英雄丈夫也！自古大臣执政，多能谋夺社稷。"

裴炎闻言大喜。骆宾王看已经做足了戏，这才开口，请裴炎把歌谣内容说一说。裴炎说了，骆宾王便急忙离座，伏地下拜，说道："此真人主也！"

就这么，把裴大人给套了进来。

上述情节酷似笔记小说，但也有今人说《朝野佥载》记载的故事大多可信度较高。

另外还有一个说法是，徐敬业把入朝拉拢内应当作头等大事，派了骆宾王前去联络。可巧，骆宾王与程务挺也是老相识，于是就先去拜访了程大将军。然后通过程务挺的介绍，面见裴炎，谈了匡复大事。

裴炎不是热血青年，他考虑的要多一些。当初他和程务挺帮助太后废中宗，目的是要挺李旦，现在眼见睿宗只是个傀儡，他当然愿意促使太后早日归政。可是作为朝中大僚，与小儿辈徐敬业谋划这些事，不免要为天下笑。且徐敬业这个人桀骜不驯，一旦辅佐睿宗成功，这小子还不是要一人独大？裴炎想到这儿，就不打算介入。再者，千里传信，这犯上作乱的勾当万一泄露了怎么办？于是他表态说，匡复是人心所向，现在高宗入葬事紧，待山陵事毕，太后若再不归政，你们不妨放手去做，老臣自会料理。

这是什么滑头态度？骆宾王大失所望，临离开洛阳时，给程务挺留了一封信，劝他还是以忠心辅佐皇上为念。

回到扬州后，骆宾王把在都中活动的结果一讲，徐敬业居然还很满意。接下来，这个造反统帅就开始考虑，该如何建立基本队伍？

几个光杆儿文官要想拉杆子起义，人在哪里？刀枪、马匹、经费在哪里？这是需要好好筹划的。

军师魏思温这时候开始显示作用，他拿出了一条妙计。魏思温与裴炎的外甥薛仲璋过去曾经共过事，两人意气相投。这次密谋，魏军师已经说服薛仲璋入伙。

既然薛仲璋久已对太后专权不满，愿意共举大业，不妨就让他请求出使江都（今江苏镇江一带）巡视，等他到了江都，再派雍州人韦超到他那里去告变，就说扬州都督府长史陈敬之谋反。然后让薛仲璋把陈敬之给逮起来。扬州的军政大权，就握在匡复党手中了。那时候，有权、有兵、有粮草、有行政机构，还愁何事不成？

此计可称是历史上"空手套白狼"的最佳案例之一。

再说到了八月中秋，高宗入葬的事情弄完后，武则天连连打出一套改易旗帜、追尊祖宗、更换官名的组合拳来，哪里还有归政的意思？据《新唐书》载，裴炎面争无效，知道局面万难挽回，就与程务挺策划实行兵谏，想趁太后出游龙门时，以武力胁迫她交出政权。

这才是真正高明的逼宫计，可是天不灭曹，那一段时间阴雨连绵，武则天没了兴致，取消了游龙门的计划，因此兵谏计划泡汤。

这一条记载可不可信我们可以存疑，但是薛仲璋的确是在裴炎的帮助下才如愿以偿赴江都巡视的。因此，后世史家普遍认为，裴炎即使没有"暗通"徐敬业，内心也是有所期待的，希望扬州举事能给武则天带来巨大压力，他也好趁机有所动作。

这之后的九月，武则天突然派程务挺去当单于道安抚大使，以防御突厥侵扰。据说，程务挺一走，裴炎感到鼓掌难鸣，才开始与徐敬业进行秘密联络的。

　　这边徐敬业在八月迟迟没等来裴炎的消息，以为宰相大人还在犹豫，于是也就不再等什么内应了，先扯起大旗再说。一切都按照军师魏思温的妙计执行。

　　就在九月初改元"光宅"之后没几天，匡复党的党羽韦超就跑到薛仲璋在江都的临时官衙告变，说扬州都督府长史陈敬之谋反。本书前面曾经提到过，都督府是一方军政机构，都督一职一般由亲王在京遥领，真正掌权的就是副职长史。长史要造反，这还了得？

　　薛仲璋心领神会，立刻下令把陈敬之收捕入狱。如此一来，扬州的兵马群龙无首。匡复党立刻抓住了这个空当登场。

　　徐敬业早已准备妥帖，几天后，在一队仪仗的簇拥下，堂而皇之来到扬州都督府门前，自称是奉密旨前来担任扬州司马。薛仲璋闻讯，也装模作样前来迎接。

　　扬州都督府的僚属不敢怠慢，赶紧备好酒饭招待。一个失意官僚，就这么不费吹灰之力，掌握了扬州的军政大权，为匡复党白捡来一个指挥部。

　　随后，徐敬业矫诏杀了陈敬之，又诈称高州（在今广东）酋长冯子猷谋反，皇帝有密诏要他"募兵进讨"。他召集群僚，当众宣布平叛事宜，要求立即准备出兵。

　　这谎越撒越大了，扬州官员也有闻出不对味儿的。录事参军孙处行拒绝执行命令，立刻就被拉出去砍头示众。其余官佐皆吓得不敢作声。

　　当日，徐敬业命人打开府库（内有武器）、释放囚徒，开始招兵买马。招募了在押犯、民工、壮丁百余人，统统发给武器盔甲。

　　有了基本的武装力量，又能够调动扬州一州之兵，就有了起事的本钱。徐敬业这时候才露出真面目，以武力胁迫官员，正式打出"匡复"旗号，宣称要起兵勤王，匡复社稷。他训令众官：如敢不听命，一律军法从事。

　　到这时，官僚们才如梦方醒，但生米已经做成熟饭了。徐敬业宣布从即日起"复称嗣圣元年"，志在恢复李唐。他还在扬州同时开三府：匡复府、英公府、扬州大都督府。徐自任匡复上将，领扬州大都督。一帮同党也各有分工，唐之奇为左长史，杜求仁为右长史，薛仲璋为右司马，骆宾王为记室（秘书长），魏思温为军师。其余党羽也各授了"伪职"，迅速搭起了一个领导班子。他这里义旗一举，临近的楚州（今江苏淮河以南）司马李崇福也大为激动，带领所辖三个县响应。

　　唐代史上著名的"扬楚事变"就此爆发！

　　造反可真是一件大大快活的事。所有因各种缘故对当局不满的人，都为之一振。

据史载，旬日之内，徐敬业竟招募、裹胁了十几万人！据说，大量农民为赋税所苦，能逃避一天是一天，纷纷涌入匡复军中，一时造反队伍声势大振。

官有了，兵也有了，徐敬业就要开始造舆论了，他决定"传檄四方，疏武氏过恶"。这写檄文的任务，骆宾王自然是当仁不让。

燎原之火已起，武氏大厦将倾！

人在狂热的时候，文思更是十倍的活跃。骆宾王本来就是满腹锦绣，当此之际更是挥毫如飞，倚马立就，下笔如有神助。这文章仅五百余字，却写得翻江倒海，狂舞龙蛇。文章为骈体文，词双句偶，字字金石，历数武氏乱伦犯奸、妒杀皇后、鸩死皇子、杀姊屠兄、废帝窃国的种种大罪恶。

开篇一句，就大义凛然，说"伪临朝者武氏，人非温顺，地实寒微"，这是说她性格不好，出身微贱。接着就是一句批判武氏的千古名句："入门见嫉，蛾眉不肯让人；掩袖工谗，狐媚偏能惑主。"然后说她豺狼成性，残害忠良，包藏祸心，窃窥神器，以至"神人之所共疾，天地之所不容"。接着，申明徐敬业是"皇唐旧臣，公侯冢子"，此次起事乃"气愤风云，志安社稷，因天下之失望，顺宇内之推心，爰举义旗，誓清妖孽"。然后介绍自己队伍之声势，说是"南连百越，北尽三河，铁骑成群，玉轴相接"。而后又展望匡复大业的前景，说："海陵红粟，仓储之积靡穷；江浦黄旗，匡复之功何远？班声动而北风起，剑气冲而南斗平。暗鸣则山岳崩颓，叱咤则风云变色。以此制敌，何敌不摧！以此图功，何功不克！"再下来，是对大唐衮衮诸公使出攻心战术，说："或膺重寄于话言，或受顾命于宣室。言犹在耳，忠岂忘心！一抔之土未干，六尺之孤何托？"而后又给诸君指出一条"转祸为福"的光明大道，就是"共立勤王之勋，无废大君之命，凡诸爵赏，同指山河"。

最后，骆大才子激情奔涌，气吞山河，以无比豪迈之句收篇："请看今日之域中，竟是谁家之天下？"

这一篇煌煌檄文，端的是人间极品！既文辞华丽，又气势磅礴；既晓以大义，又诱以大利。做足了讨逆先攻心的文章。

当然，今日也有史家认为，这檄文内容多华而不实，捕风捉影者有之，无限上纲者有之，夸大其词者有之，实在是花架子。但笔者以为，檄文就是檄文，自然要挑有利的说，只要能煽动人心，就是好檄文。实与不实，彼时彼地谁还能去细究？

徐敬业等一干义军头领看了文稿，都赞叹不已。

他们怎能不赞叹？他们读到的，乃是古今第一檄文——《为徐敬业讨武曌檄》。

这文字，简直当得百万雄兵。徐敬业不由大喜，命抄写数千份，发往各地。

雄文一出，应者影从，一些对武氏专权不满的官员和士绅也被打动，纷纷前来投效。扬州这个猗丽繁华地，一时间势倾东南、震慑神州！

十月初，事变警报传至神都洛阳，朝野气氛骤然紧张；但武则天镇静自若，无事一般。原来，徐敬业的叔叔、润州（今江苏镇江）刺史李思文素来敬仰太后，当得知敬业即将叛乱的消息，马上就密报了太后。武则天知道这场风暴迟早要来，已有充分的心理准备。

据说，当《讨武曌檄》传至京都，武则天初读时微露讥笑，但读到"一抔之土未干，六尺之孤何托"一句时，不觉耸然一惊，问侍臣："此语谁为之？"有人答曰："骆宾王之辞也。"武则天便叹道："此乃宰相之过，安失此人？"其惜才之心，溢于言表。

对方既然把挑战书都传到大殿上来了，就不能不认真对付。武则天此时显出相当稳定的心理素质，指挥若定。她令左玉钤卫大将军李孝逸为扬州道行军大总管，御史魏元忠为监军使，责成他们在七天内调集三十万大军，前去征讨。

为给徐敬业以心理打击，她又下诏削夺徐敬业已故祖父李勣的官爵，把这个忠心老臣的坟也给挖开了，砍烂棺木，复其徐姓。按古代皇朝律法，一人谋逆，殃及上下几代，即便是曾经的肱股之臣，也不能免死后之辱。其余徐氏家属更是给杀个一干二净，连个苗苗都不留。有极个别侥幸逃脱的，甚至吓得跑到了吐蕃，终生不敢返回。

事情到了这个地步，武则天觉得，对内对外都必须得施展一点儿铁腕手段，才能一劳永逸地把反对势力压下去。对外要镇压叛乱，对内要清洗高层。

对高层的清洗，首先就拿了当朝第一宰相裴炎开刀。

武则天起了这个念头，是由两件事激成的。

第一件事，扬州兵变警报传来后，武承嗣和武三思几次劝她找个借口把威望很高的韩王李元嘉、鲁王李灵夔等人杀掉算了，以绝宗室之念。武则天就此事征询宰相意见，刘祎之、韦思谦都不敢表态，独有裴炎力争不可。武则天对此相当恼火。

第二件事更令武则天恼火，徐敬业起事已闹得如火如荼了，裴炎作为朝中地位最高的辅弼之臣却不着急，"不汲汲议诛讨"。他此时的真实想法，是想给叛军一点儿时间，待事态闹大后，他再相机行事，逼武则天交权。

　　首席大臣不急，别人当然也不好发话。武则天等得心焦，也感到有些疑惑，但对裴炎还是表示信任，特地召开军机会议，问计于他。

　　裴炎这时候脑袋一热，想孤注一掷，以当前危局来要挟太后。他不谈如何平叛的事，反而对太后说："皇帝年长，却未能亲政，这才使竖子得以为辞。若太后还政，则此贼不讨自平矣！"

　　这话说得太不是时候了！若义军已占据了半壁江山，说此话也许有出奇制胜的效果。现在形势尚未分明，大军已经集合，说这话不是自找倒霉吗？他太不了解武则天这样的女强人了，不要说扬州的区区十万叛军，就是吐蕃倾国来攻，她也不会眨一下眼的。

　　这样的要挟，当然没有效果，反而暴露了裴炎的真正立场。

　　这个裴炎，真是白读了一肚子典籍，自他在最高舞台上亮相以来，几乎没做对一件事。他忠于李唐，抵制武氏，其精神固然可嘉，但考察其前后作为，总是想以阴谋取胜，尤其在叛乱爆发后还想首鼠两端、坐收其利，这就几乎是政治上的小儿科了。

　　在叛军和太后这两个势力之间，他本应该迅速决定靠向一头，促其速胜，这样在今后他就会有相当大的施展空间，因为胜利者肯定会把他视为一等功臣。

　　可惜，他把这个机会丧失了。

　　监察御史崔察，不知怎的知道了这次军机会议的内幕，向武则天上奏说："裴炎服事先朝二十余载，受遗命顾托，大权在己，若无异图，何故请太后归政？"

　　武则天对裴炎的磨磨蹭蹭早已有疑，这话一下把她点醒，于是不顾平叛战争在即，"攘外必先安内"，下令把当朝第一执宰收捕入狱，命御史大夫骞味道、御史鱼承晔严加审讯。

　　唐代的御史（肃政）台，职能相当于监察部，设有专门的诏狱用于关押和审讯被弹劾的官员。首相裴炎因为犯了"异图"罪，一夜之间就沦为这里的阶下囚。

　　裴炎初被逮时，他的下属们都劝他对审官说点儿软话，以求保命，裴炎却叹道："宰相下狱，焉有更全之理！"（《旧唐书·列传·裴炎》）他知道，这一关是过不去了，竟不低头屈服。

　　当初扬州叛乱的消息传来，朝士们尚能稳得住架势，待宰相裴炎入狱，他们却如同炸开了锅，在朝堂上与太后发生激辩。凤阁（中书省）的一二把手纳言刘景先、侍郎胡元范，都以身家性命担保裴炎无罪，奏道："裴炎乃社稷忠臣，有功于国，悉心奉上，天下所知，臣明其不反。"

武则天不听，对他们说："裴炎有反端，卿等不知耳。"

两人急了，竟然说："若裴炎为反，则臣等亦反也！"

武则天一笑，说："朕知裴炎反，知卿等不反！"

一时间，文武大臣证明裴炎不反者甚众，但是"太后皆不纳"。

当然，另外一种表现也有，凤阁舍人（正五品、掌起草诏令）李景谌就极言他的老长官裴言必反。下级官员为利益所驱动，有时的疯狂表现会出人意料！

裴炎到底有没有反迹？两边的人都只是推论，没有事实，没有物证人证。这个案子，是唐朝的一桩"莫须有"。

武则天也并不是糊涂，而是在关键时刻看出了裴炎的用意，她不能容忍自己一直倚重的大臣竟存有逼宫之念。她明白，当日废中宗时的盟友，现已成为抵制她临朝称制的大敌，不除掉裴炎，则国无宁日。

本来，拿掉裴炎，也可以简单地摘了他的官帽子就是，之所以要诬以谋反、通敌，是为了杀一儆百，震慑朝臣。否则，外有叛乱，内有贰臣，临朝恐怕就真的要临不成了。

武则天做事快刀斩乱麻，她不能容许朝堂上这样纷争不休。时隔不久，她就将刘景先、胡元范一并下狱，又命骞味道以本官代理内史，取代裴炎的位置。那个狂咬旧上司的李景谌，则升为同凤阁平章事。两人一下子就升为宰相。尤其是李景谌，居然以五品官拜相，为大唐开国以来的首例。

武则天惯于使用这种官场升降术来操纵政局、引导人心。果然，这一褒一贬之后，汹汹朝议有所平息。但是此刻，一封从灵武飞递而来的密信，却让武则天大为紧张——在边防对付突厥的左武卫大将军程务挺上的密表，内容是为裴炎申冤。

程务挺，是洺州平恩（今河北曲周）人，其父程名振原为窦建德部属，后归唐，为唐太宗部将，龙朔二年（662）去世，追赠右卫大将军。程务挺自幼随父东征西讨，以勇力闻名军中。早年，程务挺作为裴行俭的副将，在平定漠北突厥叛乱中立下大功。废中宗的时候，又曾领兵入宫助裴炎一臂之力，是拥护太后临朝的功臣之一。

废中宗的前后，武则天是把程务挺作为心腹来倚靠的，专门调来洛阳保驾。后来武则天觉得形势平稳了，就派他去灵武镇守，还给他升了一级官职。

程务挺是军界实力派人物，又素与裴炎友善，他的表态，给了武则天不小的压力，也引起她一定程度的警觉。

　　武则天早已铁了心要杀裴炎，为平叛祭旗。但是朝中文武的态度，她不能不有所顾忌，为防不测，她决定争取老将刘仁轨的支持。刘仁轨此时正留守长安，这里是唐主力军——"府兵"的驻扎地，大唐的安危，就系于刘仁轨一身。

　　在此之前，刘仁轨曾明确反对太后临朝，但武则天知道他的分量，特别予以优容，两人最后达成了谅解。有了这个前提，此次她寻求刘仁轨的支持，竟非常顺利，因为老刘一直遭裴炎等人的排斥，对"红衣小儿"的专横跋扈早就不满。

　　有了老将军的支持，武则天心里便有了底。光宅元年（684）十月十八日，骞味道、李景谌拜相的第九天，她终于出手了，下令斩裴炎于都亭驿之前街，并籍没其家财。

　　令人无比慨叹的是，等到法司派人前去裴炎家登记财物时，才发现，首席宰相家中竟无一担米的存粮，基本上算是家徒四壁！查抄之人莫不怜之敬之，暗自叹息。

　　担保裴炎不反的那两位，结局也不好。刘景先被贬到吉州（今江西吉安）做长史；胡元范被判流放琼州（今海南海口），后死于流所，凄惨之极。其余宰相郭待举、韦弘敏也都贬到外地做刺史。

　　裴炎空怀辅佐睿宗的大志，走到了生命的尽头。他在初唐政坛上，是个很难评价功过是非的人物。不过定他谋反罪，显然是冤枉。《新唐书》说他有意趁武则天出游龙门时发动兵变，此说司马光的《通鉴考异》定为不实。

　　另外，关于他与徐敬业是否有过暗通，也很成问题。唐开元时期的文人张鷟所撰的《朝野佥载》载：徐敬业约裴炎为内应，裴炎书"青鹅"二字作答复。事泄，信函落入朝廷，但无人解得"青鹅"二字含意，唯有武则天一下就猜出谜底，说此乃"十二月（青），我自与（鹅）"之意。也就是裴炎将于十二月在朝中发动政变，以响应扬州叛军。

　　《朝野佥载》是一部稗史笔记，虽然总体上可信度很高，但这个段子却未免太像个文学故事。

　　裴炎其实是死在他的原则立场上了。他作为朝廷最高位置的命官，显然不可能去参与一个局部的地方叛乱；但他又很希望这场叛乱能起到迫太后还政的作用，所以不肯为太后去当平叛的前驱。他试图两面取利，可是自身的回旋余地实在太小，因而被杀！

他死时，还是相当有骨气的。大丈夫，事不成，慨然一死而已，哪有软话说！

当今也有学者分析，武则天杀裴炎，内心实际上还是"甚惜之"的。按理谋反是要族诛的，而裴炎"谋反"，却只死了他一人。也许，武则天此举，就像曹操伐袁术时做的那样——借你的人头以安军心。

在此之前，裴炎曾因嫉妒，排挤过在平定突厥中立有大功的裴行俭，后来更是参与了太后的废帝密谋，所以当时人对他评价不是很高。他死了，有人还觉得他是活该。说他居中掌权，亲受顾命，却未能尽到匡救时局的责任，只顾行伊尹、霍光之谋，将国家大权拱手让人，为虎狼添羽翼，现在死了，也是应得的（见《唐新语》）。

唯有他一心想扶起来的睿宗，对他念念不忘。睿宗二次当皇帝后，给裴炎以极高的评价，说他是"望重国华，才称人秀。宜追贲于九原，俾增荣于万古"，追赠他为益州大都督。裴炎的两个儿子，长子彦先在睿宗朝当上了太子舍人，次子伷先当了工部尚书，都相当不错。

如果说裴炎被斩，以及几个和他同气的宰相被贬，还算是事出有因。那么，大将程务挺被卷进此案，则完全是冤枉的了。程务挺在那样一个时刻写密信给武则天，为裴炎说情，正显出他的坦荡和顾全大局。如果他真是裴炎的同党，按理说应该避嫌，稳住阵脚，看看风向再说，但他却是直言不讳地表了态。此外，用密信的方式，也说明他不想给武则天添麻烦，并没有公开自己的态度，免得推波助澜。当然，这事他也可以完全撒手不管。但是程大将军性格刚直，兔死狐悲，为国为己他都是非说不可的。

他的悲剧，也许是注定的！扬州叛军中的两位头领唐之奇、杜求仁，又恰好与他友善。本来他的密信就使武则天内心感到不悦，此时有人进谗言，说："程务挺与裴炎、徐敬业通谋！"

这一下，武则天不能不感到极度震惊。程务挺位高权重，手握重兵，于西北独当一面，在文武大臣中威望甚高，万一真的也有"异图"，其能量将远超过一介文士。对这一说法，武则天并未去求证，因为她认为，如果是真，求证无异于逼程务挺速反。反正程将军与裴、徐两股势力都有扯不清的关系，干脆宁信其有，一起收拾掉算了。为避免引起更大的震荡，对程务挺的处置延后了一个多月。到十二月二十六日，徐敬业叛乱已完全平息后，武则天方才秘密派遣左鹰扬将军裴绍业，在军中斩了程务挺，同时株连全家。

可怜将军为国戎马一生，死得不明不白。他在前线，一向威震敌胆。东突厥闻程务挺死，都喜出望外，欢宴相庆，然而他们对将军又非常敬佩，为他建了祠堂，每次出师征战，必先祷拜。

《旧唐书》中对程务挺评价很高，而且对他的死因也有独到的分析，说："务挺勇力骁果，固有父风，英概辅时，克继洪烈；然而苟预废立，竟陷谗构。古之言曰：'恶之来也，如火之燎于原，不可向迩。'其是之谓乎！"

程将军的忠勇是没什么可说的，错就错在不该贸然参与废立。他之横死，进谗言的人也许并非阿附太后之徒，而很可能是憎恨太后临朝的人——他们要替中宗被废出一口恶气！所以，凡是恶事，千万不要干；干了，就总有一天要还！

此案中最为冤枉的一个，是夏州（今内蒙古白城子，亦即"统万城"旧址）都督王方翼。他与程务挺同守西疆，因职务关系与程素来友善，他本人又是废王皇后的近亲，武则天怕他生变，便也将他下狱，后流放至崖州（今海南琼山东南），最后死在了那里。

两员优秀武将，就这样成了武则天过度反应的无辜牺牲品！

裴炎全案，到此落幕，令人唏嘘不止！

至于在本案中因告密、审案有功的人，结局也很有戏剧性。

本书前面说过，武则天对于"正人君子"的期待、与正人先君子们对女主当国的拒斥，两者有无法调和的矛盾。但是此时，武则天对于正人君子拥戴自己还抱有很大的期待，她目前的整肃还是比较克制的，主要是为了震慑，并不是想铲除大臣中全部的异己。她还幻想着有一天，人们能适应、接受，进而衷心拥护她的临朝。

因此在本案中，对那些无良小人的提拔与任用，几乎是昙花一现，她从心底里还是看不上这些杂碎人物的。首告者李景谌拜相不到半个月，就给罢了职，让他去做司宾（鸿胪寺）少卿，这只比他原来的职务高一品。而诬陷裴炎有异图的崔詧，被提拔为同平章事（低品宰相）后，很快也被罢职。

武承嗣曾经在此期间任同凤阁鸾台平章事，当了宰相，也因太后觉得他才能不及，一个多月后就被免了。

主审官骞味道出任内史之后，恰逢有人因事被贬，到他那里申诉，他竟然说："此事乃太后所定。"而对同一件事，宰相刘祎之则坦然告诉来人："你有过失，改任他职，这是臣下我奏请的。"

武则天闻知此事，立即贬骞味道为青州（今山东潍坊一带）刺史，加赠刘祎之为太中大夫。

谁良谁莠，她很明白。她亲自主持编过《臣轨》，对近佞小人玩的那套把戏，是太熟悉了！

朝中的乱局，就这样逐渐摆平了，而扬州那一伙愤怒造反者的命运，又将如何呢？

第三节　徐敬业因一念之差兵败被杀

徐敬业虽是名将之后，不乏勇气，但是揭竿而起做扫荡天下的大事，才识显然不够。扬州起事，从一开始他就犯了两个错误。

第一，起义的名义有问题。

徐敬业祖上是开国功臣，本人又袭爵国公，这在和平时期堪称光环夺目；但是要想以此名义来造反，还欠缺点儿分量，比不得亲王造反那样理直气壮。所以他一定要打"匡复李唐"的牌。

从骆宾王的檄文看，"匡复"宗旨主要是为了恢复中宗，求其次是逼迫武则天归政于睿宗。这两个理由本来都堂堂正正，但徐敬业毕竟心虚，又从民间找了一个长相酷似故太子李贤的人，声称李贤未死，已来扬州入伙。匡复军把这个假李贤当成金字招牌，"因奉以号令"。

这个把戏，唬一唬目不识丁的老百姓还可以，但是怎能唬住朝臣及天下有识之士？李贤于年前死在巴州，朝廷是隆重发了丧的，朝臣们都知道，这事不可能有假。现在突然冒出来个假太子，只能让朝中的人看轻匡复军的地位，认为不过是一伙假冒伪劣的乌合之众。这么干，等于义军自行放弃了舆论上的优势，自陷宵小之途。

此外，这个画蛇添足的假李贤，也使义军的政治意图处于严重的混乱状态，究竟要扶谁？如果像一开始申明的那样，就是要扶中宗复辟，那么裴炎的残余势力就有可能给予或明或暗的支持，而现在冒出来这个"影子李贤"，裴炎集团当然有所疑虑，觉得这明明白白就是倡乱，谁还敢来蹚这道浑水？

第二，战略上也犯了致命错误。

在进军方向的问题上，义军首脑人物先就陷入了激烈的争论。北上还是南下，争个不休。

军师魏思温不愧是位"小诸葛"，头脑清晰，所图者大。他提出，义军应及早渡过淮河北上，纠集山东河北豪杰，兵锋直指神都洛阳，在都门与政府军决战。他说："明公以匡复为辞，宜帅大众鼓行而进，直指洛阳，天下知公志在勤王，必四面响应矣！"

这个设想，有较大的取胜把握。因为义军突起，天下汹汹，想跟着闹事捞一把的大有人在，只要大军向西北一动，声势就会越来越大。且匡复军初起，士气正旺，又有吊民伐罪的堂皇理由，在气势上是占优势的。朝廷方面仓促应战，内部纷争，虽兵多但不一定占强势地位。一战之下，义军或许可以凭着旺盛气势破敌。

他的理论，就是趁着人心可用，速战速决。打下或者围住东都，逼迫武则天下台。特别要避免打长期战，以免义军后劲不支。这是很有眼光的看法。

骆宾王虽是文人，但毕竟读的书多，知道一些兴废韬略，所以极赞同此策。

但是魏军师的那位旧友、裴炎的外甥薛仲璋，却有不同的看法。他说："金陵有王气，且大江天险，足以自固。不如先取常（今江苏常州）、润（今江苏镇江），为定霸之基，然后北向以图中原，进无不利，退有所据，此良策也！"

他这一策，是谨慎的打法，先占住一块地盘再说，不能胜则可割据。这种战略在历代末世都有枭雄采用过，有的还据此成了大事。这一战略的根据是，义军兵弱，不硬碰硬为好，先经营一块地方，待天下形势进一步大乱，再伺机北上问鼎中原。

但是，这一战略若要取胜，需要有一个前提条件，那就是天下已经大乱，朝廷无力顾及地方上层出不穷的叛乱。义军本身又不是朝廷要打击的主要目标，在义军根据地和京都之间，有其他更强的割据势力给你做屏障。

本朝的高祖李渊和六百多年后的明太祖朱元璋，就是以这种策略最终拿了天下的。

而匡复军不同。此时天下的愤怒者也许不少，但是造反者仅此一家，因此扬州义军就成为朝廷要全力打击的唯一目标。朝廷方面，不会让你慢慢去经营一个什么根据地，在短暂的筹备之后，雷霆打击会紧随而至。

义军虽然指望天下响应，但是你停留在长江以南，徘徊不进，那么有反心的人也必然要观望观望再说。

时间一长，最初的那股劲儿一凉，双方拼的就是实力了。朝廷方面，现在是个高效政府在执政，调集几十万大军并不费力。等朝廷征剿大军以泰山压顶之势杀过来，义军又靠什么来抵挡？

所以，这个主意，实质上是个坐等挨打的计划。

魏思温深知其弊，便反驳说："山东豪杰以武氏专制，愤惋不平，闻公举事，皆自蒸麦饭为粮，伸锄为兵，以候南军之至。不乘此势以立大功，乃更蓄缩巢穴，远近闻之，其谁不解体？"

两种意见，摆在徐敬业的面前。这是检验王者抑或流寇的试金石。

最终，徐敬业毕竟还是目的不纯，胆气不足，惑于所谓"金陵王气"，选择了薛仲璋的意见。他令左长史唐之奇守扬州，又令弟弟徐敬猷屯兵淮阴、韦超屯兵都梁山（今江苏盱眙县），自己亲率主力渡江，猛扑润州。

魏军师的绝妙主意不被采用，情知前景不妙，忍不住对右长史杜求仁叹道："兵势合则强，分则弱，敬业不并力渡淮、收山东之众以取洛阳，败在眼中矣！"（《资治通鉴》）

既想匡复，又想称王，本身这就已经乱了，想竟全功，可得乎？徐敬业仗着过去有不败的记录，手下又有十万狂热的义士，终于向称王的方向偏斜了。结果，你往南一动，所有的人就都等着看热闹了。当时就有敏锐之士看准了："是真为叛逆！"（《资治通鉴》）

起事后，在扬州蹉跎了一阵，徐敬业终于动起来了。

他第一个进攻的城池润州，担任刺史的不是别人，正是他的叔叔李思文。李思文若立场是反武的，那徐敬业就可以旗开得胜了。可惜，他叔叔不赞成叛乱，早就告了密。得知叛军来攻，就和司马刘延嗣一起发动百姓修城墙，训练士卒。

此时润洲的唐军只有五千人马，城池也是自唐开国以来就没修过。

难道大唐根本就没有地方防务吗？

原来，唐代实行的是府兵制，征来的兵都集中在约三百八十个"折冲府"，这些折冲府主要分布在三个道，即关内道（拱卫京师）、河东道（防守太原）和河南道（拱卫神都）。其他地方的兵非常之少。这就是所谓"强干弱枝"部署，即只要能保住朝廷的中枢和北边就好，其他地方等出了问题再说。以扬州都督府为例，举全府七个州的兵力，还不及关内道兵力的三十分之一。所以，润州被困，还要靠本州军民的力量先抗上一阵，等候朝廷发兵来救。

匡复军来到润州城下，先是侄劝叔降。但李思文决不降，虽然他年已过六旬，但仍披挂上马，前去迎敌。据说，李思文明明白白地告诉侄儿：只要你领兵北渡淮河，我这里的五千人马就统统交给义军，连粮草也都给你，但是义军一日不北伐，我就要一日为朝廷守土。

徐敬业见叔叔没有降的意思，就发起猛攻，但遭到的抵抗十分顽强，城内死守了几十天。不过义军首战，气势还是很凶猛，加之城里的士卒中，有不少原本在思想上是做好了投义军准备的，所以战到最后，已有人在暗中帮助义军。到十月十四日，义军终于拿下城池。

李思文、刘延嗣和领兵前来支援的曲阿（今江苏丹阳）县令尹元贞战到力竭，都当了俘虏。

三人忠于朝廷，威武不能屈，惹得徐敬业大怒，把小小县令尹元贞杀了泄愤，魏思温请求杀了李思文，以警告其他敢于顽抗的州官，减轻今后攻城的难度；但徐敬业没答应，只是令李思文改姓“武”（跟那位老太婆开开玩笑），以示侮辱。

徐敬业还非常诚恳地劝刘延嗣入伙，刘延嗣不干，说：“延嗣世蒙国恩，当思效命，州城不守，多负朝廷。终不能苟免偷生，以累宗族。岂以一身之故，为千载之辱？今日之事，得死为幸。”徐敬业大怒，要把他当场斩了。魏思温说刘延嗣是自己的旧交，出面讲情，才免了他一死。随后，李思文和刘延嗣一起被关进了狱中。

这边欢庆胜利的锣鼓还没等敲响，情况就发生了突变。就在润州失陷的同时，李孝逸率领的三十万征剿大军，已经逼近了叛乱的另一重镇——楚州。

魏思温担心的情况终于发生了：金陵的王气尚未借着，要杀草头王的政府军已经开到！三十万对十万——我拿什么来拯救你？

徐敬业也知道不好，收编了润州的兵马，留下一万人马驻守润州，自己慌忙率军回江都去布防，同时把李思文和刘延嗣也押回了江都。（但也有史书说，徐敬业拿下润州后，是斩杀了李思文的，在此存疑。）

徐敬业不杀叔叔，魏思温看出他的优柔寡断，便又叹息：“不顾大义，专徇私图，恐败亡即在目前，我辈无死所了。”对此，后世也有史家很纳闷儿：他怎么光叹息，却不及早抽身呢？

其实，魏思温的见解也不一定都对，他可能是对匡复军目前的状况过于悲观，对北伐的前景又估计得太乐观。

匡复军固然有诸多劣势，但一般民众义军，都有机动和亡命这两大特点；而政府军则都有迟钝和患得患失这两大弊端。所以义军并不是不可以一搏。

此外对北伐也不可太一厢情愿。徐敬业、薛仲璋见一个小小的润州都不肯投降，哪有什么百姓拿着锄头自动来当义务兵的？从而悟到：若北上，一路上的恶战还不知道有多少，根本别指望山东民众能闻风跟从。自此，他们就把关于北伐的最后一点幻想也放弃了。

徐敬业任命了李宗臣为润州刺史，自己则来到前线，屯兵在高邮的阿溪（在盱眙和江都之间），来对付这个朝廷派来的李孝逸。

李孝逸的大军这时已开到临淮，与盱眙隔河相望。两雄对决，必有一场恶战了！

征讨军的主将李孝逸是宗室淮安王李神通的儿子，颇受武则天重用，军事才干也有一些，但是胆小无勇，过于谨慎。首战，他派偏将雷仁智与义军交战，不利。义军气焰大盛，李孝逸心中害怕，于是按兵不进。两军在前线演开了"静坐战争"。

这个情况很快传到神都，武则天大怒。她知道对付匡复军非要下狠手不可，就在朝中做了一系列部署，为前线大军造势。她斩裴炎、削徐敬业爷爷的官爵、挖徐家祖坟、夺李姓复徐姓等，都是在这一时期做的。此外，她还准备召集增援军队，下诏赦免匡复军中被胁从的百姓，悬赏授官三品，要徐敬业的脑袋。这都是在制造舆论，打心理战。

对前线征讨军的情况，她大不满意，派了专人前去联络。

当时担任监军的侍御史魏元忠，虽然是个文臣，却颇知兵。他见战况胶着住了，心里很急，就对李孝逸说："朝廷以明公是王室亲属，故派你来主持征伐。天下安危，实赖此一决。且海内承平日久，忽闻变乱，朝野莫不倍加关注，就等着他们伏诛。今大军逗留不进，远近都失望。万一朝廷换他人以代明公，你将以何辞逃避逗留之罪？最好是从速进兵，以立大功，否则祸患将至矣！"

这样一番连劝带威胁，惊出了李孝逸一身冷汗！他想想说得不错啊，便急忙下令继续进军，直奔都梁山，去找义军大将韦超交战。

征讨大军的副帅——副总管马敬臣憋了好长时间，现在总算可以放手一搏了。他奋勇当先，在阵前斩义军别将尉迟昭、夏侯瓒于马下。

大军千里而来，首次获胜！

这一仗，赢得很关键。从此，征讨军声威大振，义军渐渐有些不支了。

时间已经到了十一月初，武则天又对前线施加压力，派名将黑齿常之任江南道大总管（比李孝逸的扬州道大总管高了一个级别），统辖诸道援军，开赴前线。

李孝逸这回心里更发毛了：黑齿将军此来，简直是杀鸡用牛刀嘛，是不是有取代前线主将的意思？显然太后对前线战事已有所不满，必须得主动一点儿了。

魏元忠向李孝逸进言道："黑齿常之来援，看来朝廷对我们已有疑心，为将军计，宜率轻骑往击淮阴、或都梁山，除他犄角，敬业便无能为了。"

于是李孝逸再发兵攻梁山。所谓都梁山，是盱眙县城及其周围山陵的统称。韦超前面败了一阵，不敢贸然接战，就仗着山势险要，坚守不出。

这块硬骨头太难啃了，还要不要再打下去？府兵又不是山地作战旅，这么囤兵于险地，不是把战机都给耽误了吗？

李孝逸又犹豫了。他拿不定主意，便召集众将商议。

有人提出："韦超凭险自固，我步卒无所施其勇，骑兵无所展其足，且穷寇死战，攻之徒然多损士卒。不如分兵困之，大军则直取江都，覆其巢穴。"

这个建议，用的是刘邦攻咸阳之计，主张直奔主题。但刘邦那时是避实就虚，现在的情况很不一样，高邮是徐敬业重兵所在，不那么好啃。

主管军资的支度使薛克湘持反对意见，说："韦超虽然据险，但其众不多。若多留兵在此，则前军势弱；若少留兵在此，则有后顾之忧。不如先击都梁山之敌，一击必克。都梁若克服，则淮阴、高邮望风瓦解矣！"

一番话说得李孝逸开了窍，决定先拿下都梁再说。

但诸将仍有异议，说："击淮阴或都梁，徐敬业必来引兵来援，我将两面受敌，如何自全？"

魏元忠反驳道："避坚攻瑕，是兵家至计。徐敬业精锐，尽在下阿溪，只求与我速战，我若一败，大事去了。而李敬猷原是个赌徒，韦超等人也非宿将，兵又单弱，易为我克，徐敬业虽欲往援，势必赶不及。我军击败韦超等两贼，再乘胜进击敬业巢穴，彼方虽有韩信、白起，也恐不能抵挡了。"

此番见解，至为精当，他看重的是首战得胜之后的士气。

两边的军师，无独有偶，都姓魏，也都是"文官却知兵"。可是"此魏"的运气，实在是大大好过"彼魏"。

李孝逸这人虽然优柔寡断，但唯一的优点是能够采纳正确意见。听魏元忠这么一说，当下敲定：先灭韦超，再灭敬猷，最后击敬业。于是引兵出击都梁山，激战一整日，终于荡平都梁义军。韦超乔装改扮，趁夜遁逃。

这是自讨伐以来的第一个大捷，三军无不欢呼雀跃。李孝逸也来了精神，乘胜趋进，直击淮阴。

淮阴城在淮水之南，城池险固，但守将徐敬猷只懂玩牌，哪里见过这阵仗，吓得不知所措。李孝逸统军还是有一套的，他督军大举攻城，一鼓作气拿了下来。徐敬猷从暗道溜出城去，仅以只身脱逃，回到了徐敬业的军营。

徐敬业本是一员猛将，一生胜多败少，此时连闻败报，不胜其愤。于是沿下阿溪布防，要与李孝逸一决高下。

李孝逸也领兵进入扬州府地界，直抵下阿溪北岸驻下，两军隔溪相望。

生死决战，就在明朝！

到了晚上，官军的后军总管苏孝祥率兵五千，乘小船悄悄渡河，抢先偷营。

那徐敬业久经战阵，早料到官军会有这一手，天罗地网已经布下。等官军接近，一声号炮，义军伏兵铺天盖地杀出，将渡河官军杀得大败，苏孝祥死在乱军中，果毅成三郎被俘。其余残兵被逼至水边，不肯降者，投水而死过半！

这一仗，打得太惨烈。义军一扫多日颓靡，士气顿然高涨！

徐敬业终于露了一手，得意扬扬。

官军的果毅成三郎被擒，送到了江都。义军统帅唐之奇为激励士气，指着他对部众说："此李孝逸也！"随后下令斩之。

哪知道这成三郎是个不怕死的，临刑仍大呼："我果毅成三郎，非李将军也。官军今大至矣，尔曹破在朝夕。我死，妻子受荣；尔死，家口配没，终不及我！"

其凛然正气，威慑敌胆，最终不屈而死！

这位忠勇的成三郎，是幽州渔阳（今北京密云）人。光宅年，任"左豹韬卫长上果毅"。这个所谓"左豹韬卫"，就是守卫皇城的十二卫之一。在唐代原来叫"左右威卫"，武则天在光宅元年改叫"左右豹韬卫"（见《新唐书·志·百官四》）。而成三郎的官职"长上"是"卫"里的低级官员，在一个卫里就有二十五人。"果毅"

是级别，全称为"果毅都尉"，相当于大唐几百个外军折冲府的副职，类似于现代的团级。

这个普通军官，却有如此之高的觉悟，令人慨叹。相反的，征伐军的主将倒显得欠缺那么一点儿阳刚了！

李孝逸闻前军败报，急率诸军赶到，战又不利，便又有了胆怯之意，想退守石梁。

恰在此时，有探报来说，徐敬业的营地上空有许多乌鸦噪集。魏元忠与行军管记刘知柔不愿意撤军，就对李孝逸说："这是贼势将败的预兆。乌鸟集幕，势必空营。然而徐敬业尚未退，鸟已先集，岂不是将覆灭吗？"随后献上一策——火攻。

此时讨伐军的位置在义军西北方向，正好借冬天的西北风放火。李孝逸听了，极口称善，于是命军士各持火具，跨溪再战。

这边徐敬业正要挥军截击，不意对面官军强弓火箭接连射来。溪边芦苇甚多，正值冬天干燥，朔风猛厉，霎时四面延烧，卷入阵中。义军立足不住，纷纷退后。

徐敬业还想抵抗一阵，急命部下调整位置。这却是一着致命错棋：紧急中临时调动军阵，反而闹得自己营垒大乱。李孝逸见义军混乱，便督军疾进，一顿乱杀，斩义军七千余人。直杀得溪流皆赤，岸草尽红，另有掉进河里溺死的无数。

这一仗，义军的主力彻底崩溃。

徐敬业等一干首脑人物狼狈逃入江都。李孝逸哪里肯放过残贼，紧接着就追踪而至。徐敬业料知江都不能再守，于是焚去图书册籍，携了妻小，带着一队人马奔往润州，要去义军刺史李宗臣那里落脚，以图东山再起。

此时，官军和义军残部的战线已经打乱，徐敬业怕在途中被官军截击，就先潜入蒜山。写了信让李宗臣发兵来接应。可是，这一行人在慌乱中将原定的联系信物丢失，小卒只拿了手书信件跑去润州，李宗臣以为有诈——别不是官军使的调虎离山计！于是不理。

徐敬业一行见没有回音，以为李宗臣已经降了官军，大感绝望。连忙乘舟潜入长江，意欲顺流出海，东奔高丽避难。十一月十八日，航行至海陵（今江苏泰州）地界为风所阻，船不得行，而追兵将至。

穷途末路至此，就是再有信念的人也不免恐慌，况且众人造反大多还是为了谋个更好前途。徐敬业的部将王那相此时生了叛变之心，便鼓动兵士杀了徐敬业、徐敬猷，以及徐敬业的妻儿老小等，共砍下25个首级，拿到李孝逸军前投降。唐之奇、魏思温、韦超、薛仲璋等人逃散，也分别被李孝逸部下捕获，全部砍了脑袋，传首东都。

这里要特别说一说骆宾王的结局。据说，义军最初决定南下后，魏思温和骆宾王认为，历代谋大事者，不取京都而在外府盘踞的，没有哪个能成的。两人因此很沮丧，不再去匡复府议事，只在酒家流连买醉。徐敬业也听之任之，他们不去，也不派人来请。就在海陵败亡的这一天，独有骆宾王下落不明。

但是史书上也有各种不同的说法，《资治通鉴》说他与徐敬业同时被杀，《朝野佥载》说他是投江而死，《新唐书》本传说他"亡命不知所之"。孟棨《本事诗》则说，徐敬业败亡后，"与宾王俱逃，捕之不获。将帅虑失大魁，得不测罪。时死者数万人，因求戮类二人者，函首以献。后虽知不死，不敢捕送。故敬业得为衡山僧，年九十余乃卒。宾王亦落发，遍游名山。至灵隐，以周岁卒。当时虽败，且以兴复唐朝为名，故人多获脱之"。也就是说，徐敬业和骆宾王两人都没死，隐世了，官军杀掉的是两个相貌类似的人。这个说法，或许能给人一点儿安慰。另有人考证，在南通东郊的狼山山门右侧，有一座不起眼的小坟，墓碑上赫然写着"唐骆宾王之墓"。据说事变那天，有人救了骆宾王，因江都一带李孝逸正在大肆搜捕义军余党，骆宾王就流落到了狼山，并卒于此。

总之，他当时死了还是没死，是一件无法确定的事。

这样一个传奇才子，以"下落不明"作为他人生最后的收梢，笔者以为，是最符合他的性格的。

后来中宗复位后，心里还是感念匡复军这帮兄弟，曾下诏广求骆宾王的文稿，竟得数百篇。时人郗云卿辑成文集，但后来散失了。明、清时期又有人辑成骆宾王的文集，流行的有四卷、六卷、十卷三种版本，以清人陈熙晋的《骆临海集笺注》最为完备。

骆宾王这个名字，也有点儿怪，这是他饱学的父亲为他取的，源自《周易》中"观国之光，利用宾于王"之意。原文意思是说：体察民情这种方法，有利于辅佐君王。君王没有辅佐成，但是他的大名毕竟垂了宇宙。骆宾王曾经有一首《于易水送人》，很像是对自己一生的写照。诗曰——

> 此地别燕丹，壮士发冲冠。
>
> 昔时人已没，今日水犹寒。

前后才四十四天，一场悲壮的大戏就落幕了，唯余水畔哀诗一首。

待到大将军黑齿常之带援军来到江都，已是乱党肃清，不劳他动手了。

武则天随后下令，尽杀徐氏宗族。只有那个不降叛贼的李思文没有被连坐，并且因功官拜司仆少卿，后来又升了春官尚书。

武则天专门召见了这个老头子，面谕道："敬业改卿姓武，卿可便姓武吧。"——我也跟徐敬业的幽灵开个玩笑。李思文当然只有拜谢。

后来又有人举报说，这个李思文原本是与徐敬业同谋的。这个说法，可能会有些蛛丝马迹，于是，"武思文"被免官，还是恢复徐姓。后世有人叹道："可怜李勣百战功劳，只剩了思文一线，留遗曹州（今山东菏泽）。"

徐敬业起义之所以迅速败亡，除了他在兵力部署、战略方向上犯了诸多错误之外，最大的问题还是名不正言不顺。若讲匡复、废武氏专政而恢复李唐正统，最恰当的首倡者应该是一位或几位亲王。若以勋臣身份造反都嫌勉强，更何况勋臣的孙子——号召力差得远了。

没有各地豪杰蚁附，没有百姓箪食壶浆，那还不是如同草寇？

再有就是此时大唐的局势，仅仅是上层的政治空气有些紧张，老百姓却已是安居乐业六十年了，没有充足理由都不大可能跟着造反。所以这是一场没有民意基础的作乱，影响出不了扬、楚两州。

尽管有的士族人士或地方豪族对武氏强烈不满，但这种矛盾颇类似"党争"，不需要暴力解决。很多朝中大臣，你让他参加反武氏的政变大概可以，但让他加入造反队伍，做一个"谋逆"的赌注，他就会踌躇不前。

所以说，徐敬业的孤立，还在于"革命"的条件不成熟。近代曾有伟人很精辟地总结过革命的必要条件，那就是：下层百姓再也不能以原来的方式生活下去了，上层人士也不能用原来的方法统治下去了，革命才可能到来。意思是说，或是上层搜刮得太厉害了，或是统治方法太落后于当世了，百姓活得憋屈，甚至活都活不成了，才有可能揭竿而起。

因此，徐敬业虽是一时豪雄，敢出手一搏，但无奈潮流不跟他走，只能落得海陵道上众叛亲离。

反观武则天，则是比对手不知高出了多少个级别。在这次平叛行动中，她沉着冷静，把事情做得有板有眼。比如：不惜以多出征高丽一倍的兵力去对付内乱，借机除去朝中掣肘的权臣，只抓首恶分子其余凑热闹的不问，等等，都表现出了高超的政治艺术。

尘埃落定后，事实发展跟她设想的一样：海内既平，她本人的声威也如日中天了！

第四节　四方来上访者有如过江之鲫

叛乱平定后，恰逢年末，武则天环顾海内，一则以喜，一则以怒。喜的是小试牛刀就把内外的敌对势力给翦除了；怒的是她深为倚重的权臣，居然就在眼皮底下公然与她为敌。

据此，她采取了两个行动，来宣泄自己这种复杂的心情。

一是改年号。平定叛乱是件值得纪念的事，她将新的一年改元为"垂拱"。垂拱一词，来自《尚书·武成》，原文为"谆信明义，崇德报功，垂拱而天下治"。垂拱的意思就是"垂衣拱手"，形容做事毫不费力。这一年，武则天62岁，从少女时代奋斗到此，她既有睥睨当世的自信感，也有不愿再起风波的渴望。"垂拱"这个年号，恰好代表了她此时的心情。

二是训斥群臣。多年来，她信任和提拔有才有德的大臣，视如心腹。但是这些人里面，有不少是穿起官服做官、脱下官服骂娘的角色，就是不与她同心同德。她知道，问题的症结就在于"女主当国"。假如她是个男人，能做到今天这个地步，朝士早就会颂歌盈耳了；但可恨儒家礼法衡量明君的标准，有一个附加条款，那就是"女人除外"。对此，她决不让步。特别是经历了这一场叛乱风波，她就更不能"高枕深居"去当甩手掌柜，仅为博得一个"贤明"的虚名而丧失对国事的控制力。

在杀了程务挺之后不久，她特地把群臣召集起来训话。她劈头就问道："朕并未辜负天下，也未辜负诸大臣，尔等可知？"

群臣回答说："是。"

武则天这天似乎有万千思绪，说："朕辅政先帝二十余年，一心为天下事操劳。公卿富贵，皆乃我赐与；天下安乐，皆乃我治理。先帝弃世，将天下交付给朕，朕不敢爱己身而爱百姓。如今为首叛乱者，皆出于将相，辜负朕何等之深！你们中有受遗命之老臣、倔强难制逾于裴炎的么？有将门贵种、可纠合亡命逾于徐敬业的吗？有握兵宿将、攻战必胜逾于程务挺的么？此三人在群臣中素有威望，因不利于朕，朕乃杀之！"

群臣听到这里，已是战战兢兢，大气不敢出。不知道太后这一番疾言厉色是要干什么。

最后，武则天恶狠狠地说："卿等有逾此三人的，可及早反叛，不然，就须革心事朕，勿令天下人耻笑！"

这是在敲山震虎了。在历史上，最高柄政者跟臣子这样叫板的情况，十分罕见。经过数次风波，武则天与群臣的关系似乎越来越紧张，有些话，必须撕开面子说了。

当然她也知道：人都是被"整"怕的，不是被吓怕的，于是在改元第二个月，她以公开手段开告密之风，用以监视内外臣子的言行。

在唐初，依照前代旧规，在西朝堂设有"登闻鼓"，也就是一面悬挂的鼓。百姓或臣子有谏议、有冤情，都可以击鼓，以达天听。在东朝堂设有"肺石"，也就是在地上立一块石头，因颜色赤红而得名。百姓如果想告发地方官渎职，就可以来到这里，站在石上，皇帝闻报可以立即处理。但是，由于朝堂重地日夜有兵卒把守，老百姓即使有情况要上诉，也无法靠近。所谓"登闻鼓"和"肺石"，成了粉饰太平的摆设。

武则天则下令："登闻鼓和肺石无须派人看守，有人击鼓立石，即取状纸交给朕。"

这一措施，在后世长期被人诟病，说她鼓励告密就是钳百官之口，以便行独裁之实。但是在皇权制度的背景下，哪一个皇帝不独裁呢？只是程度不同而已。我们同时也要看到，这个思路实际上是古代面向广大百姓的"大接访"，是民意上达、开拓言路的一个方式。

鼓励上访的口子一开，战战兢兢的并不是老百姓，而是各级官员。以后，不仅涉及太后专权的话题要小心，其他的言行也都要小心了。

这是武则天动用非体制手段来控制官员的一个办法。

一年后，她的高压手段逐渐见效，国家稳定下来。她为了缓和内外矛盾，同时也体现不食前言，于垂拱二年（686）正月下诏"复政于皇帝"。

睿宗这一年已经24岁了，在古代这已是非常成熟的年龄了，说他不想执政，那是假的。但他深知太后的这一宣告很可能是做个姿态，自己若真的答应下来，也许就是第二个中宗。于是他不但不喜，反而大为惊恐，上表坚决表示推辞。

于是太后也表示"为国家社稷计，复临朝称制"。

这种双方的辞让，其实已经毫无意义，朝野基本上没人相信武则天会真心交权。这个时候的情况是，一方面武则天在不断加强政治高压，另一方面群臣内心的抵触情绪始终顽强地存在。这种天长地久的角力，还将持续下去。

就在垂拱年间，太后还是不能垂衣而治，接连有人公开表示对临朝称制不满。武则天采取的处理手段也比较狠辣。

垂拱二年（686）十月，雍州新丰县（今陕西临潼）有山涌出，估计是地壳变迁，侍臣当然要说这是祥瑞。于是武则天大喜，改新丰县为庆山县，四方的官员也纷纷上贺表、拍马屁。

但民间有脑筋转不过弯的直率者，不信这一套。江陵人俞文俊上书说，地上冒出个土山来，是地气不和所致。为何地气不和呢？是因为"今女主处阳位，反易于刚柔，故地气塞隔，而山变为灾。太后谓之庆山，臣以为非庆也"！

这话说得赤裸裸的，把武则天气个半死。由于这人只是个"白人"，胡说八道也仅仅是思想认识问题，跟朝士没有联系，所以只判了流放岭南。不过后来还是没逃过一死，为"六道使"所杀（"六道使"一事详见后文）。

垂拱三年（687）五月，被武则天一手扶起来的宰相刘祎之，在与凤阁舍人贾大隐闲聊时，说："太后既废昏立明，安用临朝称制？不如返政，以安天下之心。"这个贾大隐，翻手就把自己的长官给卖了，向太后告了密。

武则天很生气，恰在此时，有人诬告刘祎之受贿，并和许敬宗的小妾私通。武则天就命肃州刺史王本立去拘捕刘祎之，审问这事。

王本立见到宰相大人，拿出武则天的敕令要宣读。刘祎之冷笑道："不经凤阁鸾台，何名为敕？"

凤阁就是中书省，是专门出旨的地方。刘祎之是凤阁侍郎，工作就是起草诏敕，所以他根本就不承认太后之敕的权威性。武则天恨之，以抗旨的罪名，将他赐死。

这位刘祎之，上元元年（674）就被召入禁中，是赫赫有名的北门学士。他笔头子快，倚马可待，那时朝廷所有的诏敕，都是出自他一人之手。武则天对他也相当器重，曾密令他参决时政，以分宰相权，临朝后又把他提为宰相。

这件事，说起来有两奇：一是，这样一个出身的人，居然也不赞成太后临朝；二是，武则天对这样有过拥戴之功的大臣居然也不怜惜。

这一年，不光是死了个宰相，还有人要学徐敬业。虢州人杨初成诈称自己是郎将，伪造圣旨招募义士，要迎庐陵王于房州，驱逐武氏和睿宗。事泄，被武则天下令处决。

从垂拱元年（685）起，武则天对得到"正人君子"真心拥护的期望，开始大大动摇。她的忍耐已达到一个限度，不再指望人们的服从是否出自衷心了，只要能压服就行。因此，她觉得那些"登闻鼓"之类的还不足以构成巨大的威慑力，"大接访"必须成为一种常规制度，成为一个法律。

垂拱二年（686）三月，她接受侍御史鱼承晔之子鱼保家的建议，让鱼保家制作了一个铜匦。这东西十分奇特，是一个内部结构复杂的意见箱，内有四隔，四面都有小门，分为青、红、白、黑四色。将它置于朝堂，用来搜集天下人的建议和告密。

其中青匦在东，名为"延恩"，收集"养人及劝农之事"的建议以及献颂赋、求仕进的帖子；红匦在南，名为"招谏"，收集"论时政之得失"的各类意见；白匦在西，名为"申冤"，百姓有要陈述冤屈的，可以往这里面投书；黑匦在北，名为"通玄"，有言天象灾变或要进献军机密计者，可以往这里投书。

这个东西的颜色和方位，与春夏秋冬及"五行"中的木、火、金、水相合。

太后又下令设置"知匦使"，专门指派正谏大夫和垂拱元年新设立的谏官"补缺""拾遗"各一人，来掌管此事。凡有投书者，经他们检验了身份之后，才允许投入；"每日有所投书，至暮并进"。另外又设"理匦使"两名，由御史中丞等官员来处理收集到的意见。

意见箱设置好了，还要保障想提意见的人能够到京师来，不能让他们穷困于途、潦倒于街市，也不能允许地方官从中起阻挠作用。于是太后下诏，规定凡有告密者，臣下不得过问，沿途还要为告密人提供驿马、供给五品官员标准的伙食，到京后安排在客馆住宿。这些来自民间的告密者，哪怕是农人、樵夫，太后都要亲自接见。

如果所告的情况属实，可不按等次授予官职；即使不实的话，也概不问罪。

此例一开，等于赋予了大唐百姓完全的言论自由权，做到了真正的言者无罪。上古三代设立"诽谤木"（即"华表"的前身）的目的，就真正达到了。

上面有太后提倡，下面的百姓当然踊跃进言，一时之间四方告密的人蜂拥而来。所告之事，当然不只是反武言行，更多的是告地方官员贪污弄权、怠政渎职、欺压百姓之类的事。

有了这个空前普及的信访制度，武则天的耳目就遍天下了，坐庙堂而洞察江湖，"由是人间善恶事多知悉"。

在历史上，最高统治者与官僚集团之间不睦的情况，比较少见，一般都是由于主政者与文官系统的理念有矛盾冲突。而像武则天这样因身份问题而得不到官僚集团拥护的情况，就更罕见了。

主政者要想解决这样的矛盾，以体制外的管道广开言路，发动群众监督来制约官僚，是一个常用的办法。

这个铜匦告密的办法实施以后，还出了一个很搞笑的插曲。事情因铜匦的发明人鱼保家而起。鱼保家的父亲鱼承晔，是审理裴炎的审官，显然深受太后信任，然而这个儿子却是扬州事变的拥护者。

鱼保家看来是个心灵手巧的技术天才，但政治敏锐性却未免太差。据说他曾经教徐敬业制造刀剑弓弩，造出的东西十分精良，在战斗中杀伤力极大。徐敬业败亡后，因无人告发而幸免于被追究。按理说，在事情平息后，这样的人就应该低调一点儿，省得惹麻烦上身。但他不甘寂寞，当得知太后想详细了解民间事后，就上书建议，可以创立这么一个投诉箱，接受天下人的密奏。

武则天对这个创意大为赞赏，就责成他去做。做出来的铜匦在设计上很巧妙，从小洞口投进疏表后，别人就再也拿不出来了，只有负责官员通过机关打开铜匦才能取出，具有很高的保密功能。

结果铜匦刚一设置，就有人投书告发鱼保家"通贼"，鱼大发明家因此掉了脑袋。估计告发者并不是拥护武则天的人，而是对临朝称制不满的人，过去之所以不告发，是因为念鱼家保赞助起义有功，而现在这小子居然又去帮助独裁者，那就请你自食其果吧。

告密制度一兴，对整顿吏治、控制群臣当然会有很大作用，但是这种办法对任何体制来说都是灾难性的，因为它会产生巨大的负面作用，很难避免——有人为了邀功，就会利用这个制度，成批地制造冤案，从而造成人心恐慌、统治基础不稳定。

历代皇朝的实践证明：官员的忠诚，一是靠信念来培养，二是靠有凝聚力的制度来培养；靠整肃打击的办法，只能使整个官僚集团心怀不满，随时都可能抛弃主子。

武则天此时还看不到打压官僚的负面作用，既然已不指望官僚们对她从内心忠诚，索性就放手狠狠给予打压。她一生中最为人诟病的起用"酷吏"的做法，就是在这个背景下开始的。

高层的这种政策漏洞，小人看得最清楚，一些心术不正的人揣摩武则天的意图，把告密当成了改变命运的阶梯。

胡人索元礼是第一个发现这个阶梯的。他看准了时机，跑出来告密，受到了太后的召见。因所告之事经查属实，武则天就直接把他提拔为五品散官游击将军，让他来负责审理钦定的"制狱"。

这个索元礼根本就不是一个有政治信念的人，他性格残忍，本质上就是一个流氓。首次告密撞上了大运之后，他总结出一个心得：靠"整人"也能发迹！于是，他每审一人，必牵连出数十乃至上百人来，锻成大狱。

武则天却认为他办案得法，屡次召见，大加奖赏，以树立他的权威。

他的成功，给了一批奸诈之徒以启示，小人们群起而效仿。其中后来居上者，是尚书都事周兴和来俊臣。他们为了争功，蓄养了几百个无赖，专以告密陷害为业。想要整一个人，就派几个人到分别到不同的地方告状，告的都是同一件事，以增加诬陷的可信度。

周兴、来俊臣和司刑评事万国俊还总结经验，写了一本七千余字的《罗织经》，也就是诬陷诀窍，发给手下的人学习。里面讲的是：什么样的人最合适诬陷，怎样把他给套住，怎样让他牵出更多的人，怎样诱使他自己承认反状，等等，都有一套行之有效的程式。

周兴因为整人有功，竟升至秋官侍郎（刑部侍郎），来俊臣也当了御史中丞，都成了高级官员。

此后，太后只要得到密状，就叫周兴、索元礼等人去审。犯人一到他们手里，基本就没有生还之可能了。他们擅长的一套刑罚，堪称古代的刑罚极品。只听听名目，就能吓破人胆——"定百脉""突地吼""死猪愁""求破家""凤凰晒翅""驴驹拔橛"等，不一而足。每有犯人押到，他们先摆出刑具来，让犯人参观。犯人看了，无不胆战心惊、汗流浃背，不用上刑就会自动招认。

如此害人无数，直到杀人杀上了瘾。假如碰到朝廷有大赦，犯人按规定将被释放，酷吏们就叫狱卒擅自将犯人杀死，然后谎报人已死在狱中。

这么干，对社会的震动非常大，天下之人无不重足屏息，道路以目！

武则天在这里想学秦始皇，以恐怖手段维持专政。但她没明白一个道理：恐怖、高压，这些手法不但不能让人老实，反而会让人很不老实。因为一个社会的常态，不可能是高压状态，一旦实行了高压统治，人们就会起颠覆之心。

中国古代的社会并没有"公平律"，尽管一部分人穷奢极欲、一部分人吃糠咽菜，社会也还是照常运行。但是，这个社会却有一个"活命律"，如果人人都忧虑不知哪一天就死，或者生活艰难到了奄奄待毙，就会孕生出一种颠覆的力量，对现状加以纠正。所以古代的暴政，很难延续十年以上。

武则天任用酷吏，跟秦始皇的"峻法"还有所不同，比秦代暴政好一些的是，酷吏打击的对象一般是官僚，且不管再怎么枝蔓牵连，打击的范围总还是有限；而秦法的严峻是针对天下百姓的，平民动辄就可能成为罪人。

武则天用酷吏比秦法不如的是：秦法毕竟是法，是明摆在那里的一种规范，对大家一视同仁，不想犯法的总会有规避的可能；而酷吏要陷害谁，是防不胜防的，是蛮不讲理的恶政。

虽然天下屏息，但也有不怕死的，初唐著名的大诗人陈子昂就是一个。他当时正担任麟台（秘书省）的正字，是个九品小官，却能斗胆上书给太后，公开反对酷吏滥刑。他说：东南有微孽（徐敬业）谋乱，陛下顺天诛除，恶人皆服，这岂不是天意在彰显陛下的神武之功！但是具体执行者不察您的心思，却穷究其党羽，使陛下大开诏狱，重设严刑。对逆党亲属和有交往的人，只要有涉案嫌疑，就互相牵连，莫不穷究拷问，枝蔓不绝，致使朝中人士皆惶惶不能自保，海内传闻所至，无不惊恐！几年以来，我见各地告密，关押起来的不止千百人，所告的皆为扬州事变之事，及至穷究，则百无一实。等陛下您宽恕了这些冤枉的人，有奸恶之徒又给他们安上别的罪名，致使睚眦之嫌，即称有密；一人被讼，百人满狱；被捕之人，冠盖如云！大家都说，陛下这是爱一人而害百人。天下哭泣，不知何处才是安宁之地？我以为，只要大狱一起，怎能不滥？为何呢？因为刀笔之吏，心中从来没有全局；凡是以断狱而出名的人，无不以严苛为能事。他们抓捕得越多，人们越说他们是至公之人，而上头又称赞他们执法严格。于是他们也明白了，利在杀人，害在宽恕。于是狱吏都相约：杀得越多越好！不是因为他们仇视人，而是有利益在里面。得利既多，刑罚怎能不滥？一滥，就害及无辜，这就是所谓"淫刑"了吧！

陈子昂就是登幽州台而放歌"前不见古人，后不见来者，念天地之悠悠，独怆然而涕下"的那位。他这千古名句就是在屡次谏议不被采纳后，有感而发的。

陈子昂字伯玉，梓州射洪（今属四川）人，青少年时是富家儿，轻财好施，慷慨任侠。成年后才开始发愤攻读，博览群书。24岁时中进士，后来升至右拾遗，所以后世也称他为"陈拾遗"。

他在高宗驾崩的那年从蜀中来到东都，正好碰上太后下诏招贤，他就以"梓州射洪县草莽"的名义，上了一道《谏政理书》，劝武则天"为大唐建万代之策"。

他那时没能看得清武则天的真实意图，而现在上书劝禁止滥刑，也没看清楚太后究竟要干什么，还以为是太后对徐敬业的事不能释怀，一定要穷追到底呢。

不过，这道书把滥刑的根源分析得很到位，直称酷吏为"寡识大方"的刀笔吏，是"图荣身之利"的小人，还指责太后信任酷吏是"爱一人而害百人"。这些话说得都够大胆的。

他在书中还说，经过十年的东征西讨之后，天下疲极；不幸又连遭荒年，人民"流离饥饿，死丧略半"。近年来好不容易才得以休养生息，所以扬州之乱长达五旬，而海内晏然，纤尘不动，这就可知百姓思安久矣！而现在滥施淫刑，大伤和气，天下不安，都怕无辜被陷，人情之变，不可不察！

话虽说得激烈，但因为他是公开上书，而且还带有浓厚的迂夫子气，所以武则天也没有怪罪他。

陈子昂是一位不世之才，若生在盛唐，大名不会比李杜二位差。可惜生不逢时，最终还是死在了武三思的手里。

当然，这一时期武则天虽然用了酷吏，所针对的主要还只是下层官员，也波及一些无辜百姓，而上层官员暂时还没有受滥刑的迫害。对于高官中的反对力量如何处置，还是武则天自己说了算。她有一个原则，就是：当面提意见的，不管多难听，都能包容或给予宽大处理，一般不会因言论而掉脑袋。她坚持认为，只要当面提出，那多少还是有点儿忠心的。而背地里捣鬼说怪话的，就是搞阴谋，务必予以严惩。如前面提到的刘祎之，就是因私语临朝之非而被赐死的。

当时武则天对白马寺主持薛怀义相当看重，认为他擅长营建宫殿，就让他随意出入宫中。薛怀义是个莽汉，五大三粗。大臣们认为，高宗才死了一年，就有这么一个大男人私入禁中，其中一定有秽乱宫闱之事。

武则天和这个莽和尚，这时是否已经犯了生活作风错误，不可考。

补阙王求礼是一位讲死理的监察官，对太后的不检点上表进行了批评，他说："太宗时有名为罗黑黑者，善弹琵琶，太宗将其'去势'，成了宦官，命他进宫去教宫女奏乐。陛下若以为薛怀义有巧性，想在宫中驱使，则可阉之，以免秽乱宫闱。"

这话说得，几乎是指着鼻子骂了，但太后也没怎么样——绯闻也不怕，有话说出来就好！

第五节　李唐宗室做最后的困兽之斗

武则天究竟是什么时候开始想当皇帝的？这是一个很有意思的问题。

从她在垂拱年间的一系列作为来判断，起码在改元"垂拱"之前就已经很清晰了。这个年号，寓意是她自己垂拱，而不是指那个傀儡皇帝睿宗垂拱。

至于她为什么有了做皇帝的念头，这也是一个很值得研究的问题。有人说，她是被"三从四德"的儒家观念给逼的。只要她是个女人，就不能执政，否则就"一从不从、一德不德"了。如果想执政，就必须忍受"牝鸡司晨"的舆论压力。无论是辅政还是摄政，都有人顽强抵制，甚至还闹出了造反事件来。

那怎么才能摆脱这困境呢？一是放弃权力，但她不可能这样做。另一就是干脆自己来做皇帝。做了皇帝之后，她就可以用儒家的"三纲五常"来压制"三从四德"。

不要忘了，"三纲"的第一纲是什么？君为臣纲！

如果我这个女人做了君主，按照儒家礼法，所有的臣子就必须无条件服从——你不让我做小恶，我不妨就做大恶，以子之矛，陷子之盾。

对于武则天来说，在对最高权力的控制上，无论是摄政还是做皇帝，都是一样的。她想当皇帝并非为了更大的权力。而是她不愿意在死后像临朝听政的吕后一样，被万世嘲骂。自己当了皇帝，那就大不同了，只要自己的皇朝寿命足够长，后人总要承认开国皇帝是正统。

做出了这样的决定之后，她在垂拱元年（685）之后所做的一切，就都是为当皇帝而进行预热。其间，她也不是一门心思用酷吏整人，而是实实在在做出了一些政绩。未来的皇位，不是谁传给她的，也不是打江山打出来的，因此，必须有过硬的政绩做基础。

第一件事，是大开仕途。武则天想做皇帝，官僚集团基本上不支持，那么，她就得有自己的队伍。而这个忠于自己的队伍从哪儿来？唯有破格聘用！

唐代的仕进之途，在前面已经讲过，无论门荫还是军功，都是士族优先。唐初实行了科举之后，寒门上进算是有了条路子，但是还是士族上进比较快，因为"朝中有人好做官"。

武则天急需人才，仅有的这几条路太狭窄，就只能从体制外去招。垂拱元年（685）五月，她正式实施了太宗曾有过的打算，允许百姓和低级官员自荐，下诏对"内外九品以上及百姓，咸令自举"。这是中国历史上针对性最广泛一份求贤令。

以我们今人的眼光看，入仕就是捧了金饭碗，升官就是"悠悠万事惟此为大"，怎么能敞开口子随便来？那不是鱼鳖虾蟹都可以当官了，这世界还成什么体统？

而这一措施是有制约条款的，《新唐书·本纪·则天皇后　中宗》上说："太后不惜爵位，以笼四方豪杰自为助，虽妄男子，言有所合，辄不次官之（破格授官）。至不称职，寻以废诛不少纵，务取实才真贤。"

进来容易，当不好这个官儿，那就有掉脑袋的危险，一点儿也不宽容。有了这一条限制，还不至于连阿Q这样的也都来报名。

凡是最高统治者觉得手下的官僚集团不能为我所用了，那就只有摒弃考试，从低级官员和白丁中选拔中上层干部，逐步换血。所以大换血不管名义上叫什么，实质上都是为了建立一支新的"自己的队伍"。

第二件事，就是抓吏治。干部要有个干部模样，一个政权，不管后代对它的合法性如何评价，如果吏治好，那么它的功绩是怎么也抹杀不了的。历代农民造反，有成的有不成的，除了战略原因外，还有很关键的一点，就是有没有一个正规化的官员队伍来管理行政。一味做山大王、流寇，能捞一把就捞一把，那没有不失败的。

武则天抓吏治，就是普及她主撰的《臣轨》。《臣轨》这部教材，还不完全是老生常谈，里面有点儿新东西，甚至于可以拿来鉴今。其中的"十大标准"很引人瞩目。

一曰"同体"：为臣者要与君王同心同德，爱国恤人，尽职尽责。

二曰"至忠"：要以谦虚谨慎为本，功多而不言，不要天天讲我干了什么什么。要"推善于君"，把功劳记在君主的领导上；"引过在己"，勇于承担失误的责任。

三曰"守道"：做官要有"大道"在心，也就是辅佐君王、匡正时弊。要清心正身，做到"名不动心，利不动志"，勿以捞钱升官为第一要务。

四曰"公正"：其中包括三项基本原则，即"理官事、而不营私家""当公法、而不阿亲党""举贤才、而不避仇雠"。这三条，其实最难做到，官员若都能做到，那就都成了圣贤。

五曰"匡谏"：要敢于矫正君主过失，以谏为忠，不避斧钺。不过，这个要求不大好办到，以掉脑袋的代价来尽忠，这是理想主义。说到底，人有脑袋几何啊？

六曰"诚信"：对君主要以诚信作为忠的基础，对下属要以诚信作为笼络的手段。"上下通诚，信而不疑。"这基本是和谐大同的蓝本了。

七曰"慎密"：不泄露禁中之语，即非所言者，勿言。

八曰"廉洁"：要"奉法以利人，不枉法以侵人"，不属于自己的，绝不要拿。

九曰"良将"：这里的"将"，是指"将作"。也就是要多才多艺，机智果断，不能当只会吃喝、泡妞的庸官。

十曰"利人"：其中包括"禁末作"，少修建没用的东西，少搞没用的庆典；"兴农功"，多关心百姓民生；"省徭轻赋"，不以征税多为荣："务使家给人足"，也就是不要有太多低保户。堂堂大国，竟有百姓不能自给自足的，更有何夸耀？

这本《臣轨》于垂拱元年（685）写成，发给官员人手一册，据说功效很好。起码能让官僚们知道，"领导"喜欢什么、不喜欢什么。

第三件事，是重新规定律令格式，也就是文件规范化。这是一个政府的行政基本功。所谓"律、令、格、式"，是指四种性质的文件。律，是国家律法条文；令，是等级制度规定；格，是皇帝诏令；式，是行政法规。

唐代的律令格式在高宗即位后，就有了大体规范，颁定了《永徽疏律》等，现在则进一步严格化。武则天命内史裴居道、夏官尚书岑长倩等十余人，对旧条文重新删定，还制定了《垂拱格》和《垂拱式》以作为文件汇编。

文件文书，上传下达，历代都有固定格式，"等因奉此"必不可少。一直延续到清代，无不要求格式严谨、用语清晰；所述问题，一目了然。

第四件事，是赈济灾民。垂拱年间，旱灾连年，武则天惦记灾民的生活，不能释怀。垂拱四年（688）二月，山东、河南百姓因为前一年遭受旱灾，粮食不够吃，出现了大饥荒，武则天就命司属卿（官名）王及善、司府卿欧阳通、冬官侍郎狄仁杰前往灾区巡抚赈给。

总之这一时期，武则天一直是在扎扎实实做事，威望也有所提高。同时，她称帝的野心也就一天天在加大。

一方面，她仍然优待李唐宗室，继续做姿态；另一方面，却一改以前排斥外戚的做法，开始尊崇武氏，为自己称帝夯实人事基础。

垂拱三年（687），她及时封了几个皇子（也就是她的孙子、睿宗的儿子）为亲王，将李成义封为恒王、李隆基封为楚王、李隆范封为卫王、李隆业封为赵王。

到了垂拱四年（688），一切条件都已成熟，太后当皇帝的舆论就开始冒头了。这个浪潮，也许是武氏子侄辈在发动，也许是武则天自己授意，

事情是很巧妙地开始的。这年正月，武则天下令在神都建高祖、太宗、高宗三庙，仿京师太庙之例四时享祀。

就近祭祀祖宗和先帝，这没有什么说的。但是太后还有一个动议，就是在神都建立武氏宗庙"崇先庙"，同时也享受香火。她让礼仪官员们去讨论一下：要建的话，建多少间房了为好。这显然是在放试探气球。

司礼博士周悰嗅觉灵敏，马上就建议：这没问题，请立七室，减太庙（李唐宗庙）为五室。

这是地地道道的昏话，既无礼法根据，也没有逻辑。这博士显然是看准了行情要投机。但是没想到，有人坚决反对。

这人就是那个曾经密告刘祎之的贾大隐。这位贾先生告密固然为人所不齿，但

在关键时刻也能守住底线。他说："按礼制，天子七庙，诸侯五庙，此乃百王不易之义。现在这个周博士胡说八道，只尊崇当今掌权人的威仪，将国家与常法置之不顾。太后功劳非常，光照天下，先庙当然可享诸侯之礼，而太庙之制则不应轻易改变。"

这番话，说得有理有据。武则天也无话可说，于是否定了周博士的建议——她现在不过是想试探试探而已。

到了二月，武则天又有名堂。她下令毁掉神都的乾元殿，在原地建一座"明堂"。

这明堂相传为周公创制，是古代帝王做报告、祭祀、朝会的场所，在汉魏六朝多有建立的，但是到了初唐，这明堂具体是个什么样子，已无人知了。不仅"巨儒硕学"说不上来，就是查遍典籍，也找不到线索。

隋文帝、唐太宗和唐高宗，都有建明堂的念头，但是儒官们对明堂的结构布局争论不休，所以到最后谁也没建成。

高宗在世时，武则天就是建明堂的积极推动者。这次平定徐敬业之后，她发誓一定要建这东西了。建起这东西，不仅可以祭祖宗，还可以扬国威、镇邪气。此外还有一层意思她不能说，就是可以为她当皇帝制造气氛。她知道，这事要是再交给儒士们去讨论，又将一事无成，所以她不问诸儒，只与北门学士商议明堂的建法。

儒士们都说，明堂应该建在皇宫三里之外、七里之内。武则天却嫌远，认为每次祭祀搬东西不方便，就"自我作古"——我说的，就是规矩——下令把乾元殿毁掉，就在皇宫里边建。

修建这个意识形态建筑，出动了万名役夫。总监工就是花和尚薛怀义。

到四月，直奔主题的花样出来了。有个名叫唐同泰的人，向朝廷进献了一块石头，上面刻有"圣母临人，永昌帝业"字样，据称是从洛水中打捞出来的。

史书上载，这是武承嗣暗中搞的鬼，他使人在一块白色卵石上刻了字，放入河中，又叫唐同泰去打捞上来，自称发现了"洛书"。

《周易》上有一句很著名的话："河出图，洛出书，圣人则之。"什么叫"河图"、什么叫"洛书"，后代有不同的解释，但都理解为圣人出世、盛世到来的象征。

大臣们当然知道是怎么回事，不少人就上表祝贺，说是生在这样一个好时代，真是无限荣幸。武则天也很高兴，她现在需要的就是这玩意儿，于把这石头命名为"宝图"，赏了唐同泰一个游击将军衔。

天意既如此，那我也就不推辞了。紧接着她下诏，要亲拜洛水，举行接受"宝图"的仪式，还要在南郊祭天，以感谢上苍。礼毕，再移驾明堂，召见群臣。她要求诸州都督、刺史和宗室、外戚都要参加，在大典前十日就要齐集神都。

群臣心领神会，马上拥戴武则天加了新的尊号——"圣母神皇"。这个称号，不伦不类，但是明显向皇帝靠近了一大步。

七月，为此事又大赦天下，将"宝图"改称为"天授圣图"，洛水改称"永昌洛水"，封洛水之神为"显圣侯"。将宝图所出的小潭命名为"圣图泉"，在当地特置永昌县。又改嵩山为神岳，封其山神为"天中王"。

这一系列意识形态花样，令人眼花缭乱，该明白的人也都明白了：中国马上就要出个女皇帝了！

但是另一方面，也有逆向的潮流在涌动。

把牝鸡司晨说成是正常的，就已经很困难了，还要说成是千载难逢的盛世，那肯定会有人不服。

这年四月，太子通事舍人郝象贤的家奴告主人谋反。这个事情很不合乎常规，据说是因郝象贤反对给花和尚薛怀义拜大将、封国公，得罪了太后一系的人马，武承嗣就一手策划了这个诬陷案。

武则天叫酷吏周兴来审这个案。周兴查了一下，原来郝象贤的爷爷郝处俊在世时，曾以"天子理阳道，后理阴德"为由，坚决反对高宗逊位给武后。周兴就琢磨着，太后可能至今也没忘记这笔老账，是要我来替她出气。于是他就对郝象贤施以酷刑，最终，竟问成灭族之罪！

郝象贤的家人不服，到朝堂鸣冤。监察御史任玄殖也称，郝象贤没有谋反事实。但武则天不听，将任玄殖免官，仍维持原判。

到了行刑的那一天，出了大问题！

古代死刑犯在临刑前，要去掉枷锁镣铐，据说是为了能让罪人的灵魂顺利度过奈何桥，抵达阴间。

这枷锁一去，郝象贤突然就跳了起来，大骂太后与和尚薛怀义秽乱宫闱。这一通骂，据说是用尽了天下最难听的词汇。他说，薛怀义早先不过是个江湖郎中，形同乞丐，现在却成了太后的床上贵宾。还说太后与薛怀义在床上的淫乱言语，连在床边侍候的宫女都捂起耳朵来不要听。

是吗？围观者先是目瞪口呆，而后又大声喝彩，场面完全不可控制了。

郝象贤索性夺过围观者正在挑卖的木柴，殴打在场的刑官，法场一片混乱！

后来还是负责维持街道秩序的金吾卫士卒一拥而上，把郝象贤乱枪捅死。

武则天闻报后大怒，下令肢解郝象贤的尸体，还下令把他父母和爷爷郝处俊的坟墓都挖开，毁棺焚尸。从那以后，法司每将杀人，必先以木丸塞其口，然后加刑。这个古老的做法延续了很久。

这个时候，真正坐立不安的，是李唐宗室。确切地说，就是高宗的叔叔辈、兄弟辈和子侄辈的一批亲王。武则天自从当了皇后，出于策略上的考虑，对高宗这一系的本家亲戚一直优礼有加，不像对自己的娘家亲戚那样约束得很严厉。这些亲王，一般又都兼任地方上的刺史，有封邑、有家奴、有官属、有实权，养尊处优，既富且贵。即使在当时的特权阶级里，他们也算是非常特殊的一群。

垂拱四年（688）年初以来，武则天频繁的异常举动引起这批亲王的不安。首先在宗室里就有谣言传开，说太后密谋改朝换代，欲废宗室。又说："太后将于洛水授图之日，召集宗室，尽行屠戮。"也有的说，太后将在明堂大会时诛杀宗室。

在专制体制下，政治谣言历来都是一种特殊的舆论宣传，它或是代表一些人的意愿，或是代表一些人的恐惧。

这个"杀宗室"的谣言肯定是想当然耳，但李唐宗室们可不会只当它是流言，因为即使打个折扣不杀，也可能是天下即将要姓"武"。一旦有变，那么宗室锦衣玉食的生活就将结束。这才是他们最恐惧的。于是诸王开始串联，"密有匡复之志"。

最早发起行动的是黄国公李譔，他以暗语给越王李贞写信，说："内人病渐重，恐须早疗。若至今冬，恐成痼疾。"韩王李元嘉也有这个意思，说太后拜洛授图之时，必会大兴告密之狱，到那时"皇家子弟无遗种矣"。

接着，李譔又假造了皇帝玺书，送给琅琊王李冲，里面的内容是："朕被幽禁，王等宜各发兵救我也。"李冲一看，不错，自己跟着也假造了一个，内容是："神皇欲倾李家之社稷，移国祚于武氏。"他把这两份假冒的皇帝书信分送韩、鲁、霍、越、纪诸王，让他们各自起兵，向神都进发。

诸王收到"皇帝玺书"，都心中有数，加紧准备起兵。

这里面最积极的，是越王李贞和琅琊王李冲父子俩。

越王李贞是太宗的第八子，为燕妃所生，在贞观五年（631）就封了王。武则天临朝后，还给他加了太子太傅衔，兼任豫州刺史。这个人比较有才，武能骑射，文通典籍，而且有相当的行政能力。在宗室中，名气很不错，有"材王"之称。但他在品德上略差，喜欢听谗言，容不得手下的正直官员，又纵容奴才仆人欺凌地方。因此在民间，他的形象并不好。

李贞想作乱，可不是一天两天了。早在太后临朝称制时，他就联络诸王准备"反正"。但武则天当时防了他们一手，给他们加了官，另外高宗丧期也不便起兵，于是作罢。后来徐敬业反，诸王觉得他是别有企图，就没跟着干。而这次，连什么"河图""明堂"都出来了，他们再不能等了，决定联手起兵！

诸王连谋，这次来头确实不小。每个王差不多都拥有一州的行政和军事权，分布于各地，以皇族名义为号召，按理说应该比徐敬业闹的动静大得多。

可是，我们不要忘了，这一批人是个什么素质。他们生来高贵，不谙民生，未经战阵，就因为血统优秀，享尽了这个国家提供的一切便利和尊荣，现在却要举起道义之旗与这个国家宣战，可能会出现什么样的情况，就不难猜度了。

诸王中只有李贞父子还有点儿干事的样子。李冲率先招募了勇士，准备队伍，又串通好了几位驸马爷也一块儿干。

范阳王李蔼向越王李贞建议，应该定一个统一的起义时间，届时四方一起发动，让太后顾不过来，则大事可成。

李贞觉得这主意好，就定了一个时间，通告诸王，也要学那黄巾徒众三十六方一起发动。

本书前面所提到的中宗皇后的母亲、太宗第七女常乐长公主，此时随丈夫被贬在寿州（今安徽淮南）。她倒是个很有骨气的女人。李贞要举兵，写了一封信给常乐公主的丈夫赵瑰，要求借道，常乐公主就趁机对送信的使者说："替我谢谢你们大王，与其进，不与其退，若诸王皆丈夫，不应拖延到今日。诸王乃国之懿亲、宗社所托，不舍生取义，尚何须邪？人臣同国患为忠，不同国患为逆，王等勉之。"

这话说得大义凛然，颇有丈夫气。说来奇怪，自唐太宗死了之后，唐皇室一直是阴盛阳衰，无论公主也好，皇后也好，都比男人更有主张。

果不其然，李贞的通知发出后，诸王就露了怯。平时说大话可以，一动真格的，有的犹豫不决，有的仓促间募集不到兵员，还有的路远一时接不到通知。

这文齐武不齐的，时间一长，气就可能泄了，也很容易走漏风声。琅琊王李冲沉不住气，不等到父亲约好的时间，就抢先于八月十七日在博州（今山东聊城东北）发动了！他想得好：一旦点火，还怕它不能燎原？

武则天在神都得到急报，反应非常快，马上命左金吾将军丘神勣为清平道行军大总管，率军讨伐这帮叛逆。

这个丘神勣，就是在巴州把故太子李贤给逼死的那个，也算是一个武夫出身的酷吏了。武则天用这样的人，是要下狠心灭掉这帮不领情的宗室。

李冲起兵的条件其实不很充分。他募兵募了半天，仅募得五千人，比徐敬业的旬日之间招来十万人相差天地。但是开弓没有回头箭，五千兵卒也得打！他打算渡过黄河去打济州（今山东聊城以西），然后直取神都，一路上声势有可能会越来越大。

但是在去济州的路上，有博州本境的武水县挡在道上。县令郭务悌是李冲的下属，但是听说琅琊王兼刺史李冲造反了，他就不听这个上级的了，关起诚门来拒守，还一面向魏州刺史求救。

博州的莘县县令马素云也不听李冲招呼了，带了不到二千兵卒准备半途邀击叛军，但未果。干脆就跑到武水县城内，与郭务悌一块儿守城。

李冲叛军来到武水城下，决定用火攻。叛军用草车把县城南门塞住，趁风放火。

这一把火放起来，城里的两位县官都免不了要成烤鸭子。拿下武水的话，攻济州也就多了几分把握。济州一下，天下就要震动，那局面也就活了！

但是，历史的细节由无数偶然所组成。没想到，火一放起来，天公不作美，南风一下就变为北风，火势倒转回来，烧着了叛军自己。李冲的人马只得急退，士气顿时大沮。李冲手下的将领董玄寂偷着对人说："琅琊王与国家交战，此乃反也。故上天不佑，反致逆风。"

李冲听说，就下令杀了董玄寂。这一杀，出了大问题，本来兵卒就是裹胁来的，一见自己人杀自己人，就都一哄而散，窜入草泽之中。李冲吆喝也吆喝不住。这一来，他身边只剩下左右家奴几十个人了，造反成了空谈。

连将领的思想都不坚定，其他人可想而知。起事之前，李冲连个像样的讨逆檄文都没写一个，他是过于相信自己的号召力了。到二十三日，起事不过七天，李冲见大势已去，只好慌忙带着余众退回博州。哪知道，他刚一进城门洞，就被守城将士抓住，不由分说，砍下了脑袋。

七日造反，就此结束。

李冲到死也不会明白，平日里一呼百应，怎么一起兵就成了孤家寡人？

等丘神勣带兵来到博州，已无叛可平，博州的官员和士兵皆素服出迎。这个丘大将军又来了蛮劲儿，认为自己不能白跑一趟，他对这些立了功的人不仅不加以抚慰，反而统统以通敌罪杀掉，借以邀功。

李冲既死，结局自然也是"传首神都"了。

李贞听说儿子抢先起兵，知道事情已拖延不得，于是于八月二十五日也在豫州（今河南汝南）仓促起兵。其时，李冲的脑袋掉了已有两天了，但因为消息不通，李贞这时并不知道。

令人丧气的是，李冲起兵之后，诸王因为这样那样的情况，竟然"莫有应者"，结果只有父亲李贞这一彪人马举兵响应。

李贞在筹备发动时，曾经派使者去串联东莞公李融，约定同步起事。但是，李融仓促间发动不了，在下属官员的逼迫下，只好把使者先逮起来，等待事态发展。

这样的王爷，这样的能耐，真是活该被斩尽杀绝了！

五天后，武则天听说越王李贞也发动了，知道叛乱闹大了。豫州地近，且老王爷也有点儿韬略，于是她就决定派大兵围剿，命左豹韬大将军麴崇裕为中军大总管，发兵10万讨之。她还担心战场上将军们协调不好，又派了凤阁侍郎张光辅为诸军节度。

这次对付越王的统帅，在档次上高了一大截。去讨伐李冲的只是个首都治安大队长，这次去打李贞的，是中央警卫大队长。兵力上，更是接近了当年征高丽的军队总数。武则天心里有数：对付这种鸟，就要一巴掌狠狠拍死！

越王李贞到底是经验丰富一些，一出兵，就拿下了上蔡（今属河南）。这个势头本来不错，但是恰在此时，他得知儿子已经失败掉了脑袋，心里大起恐慌，竟然想罢兵，打算自缚诣阙请罪（自己把自己绑了，到皇宫去请罪）。

看来老王爷是白读了一肚皮的书，造反了居然还天真地想活命。

这时，他的下属、新蔡县令傅延庆率二千勇士前来参加起义，李贞这才有了点儿胆量，决心继续干。为了鼓舞士气，老王爷哄骗大家说："琅琊王已破魏、相数州，有兵二十万，朝夕即到（大概是地府的阴兵吧）。"

接着就在属县征兵，征得了七千人，这样子就凑了约万把人。他把这些人分为五营，自领中营，其余各属县的僚佐都封了官，各带一部。又把这乌合之众中的五百余人封了九品以上的官职。这样七搞八搞，声势比起初李冲那一彪人马要大得多了。

此时时间就是生命，可是李贞只顾在豫州城里建府封官，没有扩大攻克上蔡的战果，没有继续攻城略地以引起全国响应。

但是人家可没工夫等你明白过来。十几天后，麹崇裕带领的讨伐军开到，在距豫州四十里外扎下大营，就等机会收拾这一伙叛贼了。

这边李贞似乎没有什么战略部署，只知道发动道士僧侣诵经念咒，求大事成功。还给将士们都发放了"避兵符"，说是戴上它就可以刀枪不入。

跟着他起事的属官和士兵，绝大部分都是被胁迫的，本无斗志。只有他的女婿裴守德武艺高强，愿意为之卖命。李贞嘉许其忠勇，就让小儿子李规和这位裴大将军带兵出城去迎战。

不知这老王爷是怎么想的，凭着一群地方杂牌军队，就敢和中央军去对阵。两边刚一交手，素质高下立见分晓。叛军一触即溃，裴守德浑身是血，狼狈逃回豫州城里。

李贞吓得魂飞魄散，不知如何是好，只能坚守城门不出。没等他想出办法来，征讨大军已经到了城下，把豫州围了个水泄不通。

老王爷在城头一看，征讨大军铺天盖地、军容甚盛，知道今番是完了，不由得连声叹息。

——造反哪是那么容易的？

昔日诸王恨不得要生吃武则天的勇气，早跑得一干二净。范阳王李蔼过去叫得最凶，声称"四方一时并起，事无不成"，现在竟纹丝不动。那个最早写信鼓动诸王造反的黄国公李譔，也吓得蔫了。

哪里可见群雄并起？只有这孤城一座，无可奈何。

拖了几日，越王李贞手下的将领进言道："事既如此，王岂得坐等受戮之辱，当须自为计！"

李贞想想，再无路可走，只得和小儿子李规服毒自尽。女婿裴守德也自缢而死。余下的家仆纷纷放下武器就擒。

越王的这次造反，比他儿子造反的时间长一点儿，但也不过才十七天。

筹划多时的唐宗室之乱，竟以这种闹剧的方式旋起旋落，实在有些搞笑。究其原因：一是民众并不欢迎战乱。生活日渐富裕安定之民，绝不可能是造反的拥护者。二是下级庶族官员不支持变乱。武则天为庶族寒门之士敞开了上进之门，她的威望在这一阶层里相当之高，所以变乱一起，反抗和抵制的官员相当多，越王父子连本境都占领不了。三是诸王平日作威作福、鱼肉地方，其社会形象极差，甚至远远不如徐敬业"大唐功臣之后"那样有号召力。他们想逆流而动，当然最后只能落得孤家寡人。

武则天对诸王作乱当然很生气，但这也给了她一个诛除宗室势力的机会。她认定韩、鲁诸王肯定参与了李贞谋反，就命监察御史苏珦调查此事。

苏珦经过审讯和查问，报告太后说全无证据。有人就告苏珦与韩、鲁二王通谋。武则天召来苏珦，责问他为何庇护逆贼，苏珦一言不发。武则天知道苏珦是个儒士，存了宽恕之心，就叹口气说："卿乃文雅之士，心慈不能施杀手。"于是改换周兴审理此案。

周兴早就等着这一天呢，受命之后，立刻把韩王李元嘉、鲁王李灵夔、黄国公李譔、常乐长公主等都逮到东都，一通酷刑逼供。

一辈子的金枝玉叶，哪里受得了这个？犯人全部招认，定成了铁案。周兴完全明白太后的思路，审完案后，就自作主张逼迫犯人全部自杀。而后，向太后密报诸王全都参与了谋反。

武装则天得报后，恨得咬牙切齿，将参与谋反的宗室之姓改为虺（huǐ）氏，亲族党羽全部杀掉。"虺"，意为毒蛇，可见她的痛恨之深！

事后，又派狄仁杰担任豫州刺史，处理善后事宜。豫州是叛乱重灾区，当时地方上正在穷治李贞党羽，连坐者近七百家，籍没五千余口，罪当砍头的不少，司刑官正在催促行刑。幸亏狄仁杰冒死密奏武则天说："彼辈皆误判。臣欲明奏请求赦免，似为从逆之人申冤；但知而不言，恐有违陛下仁慈之心。"武则天看了密奏，大为受用，这才同意改判，一律减为流刑，让他们到丰州（今内蒙古河套地区）戍边去了。

这些流人在去丰州的途中，路过宁州（今甘肃宁县一带），狄仁杰过去曾在这里当过刺史，百姓为他建有德政碑。宁州父老见到这些流刑犯人，就说："是狄大人让你们活的吧？"

平叛之后，朝廷大军滞留在豫州一时没有走。大兵们仗着有功，对地方多有索求。狄仁杰一概不理，惹得诸军节度张光辅大怒："你一个州官，怎敢轻视我一个元帅？"狄仁杰当面顶撞他："乱河南者，仅一越王贞耳。今一贞死，万贞生！"噎得张光辅没话说。回到朝中，告了狄仁杰一状，说他"态度不逊"。于是狄仁杰被贬为复州（在今湖北天门一带）刺史。

　　狄仁杰，是一个在武则天统治时期将要起大作用的干才。他是并州太原人，祖、父两代都在贞观年间为官，他少年时就博览经史，后来明经科中举，从州郡基层法官干起，升为大理寺丞。他敢谏言，有直声，断案公平，曾有一年办理了一万七千人，无一人诉冤。高宗和武后都很欣赏他，称他为"大丈夫"。

　　平叛的事，在他手里告一段落，大唐的历史也就进到了一个大转折的时期。诸王的这一番躁动，不但没有阻挡武则天改朝换代的脚步，相反的，更加速了巨变的到来。

第十章

女皇登极

第一节　先把"男女之大防"的帘子拿掉

我国古代封建社会存在"男女授受不亲""男女有别""非礼勿视""从一而终"等观念。这些观念，影响的不仅仅是男女间的自由恋爱，更主要是严重阻碍了妇女才干的发挥。诸种清规戒律，把妇女圈在一个小天地里，举手投足都有"礼"在束缚，谈何施展？

古代略有身份的女子，都不能随意抛头露面，不能见外人。家中来了男客，女眷要回避；女人要看病，只把一只手从帐子里伸出来让男医生号脉。就连贵为太后的武则天，临朝办公也非得垂帘不可。

古人的思维，在今人看来很荒谬：一道帘子，就能挡住邪念？

武则天是个不信邪的女人，也是一个靠不断违反常规而获得成功的执政者。她决心拿掉这一道什么也挡不住的帘子，以权力来挑战陈腐的意识形态。

垂拱四年（688）十二月下旬，在收拾掉了一班不成器的李唐宗室后，武则天如期举行"拜洛受图"大典。在这个仪式上，她命令永久撤下她前面的那道帘子，以本真的面目来面对天下的臣民。

这才是真正的"光照天下"！太后的这一异乎寻常的举动，表明她已经自认是堂堂正正的一国之君了。

二十五日这一天，雪后初晴。武则天率睿宗、太子来前往洛河边上的"拜洛坛"。在她身后，文武百官、部落酋长、诸蕃使节扈驾随行。一路鼓乐齐鸣，仪仗蔽天，洛河两岸百姓观者如堵——这才是五千年未有之盛世！

坛上供着"天授宝图"（大石头），坛前陈列着珍禽异兽、各式珠宝。浩荡队伍到达后，文武百官和仪仗等"依方位而立"。

万事俱备，丝竹雅乐悠然响起，太常礼官高唱武则天亲撰的《唐大享拜洛乐章》，其词曰："九玄眷命，三圣基隆。奉承先旨，明堂毕功。宗祀殿敬，冀表深衷。永昌帝业，式播淳风……"

其歌十四首，待第三首唱完，头戴冕旒、身穿衮袍的武则天即起身离御座，徐步登坛致祭。登至坛顶，武则天仪态万方，随着乐声舞蹈拜祭，先是"拜洛"，而后"受图"，接着是"登歌""迎俎""文舞""武舞""撤俎""辞神""送神"等一系列仪式。待十四首歌曲全部唱完，余音袅袅中，大典宣告完毕。

从祭坛之上，可见远处嵩山、北邙苍莽如龙，起伏于天际；洛河一脉浩荡而来，蜿蜒于脚下。再看坛下，旌旗猎猎如林，万民仰望如痴。

这庄严肃穆的场景，正所谓"虹开玉照，凤引金声"。

武则天本人此时的心情不知如何，她也许已经想到：华夏千秋，代谢无穷，她作为一个女人在政治上的成功，也应是空前绝后了。

受图之后的第二天，由薛怀义主持修建的明堂也宣告落成。

这座建筑，可算是当时的世界奇迹了。据史书记载，其高294尺，四方每边长300尺，由上、中、下三层组成，寓意天、空、地。下层为四室，象征四季；中层十二室，象征十二时辰；外为圆盘，九龙捧之；上层象征二十四节气，上有圆盖，置有巨型铁凤一只，以黄金装饰，势若腾飞。

建筑中央有巨木一根，粗十围（十人合抱），贯穿上下，作为大殿的主支撑。殿外置有铁渠，用作排水之道。

在明堂之北，还有一个高出明堂约一倍的"天堂"，是放置巨型佛像的地方。

唐代的宫室建筑，是白墙黑瓦，原本就清雅大方、气象恢宏，不是后来明、清皇宫那种红墙黄瓦的俗世风格。从史籍描述的规制看，说这个明堂是琼楼玉宇一点儿也不为过。

大唐第一"古惑仔"、诗人李白年少时迷信神仙，"十五游神仙，仙游未曾歇"。他在游历途中目睹了明堂的气象，大为震撼，曾写有《明堂赋》一首，洋洋千言，形容明堂的规模是"势拔五岳，形张四维，轧地轴以盘根，摩天倪而创规"。

若不是建筑本身有一种震慑心魂的美，他也不可能夸张到这个程度！

修建这样一座毫无实际用处的建筑，自然是劳民伤财。当时就有礼官提出异议，说古之明堂，不过是一间不加修饰的茅草屋，今天咱们这个明堂，就算夏桀的瑶室、殷纣的琼台也不过如此了。

反对的声音，毕竟是微弱的。武则天在参观验收之时，对这明堂却是满意极了，称它为"开乾坤之奥策，法气象之运行"。有了这个庞然大物，"能使灾害不生，祸乱不作"——有没有这功效暂且不说，起码是加强了"恭承天命"的合法性！

古来凡是政治，就离不开忽悠。

武则天为了纪念这一标志性建筑，特意改河南县为合宫县，又亲自将明堂命名为"万象神宫"。这地方还没开始使用，就先对民众开放，凡是东都的妇女和诸州的父老，都可进去参观。不仅是可以走走看看，而且"兼赐酒食"，真是唯恐招待不周。这个活动搞了不短的时间，"久之乃止"。

自有阶级以来，何曾有过老百姓可以随便到皇帝办公的地方去参观？消息传开，万民踊跃，一时前来参观的人摩肩接踵，四顾而惊叹！

以我们今人对古代社会的揣想，皇权之下，整个社会一定是死水一潭，日出日暮、百无聊赖而已。其实不然，中国的古代社会，向来就是好戏连台，其热闹程度今世远远不及。试想，若是我们躬逢大唐盛世，今日有消息传来：只要想当官的就去报名，十有八九都能捞一顶帽子戴戴；明日又有消息传来：想去瞧瞧中央议事堂是个什么样子，就只管去，中午朝廷还管一顿好饭……那该是何等振奋人心！

武则天此刻对自己的权威已有充分的自信，只有充分自信的执政者，才不会防范普通的老百姓。至于东都的妇女同胞们，更是享受到了现代妇女解放之前最大的一次解放，估计其中的丫鬟、老妈子在梦里都能笑出声来。

不过，明堂建起来，毕竟不是为老百姓开办的免费公园，武则天要利用这里大树特树自己的权威。为此，她下诏，来年正月，要"大享明堂"，在这儿祭祀三圣（高祖、太宗、高宗），连带拜祭上帝；并声称：今后明堂既为祭祖之地，也是布政之所，是国家的政治中心。

此时武则天的名号"神皇"，为秦始皇以来所没有。新的办公地点"明堂"，前代也不多见。她对此做出了解释，说这是"自我作古，用适于事"。"古"是指规矩、传统；"自我作古"就是创新体制；"用适于事"则是说，实践才是检验合不合法的唯一标准。

就在拜洛的当日，武则天宣布明年改元"永昌"。几日后，就是永昌正月初一，"大享明堂"仪式隆重举行，具体内容是祭祖并大宴群臣。

此次祭祖活动规格超常，实际都是做给活人看的。武则天身着帝王服饰，腰佩三尺大圭，手执镇圭（帝王或诸侯礼拜时所用的玉器），为初献；皇帝为次献，太子为终献。依此拜过昊天上帝、"三圣"，还有被追尊为魏王的武士彟。

祭祀完毕，武则天登上则天门，宣布改元，大赦天下。

次日，"天子坐明堂"，武则天接受了百官的朝贺。第三天，又在明堂布政，颁布九条训令训导百官。"九条"是哪九条，史书不载，据后人推测，左不过是《臣轨》里提出的那一套。

初四日，又大宴群臣一遍。

在酒足饭饱的中国式老套中，武则天圆满地完成了"大享"仪式。

诗人陈子昂目睹此盛事，曾替别人写了一篇贺表，称大享明堂为"旷古莫闻，于今始见"，深深为武则天的气魄所折服。

武则天通过恩威并施，只用了不长时间，就完全扭转了临朝称制初期群臣不合作的局面。作为整体势力的"皇唐旧臣"已在诛裴炎、剿灭徐敬业、平定宗室之乱这三大战役中被击垮；作为政权基础力量的中下层官员，因为仕途通畅、国泰民安与酷吏钳制这三大因素，而对武则天完全心悦诚服。他们被武则天导演的一场又一场政治秀闹得眼花缭乱。

在儒家礼法看来，女人无正当理由当国主政，是既不合礼也不合法的，而武则天偏偏就要在儒家传统中钻空子，以最最合法的天命所归、三代古制来压制你们的"不合法论"。她祭起儒家传统的法宝，杂以神道花样，把这场政治大游戏玩得无比庄严神圣，通过对自己的官员集团实施"愚民政策"，而达到了建立权威的目的。

通往皇帝宝座的大门，已为她豁然敞开。余下的只是时间问题了。

这座风光无限的明堂，从设计到监工都是武则天的男宠薛怀义。

高宗去世后，作为太后的武则天不可能再嫁，三年守丧期满后，薛怀义就填补了这个空白。

这个江湖野郎中是怎么接近当朝最有权势的太后的呢？原来是有人割爱。高祖李渊有个千金长公主与武则天年纪相仿，也是寡居，与武则天交情甚厚。她看武则天丧夫后形影相吊，不知是惺惺相惜，还是有意巴结，竟然把自己的一位男宠冯小宝转让给了太后。

冯小宝是鄠县（今陕西鄠邑区）人，人聪明，且多才多艺，不仅粗通医术，还懂建筑与武功，是古代社会中难得的科技人才。不过在儒家文化系统内，这不过是个末流人物。

武则天接收了冯小宝后，颇为欣赏，觉得这小伙子有"巧思"，便给他赐名"怀义"。又可怜他出身寒微，就把他硬塞给驸马都尉薛绍当叔叔，改名薛怀义。正式敲定情人关系后，为了让薛怀义能自由出入宫禁，武则天就叫他剃度为僧，让人称呼他为"薛师"，命他为白马寺寺主，凡是宫中精密一点儿的营建之事都由他负责。

薛怀义是个粗人，有才无德，现在有了这么一棵大树乘凉，牛气冲天。凡出行，皆有十余名宦官随行，出入宫禁均乘坐御马。路上士民如躲避不及，就要被打得头破血流。

朝中权贵知道他的分量，无不趋奉。就连武承嗣、武三思这样显赫的外戚，见他也要执奴才礼，为之牵马执鞭。

由此薛怀义更是不把大小官员放在眼里，招揽了一批无赖少年，统统剃了发收为党徒，横行都中。因为他建明堂有功，武则天就封他为左武卫大将军、梁国公，成了中国历史上最成功的一位江湖郎中。

对薛怀义的横行不法，也有人上表劝谏，但太后不听。独有宰相苏良嗣不买薛面首的账。一次，薛怀义在进宫路上遇见苏良嗣，竟然不理不睬，苏良嗣大怒，命左右把薛怀义掀翻在地，抽了他几十个大耳光。

薛怀义气晕了，跑到太后那里告状。武则天倒还能掌握原则，只是一笑，说："阿师应当从北门入，南衙乃宰相往来之地，你休去惹他们！"闹得薛怀义没办法。

武则天临朝之后，没有了权力制约，用人也就昏乱起来。永昌元年（689），竟然命薛怀义为新平军大总管，带兵前去讨伐突厥。薛大将军运气好，一直进军到阴山的紫河，也没遇见突厥人，于是就在单于台刻石记功而还。后来又让他统兵攻击突厥骨笃禄部，估计战绩不错，回师后又升了官爵。

说到这里，自然要带出一位武则天家庭中的重要成员。薛怀义的那个所谓的"侄子"、驸马都尉薛绍，娶的就是武则天唯一的女儿——太平公主。

太平公主生于何年，史籍上没有记载，据推测应该在"二圣"封禅泰山前后，是继四个哥哥之后的幺女。

太平公主五六岁时，常常往来于外祖母荣国夫人杨氏家，她随行的宫女（一说是太平公主本人）被表兄贺兰敏之逼奸，从而引起武则天大怒。加上此前贺兰敏之还曾奸污了内定的太子妃，武则天最终决定，将贺兰敏之流放并处死在半途中。

太平公主8岁时，武则天为了给去世的母亲荣国夫人祈福，令太平公主出家为女道士。"太平"一名，就是公主的道号。虽然号称出家，太平公主却一直住在宫中。仪凤年间，吐蕃大兵压境，唐军曾在青海大败，吐蕃派使者前来求婚，点名要娶走太平公主。高宗和武则天不想让爱女远嫁外邦，又不好直接拒绝吐蕃，便修建了"太平观"让她入住，正式出家，以"公主已出家"为借口，避免了和亲。

太平公主的长相、性格都跟他妈差不多，"丰硕，方额广颐"，且又"多权略"，所以深受父母喜爱。

出家之后，她的岁数也不小了，动了嫁人的念头。一次，她作武士打扮在御前歌舞。父母见了都大笑，说："儿不是武官，为何忽然如此？"公主却调皮地答道："以此赐驸马，可否？"父母这才知道：姑娘是想嫁人了。父皇高宗赶忙为她物色婆家。

开耀元年（681），太平公主大约16岁时，下嫁给了高宗的嫡亲外甥、太宗之女城阳公主的二儿子薛绍，也就是太平公主的表哥了。婚礼在长安附近的万年县馆举行，场面极盛。据说，照明的火把甚至烤焦了沿途的树木；因为婚车太大难以通过，甚至不得不拆了县馆的围墙。

武则天对四个儿子都不太好，唯独对女儿十分宠爱，常与之讨论政事。她甚至认为女婿薛绍的两个嫂子萧氏和成氏出身不够高贵，想逼薛绍的两个哥哥休妻，声言："我女岂可与田舍女为妯娌！"有人提醒她说：萧氏出身于兰陵萧氏，祖上有人做过开国宰相，并非寒门，武则天这才作罢。这时的武则天，已经自视为天潢贵胄，好了伤疤忘了疼，忘记了当年褚遂良等人对她出身低微的歧视。

这是太平公主的第一次婚姻。嫁人后的这段时间里，她还比较本分，没听说有什么绯闻。

但是这段婚姻时间并不太长，唐宗室李冲谋反，薛颛、薛绪、薛绍哥仨都卷了进去，打造兵器，招募人马，准备响应。结果李冲旋即事败，三人怕事情泄露，又杀了知情的地方官灭口。武则天得知后大怒，下令将薛颛、薛绪处死，给太平公主留了一点儿面子，只对薛绍杖责一百，可是这位驸马爷最后竟然饿死在了狱中。

当时太平公主正怀着她和薛绍的第四个孩子。事后，武则天打破唐代公主食实封不过三百五十户的惯例，将太平公主的封户加到一千二百户，以作为对女儿的安慰。

时过不久，武则天打算将寡居的太平公主嫁给武承嗣，因为武承嗣生病而作罢（也有一说是因为太平公主看不上武承嗣）。后来太平公主改嫁给武攸暨，最终还是与武家联了姻。

太平公主既懂得讨母亲的喜欢，也比较畏惧母亲的权势，为人比较谨慎。母亲找了汉子，她也很赞同，对薛怀义这位"叔父"非常尊敬。

此时正在野心勃勃地走向男人的最高专利——皇帝位置的武则天，身边并没有一个与她的利益休戚相关的官僚集团。所谓北门学士，只是一批仕途出身与传统官僚不大一样的文臣，他们所能做到的，仅限于恪尽职守。真正可称得上心腹的，只有薛怀义、武氏子侄和太平公主等十来个人。至于那几个酷吏，仅仅是起威慑作用的工具而已。

这样的力量，操控一个国家的政治，可以说很微薄，具有强烈的个人色彩，而无广泛的社会背景。但是，武则天完全以个人的意志，逆儒家礼法的潮流而动，强硬地向既定目标迈进。

她之所以能做到这一点，是因为她与构成社会基础的民众，没发生根本利益的冲突。民安，则国泰。至于儒家价值观是否受到冲击，老百姓是不管的。对她原本怀有敌意的官僚集团，此时也只能顺应大势，成为她的拥护力量。

第二节　"革命"革掉了辉煌的大唐国号

从现在起，到武则天如愿以偿做皇帝，还有两年的时间。在这段不算短的时间里，武则天所做的事情，既有务实也有务虚，都是在为铺平帝王之路而努力。

实的方面，她做了如下一些事。

第一，抬高武氏地位。要做皇帝，采取这一手很必要，自己的家族必须是最尊贵的家族。永昌元年（689）二月，她把已故父亲武士彟的地位又提高了一格，原先是魏王，现在追尊为"忠孝太皇"。已故母亲杨氏则尊为"忠孝太后"。此外五世祖以下的各位祖宗原来的尊号也都变了，新名号更加堂皇。三月，又任命武承嗣为鸾台纳言（门下省侍中），再次成为宰相，这大概是对他策划献"宝图"一事的奖赏。

第二，进一步扩大和控制禁军，改羽林军百骑为千骑。

第三，优待阵亡士卒家属，战死士兵所获勋位可以两次转授给近亲属。战士遗孤若生活困难，州县要给粮食养活。对出征军人家属，州县要经常慰问，并劝说富户助其耕种。

第四，移风易俗。成功人士必须节俭，服饰不得过于华丽，丧葬也不得太奢侈。州县长官要督促天下适龄男女结婚，不使外有旷夫、内有怨女。

虚的方面也做了重大改革。

一是刊正礼乐，删定律令，让五品以上官员必须明了新的章程。

二是推出一批新文字。她以自创的"曌"（zhào）字作为自己的名字，为避讳，诏书的"诏"就改称"制"。曌，寓意"日月当空，恩被天下"。此前，老古董们老是说她只能"主阴"而不该"理阳"，那么现在她的名字中，日月齐全，阴阳兼备，你们还有何说法？

此外还有新创造的十二个汉字（一说十六个），代替原来的天、地、日、月、星、国、君、臣、人等字，在诏敕、礼仪、祭祀上使用，以示时代更新。

这批新字，是武则天的堂外甥宗秦客造出来的，都很有创意。比如，新的"天"字在结构上为"上而下一"，"地"为"上山下尘"，"臣"为"上一下忠"，等等，以会意、象形字为多。宗秦客这小子有点儿小聪明，对武则天阿姨十分巴结，很早就劝她称帝，自己也想闹个皇亲当当。

三是改元、改正朔。永昌元年十一月初一，宣布改元"载初"，并以本月为"正月"，也就是一元复始之月。而第二年的正月，改叫一月。这个改动也有典故，据儒家传说，夏、商、周各承天命，所以正朔不同。夏以一月为正月，商以十二月为正月，周以十一月为正月。

武则天的家族，自认是汝南郡望。这一支武氏，出自周平王少子姬烈，姬烈是周朝大夫，因其手掌上有一"武"字形状纹路，故被赐为武氏。后来他的子孙便一直以武为氏，史称武姓正宗，是为河南武氏（见《姓纂》）。武则天立志"造我旧周"，所以从周俗，以十一月为正月。

意识形态的东西，在儒家传统范围内能玩的花样也就到此为止了。你建明堂也好，受河图也好，用周历也好，固然是把武氏地位抬到了一个吓人的高度，但是，何曾有一部经典里说过"女人可以当皇帝"！

——这才是问题的死结！

不解开这个疙瘩，武则天不敢贸然称帝，不然就是大逆不道。她知道，如果篡逆的名字一背上，那就是一万年也卸不下来。

其实，就在同时代，大唐的东、南、西三面，都有女主当国的事例。

东面，是新罗。史载"新罗王真平卒，无嗣，国人立其女善德为王"（《资治通鉴》卷一九三）。这是贞观五年（631）的事。还有一个是日本，出了一位"推古女天皇"，为日本史上第三十三代天皇，也是日本第一位正式称为"天皇"的人（以前的都叫"大王"）。她既是公主，也是皇后（被自己同父异母的哥哥纳为妃，后升级为皇后），丈夫死后，以太后身份控制朝政而当上天皇，在位期间进行了日本史上第一场影响深远的改革。她死的时候，是大唐的贞观二年（628）。不仅如此，在日本的历史上，居然一共出现过八位女天皇，仅隋唐时期就有六位，这段时间被日本人称为"女帝时代"。看来，东瀛国民接受一位女天皇，在心理上是没有任何障碍的。

南面，有林邑（今越南中部，秦汉时为象郡之地）。史载林邑王范头利卒，几经内乱，国人立头利之女为王，只不过这位女王不会治国罢了。这一年是永徽四年（653）。

西面，有"女国"（也称"东女国"）。《唐会要》载："女国在葱岭之西，以女为王。每居层楼，侍女数百，五日一听政。其王若死，无女嗣位，国人乃调敛金钱，还于死王之族，买女而立之。其俗贵女子，贱丈夫，妇人为吏，男子为军士。女子贵者，则多有侍男；男子贵，不得有侍女。虽贱庶之女，尽为家长，犹有数夫焉。生子皆从母姓。"贞观八年（634），女国曾有朝贡使到长安。但这个古国，不知其位置在今天的什么地方。

武则天所处的时代，简直是个女人当家的时代。就是在咱们的大唐，在武则天称帝之前，出过一位"女皇帝"。

睦州女子陈硕真自幼父母双亡，和妹妹相依为命，尝尽人间辛酸。后妹妹被乡邻收养，她自己到一户乡宦人家帮工。某年当地发生洪灾，民不聊生，饿殍载道。陈硕真不忍见此惨景，擅自打开东家的粮库救济灾民。管家发现后，将她捆绑起来毒打，当夜被乡人救出，逃入山中隐迹。此后，当地民众不时听到陈硕真"升仙山、受仙法"的传闻。众人对她为民众造福救难都抱有很大希望。

永徽四年（653）十月初六夜，陈硕真顺应民意，在淳安农村率众起义，当地百姓群起响应，队伍几日内竟扩大至数万人。陈硕真仿照唐朝官制建立了政权，自称"文佳皇帝"，以妹夫章叔胤为仆射，总管各项事宜。于十月二十五日夜，兵分两路出击，章叔胤率众攻陷桐庐（在今浙江）；陈硕真亲自带兵二千连克睦州治所淳安

（今杭州西南）及于潜（今浙江昌化东南），此后义军进攻歙州（今安徽休宁东）未克，又进袭婺州（今浙江金华）。

惜乎义军最终为婺州刺史崔义玄与扬州长史房仁裕联军所败。当年十一月底，数万义军大部战死，陈硕真及章叔胤在激战中被俘，英勇就义。那时，武则天还是个昭仪，跟王皇后斗得正激烈呢。

女人做国主，看来不稀奇。可是上面列举的几个例子，大多为外邦小国，没法作为武则天的援例——天朝哪能向外藩看齐？至于本土的"文佳皇帝"，就更不成了，她只是一位未成功的绿林女杰而已，更不能作为范本。

必须在权威的理论体系里找到根据，以塞天下之口。

老祖宗的儒家经典看来是不行了，因为儒家理论不仅不支持女人主政，而且旗帜鲜明地予以反对。比如，《尚书·牧誓》就说："牝鸡之晨，惟家之索。"《诗经·大雅·瞻卬》说："妇无公事，休其蚕织。"此外，本朝比较推崇的道家理论，也没有支持女人主政的说法。

东方不亮西方亮，这难不倒武则天，她最终从佛教经典中找到了有力的根据。

武则天与她母亲杨氏两代人，与佛教都甚有渊源。武则天小时候就很信仰佛教，后来还在感业寺当过几年尼姑。她的印象中，佛经中有女王转轮的典故，于是就叫薛怀义发动人去找。

薛怀义回到白马寺，组织一帮僧人查了个人仰马翻，终于在北凉时的高僧昙无谶翻译的一部经书里找到了。

这部经书名为《大方等大云经》，里面白纸黑字提到一条预言："尔时（到那时）众中，有一天女，名曰净光。"在佛出世时，净光深得大义，舍弃天赋之形，以女身当了国王，得以管辖转轮王统领之地的四分之一。

《大云经》在另一处还预言说，佛死后七百年，南天竺有一个无明国，国王有一女儿名为"增长"。这位增长姑娘"实为菩萨，为化众生，现受女身"；并预言，无明国王死后，"诸臣即奉此女以继王嗣。女既承正，威伏天下。阎浮提（意指人间）中所有国土悉来承奉，无违拒者。如是女王，未来之世，当得作佛"。

这两条经文，简直是救了命！

佛教自汉代传入中国后，经过南北朝时期的发展，已经树大根深，到隋文帝时，据记载"天下之人从而风靡，竞相景慕。民间佛经，多于六经数十百倍"（《隋书·经籍志》），声势上已压倒儒学。唐朝虽然独崇道家，但也不排斥佛教。

因此，佛教的理念，在大众中甚有市场。

武则天便叫薛怀义和东魏国寺的僧人法明，给《大云经》作疏（即作注解）。

两人心领神会，巧为附会，说武则天就是弥勒佛转世，为天下女主。这个引申，就不免有点儿夸张了。弥勒是个菩萨不假，而且是释迦牟尼的大弟子之一；但是《大云经》并没有说女王就一定是弥勒佛转生的。二人之所以要这样说，是因为南北朝以来关于弥勒佛救世的信仰在民间极为流行，就连起兵造反的人，也多有以弥勒佛为号召的。所以，一提弥勒佛，老百姓就欢迎，这是救世主啊！

这个《大云经》，是武则天可以当皇帝的唯一理论支点。所以两《唐书》和《资治通鉴》对此嗤之以鼻，都认为是法明和尚伪造的。

但是宋代的赞宁在《高僧传》里驳斥说："此经晋朝已译，于是（在那时）岂有天后耶？"近代更有人对敦煌出土的《大云经疏》残卷进行研究，发现薛怀义所引的《大云经》经文，与南北朝时的两个译本几乎全部符合，故伪造之说不能成立。

《大云经疏》的胡扯，主要在它胡乱附会的那部分。法明和尚在向武则天进呈新刻好的《大云经疏》时公然建议：太后是弥勒转世，应代唐为"阎浮提主"（大地之主）。他所作的"疏"里还讲到，北魏有位道士寇谦说过："火德王，王在止戈。"止戈，武也！大唐的土德，也该到换一换的时候了。

这个搞法，实际与佛教真义无关，相当于近世的"假某某某主义"。在千百部佛经中寻章摘句一二，就证之自己掌握了真理，只能说这是唐代的活学活用。

不过，武则天多少年来等的就是这个。她一高兴，就赏了法明一个"县公"的待遇。

《大云经》跟着也就走了鸿运，由官府刻印颁行天下。又令两京与各州都要建大云寺，收藏《大云经》，还要请高僧登坛宣讲。经过两个月的普及教育，大唐人都知道了：圣母要受命，女主要当国了！

在此之前，继"宝图"出来之后，曾有人又伪造了一块"瑞石"，装模作样从汜水里打捞出来，发现上面竟然刻有完整的一首诗，这就是《广武铭》。其诗曰："发我铭者小人，读我铭者圣君。……三六年少唱唐唐，次第还唱武媚娘。……化佛从空来，摩顶为授记。光宅四天下，八表一时至。民庶尽安乐，方知文武炽。千秋不移宗，十八成君子。歌曰：非旧非新，交七为身，傍山之下，到出圣人。"

这首诗，语句怪诞，有如《推背图》，但所含的信息实在太多了！隋朝时曾有《武媚娘》乐曲，流传至唐，唐宫廷的春节宴会也曾以琵琶演奏此曲，这里显然是附会武则天应成为女主。其他如"化佛""光宅""授记（预言）""八表"等，无不与《大云经》所载菩萨转世典故相吻合，不能不令人怀疑，这一系列名堂是早就统筹策划过的。

经过普及教育之后，唐朝人民的思想基本都转过弯来了，武则天代唐自立的时机已完全成熟。但是，还缺少一个环节——臣民劝进。古来做皇帝的，无论是合法继承还是篡位，都需要经过这一程序，很少有人无耻到抢了座位就坐的。

但是莫担心，这事似乎也有人在策划。载初元年（690）九月初三，东都开始上演一系列狂热大戏。

这一天，关中耆老九百余人自发来到洛阳诣阙（叩拜宫门），说是要"请革命，改帝氏为武"（《新唐书·本纪·则天皇后》）。有个左肃政台御史名叫傅游艺，这天正在值班，他本人也早有劝进之心，于是就抓住大好机遇，领衔上表，称"天无二日，土无二王，皇帝嗣武……岂不宜乎"，请求改唐国号为"周"，赐睿宗皇帝姓武。

这是舆论上的破冰之举，是公开提出要改朝换代。没点儿胆量，是不敢出这个头的，傅御史也因此千古留名。但是，仅仅劝这一次是不行的，被劝人一般都要"三劝而允"。于是武则天不允，只是把傅游艺连升了好几个官阶，由原来的从七品上的御史擢升为正五品上的给事中。

这是什么意思，连白痴都能明白了。

后世有的史家不大相信这次请愿真是出于民众自发，他们怀疑是武氏外戚在幕后进行了组织。但是接下来的活动，可能就是完全自发的了。

从这天起的七天之内，是唐朝人民盛大的"革命"狂欢节。九月初八，二劝紧跟着就来了，这次是神都耆老、四方蛮夷、道士和尚共一万两千余人诣阙，请神皇登正位，要求把睿宗皇帝降为皇嗣，并赐姓武。

武则天认为火候尚欠，还是"谦而未许"。

九月初九，三劝开始，其声势更加浩大，请愿队伍中既有远近百姓、四夷酋长、沙门道士，也有文武百官、李唐宗室，人数共有五万！他们不再是表达完了意思就走，而是"守阙固请"——守在宫门不走，不达目的誓不罢休。

三劝上表的言辞，也比前面的更为强硬："臣闻圣人则天以王，顺人以昌。今天命陛下以主，人以陛下为母。"又说："陛下不顺天、不应人，独高谦让之道，无所宪法，臣等何所仰则？"——您若是不当皇帝，我们可就没有了指路灯呀！

在这种轰轰烈烈的情势下，睿宗迫于压力，也上表自请赐姓武。

这一天正逢上朝，有群臣上奏，说有凤凰从明堂飞入上阳宫，然后飞往东南方。又有赤雀数万只自东而来，飞集朝堂，另有黄雀在后跟随之。这不是预兆火德（赤色）要革土德（黄色）的命吗？大家坚请太后赶快称帝，以应吉兆。

消息传开，大众嚣声雷动，欢庆天人之应！群臣也争相议论道：

"天物来，圣人革时哉！"

"天意如彼，人诚如此，陛下何可辞之？"

"陛下若遂辞之，是推天而绝人，将何以训？"

武则天也为这气氛所感染，兴奋不已，说："俞哉！此亦天授也。"于是欣然批准"革命"，命有司准备改朝礼仪。

初九日，武则天登上宫城正南的则天门，宣布革命，改元"天授"，"建大周之统历，格旧唐之遗号。在宥天下，咸与惟新"（《全唐文》）。

九九重阳，66岁的武则天做成了中国历史上最离经叛道的一件事。此刻她登高远望，不知心情如何？父母九泉之下若有知，是该喜还是该惧？丈夫李治若起于地下，是该惊愕还是愤怒？

九月十二日，大周皇帝武则天上尊号为"圣神皇帝"；原睿宗皇帝李旦降为皇嗣，原皇太子降为皇孙。次日，立武氏"七庙"于神都，追尊周文王为始祖皇帝，而武则天真正的五代祖宗在庙中均有位置，过了不久三代祖也都追尊为皇帝。武氏子弟熬了这么多年，也终于混成了宗室，共有十三人封为王，姑姊皆为长公主。

中枢行政机构也相应进行了调整，由武氏宗亲和武则天的亲信各据要津，以保证新的政权能够令行禁止。岑长倩、史务滋、宗秦客、傅游艺、张虔勖、丘神勣、来子珣等纷纷被提拔，且都赐姓武。其中傅游艺的迁升最为炫目，从一年前最初的八品小官，直升为三品大员。

当然这帮"假武"风光了没多久，第二年都因罪被杀。官场潜规则的作用无处不在，如果不是凭能力与威望，而仅仅靠政治上的投机而成功，不见得会有什么好结局。

第二年正月，改旗帜颜色为赤色，正式定都洛阳，将社稷坛从长安迁移到神都，武氏祖宗迁进太庙，原来在长安的李唐太庙改为"享德庙"，四时仍祭高祖、太宗、高宗，其余人就不祭了。

今日大唐天下，已是大周赤旗的世界！

武则天之所以能如此顺利地完成颜色革命，群臣的拥戴不可忽视。前面提到的诗人陈子昂，现在就是一个狂热的拥戴分子，他抓住时机，进献了《大周受命颂》和《神凤颂》，把武则天吹捧了一通，说自己是："亲逢圣人，又睹昌运，舜禹之政，河洛之图，悉皆洞见，幸而多矣！"不知他为何激动成这样。

原先忠心耿耿的大唐臣民，现在成了拥戴女皇积极分子，许多朝士的变化，与陈子昂的心路历程很相似。

另一位唐代著名诗人李峤在《请立周七庙表》中，也是激情澎湃，称武则天是"纂祖宗之洪绪，资圣神之睿问，乾坤合德，日月在躬，利泽浃幽显，光明烛宇宙"，称今日盛况是"神灵扶更始之运，亿兆庆维新之业"。（《全唐文》）

光芒照耀了神州还不算，直至照遍了全宇宙！然而，当时的颂歌和后世的评价，往往有天壤之别，这样的事屡见不鲜。看来，文人在写赞美文章时，还是笔下省点儿力气为好。

李峤，字巨山，赵州赞皇（今属河北）人。少有才名，20岁进士及第，任长安县尉，后历任监察御史、给事中、凤阁舍人，甚得武则天赏识，"朝廷每有大手笔，皆特令峤为之"。在武周、中宗两朝官运亨通，屡居相位，竟然封了赵国公。到睿宗二次当皇帝时，开始走背运。后来玄宗即位，被贬为庐州别驾，但他没去赴任，告老还乡了。他的生卒年份不详，据推测起码活过了70岁。

李峤对唐代律诗的成熟有一定的贡献。他前接王勃、杨炯，又与杜审言、崔融、苏味道并称"文章四友"。在当长安县尉时已是文名大振，据说在县尉这一级官员中，李峤与骆宾王齐名。诸人死后，他成了文坛耆宿，为时人所景仰。其诗绝大部分为五言近体。

他还有一首七言歌行《汾阴行》，写盛衰兴亡之感，最为当时传诵。据说唐玄宗在安史之乱中逃离长安前，登花萼楼，听到歌者演唱此诗的结句——"山川满目泪沾衣，富贵荣华能几时。不见只今汾水上，唯有年年秋雁飞"，心有所感，悲慨多时，赞叹李峤是"真才子"。

在文人的一片赞美之中，堂堂大周就这样应运而生。不过这里面有一个理论上的悖谬，周代唐立，根据的是"五行相生"学说，可是五行里只说火可以生土，现在土怎么生出火来？这也难不倒高智商人士，陈子昂等人解释说："土则火之子，子随母，所以篡母姓。"黄雀追随赤雀而飞，就是子随母。因此五行中的逆向运动，也就说得通了。

武则天之所以对"周"这个国号情有独钟，除了前面讲到的武氏源出周平王之子外，还有两个因素：一是武士彟曾在高宗时期被封为周国公，现在以"周"为国号，表示新国家是有渊源的。二是武则天对上古三代的盛世一直很向往，国号取名为"周"，显示了她的宏大抱负。

国家的新都城洛阳，经武则天多年的经营，现已是政令所出、人文荟萃的首善之区。"革命"后，武则天又加强了神都的军事防卫，驻扎在新首都周围的诸军人数，约在三十万。武则天以此居中御外，万无一失。

从嗣圣元年（684）的废帝政变，到今天不过才六年时间，武则天恩威并施，操纵大局，以一女子而登帝位，不出宫闱而易社稷，手段之高，确实令人惊叹。

陈子昂曾赞美道："（武则天）不改旧物，天下惟新，皇王以来未尝睹也。"

其实，她哪里是不改旧物？三皇五帝到于今，中国最大的礼教叛逆者，非她莫属！

第三节　辉煌的历史必有它阴惨的背面

这样轰轰烈烈、花团锦簇的一场"革命"，与那些民众自发地掀翻一个皇朝的革命不同，这实际上是在强力人物操纵下的体制变革，其过程中必然伴有高压、钳制和大量冤案。后人绝不该只看见表面的欢呼拥戴，而忽略了背后的凄惨血泪！

骆宾王当年的檄文不幸言中了——今日之域中，竟是武家之天下！

此时最尴尬的一个人，恐怕就是前睿宗皇帝了，当了几年傀儡皇帝不算，还要遭遇改朝易姓的厄运。从皇帝位置上跌落下来，当了一个不伦不类的"皇嗣"，这个称号前无古人，跟皇太子完全是两码事。如果身份是太子，那就预示着将来一定会继承帝位，可是这皇嗣，只不过意味着他是女皇的儿子而已。

女皇的位置将来由谁来接替？不一定就是"皇嗣"。

大周在礼法上的这一个空档，武氏的那些子弟们当然要打主意。这里面最想、也最有资格谋得皇储身份的，要数武承嗣了。一是他身份过硬，是武士彟家族嫡系的袭爵人，现已被封为魏王；二是他官职最高，现已是文昌左相，居一人之下、万人之上；三是他拥护"革命"出力最多，请愿之事十有八九是他一手谋划的。

人之欲望，从来就是个无底洞，武承嗣不会满足于这"三个第一"。他现在最想的就是"夺嫡"，由自己来当皇太子。考虑到前面的几次群众运动都见了效，武承嗣就发扬光大，密令凤阁舍人张嘉福再组织一次父老请愿。于是不久，由洛阳人王庆之牵头，有数百群众上表请求立武承嗣为皇太子，废去李旦的皇嗣身份。

女皇这会儿还不糊涂，她专门召见了王庆之，问道："皇嗣我子，奈何废之？"

王庆之的回答也很厉害，说："今是谁有天下，而以李氏为嗣乎？"

他提出的这个命题，正是武则天难以解开的死结。母亲当了皇帝，这没有问题，但是，皇帝位传给谁？假如传给儿子，尽管李旦现在姓了武，可毕竟是李氏血脉，传给他就等于又轮转回去了，谁能保证在武则天身后，他还甘心姓武？那么传给武氏子弟怎么样？武则天还没有想好，因此，她拒绝了王庆之的建议，令他回去。

王庆之不肯走，以死泣请（我就指望这个飞黄腾达呢）。

女皇见他态度诚恳，就给了他一张"印纸"，说："今后想来见我，以此出示守门者。"（有话，我们以后慢慢再聊吧。）

在这个过程中，女皇就此事征询了文昌右相岑长倩的意见。这个岑长倩也是个拥戴功臣，如今也被赐姓武了，按理说他应该支持把革命进行得更彻底。但是，同是拥护革命一派，在这个问题上，态度却很不同。岑长倩表示坚决反对！

这个岑长倩，是武则天一手提拔起来的新人，曾任征讨越王李贞的后军大总管，现在的位置又是如此之高，显然是武则天身边的红人之一。当初他也曾奏请将睿宗改姓武，作为大周的皇嗣。不过在他的概念中，皇嗣就是太子，无须多说，因此他不同意另立武氏子弟为太子。他提出，皇嗣就在东宫，臣民不宜有此议，请切责上书者，出告示让他们解散（死了这份心吧）。

女皇又征询另一位宰相、地官尚书同平章事格辅元的意见，格辅元也不同意。两位宰相都拒绝在请愿奏表上签名。

武承嗣没有办法，只好奏请通报批评张嘉福等人，但也没给他们什么处分。

由此，两位宰相大忤武氏子弟之意，估计女皇也为此很不高兴。加之早先武则天诏令天下普建大云寺的时候，岑长倩曾表示反对，得罪过武则天，现在恐怕要新账老账一起算了。

果然，没过多久，也就是天授二年（691）的六月，岑长倩被罢相，改任武威道行军大总管出征吐蕃。走到半途，又突然被召回，逮下诏狱。由来俊臣主持审理，竟平地兴起大狱，把格辅元、欧阳通等数十人也给牵了进来，诬以谋反，用尽酷刑，于当年十二月统统给杀掉了。可怜岑长倩的五个儿子，同时被害。

岑长倩的家族很有来头，叔叔岑文本是太宗时的宰相、侄儿岑羲是后来睿宗复位时的宰相，三人为唐代有名的"一门三相"。岑长倩早年是孤儿，由叔叔岑文本抚养成人。唐朝著名的边塞诗人岑参，也出在这一门。

这样看起来，岑长倩虽是武则天的红人，但家族中的贞观渊源终究对他有影响。在关键时刻，他力保李旦的嗣君地位，也许是有一番苦心的。可叹稍忤圣意，竟遭灭族！也是岑长倩时运不济，此时女皇刚登极，对李唐宗室及旧臣可能的反扑极为敏感，对宰相团队也格外戒备，不惜屡起大狱予以震慑。岑长倩这是撞到刀头上了。

睿宗复位后，在景云元年（710）追复了岑长倩的官爵，备礼改葬，算是对他表示了追念。

却说这武承嗣志在必得，他明白机会就这一次，一旦错过，此生就再不可能有君临天下的机会了。于是一手请愿，一手整肃，直逼那个眼看就要坐不稳的李旦。

可是冥冥中似有定数，越是急功近利想爬上去的人，却往往越是不成。因为其咄咄逼人的态势，会使别人感到威胁，于是就惹得人家来反制他。

在前台为武承嗣卖力的那个王庆之，虽然第一次请愿未成，但显然受到女皇温和态度的鼓励，就再三求见，固执己见。最后终于惹恼了武则天，叫来了凤阁侍郎李昭德，让他好好治一治这个不识趣的白痴，打一顿棍子再说。

李昭德是个有政治头脑的人，也是个强悍的人，他把王庆之带到光政门外，对公众说："此贼欲废我皇嗣，立武承嗣！"说完，令人把王庆之痛揍一顿，直打得耳目出血，然后杖杀。围观的"请愿党"一看，大惊失色，一哄而散。

而后，李昭德向武则天进言，讲了一个道理。他讲的这个道理，非同小可，直接影响了武则天和大周后来的命运。

他说："我听说文武之道，贵在方略，岂有侄为姑立庙乎？以亲缘而论，天皇乃陛下之夫，皇嗣乃陛下之子，陛下合该传之子孙，方为万代计。"

这里，李昭德很巧妙地向武则天强调了私有制的核心——"亲不亲，一家人"。只有把江山乃至一切值钱的东西传给一等亲的亲属，才最牢靠。同时，他也强调了父系社会的关键，子孙一系才是可靠的，娘家那一头的侄子，弄不好就是外人了，能把姑姑的牌位供到太庙里去吗？

大唐所有的旧臣，对唐王朝的挽救，都没有李昭德的这句话有力。武则天听了以后，有所觉悟，废立皇嗣之事也就搁置下来了。

李昭德并未就此满足，他再接再厉，密奏武承嗣权太重，似有不妥。

武则天对李昭德已相当信任，于是推心置腹地说："承嗣，吾侄也，故委以腹心。"

李昭德要的就是这句话，他施用攻心战术，晓以利害："侄之于姑，何如子之于父？子犹有篡弑于父者，何况侄乎？"

武则天闻之不禁变色。

李昭德又补上一句："承嗣为陛下之侄，又是亲王，不宜更在中枢。且自古帝王父子间相篡弑，何况姑侄，岂得以重权委之？若他趁机而起，帝位可安乎？"

说得武天倒抽一口凉气："我未之思也！"

这一堂权谋教育课，使武则天刻骨铭心，就开始考虑是否要收回武氏子弟的实权。

武承嗣有所察觉，便也跑去告李昭德。但女皇已有了主见，只说："我自任用昭德，高枕无忧，此人是代我劳苦，非汝所及也！"（《旧唐书·列传·李昭德》）

古来以疏间亲的，少有成功，弄不好还可能掉脑袋。而李昭德却做得很漂亮，他巧妙地在武则天的子与侄之间做了个亲疏的划分，使得敏感的武则天对武氏子弟大起戒心。

第二年八月，武承嗣和武攸宁同时罢相，而李昭德以夏官侍郎拜相，也许跟这次谈话很有关系。

在整个大周时期，武承嗣、武攸宁、武三思等人虽然贵为宗室，先后几度拜相，但时间都不是很长，累计起来也不过两三年，未能对政局产生什么影响。

武则天对诸武总体上是控制使用，起用他们的意义，在于壮大自己的"宗枝"，同时也让他们起到耳目的作用。至于大政方针和治国实务，却不大让他们插手。在特权上对他们也有限制，原先唐诸王的封邑之租，由王府自己征集，而对武姓诸王，武则天则改令州县征送，以防止诸王额外盘剥。

对诸武的限制，好歹减轻了他们这一伙的危害。但是在"革命"前后，酷吏的作用却大大加强了。

酷吏是些什么东西，武则天心里是大致有数的，但是新朝初立，旧党待除，不养一批恶狗是不行的。酷吏以用法严苛搏取名声，以图厚赏，武则天也知道这里面冤案大概是少不了的，但为巩固政权计，也就不想多加干预。所以自永昌元年（689）平定了宗室之乱后，酷吏们已经开始把黑手伸向了朝中大臣和李唐宗室，成为一股能影响政局的疯狂力量。

几年间，由于酷吏的作用，先后以各种罪名处死或流放的唐宗室有十数家，牵连家属数百人。倒了霉的大官也为数不少，上有宰相魏玄同、尚书张楚金、侍郎元万顷，下有刺史郭正一、长史刘易从、都督李光谊等，共有大臣数十家，刺史郎将以下不计其数。就连战功赫赫的名将黑齿常之，也被周兴诬陷与右鹰扬将军赵怀节谋反，在狱中被逼自缢！

一代将相，如落叶纷飞！当年作为武则天辅政时期的基本力量"北门学士"，也几乎被酷吏们赶尽杀绝。人世无常，福祸难料，站"错"了队的自无话说，站对了队的竟然也性命难保，政治这碗饭，真是不好吃啊！

永昌元年七月，徐敬业的弟弟徐敬真从流放地逃回，想投奔突厥。途径洛阳时，洛州司马弓嗣业和洛阳令张嗣明送钱资助他出逃。待逃至定州（在今河北）被逮住，牵连到两位资助者。弓嗣业被缢杀，徐敬真和张嗣明贪生怕死，竟然诬攀多人，其中就有那位在平定越王李贞之乱时专横跋扈的"元帅"张光辅。

两人诬陷张光辅在征越王时"私议图谶天文，阴怀两端"，结果现任内史的张光辅有嘴说不清了，三人一齐被处死。

最为荒谬的是，武则天的亲信元万顷、郭正一，以及平定徐敬业之乱的大功臣魏元忠等，竟被诬陷与徐敬业通谋，判了斩刑。这真是"狡兔死，走狗烹"！

对这几个人，武则天多少还是了解的。他们真的会和徐敬业联谋？武则天难以判定，犹豫不决。直到人都被拉到刑场上去了，她才下决心要保下这几个人，于是，令凤阁舍人王隐客快马前去传旨：要刀下留人！

王隐客领命后，生怕去得迟了救不了人，女皇要怪罪，于是一路扬鞭纵马，狂呼："有旨免罪，刀下留人！"引得一路行人惊讶不已。

刑场上待决的犯人张楚金等人听到呼喊声，都不禁欢呼雀跃，唯有魏元忠仍跪于地上，神态如常。众人唤他起来，他淡淡答道："虚实未知。"

王隐客勒马而下，请魏元忠起来，魏元忠却说："宣敕后再起不迟。"

待读罢敕书，魏元忠才缓缓站起，舞蹈谢恩，脸上看不出任何忧喜之色。这人实际上已经参透了政治的清浊，一切置之度外了。

后来，这批人都免死，流放到岭南了。

徐敬真案牵扯进来的人，也有没能逃脱得了的，彭州（今四川彭州）长史刘易从就是在当地被诛杀的。他在彭州官声很好，吏民皆怜其不幸，在行刑时纷纷解衣投地，称："为长史之灵求福。"事后，衙门把这些衣服估了价，值十余万钱。

到九月，周兴又诬告宰相魏玄同谋反。他这一告，纯属个人恩怨。早先在高宗时，周兴为河阳县令，高宗有意提拔他，但吏部认为周兴是"流外官"，即不入流的杂职，连九品都不是呢，不好提拔，于是否决了皇帝的提议。

这事的内幕周兴无从得知，几次到朝堂去痴等任命。几位宰相谁也不屑跟他说一声。魏玄同当时是代理宰相，见状有所不忍，就说了一句："周县令可去矣！"

周兴不领情，反而以为是魏玄同从中阻挠，便记恨在心。眼下周兴已今非昔比，就要来算这笔老账了。他知道魏玄同曾与裴炎交好，就跑到武则天面前诬奏说："魏玄同曾与裴炎合流，近日对臣说：太后老矣，不若侍皇嗣富贵持久。"

这是揣摩过武则天心理之后的诬告。武则天此时万事如意，只是年近黄昏，最忌讳别人提及一个老字，于是一怒之下赐魏玄同死。

前来监刑的御史房济，对魏老爷子的遭遇很是同情，就劝魏玄同说：何不以告密为由求见女皇，以期自辩。

魏玄同不听，叹道："人杀与鬼杀有何分别？我不能为告密之人！"说罢，从容就死，死时已是七十三岁高龄。

对酷吏的横行霸道，朝中也有非议，陈子昂就是敢说话的一个。他那时年轻，口无遮拦，又是拥护武周革命的热心分子，所以敢于极言酷吏滥刑之弊，主张"抚慰宗室，各使自安"，不赞成把李唐宗室搞得那么惨。

永昌元年三月，武则天特意召见陈子昂，询问为政之要和哪些弊政需要革除，让他详细写来，不要引用古典，空发议论。

陈子昂就写了一份三千言的建议书，提出了八条：一措刑，二官人，三知贤，四去疑，五招谏，六劝赏，七息兵，八安宗子。

"措刑"一条，他提得很有见地，说严刑峻法是用来禁乱的，乱子平了就应息刑，严刑不是为承平时代而设立的。太平之人，喜德政而厌刑罚，刑之所加，人必内心惨痛，所以圣人用刑罚非常审慎。近日诏狱大兴，钩捕支党，株蔓推穷，都是因为狱吏不识天意，所以才如此惨刻。最好是敕法慎罚，省白诬冤，这才是太平安人之务。

对于用人，他也说得好。他说：政治政治，政所以能治，在于用人唯贤。君子小人各分其类。要是陛下好贤而不用，或者用了也不能信，信了又不能善始善终，或者用完了不加奖赏，那么虽有贤人，终不肯至，即便贤人当了官，也不肯用力。如此，怎么能行？（见《新唐书·列传·陈子昂》）

对"安抚宗室诸子"一条，武则天当然听不进去，但也没恼怒。她知道陈子昂敢这么说，就是没有包藏祸心，且她又有爱才之心，很快提拔这年轻人为右卫胄参军（掌甲仗等事）。

武则天当然知道他说的是什么，但此时她还不想收拾那些酷吏，狗虽恶，毕竟是我的狗，等狡兔死光了再说吧。于是，女皇虽然数次召见陈子昂，谈得也很详细，可是每次都是谈完了就算完事。

陈子昂的上表至今我们还能从史籍上读到，可称得上见解不凡，不是书生空论，他后来也因此被提拔为右拾遗（正八品上）。但他"居职不乐"，"革命"后的严峻形势让他很感失望。

反观酷吏，却是越来越得意了。有个醴泉人侯思止，早先以卖饼为业，后投到索元礼门下为仆，也学到了陷害人的一手。他有个朋友被恒州刺史裴贞因故杖责，他为了给朋友出气，就出头告裴贞与舒王李元名谋反。

这是革命政权逻辑上的荒谬——革命是好事，自然应该是拥护者多，可是革命后的谋反案却为何又如此之多！

侯思止一告就准，李元名被废，流放边地州郡，裴贞掉了脑袋。侯思止因告发有功，授了游击将军。可是他还不满足，嫌游击将军是个散官，没有实权，就向女皇求为监察御史。

武则天对要官的甚为厌恶，就问道："卿不识字，岂堪御史？"

侯思止答道："獬豸（传说中的独角异兽，见人相斗，便以角触无理者）何尝识字，却能触邪呢！"

这花言巧语，哄得女皇大悦，果然给了他朝散大夫、侍御史的官做。

还有一个衡水人王弘义更霸道，比侯思止的发迹还要不可思议。他素来无行，曾向邻舍乞求吃两个瓜，人家不给，他就告诉县官说瓜田中有白兔（天降祥瑞？）。县官派人搜捕，践踏瓜田，顷刻立尽。他后来出游赵州（今河北赵县）等地，见乡间的耆老聚会作斋会，就告以谋反，致使二百余人无辜被杀，他也因此得授游击将军，不久又升为殿中侍御史。

后来有人诬告胜州（在今内蒙古）都督王安仁谋反，武则天叫王弘义去审这案子。王安仁被冤枉当然不服，王弘义就在枷上把他脑袋割了下来；又下令去逮捕王安仁的儿子。其子是军人，刚巧来到堂上，王弘义不由分说，也把他脑袋割下，装在盒子里回京复命。至于这父子俩反不反，那就在于报告怎么写了。

回京途中路过汾州（今山西汾阳），司马毛公请王弘义吃饭，吃了不大一会儿，王弘义忽然呵斥毛公滚下去，命人斩之，用枪挑着砍下的脑袋回洛阳，沿途百姓见者无不震栗。

那时武则天的中央监狱——"制狱"设在丽景门内，凡入狱者，非死不出。王弘义竟然戏呼此门为"例竟门"，意为照例都得死。

恐怖政治到了如此地步，朝士人人自危，相见不敢寒暄，只能道路以目。因入朝时经常有人密遭逮捕，所以每次上朝，官员们都要和家人诀别："未知复相见否？"

当时的法官竞相以酷为荣，只有司刑丞徐有功、杜景俭办案还比较平恕。以至于被告者都说："遇来、侯必死，遇徐、杜必生。"（《资治通鉴》）

这徐有功，也算是武周时期的一个异数。他常跟家人讲："今为大理寺命官，人命所系，不能因顺从皇上而妄杀无辜！"

他起初在蒲州任司法参军，审案从来不用刑罚。以至于他手下的小吏相约，如果有犯人被徐大人下令用刑，那么咱们就往死里打。结果直到任满，也没打过一人。

武则天虽然起用一批无赖酷吏，但还是用了一些这样正直的刑官，对当时的妄杀多少有所阻遏。

其时，魏州有人告发贵乡县尉颜余庆，说颜是琅琊王李冲的同党。武则天就把这案子交给来俊臣去审。

这个小小的县尉，当年能跟李冲谋反有什么瓜葛呢？原来李冲曾在贵乡县放债，到期以后，就派家奴去收债。几个家奴图方便，在出发之前给县尉颜余庆先送去一封信，请他帮忙。亲王的事，颜余庆当然要给面子，于是先就帮忙收了一部分。其间，与李冲也有过通信。所谓跟李冲有瓜葛，也就这些。

不过这案子到了来俊臣的手里，审讯的结果当然是反叛有据，应定为死刑。

但是永昌元年，武则天曾有过一个敕令，对李贞父子造反案有一个政策规定，就是"魁首已伏诛，支党未发者赦免之"。也就是说，元凶被处决后，其余胁从同党即使未被举报，也一概赦免了。当时做这个规定，是为了安定人心，不至于牵连太广。御史台根据这个永昌敕令，便改判颜余庆为流放。

这么改判是否妥当？武则天拿不准，就召集了官员来商议。

时任侍御史的魏元忠认为："颜余庆助李冲收债，且有通信，谋反证据俱在，并非支党，该判死刑并籍没家产。"

武则天深以为然。

但是徐有功反对："颜余庆在赦免令后被举报，可称支党。今以支党为魁首，是以生为死；赦而复罪，不如勿赦；生而复杀，不如勿生。我以为朝廷处置不当。"

武则天很恼怒，问道："何以为魁首？"

徐有功从容答道："魁者，大帅。首者，元谋。"

武则天又问："颜余庆何以不是魁首？"

徐有功答："若魁首者，虺贞（即李贞）是也，已然伏诛。而余庆今日才治罪，不是支党又是什么？"

听了这话，武则天怒气稍平，说了一句："卿等再议吧！"

最后讨论的结果，是免去颜余庆的死罪。

在徐有功与武则天争论的时候，朝堂上官员和侍卫有好几百人，众人鸦雀无声，连大气都不敢出，只有徐有功一人镇静自若。

他类似的传奇事迹还有很多。在酷吏横行的年代，这么干无疑是逆风而行。他两次因有人进谗言而被罢职，但时过不久，武则天总还是念及他的忠直，觉得有一个敢唱反调的人在身边也好，就又把他召回，授予更高的职务。

《旧唐书》载："时远近闻徐有功授职，皆欣然相贺。"恐怖时期的官民，把他视为救星。无处可以诉冤的时代，就仿佛是一座暗无天日的铁屋子，哪怕是一缕星光，也是莫大安慰。人们只能祈愿：有此一人在，正义就不可能完全泯灭。

此后，他在仕途上就再无挫折，直到68岁死在任上。

这是一位唐代的"护法英雄"。但是，这样的"好官"，只能是社会紧张气氛的缓释剂，武则天有意制造的高压态势照旧存在。

她如今在海内已无敌手，为什么还要这么紧张？这是因为，她面对的是一个无形的敌人——旧唐正统观念。这个顽固的观念，在现实中的载体就是李唐的子孙们和那些心怀不满的李唐旧臣。

李唐子孙是摆在明面上的，能肉体清除的都清除掉了。天授元年（690）七月，周兴诬告高宗的两个庶子，也就是过去离皇位最近的两个亲王——泽王李上金、许王李素节谋反。武则天诏令两人到朝廷受审，素节被缢杀，上金随后因恐惧而自杀。八月，又有南安王李颖等宗室十二人被杀，故太子李贤的两个儿子也被鞭杀。

侥幸没死的废帝李显和现皇嗣李旦，是因为身上有武则天的血统而幸免被杀，或者武则天考虑他们还不至于翻天，所以勉强保住了命。

可是李唐旧臣就不同了。因为大周是从大唐脱胎而来的，中间没经过大动乱的清洗，革命后从白丁提拔起来的官员毕竟极少，很多官员都可以说是李唐旧臣。那么谁心怀不满？大家都没在脑门上贴着标签，不好辨认也不好防备，因此只能以高压态势（妄杀无辜者）来加以震慑。

凡事都有因，这就是武则天在"革命"前后青睐酷吏的原因，不能说她生来就有嗜杀之好。但是，她这样做无疑也是踏进了历史的地雷阵：为了巩固政权而采用恐怖手段，政权虽然暂时稳住了，却使这个政权在名誉上受损极大。批量制造冤案，这不仅授人以柄——给了反对派将来"变天"的理由，也在身后留下万世骂名。

是耶，非耶？

大概武则天自从有了当皇帝的念头那天起，就准备好了任万世的人去笑骂评说。

这个女人的性格，是典型的"抓住机遇派"，宁为执掌权柄而做冒死一搏，也不愿老死窗下求个平安一生。

历史常常因为有了这样的人而发生转折，多走了弯路或者抄了近道，是功是过，有时候是不好说的。

第十一章

驾驭天下

第一节　酷吏们尝到了"请君入瓮"的滋味

天授三年（692）四月，武则天改元"如意"。改了不到半年，老人家身体健壮，容颜如春，竟然"落齿复生"，她一高兴，又改元"长寿"。结果这一年就有三个年号。

从新改的年号能看出女皇心满意足的心态，也能看出"革命"已基本成功。

在这个背景下，酷吏集团的存在，就不是一个有利于政权稳固的因素了，反而成了社会动荡之源。由于他们的手伸得太长，官僚集团感到人人自危；因为他们陷害无辜，起码的公平正义荡然无存。这样一个社会，不可能是一个常态的社会。

古代人把管理国家比喻为"牧羊"，这个说法非常贴切。划定一个圈子，不得超越，然后就让羊儿吃草挤奶，统治者和被统治者各得其所。偶有越界的，执鞭而警告之，这就能维持住基本的秩序了。但是若把国家变成屠宰场，依靠今天杀一批、明天杀一批来震慑，臣民们必然会聚集起越来越强的反抗心理，社会也将弥漫着不祥的戾气，焉得长治久安？

那么，垂拱至天授年间的酷吏集团猖獗到了什么程度呢？

十分可怕！

据中宗复辟以后的清算，这个"妄滥杀人"的集团共有二十六人，他们"以粗暴为能官，以凶残为奉法"。无辜官民"倏忽加刑，呼吸就戮（眨眼之间就被杀掉）。暴骨流血，其数甚多。冤滥之声，盈于海内"（见《全唐文》）。

革命之前，制狱（诏狱）尚无固定地点，革命后，来俊臣等把诬陷人当作一项事业，案子越来越多，女皇就在中枢机关的集中地——皇城之南的丽景门"别置推事院"，这就是新开的制狱。

制狱设在这里，是为了便于逮捕中央高级官员，借上朝之机就把你给逮了，无须惊动地方。

到后来，抓的人太多了，连丽景门都不够用了，就又在司刑狱设立"三品院"，专门关押三品以上的大官。

以来俊臣为代表的酷吏所使用的酷刑，在中国历史上也堪称"极富创意"。如：

以醋灌鼻，囚禁于地牢中；或装入瓮中，用火来烧烤；或断其口粮，令犯人吃棉絮以充饥；或令犯人睡在粪秽之中，备受荼毒；或将铁圈套于人头之上，加插木楔，直至脑袋破裂……种种惨毒之刑，不是肉身可以承受得了的。史称"但入新开狱者，自非身死，终不得出"。

酷吏们的为非作歹，引起了大臣的强硬抵制和抗争。天授二年（691），继宰相岑长倩、格辅元等被杀后，另一宰相乐思晦和右卫将军李安静也被杀。李安静得以治罪，不过就是当初不肯在劝进表上署名。来俊臣在审问他的"反状"时，这位李将军毫不屈服，怒喝道："以我唐家老臣，要杀就杀！若问谋反，实无可对！"

如意元年（692）年初，肃政台中丞魏元忠等七人被控谋反，侯思止奉命审案。他事先对魏元忠说明，不承认就要吃棒！

魏元忠不肯承认。侯思止就叫人把魏元忠在地上倒拖着走，肆意折磨。

等停下来后，魏元忠站起来说："我薄命，如乘恶驴坠倒，脚为镫所挂而被拖曳！"（《旧唐书·酷吏传》）

侯思止目不识丁、满口土话，本来就被人视为滑稽人物。审这一案，被魏元忠一顿臭损，更是传为笑谈，连武则天听了都大笑。

这个所谓的七人谋反案相当经典。首告是来俊臣，被告里面头一位就是宰相狄仁杰，两个赫赫有名的司法界权威人物撞到了一起。

为了减少审案的难度，来俊臣事先奏准，只要承认谋反的，可以免死罪，也不给上刑。狄仁杰与魏元忠的斗争策略不同，他不愿受酷刑，就自己承认："大周革命，万物维新，唐朝旧臣，甘受伏戮。反是实！"

好，只要承认就好。不过这案子当然不能这么痛快就完了，另一个酷吏王德寿又诱供，要狄仁杰最好把女皇母亲方面的亲戚、冬官尚书杨执柔也牵扯进来。狄仁杰坚决不干，说："如此，皇天后土，必将谴我！"说罢以头触柱，血流满面。

王德寿怕事情闹大了，赶紧抱住狄仁杰，说："不牵扯就罢了，狄公何必如此？"此后，王德寿再见到狄仁杰，态度就尊敬得多了。

狄仁杰乖乖认了罪，对他的看管也就不十分严了。他趁机把被面撕下，写了冤状塞在棉衣里，以天热为由，托付王德寿交给自己的家人，让家里人把棉花掏空了再送来。王德寿自然很乐意去办。家里人收到棉衣，知道有名堂，在衣服里找到了密状。狄仁杰的儿子狄光远马上拿着状子，前往皇宫告变。

按照当时规定，凡是告变者，都可得到女皇召见。女皇听取了狄光远的汇报，又看了冤状，非常惊讶，就把来俊臣叫来质问：怎么能对狄仁杰逼供？

来俊臣巧言令色道："狄仁杰等入狱，臣未尝去其巾带（还让他们穿着官服），起居妥为安置，若无谋反之事，他们怎肯招认？"

女皇不信，知道这个事光问是问不出名堂来的，就派通事舍人周琳前去监狱视察。来俊臣连忙把监狱现场伪装好，但是这个周琳畏惧来俊臣之威，根本不敢去见狄仁杰，回去就对女皇说，监狱里一切都很好。来俊臣见有机可乘，就叫人以狄仁杰的名义，写了一份《谢死表》（认罪书），还假冒狄仁杰签了名字，进呈给女皇。

正巧在这时，刚刚被冤杀的故宰相乐思晦，有个未满10岁的儿子被籍没在司农为奴，不甘心受屈辱，也告变诉冤。

女皇召见他，问他有何事要告发。

他说："臣父已死，臣家已破，但陛下之法也为来俊臣所玩弄。陛下若不信臣所言，可择朝中清正可靠之臣，试以谋反审之，只要经来俊臣鞫问，无不承认谋反！"

武则天大惊："竟有此事？"

她这才有所悟，想想狄仁杰不正是这种情况吗？于是马上召见狄仁杰，问他："卿为何要承认谋反？"

狄仁杰答："不承反，臣已死于拷掠矣！"

女皇又问："那么，为何要作《谢死表》？"

狄仁杰答："没写。"

女皇向狄仁杰出示了谢死表，经辨认笔迹，才知道是由他人冒签的。经过再三考虑，武则天最终赦免了这七人。

对于这个结局，来俊臣、武承嗣大为恼怒，一天几次坚请杀了他们这批人。但武则天终究没答应，只是说："诏令已下，如何能反悔？"

武承嗣见无法说动皇帝，只得退下，又密嘱台官联名上表，力求杀掉这七人。来俊臣则改变思路，能杀一个算一个，他上奏道："七人之中的裴行本，叛迹已露，其罪犹重，请诛之。"徐有功当场反驳说："明主已有再生之恩，而俊臣等却欲违背上意，执意诛杀，岂非欲置主上于无恩无信之地？"

最后还是武则天拍板："吾意已决，众卿勿再争。"

这边刚告一段落，那边又冒出来一个。在"七人阴谋集团"中，有一个司农卿裴宣礼，他的外甥霍献可是朝中的侍御史。这个霍御史鬼迷了心窍，非要让女皇杀了他舅舅不可。他伏阙面陈道："陛下不杀裴宣礼，臣请死于阶前。"说罢，以头触殿阶，血流沾地。

霍献可这么做，既是为了表示"为人臣不私其亲"，企图邀宠；同时也是为了讨好武承嗣，做个远期的政治投资。至于舅舅的脑袋掉不掉，他可是一点儿也不心疼。

对于这种矫情到违背常理的"忠诚"，武则天心甚厌之，根本不理。

但霍献可并不灰心，常以绿帛裹其伤，微露之于幞头之下，希望"太后见之以为忠"。

为了向上爬，良心不要了，脸也不要了。有人称此种人为"官瘾一族"！

这个"七人事件"，笔者认为，极有可能是酷吏问题的一大转折点，聪明如武则天，不可能从中没领悟到什么。酷吏们的作为，是否已超出了她的容忍限度？他们的作用，是否已从必要变成了多余？是不是应该将他们彻底铲除？这些问题，女皇已经在考虑了。

这一时期，是两股力量在交错起作用。一方面，在正直大臣的抗争下，酷吏开始受到抑制；另一方面，滥刑之风仍在蔓延。

其实，事情早在天授二年（691）就有了微妙变化。当时御史中丞李嗣真曾上表反对告密，说："近来狱官单人奉命，鞠问既定，便不再复审。刑法操于臣下，若有妄杀，陛下如何得知？且九品之官操生杀之权，不经秋官（刑部）与门下省，国家之利器转入个人之手，他日恐成大患！"

这一番话，说得武则天心动。此后，她为了遏制酷吏、挽回舆论，就采取了一个幽默的办法：让酷吏去整治酷吏。

恰在此时，左金吾大将军丘神勣在博州平叛时，妄杀已经反正的官民千余家的暴行被人揭了出来。当年二月，事情被查实。

好，这条倒霉的走狗就该被烹了！

武则天下令，将这个屠夫将军斩首示众。这家伙从迫害故太子李贤起，不知滥杀了多少无辜，现在是该还的时候了——以自己的人头来还。

屠夫断头之日，朝野为之鼓舞！

一个倒下去，就有人趁势而上，再揪出一个来。

有人接着告发，文昌右丞周兴与丘神勣合谋，陷害无辜，罪在不赦。武则天此次发挥了高度的政治幽默，把周兴交给了来俊臣去审。

这是两只老虎面对面。其结果，极富有戏剧性，创造出了一个千古不灭的成语——"请君入瓮"。

周兴资历很老，在酷吏当中官位最高，素来擅长罗织罪名，陷害无辜。他的崛起早于来俊臣，可以说是来俊臣的老师了。

来俊臣受命后，充分理解了女皇的幽默，就很正式地在下班后宴请周兴。席间，两人相谈甚欢。忽然，来俊臣虚心向老师求教："近来囚犯多不承认罪名，当为何法？"

周兴不知就里，大咧咧地说："此甚易耳！取一大瓮，以炭四周烤之，令囚犯入其中，何事不承？"

来俊臣拍案道："妙哉！"

于是他马上命人抬来一个大瓮，依周兴之法，架起木炭烤热，然后徐徐起身对周兴道："有'内状'要我审问老兄，请兄入此瓮！"

周兴大惊失色，吓得一个劲儿叩头服罪。不用入了，我全招！

武则天念及周兴也还有点儿功劳，就没要他的命，判他流放岭南。但是，皇帝饶了他，仇家却放不过他。在流放途中，他被仇家碎尸万段。究竟是谁杀的？魔头千夫所指，死了也就死了，没人追究这事。

同年九月，那个领衔劝进的酷吏傅游艺，也被人告发，说他曾自述梦中登上湛露殿。好家伙！做什么梦不好，做这样的梦，不是谋反是什么？结果他被逮入制狱，受不了苦而自杀，殉了他自己一手催生的大周朝。

大约就在此时，为抚慰众望，武则天下令将酷吏的祖师爷索元礼下狱。进了制狱，自然有别的酷吏来收拾他，三下两下，就给折腾死了。

酷吏接连毙命，朝野无不拍手称快。

这一时期，史称"制狱稍衰"。但是，典型人物仅仅倒了几个，酷吏作为一个群体仍然存在并发挥着作用。尤其是来俊臣，独得女皇信任，继续作恶了多年。

那一年的八月，来俊臣奉命审问玉钤卫大将军张虔勖。这个张虔勖，就是当年跟随裴炎勒兵进宫、参与废中宗的两员大将之一（另一个是程务挺），后来被赐姓武。此次他犯了什么事，不详，只说是被人告发傲慢自得，言语不逊。

他是拥戴太后临朝的大功臣，傲慢并不奇怪，不过因为傲慢而获罪，倒是古今罕见的。女皇现在不给他留一点儿情面，估计还是记着裴炎的那笔老账呢。

张虔勖知道不好，怕自己受不了酷刑而被问成死罪，就跑到徐有功那里去自讼（坦白交代），以求公正。

来俊臣闻讯大怒，把张虔勖逮到，一句不问，就命卫士乱刀斩杀，枭首于市。而后，伪造了口供报了上去。

可怜当年可以胁迫皇帝下台的大将军，竟被一个小小酷吏杀鸡一样给剁了，这也算是"出来混，都是要还的"一例。

来俊臣再接再厉，眼里也没有了什么大将军不大将军，杀起武将来毫不手软。他向左卫大将军泉献诚索贿，被拒绝，就诬告泉大将军谋反。伪造了证据，先斩后奏。可怜泉献诚，乃高丽泉男生之子，归唐后为一代名将，就这么不明不白死了。此外高丽名将黑齿常之在唐为将多年，也为酷吏所杀。

要是只杀几个文官，国家一时还乱不了套，但是对赫赫有名的武将大开杀戒，那就是自毁长城了。酷吏在这个问题上的恣意妄为，并没有引起武则天的警觉，其后果就是：堂堂的大周朝在对外战争中饱受屈辱、狼狈不堪。这都是后话了。

到长寿元年（692）中，"革命"已经进行了两年多，告密之事还是层出不穷，武则天心生厌倦，有明显的迹象表示：她已经很不耐烦了！

这年五月，据说武则天听了一个道士韦什方的马屁进言，为了礼尊佛教，要把大周变为弥勒净土，遂下令禁止屠宰和捕鱼虾。道士出了个佛家的主意，这也是大周朝的奇闻之一。

这个禁屠禁捕令意味着什么呢？就是全国军民皆不许吃肉，渔民也不能打鱼。不吃肉，还可以忍一忍，但是渔民的生计怎么办？女皇已经想不到这些了，"革命"原则超过了民生要义。这项禁令一直到八年后才因凤阁舍人崔融的劝谏而被废止，这期间真是苦了大周的万千臣民。

其时，左拾遗张德添了一个儿子，为了庆贺这事，他在孩子生下三天后，偷偷杀了一只羊，请同僚及好友到家里喝例行的"三朝酒"。所请的几位当中，有个叫杜肃的补阙。拾遗、补阙这两种官职都是谏官，所以杜肃和张德是同事。这本是一次范围极小的私人宴请，大家凑个热闹，吃完抹抹嘴走人，就算完事。却不料这位杜肃先生，趁人不备偷偷带走一块肉饼，回家后便写了告密奏表，附上肉饼做证据，上呈武则天。

第二天，武则天临朝，把张德叫到前面来问话："听说爱卿生了儿子，向你贺喜啊！"张德赶忙拜谢。武则天接着就问："请客的肉是从何处得来？"

这一问，把张德唬得魂飞魄散，连忙叩头服罪。

武则天说："朕禁屠宰，但红白喜事的宴请并不限制，此乃人之常情。唯爱卿今后若再宴客，对客人也须有所选择！"说完，拿出了杜肃的奏疏给张德看。

杜肃顿感羞愧万分，满朝文武也都恨不得往他脸上吐唾沫。

狄仁杰获救，杜大人受辱，种种迹象都表明：风向已有所变化！众臣受到鼓舞，掀起了第二次反酷吏的舆论攻势。

同月，万年县主簿徐坚上疏，痛陈死刑覆案制度（即死刑复核）遭破坏之弊。他说："《周礼》上有审案'五听'之道，今亦有三次覆奏方能定案之令，而今敕令审谋反案者，陛下仅遣使者去查问后，即可处斩。此极不妥！人命至重，死不再生，万一蒙冤，只能饮泣吞声；合族受累，欲诉无路！此不足肃奸逆而明典刑，只能助长酷吏福威，令天下臣民生疑惧。臣万望禁绝此种处分，还是依法覆奏为妥。"

右补阙朱敬也在这时候上疏。他提出：严刑是为了禁异议，现革命已成，众心已定，就应该绝酷吏、省刑罚。

朱敬是望族出身，"倜傥重节义，早以辞学知名"。他的奏疏写得特别透彻，用了汉高祖"马上得天下，礼仪治天下"的典故，劝女皇抛弃那害人不浅的法家思想。他说，用严刑固然好，可平息暴乱；但是，路走远了就没有好的足迹，琴弹快了就没有悦耳的和声。昨日之善政，很可能成为今日之恶政，还望陛下详察。

看了这篇充满辩证法的奏疏，武则天大为赞赏，赏了朱敬三百段丝帛。对他的意见也基本采纳。史籍上记载，自此之后"制狱稍衰"。

紧跟着，侍御史周炬也上疏，直指酷刑之非。他说："刑官常以酷刑待囚犯，无所不用其极。囚犯之所以承认罪名，因其既非木石，且救目前，苟求暂时不死而已。臣所听到的舆情，皆称大卜太平，何苦须反？难道被告尽是英雄，皆欲为帝王耶？只不过不胜虐待而自诬罢了！"他还把批评矛头直指女皇："今满朝文武屏息而不安，皆以为陛下朝与之密、夕与之仇，不可保也！"这样翻脸不认人的君主，怎么伺候？他提出希望说："周用仁而昌，秦用刑而亡，愿陛下缓刑用仁，天下幸甚！"

这几个敢说话的人，有一些共同特点：一是地位身份都不高，不过是谏官而已，并非朝廷重臣；二是他们讲的都是常识、常理，并非精深的哲理高论；三是其中有两人都引用了秦用严刑而速亡的典故。

三个人的话发生了作用，说动了女皇。她终于发生了一些转变，不至于成为历史上的"女秦始皇"。

这段历史，现在读来颇令人感慨。在古代的皇权制度下，人君虽然独裁，但是进言和纳谏的途径是"直通车"式的。只要是官员，不论职务高低（有时甚至白丁也可以），都可对国家大政方针提意见；而且是随时提、君主随时就可以听得到。这多少能够纠正独裁政治中的偏差。

笔者的第二个感慨是：君主所出的偏差，往往犯的都是常识性的错误。在政治旋涡中混了多年的武则天，难道不知道苛政失人心吗？但是一旦坐到了高位之上，就耳也不聪、目也不明了，把绝大部分臣民视为潜在的谋反者。

正如周炬所说，无论是臣还是民，都以平安为人生目的。和平年代里，哪来那么多的图谋造反之人。统治者的过度警觉，根源还是对自己统治合法性的不自信。这在各个方面都能表现出来。比如，大周朝固然伟大，难道非要把它的母体大唐说成是万恶的，才能显出当今之伟大来吗？

这几个小人物的忠告，终于使武则天有所转变。她决心对酷吏加以限制，派出了监察御史严善思去按问那些告密的人。严御史素以公直敢言著称，经他追查审问，竟查出有八百五十多个告密者所告的事，纯粹是虚构的。

这些诬陷者自然都受到了严厉惩处。此后，罗织之党一蹶不振，再不敢肆无忌惮了。

这一年，万人切齿的酷吏又倒了几个。来俊臣因贪污被贬为同州（今陕西大荔县）参军。王弘义被判流放琼州，在半路诈称有敕令追还，偷偷跑回来，被人发觉，当场杖毙。侯思止也因违反法令被李昭德举报，女皇下令，将这个连"官话"都说不标准的家伙在朝堂上活活杖杀。

但是女皇稍有回心转意，并不等于从此就春风化雨了。在两股势力的胶着状态中，恶势力仍然以惯性作用在前行。

长寿二年（694）二月，一场大屠杀骤然爆发，事起有人告发"岭南流人谋逆"。所谓"流人"，就是正在服流刑的官员或者犯人家属。

这件事，是谁告的？告的是什么阴谋？正史上并无记载。但有人考证，这事与补阙李秦授有关，因为他曾经上奏说："陛下自登极，诛斥李氏及诸大臣，其亲人家族流放于外。据臣所知，有数万人。如一旦同心，招集为逆，出陛下不意，臣恐社稷必危。今有谶言曰：'代武者刘。'刘者，流也。陛下若不杀此辈，臣恐为祸深也！"（《通鉴考异》）

这纯粹是诛心之论、有罪推定，根本没有实据。据说武则天深信谶纬，看了这道奏疏，不由不信，连夜召见了李秦授，把他提为考功员外郎。紧接着，女皇就派出了使者，分赴剑南、黔中、安南、岭南等六道，手持"墨敕"（女皇直接发出的公文），名为去安慰流人，实为相机杀之——这就是有名的"六道使"。

最先出发的是司刑评事万国俊，以代理监察御史身份前往广州。女皇授权给他"若得反状，便许斩决"。这个授权，简直是无限授权，一经授予，哪有不杀人的？

万国俊领会到其中奥妙，到了广州，就将流人集中起来置于"别所"，假传圣旨，赐令自尽。流人皆号哭，称冤不服。万国俊就将他们都赶到水滨，挨个儿杀死，三百余人同时毙命！

而后，他伪造了谋反状上呈，说："诸流人都有怨恨，若不追究，为变不远。"

这也是推论，但是女皇深信之，为嘉奖万国俊杀人有功，特授他朝散大夫衔、行侍御史之权。

接着，"六道使"中的右翊卫兵曹参军刘光业、司刑评事王德寿等人也陆续到各地审查流人。

这些官员都是小官，此次执行任务只是暂代一下监察御史职，因此个个升官心切，看到万国俊杀人如此之多，居然得了恩赏，便也都放手开杀。据说刘光业杀了七百人，王德寿杀了五百人，其余的也都有滥杀，最少的也在百人以上。另外，不光是因反对"革命"的流人遭此一劫，连一些早年的流人也未能幸免。

此次"六道使"之祸，估计共杀了两千人之多。万国俊首开恶例，连走过场的审问都略去了，一纸矫诏就几百几百地杀人，这在和平时期真是骇人听闻。

但是，时势毕竟是不同了，"六道使"的残暴很快被人揭发。武则天一下被点醒了，知道这又是酷吏们在杀人邀功，不禁有了悔意，便另外派了使者去各道安抚侥幸逃生的流人，公开承认"六道使"的做法酷暴至极；并下令将他们全部用枷锁枷起来，押解到各道他们滥杀的地方处斩，以慰亡灵。幸存的流人，则允许他们统统返回故乡。

这个惨痛的事件，若追究源头的责任，女皇责无旁贷。她授权从重从快杀人，连覆案的手续都免掉了，焉能不出冤案？专政机器，只要一放松制约，它本身就有自行滥权的倾向，历史的实践已屡试不爽，这跟具体执行人员忠诚不忠诚没有关系。

到此为止，酷吏作为一个集团，已经被武则天杀的杀、贬的贬，势力大大地削弱了。唯有来俊臣不知用了什么方法，独享恩宠，始终没有倒。他在革命后，一直猖獗了七年。此人既贪且淫，不光是喜欢受贿，还酷爱美色。只要知道官民家中有姿色出众的妻妾，就要设法搞到手。或者是出面强索，或者是罗织夫家的罪名，把丈夫抓了，再抢人家老婆。只要他相中的女人，他都志在必得，不管人家的丈夫官有多大。

后来到了万岁通天年间，监察御史纪履忠忍无可忍，上疏弹劾当时已是御史中丞的来俊臣"五大罪状"：一曰专权擅国，二曰谋害良善，三曰赃贿贪浊，四曰失义背礼，五曰淫昏狼戾。他认为，来俊臣罪恶滔天，合该下狱处死。

武则天没有采纳这一意见，对来俊臣纵容依旧。她这时仍护着这个著名酷吏的原因，可能是考虑：手中总要有一把刀吧。

但来俊臣却没有什么深谋远虑，他不能理解女皇的总体考虑，只以为自己地位稳固，恩宠不衰，越发肆无忌惮起来。

万岁通天二年（697）六月，这个酷吏利令智昏，竟然想诬告武氏诸王、太平公主和女皇新物色到的情人张易之、张昌宗，同时又诬陷皇嗣李旦和废帝庐陵王李显，说他们勾结南、北衙共同谋反！

这南衙，指的是中央机关和京都卫军；北衙，指的是北门禁军。

看看他告了一批什么人？

除了两个皇子之外，其他都是与武则天关系最密切的人，是组成大周政权金字塔尖的人与机构。他们要是都想反，大周还能是大周吗？

从逻辑上说，皇帝只能有一个，如果掀掉武则天，他们绝大多数人的地位也未见得能比现在更高。那么他们谋反，所图何为？

南衙，北衙，都是武则天全力控制的部门，两个不成气器的皇子能否与南北衙勾结得上，武则天的心里能没数吗？

来俊臣由于长期得宠，手握生杀予夺之权，渐渐形成了权力幻觉，以为自己永远不会倒。在此次发动攻击之前，竟没有掂一掂自己与对手的分量，犯了"疏不间亲"的大忌。如果他没有这一击，其命运也许能与大周相始终；但只要一出手，就等于自己往无底深渊里纵身跃下。

可叹的是：恶人，永远也掌握不了科学的世界观。

来俊臣的这个举动，使得武氏诸王和太平公主大为惶恐，他们是亲眼见过这条恶狗是怎么咬人的。过去咬咬李唐旧臣和无关紧要之人，倒也好玩，今天居然要咬到女皇至亲的人身上来了，这还得了！

他们深知，老太太喜怒无常、威福莫测，万一听了来俊臣的谗言，他们这金枝玉叶的脑袋就要搬家了！

于是武氏诸王和太平公主这两股势力联起手来，共同检举来俊臣的种种不法行为，轻而易举就把他弄到监狱里去了。

入瓮之鉴，还有何能？酷吏再酷也是肉身，一用刑，照样也是顶不住的。很快，有司就审结，拿出了意见：应处以极刑！

武则天对这把曾经用过的刀子，犹存怜惜之心，想保下他的一条命。判决奏疏上去，三日没有批出来。宰相王及善进谏道："俊臣凶狡贪暴，国之元恶，不去之，必动摇朝廷。"但武则天还是很犹豫。

这天，武则天在宫苑中游玩，为她牵马的，恰是另一位宰相吉顼。

吉顼是洛州河南人，身长七尺，高大魁梧，为人"刻毒敢言"，在大周时期是个毁誉参半的人物。他同样名列酷吏，据说为巴结武承嗣，把自己的两个妹妹也白送了，但他也做过一些很明智的事。

武则天就在马上问他朝中的事，吉顼说："外臣只是奇怪，判决来俊臣的奏疏为何还不发下？"

女皇说："俊臣有功于国，朕正在考虑。"

吉顼一听，就来了劲儿，话说得无比刻毒："俊臣聚结不逞之徒，诬陷良善，赃贿如山，冤魂塞路，如此国贼，有何可惜！"

几句话，掷地叮叮当当响！武则天被他说动，终于批准把来俊臣处死。

这个来俊臣，可称大周朝第一酷吏。他过去当过响马、入过狱，因缘际会，被武则天看中，做了官。在二十年的酷吏生涯中，他似乎与所有的官员和皇亲有仇，冤杀了大小官员近二千人，灭族一千零五十七家，杀掉的人总计有好几万。其中，有李氏宗室的亲王、郡王、国公、郡主、县主等几十人，还有宰相五人，大将军十几人……

"血债累累"这个词，他来顶着才是最贴切的。

此外，来俊臣还娶了十多个官员的女眷，都是官员们的老婆、小妾、妹妹、女儿、孙女。抢了人还不够，还要这些官员们拿钱来养活她们。

变态魔头终于就戮，人心怎能不大快！

行刑这一天，他的脑袋刚被砍下来，仇家们就扑上去，争着咬来俊臣的肉，挖其眼珠，剥其面皮，剖其心肝，须臾之间一抢而空！

武则天为收拢人心，立刻下诏，历数来俊臣的罪恶，并说"本应加灭族之诛，以雪苍生之愤，现准籍没其家"。

天终于晴了！士民奔走相告，相贺于路，都说："自今眠者，背始贴席矣！"——可算能睡上个安稳觉了！

唐周时期的酷吏史，以来俊臣被诛为标志，可以说是落下帷幕了。

但是，若追究酷吏产生的源头，武则天罪无可逃！正如《新唐书·酷吏传》所言："吏非敢酷，时诱之为酷。"

武则天要"革命"，要巩固政权，就纵容酷吏滥杀，以震慑异己。现在政权巩固了，她为安抚人心，就诿过于酷吏。她可不是天真少女。这些权术，她全懂。

当然，我们也不妨把她想得好一些——有些情况她不了解。

她和秦始皇不同的地方，就在于，她没把事情做绝。

恶狗一群，是她自己动手收拾掉的。

女皇有经验，她知道身后名声的重要，也知道该如何作秀。于是，在来俊臣被灭掉后，就有了一场戏。

武则天对侍臣说了一番话，算是对自唐至周的酷吏史做了一个总结。

她问大家："以往，来俊臣等审理制狱的案件，下狱的朝臣互相牵连，都承认自己是反逆。国法昭昭，朕如何能干预？这中间，朕也疑有冤枉滥刑者，派了近臣到狱中去亲自查问，但犯人们的手状，都承认有罪。自来俊臣死后，就听不到有谋反之事了，那么以前已受戮者，岂不是有冤枉的了？"

夏官侍郎姚崇过去曾在刑部任职，知道里面的猫腻，便对奏道："自垂拱以来，被告家破人亡的，都系冤枉自诬。告密者因此而立功，天下号为'罗织'，甚于汉朝党锢之祸。陛下派近臣到狱中查问，但近臣自身也难保，又怎敢动摇原案？被问之人若要翻案，又恐遭毒手。今全赖天佑，陛下有所悟，诛杀奸人，合朝安定。自今以后，臣以一门百口性命，担保现在内外官吏再无反者。恳求陛下再收到告状，只管收存，不须再追查。若以后发现证据，真有人谋反，我甘受知而不告之罪。"

姚崇，字元之，原名元崇，陕州硖石（今河南三门峡市陕州区东南）人，生于永徽元年（650）。他从濮州司仓干起，升至夏官郎中。到大周时契丹袭扰河北，姚崇剖析军情，应对如流，武则天奇之，遂将他提拔为夏官（兵部）侍郎。

这个人，既才干超群，又忠于女皇，注定了是大周朝的栋梁人物。

姚崇这次对武则天的批评，一点儿没留情面，但武则天不仅没有发怒，反而大悦，说："以前宰相都顺成其事，陷朕为滥刑之主。闻卿所言，深合朕心！"（《资治通鉴》）

政策变了，在上者说话的调子也就变了——以前的宰相，想要不"顺成其事"，谁敢呢？

第二节　她驾驭群臣的手法高明在哪里

大周拨乱反正，朝臣们算是解放了，但是李唐皇子皇孙们的"接受改造"还未有穷期。

说来难以置信，华夏民族最堂皇的一个朝代——"唐"的名字，有那么十几年的时间，竟然是"反革命"的文化符号，人人避之唯恐不及。

李唐旧臣，毕竟还可以洗心革面，或者忍耐一下，耻食周粟；而李唐的金枝玉叶们则全无这个出路了，自身的血统怎么能改变？该着死的，跑不掉；侥幸未死的，也成了大周朝身份最可怜、处境最危险的一小批人。

当革命后的情势稳定下来后，为安抚人心而保留的皇嗣李旦，地位就更加无足轻重了。长寿二年（693）元旦，女皇按例在"万象神宫"（明堂）祭祖，她本人为"首献"，也就是带领一批人第一轮拜祭，而"亚献"却没像以往那样安排皇嗣，而是安排了魏王武承嗣，"终献"则由梁王武三思主持。

可怜的正宗嫡子，现在却几乎等于"后娘养的"了。

皇嗣的地位被边缘化了不算，还随时都有性命之忧。史载，女皇有个很受宠信的户婢叫团儿，这女子大概也看准了"干得好不如嫁得好"的真理，竟然要主动献身于皇嗣，也想捞个皇嗣妃当一当。皇嗣是有老婆有孩儿的人，没同意。可能是他正统观念较强，也可能是怕惹是非。

团儿被拒，恼羞成怒，就做了木偶偷偷摸摸埋在皇嗣的两个妃子刘氏和窦氏的宫中，然后在元旦这天去诬告，说二妃使用"厌胜"之术，诅咒女皇。

两个妃子根本不知内情，第二天去嘉豫殿朝见女皇，从此一去不返。

皇嗣知道母后这是做给他看的，心中畏惧，很怕祸及自己，就强装什么事都没发生，举止如常。

团儿学酷吏学得挺像样子，一击得手，大为得意，还想继续陷害皇嗣。幸亏有人举报了她诬陷的事，才引起女皇警觉，将她杀了。

从血缘上来说，皇嗣之贵，应该仅次于女皇，可是他眼下连老婆都保护不了。不只如此，祸端还延及窦妃的家里人，窦妃的老妈庞氏因为惧祸，晚上偷偷摸摸地祈祷，结果被家奴告密，被判处斩刑。多亏窦妃的兄弟向徐有功诉冤，徐有功据理力争，才得免死，母子四人一道被判了流刑。徐有功本人也因这个案件得罪了女皇，被除名。

两个月后，又有更凶险的事发生了，前尚方监裴匪躬、内常侍范云仙因私谒李旦，竟然被腰斩。

唐代法定的死刑处置方式，一般是斩首和绞刑，腰斩并不多见。由于采用此法，犯人所受的痛苦更甚，所以一般多用于罪大恶极者。女皇此举，就是要震慑百官：看谁还敢跟皇嗣勾搭！

自武则天临朝听制以来，李旦无论是当皇帝还是退居皇嗣，实际上都形同软禁。这一来，就更是雪上加霜，公卿以下从此再也没有人敢去探望他。李旦与朝中文武官员的联系通道完全被切断，平常只有一些太常乐工在他身边。

皇家的显赫，那只是平民的想象，李旦落到这个地步，还不如笼中的鹦鹉——鹦鹉起码还有言说的自由！

李旦的五个儿子，原本和武氏族子侄一样封王开府，就在二妃被害后，全部被降为郡王，女儿也一律降为县主。女皇还把他们召还"入阁"，随父幽于深宫。据说看管得极严，想到庭院里去散一散步，也是不成的。那一年，皇嗣李旦的长子李成器15岁，三子李隆基，也就是后来的唐玄宗，才9岁。

这个可怜的李旦，从当上皇帝那天起，就失去了自由，一直到后来的圣历二年

（699），他将皇位继承权交给了三哥废帝李显，受封为相王，才有了一点点自由。这一段被幽禁的时光，是从他22岁起，到37岁止，想想都让人不寒而栗！

在宗室里面，唯有李千里的脑筋活络，知道武则天好哪一口，千方百计地讨好，让自己的儿子也跟着大伙献"符瑞"。加之李千里只是郁林县侯，任的又是闲职，地位不重要，女皇也就放了他一马，成了例外。后来，此人在唐室匡复时起了作用，据说有如汉代的陈平、周勃，因而被封为成王，授左金吾卫大将军。

史官不能原谅他一度丧失原则，故而对他评价不高。但他的墓志铭却称：他虽然承蒙"稍见亲近"，却心怀复兴大业，在建言献计之际，为保存大唐余脉起了作用。唐之大业未沦，全赖他这一忍。所以对他的盖棺定论，是"圣期千载，功业一匡"（《成王千里墓志铭》）。

这我们就无话可说了：历史怎么打扮都行，关键在是谁来打扮。

李千里肯定没有那么伟大。不过，皇嗣李旦岌岌可危之时，也确实有人舍生忘死起而维护。这人却不是金枝玉叶。

当初裴匪躬、范云仙因私自会见皇嗣被腰斩后，皇嗣遭软禁，唯有一帮太常寺乐工（史称"工人"）在其左右。这时候，武承嗣认为夺嫡的时机已到，就唆使人诬告皇嗣"潜有异谋"。武则天很警觉，命来俊臣审讯皇嗣的左右。

来俊臣求之不得，立刻用了酷刑。皇嗣的左右开始不承认，但抗不住拷打，都想自诬，以求解脱。唯有太常乐工安金藏性格刚直，不肯承认有谋反事实。他不忍看到皇嗣被害，大呼："公不信金藏之言，请剖心以明皇嗣不反！"随即拿佩刀自剖其胸，五脏并出，流血于地，气绝而倒！

来俊臣几十年来所逼死的人何止千百，但如此刚烈之举，却是见所未见，一时竟张皇失措。有人见状，立刻飞报女皇。

武则天闻报，感到十分震惊，连忙下令用轿子把安金藏抬进宫里，派太医抢救，为其收纳五脏，以桑白皮为线缝合，敷之以药。一夜过去，安金藏方得苏醒。

女皇颇不心安，亲临探视。安金藏动弹不得，女皇就令他一概免礼，并感叹道："吾子不能自明（我儿子自己解释不清），不如尔之忠也！"①

---

① 270页后四段描写看似不合常理，却出自正史记载，非笔者臆断和演绎。出自《旧唐书·列传·忠义上·安金藏》："安金藏，京兆长安人，初为太常工人。载初年，则天称制，睿宗号为皇嗣。少府监裴匪躬、内侍范云仙并以私谒皇嗣腰斩。自此公卿已下，并不得见之，唯金藏等工人得在左右。或有诬告皇嗣潜有异谋者，则天令来俊臣穷鞫其状。左右不胜楚毒，皆欲自诬，

随后，她传令来俊臣停止审讯，并将诸人释放。

武则天见一个平民的反应都如此激烈，心知对皇嗣不能再逼迫了，史称"睿宗由是免难"。

仗义执言的"工人"安金藏，在后来唐玄宗即位后当上了大官。玄宗追思早年安金藏的忠烈之举，授予他右骁卫将军，并下诏褒扬，令史官记载其事。开元二十年（732），又封他为代国公，后以寿终，赐兵部尚书。

由此，安金藏成为中国古代最成功的一位"工人"。

顺带提一句：安金藏的墓至今仍存，就在陕西永寿县监军镇的永安村。该村村民皆姓安，自称是安金藏的后裔。

在对待旧唐势力方面，武则天很懂得分清主次矛盾。她把李唐宗室的枝蔓差不多都削去了，只留了自己生的几支族系，并且也都死死地看守住，局面就变得可控了。相对而言，对大臣的控制便不妨放松一些——臣下没有其他的偶像可以尊崇，就只能忠于现在的最高统治者了。

武则天熟读经史，又曾亲炙太宗的施政之风，她在建立了大周的权威之后，知道该用什么样的人来治国。但是由于政治上过度敏感和偏爱法家手段，结果导致朝中佞人与贤臣并立的复杂局面。

正邪两股势力此消彼长，颇不平静。

革命后不久，两股力量的跷跷板就开始起伏。武则天先后干掉或拿掉了四拨宰相，即岑长倩、格辅元等一拨，乐思晦一拨，狄仁杰、裴行本等一拨，李游道、袁志弘等一拨。最后，又起用了李昭德和娄师德等一批干练之臣，作为行政骨干。

娄师德的浮出水面，也是大周的一大幸事。他的名字在本书前面已经出现过，就是在李敬玄被吐蕃重创后，出头收拢散卒御敌，又受命"宣谕"，一番话把吐蕃大军给说退了的那位。

娄师德，字宗仁，是郑州原武（今河南原阳西）人，自幼才思敏捷，年及弱冠就中了进士，授江都（今江苏扬州）县尉。从军的那年，他是监察御史，虽是文官，却应"猛士诏"投笔从戎。这是个奇才，文武两手都硬，可与以前的裴行俭和刘仁轨媲

唯金藏确然无辞，大呼谓俊臣曰："公不信金藏之言，请剖心以明皇嗣不反。"即引佩刀自剖其胸，五藏并出，流血被地，因气绝而仆。则天闻之，令舁入官中，遣医人却内五藏，以桑白皮为线缝合，傅之药。经宿，金藏始苏。则天亲临视之，叹曰："吾子不能自明，不如尔之忠也！"即令俊臣停推，睿宗由是免难。"

美。武则天曾一度干脆就把他当武将使用，任命他为左金吾将军兼丰州（在今福建南安）都督。

自此，李昭德、狄仁杰、娄师德相继受到重用，使大周的朝政稍稍有了点儿样子。这三个人，在史上各有逸闻，可见出当时风采。

先说李昭德。武则天在"革命"前后迷上了"符瑞"，就是上天降下的吉祥物，喜拍马屁的人也就投其所好。当时有人献白石一块，上有赤色纹路。百官不解，问此石有何来头？献石者说："此石赤心。"李昭德素来痛恨阿谀，不禁大怒，斥道："此石赤心，别的石头皆欲造反吗？"说得众人哄堂大笑，连女皇的面子也有些挂不住。

又有人献乌龟一只，背上书有"天子万万年"几字，也称是祥瑞，天生就有字的。这种小把戏，君与臣一般都心照不宣，大家图个乐呵也就得了。但李昭德不听邪，找来刀子刮。那字原来是红漆写的，一刮就掉。李昭德说："此乃欺君，请予严处。"武则天也不好说什么，便说："此人亦无恶心，就放他去吧。"献龟人吓破了胆，连忙抱头鼠窜。

再说狄仁杰。前面我们说过，他在任豫州刺史时，收拾越王造反后的烂摊子，曾经谴责过跋扈扰民的行军元帅张光辅，被张光辅告了一状，结果被贬为洛州司马。

那次平定叛乱，张光辅是功臣，武则天处分了狄仁杰，是给张光辅一个面子。但是女皇对狄仁杰印象极好，到天授二年（691）九月，就把他提拔起来做地官（户部）侍郎并任宰相。这是狄仁杰第一次拜相。武则天觉得前次贬他有些过分，想安慰一下他，就问："卿在汝南，颇有政声，卿欲知是谁害你吗？"狄仁杰心里明白，但是却拜谢道："陛下以为臣有过，臣当改过自新；陛下知晓臣无过，乃臣之大幸。臣不愿知那人的名字。"

几句话说得光明磊落，武则天听了大为赞赏。

"七人案"后，狄仁杰再次被贬，为彭泽县令。武承嗣曾多次奏请把他杀了，但武则天就是不允。

万岁通天元年（696）十月，契丹攻陷冀州（今河北临漳），河北震动。为了稳定局势，武则天起用狄仁杰为与冀州相邻的魏州（今河北大名）刺史。狄仁杰到职后，一改前任刺史把四乡百姓驱赶入城、充当防守力量的做法，让百姓全部回家去耕作，先解决民生问题。

百姓为之大悦。契丹部闻之，也颇受震动，自动撤军了。当地百姓感念狄公，为他立了碑以记恩德。不久，狄仁杰又升为幽州都督。

狄仁杰的声望因此而鹊起，武则天更是激赏，特赐他紫袍、龟带，还亲手在紫袍上写了"敷政木，守清勤，升显位，励相臣"十二个金字，期望甚殷。

果然，到了神功元年（697）十月，狄仁杰被召回，官拜鸾台（门下省）侍郎、同凤阁鸾台平章事兼纳言，再次做了宰相，成为辅佐武则天的一代名相。

狄仁杰在高宗时，曾任大理丞，为官刚正廉明，执法不阿。这个经历，甚至使他于后世扬名欧洲。

在近代，荷兰汉学大师高罗佩以狄仁杰的事迹为蓝本，写了侦探小说《狄公案》，风靡欧洲。

高罗佩（1910—1967），原名罗伯特·汉斯·范·古利克。"高罗佩"是他来中国后取的名字。他1910年出生于荷兰，从小就对中国事物感兴趣。后进入当时荷兰的汉学中心莱顿大学，专攻中文与法律，经过一番苦读，通晓了包括中文、日文、藏文、梵文在内的十五种语言。

1935年，此君进入荷兰外交界供职，1943年任荷兰流亡政府驻重庆使馆一秘书。后来，娶了一位二十二岁的中国女士——使馆女秘书水世芳（张之洞的外孙女）。

在重庆，高罗佩读到一本清初的公案小说《武则天四大奇案》，爱不释手。把玩之余，索性用英文译了出来，出版后大受欧洲读者欢迎，这就是早期的《狄公案》。

1952年，高罗佩又到荷兰驻印度大使馆任参事，在那里，他以《狄仁杰奇案》为书名，用中文把原作改写成章回体小说，在新加坡出版。小说共有52回。西方人用中文写章回体小说，这是绝无仅有的一例。

从1954年至1967年，他又用英文撰写了十几个同类题材的中短篇小说，编成了一部百余万字的鸿篇巨制———《狄公案》。

《狄公案》的英文名字是*Judge Dee*，直译为《狄法官》，出版后立即征服了西方读者，Judge Dee（狄公）从此成为欧洲家喻户晓的传奇人物，成了西方人心目中"中国的福尔摩斯"。

再说娄师德，此公的境界和处世方法，又要高出前面两位，以忍让出名。其弟曾任代州（今山西代县）刺史，将要赴任时，娄师德问他："我位登宰相，你又为州牧，荣宠过盛，人所嫉也，将何以自免？"其弟跪下说："如今虽有人唾我面，我拭之而已。"

这个回答本不为错，但娄师德却面有忧色，嘱咐道："此所以为我忧也！人唾汝面，怒汝也；汝拭之，乃逆其意，更加重其怒。应是，唾，不拭自干，当笑而受之。"（见《资治通鉴》）

这就是成语"唾面自干"的来历。娄师德可谓吃透了中国官场"树大招风"的铁律，考虑得万无一失。性格决定命运，正因为这种谨慎，他才能在大周时期，始终受到武则天的信任。

他最有风趣的几件逸闻都涉及吃饭的问题。娄师德在任监察御史时，正是武则天禁屠令已下。一次他到陕县视察，吃饭的时候厨子给他端上了羊肉，娄师德责问："何为有此？"厨子说："豺咬死了羊。"娄师德心知肚明，但事已至此，也只能幽默："这豺很懂事啊。"过了一会儿，又上来了鲙鱼。再问，厨子又答："豺咬死了鱼。"见这谎撒得太拙劣，娄师德便叱道："智短汉，何不说是水獭？"（《古今笑史》）

据《朝野佥载》记载，娄师德任兵部尚书时，曾巡视并州。入境后，附近一带的县吏都前来迎接并随行。中午到了驿站，娄师德怕人多打扰，就让大家在一起吃饭。娄师德见自己吃的是精米饭，别人的却是糙米饭，便把驿吏叫来，责问道："汝何为两种待客？"驿吏惶恐，答道："遍寻浙米不得，死罪。"娄师德便说："同食，亦复何损。"便换了黑米饭和大家一起吃。

娄师德到梁州（今陕西汉中）考查屯田，有一与他同乡同姓的人犯了罪，都督许钦明准备杀之以儆效尤。那人便来见娄师德，请他说情。娄师德说："犯国法，师德当家儿子亦不能免，何况你。"

第二天宴会上，娄师德对许钦明说："听说有一人犯国法，说是师德乡里，师德实不识，但与其父为小儿时共牧牛耳，都督莫以师德而宽国法。"

许钦明立即派人给那人去掉了刑具，带到厅堂。娄师德见了那老乡，斥道："汝辞父娘，求觅官职，不能谨洁，奈何？"说罢，拿了一盘饼给他，说："吃吧，做个饱死鬼去！"许钦明经过权衡，最终还是开释了那人。

娄师德善于举荐人才。狄仁杰在当宰相之前，娄师德曾在武则天面前极力推荐他，但狄仁杰对此事却一无所知。武则天便问狄仁杰："师德贤乎？"狄仁杰只觉得娄师德作为一个将才还行，就说："为将谨守，贤则不知也。"武则天又问："知人乎？"狄仁杰说："臣曾与他同僚，未闻其知人也。"武则天笑道："朕用卿，师德荐也，诚知人矣。"女皇随手拿出以往娄师德推荐狄仁杰的奏章，让狄仁杰看。狄仁杰看后，十分惭愧，叹道："娄公盛德，我为所容乃不知，吾不及他远矣！"（《新唐书·娄师德传》）

三人中，比较有争议的是李昭德，结局不好的也是他。他虽然敢于直言，顶住了诸武的压力，但是对下却过于专擅，引起很多中下级官僚的不满。武则天自唐至周，对执政大臣的使用向来控制得很严，李昭德能在女皇眼皮底下成为一位权臣，也堪称是奇人了。但李昭德的结局却很惨！

宰相这官儿，真不好当啊。

据史家推论，李昭德的失势应在延载元年（694）左右，前鲁王府功曹参军丘愔参了李昭德一本，说他专权擅事。

然而，在武则天这样一个强势君主的手下，就是专权又能专到哪里去？

在众人心目中形成李昭德专权的印象，原因有人做过分析：

一是树大招风。武则天一度对他极端信任，超过了对武氏诸王的倚重，这引起了一些人的嫉妒。

二是锋芒太露。当时罗织正盛，大多数官员为之侧足，而李昭德独独敢挑战歪风邪气，比方在殿外杖杀王庆之、堂上奏责来俊臣、当众嘲笑侯思止、怒斥所谓"赤心石头"等，都是惹祸之举。众人不敢挑战诸武，让他一人去斗，结果嫉恨都集于他一身。

三是欠缺城府，说话伤人。一次李昭德和娄师德一同上朝。按礼数，两位宰相要并排走，但娄师德体态肥胖、行动缓慢，李昭德久等他也不上来，便怒骂："被田舍夫拖了腿！"（田舍夫，唐时的口语，"乡巴佬"也。）

好在娄师德脾气好，一句幽默应对了过去："吾不田舍，复在何人？"（《新唐书·娄师德传》）

娄师德与李昭德可以说是平起平坐，且又年长，李昭德尚且如此不敬，那么他对其余人则可想而知。

丘愔在参他的奏疏中，说他"性好凌轹，气负刚强"，也就是经常欺负同僚和下属。这是抓住了要点。

这份奏疏写得汪洋恣肆，应该说是好手笔："陛下天授以前，万机独断，发命皆中，举事无遗，公卿百僚，具职而已。自长寿已来，厌怠细政，委任昭德，使掌机权。然其干济小才，不堪军国大用。直以性好凌轹，气负刚强，盲聋下人，刍狗同列，刻薄庆赏，矫枉宪章，国家所赖者微、所妨者大。天下杜口，莫敢一言，声威翕赫，日已炽盛。臣近于南台见敕日，诸处奏事，陛下已依，昭德请不依，陛下便不依。如此改张，不可胜数。"

这一大段，总的就是说，相权已经压倒了皇权。这是典型的攻心战术——你怕什么，我就说什么。

自古以来的皇帝，最忌讳的就是这个，除了昏君，稍有想法的君主，都不能容忍有个权力比自己还大的权臣在眼前晃。

接下来，奏疏更是危言耸听，把李昭德比作前代篡逆之臣："书曰：知人亦未易，人亦未易知。汉光武宠庞萌，可以托孤，卒为戎首。魏明帝期司马懿以安国，竟肆奸回。夫小家治生，有千百之资，将以托人，尚忧失授。况兼天下之重，而可轻忽委任者乎！今昭德作福专威，横绝朝野，爱憎与夺，旁若无人。陛下恩遇至深，蔽过甚厚。臣闻蚁穴坏堤，针芒泻气，涓涓不绝，必成江河。履霜坚冰，须防其渐，权重一去，收之极难。"

这文章写得，说理严密，针针见血，不由武则天不动容。

紧接着，又有长上果毅邓注，写了《硕论》数千言，描述李昭德专权之状。凤阁舍人逢弘敏把它拿来，向女皇帝奏上。武则天看了，对纳言姚璹说："昭德身为内史，备荷殊荣，诚如所言，实负于国！"

谗言只要打在领导的软肋上，没有不起作用的！

史载"太后由是恶昭德"。延载元年（694）九月，李昭德被贬为南宾县尉。南宾县辖属钦州，在唐时是瘴疠之地。随后，又追论为免死流放，连官员资格都被剥夺了。

李昭德在那个蛮荒之地徘徊时，不知总结出教训来没有？

好虎架不住一群狼，想不搞好人际关系就把事情做好，难！

与此同时，他的老对头来俊臣也因受贿被贬出京都。后人有言：假若李、来二臣如此客死他乡，也不失为善终的结局，但两年后，女皇觉得还是离不开这二人，便把他们召回京都，任命李昭德为监察御史，来俊臣为司仆少卿。

这是命中注定的一对冤家！

据说，李昭德这次发现了来俊臣比以前更为严重的索贿罪证，正欲告发，却被来俊臣先下了手。

来俊臣与李昭德的另一仇人秋官侍郎皇甫文备联手，诬告李昭德谋反，先把李昭德打入了大狱。李昭德的最后厄运，就此铸成。

不过，来俊臣螳螂捕蝉，最后也难逃一劫。正是这次得手，让他利令智昏，起意要以同样手法除掉武氏诸王。他与心腹密谋，欲以武承嗣逼抢民女为妾之事发难，告发武氏诸王意欲谋反。不料，他的心腹之一卫遂忠却将此事密报给了武承嗣。

武氏诸王于是成了那只最后的黄雀，他们先发制人，指使司刑卿杜景俭和内史王及善等几位朝臣，上表女皇，揭发来俊臣贪贿事实，要求对来俊臣处以极刑。

一下子要干掉两员能臣，武则天着实定夺不下。在一段时间里，她寝食不安，情绪波动，对处李昭德和来俊臣以极刑的奏表迟迟未予敕许。

除了向吉顼征求意见外，女皇此时还向一个人征询了意见。这个人，就是在后世名声甚大的上官婉儿。

上官婉儿是高宗时宰相上官仪的孙女。前面已经讲过，麟德元年（664），上官仪因替高宗起草废后诏书，为武后所杀，家族籍没。尚在襁褓之中的上官婉儿与母亲郑氏同被配没掖庭。

上官婉儿十四岁的时候，出落得花容月貌，且文采过人。仪凤二年（677），武则天召见了上官婉儿，当场命题作文。婉儿须臾而成，不仅文辞华美，且书法也极好。武则天大悦，免其奴婢身份，令其掌管宫中诏命。此后，武则天所下制诰多出于上官婉儿的手笔。

虽是政敌的孙女，武则天却将上官婉儿视为心腹。她对上官婉儿说：李、来二臣都是可用之材，杀之令我有切肤之痛，然不杀又不足以平众心。我怕杀错人，如何能知谁该杀、谁不该杀呢？

上官婉儿说：难矣！群臣评议人物，向来众口不一，真伪莫辨。

据说，女皇沉吟良久，才说：或许唯有将二人弃市，百姓面对尸首，好恶自然不同，孰好孰坏任由百姓去定评吧。

于是，就有了李昭德和来俊臣同赴刑场的戏剧性场面。

时逢六月炎夏，大雨如注，洛阳百姓在电闪雷鸣中观看了一代名臣李昭德和酷吏来俊臣的行刑仪式。李、来二人死前始终怒目相向，假如不是含着口枚，怕也是要互骂着，一块儿踏入地府吧。

老百姓的反应如何呢？史载："是日大雨，士庶莫不痛昭德而庆俊臣也。相谓曰：'今日天雨，可谓一悲一喜矣。'"

惜哉！敢讲真话、敢抗上的直臣李昭德，就这样与来俊臣同归于尽。

直到神龙年间，中宗复辟，才给李昭德平了反，评价甚高，追赠为左御史大夫。后来到唐德宗建中三年（782）时，又加赠司空。这八十多年后迟来的荣誉，对一个大臣来说，已经是顶天了。

从武则天对这三位名相的使用上，能看出"中国式领导"在用人上的矛盾心理。

在这样的领导面前，你是废物不行。武氏诸王自革命后的身份已从外亲戚转为宗室，应是武则天最可靠的政治力量了，但她仍不放手使用，因为她知道武承嗣等人除了搞"符瑞"，别的本事不大。

但你太有棱角也不行。武则天本人固然很有个性，不大按照牌理出牌，但是有个性的领导并不一定就喜欢有个性的下属，李昭德栽就栽在他锋芒太露了。

最好是既精通业务，又小心谨慎、本分宽厚的。娄师德之所以屹立不倒，就得益于此。当然，这只是你给领导的印象，其实处事谨慎和处事圆滑，有时领导分不大出来。那时朝中有一个宰相苏味道，就是以明哲保身著称，凡事不蹚地雷，处事模棱两可，人送外号"苏模棱"，也混得很好。

总之，"革命"成功后，干部是关键。武则天深知没人不行，也知道人才不能在最忠诚的人里去找，因为"忠诚"往往与"无能"是同义词，因而要在最能干的人里去找。从前面的几则逸闻中我们可以看到，她对三位名相都有明显的笼络甚至讨好的举动，很耐人寻味。

中枢选人如此，中下层选人也如此，说那时武则天"求贤若渴"绝非溢美之词。她在选拔人才上，有几项名垂青史的首创。

首先是创立了"殿试"这一程序。天授元年（690），她在洛阳南门内的洛成殿亲自策试乡贡（通过了州县考试的举人），也就是亲自担任监考官，一连考了数日才考完。这一程序，原本是由尚书省或者礼部来完成的。

虽然殿试在唐朝未形成制度，但启迪了宋太祖于开宝六年（973）正式开殿试。自此以后，殿试成为科举制度中最高一级的考试，州试、省试和殿试三级考试制度正式确立。进士及第后，无须再经吏部考试，就直接授官。这样，所有及第的人都成了"天子门生"，给了知识分子以极大的荣宠，有利于增强官员的忠诚度。

　　武则天在长安二年（702）又设立了武举科，应武举的考生来源于乡贡，由兵部主考。考试科目有马射、步射、平射、马枪、举重等。"高第者授以官"，为选拔军事人才开了一个通道。这种制度，一直延续到晚清才被废除。

　　尽管武则天时期，科举录取人数远超过太宗时期，但老太太还是感到人才不够用。"革命"大业，用人当然应该多多益善，于是就在科举之外广搜人才。除了老百姓可以自荐做官以外，她还派出存抚使，分赴十道，搜罗那些进士、明经科的落榜生，甚至乡村私塾的民办教师也不放过，不经考试和培训，就直接授官。

　　她在皇宫前设立的那个铜箱子，朝东面的叫"延恩"，就是让自荐做官的人把自己的诗赋文章投进去，只要确有才能，马上就可被试用。

　　"白人"做官，又没经过考试，有可能流于浮滥，武则天就特别创立了"试官"制度，先给他们一个临时的官做做，以便考察。长寿元年（692），武则天特别召见了由十道存抚使选来的人才，一律给了官做。原先就有官职的，试用为凤阁舍人、给事中；原先是白丁的，试用为员外郎、侍御史、补阙、拾遗和校书郎。

　　当时有人对大批的落榜生涌入干部队伍不满，就作了打油诗讽刺，诗曰："补阙连车载，拾遗平斗量。把推侍御史，椀脱校书郎。"这里的"椀脱"，是说像一个模子里倒出来的。儒生沈全交又在后面加了两句："评事不读律，博士不寻章。糊心存抚使，眯目圣神皇。"这也算是周朝的政治笑话了。

　　左肃政台御史纪先知，查出了最后两句的作者，就把沈全交抓了起来，要以诽谤朝政罪处以惩罚。他提议，先当着百官打板子，而后交刑部处置。

　　武则天当时笑了笑，说："只要你们选人不滥，何畏人言乎？"纪先知听了，为之惭愧不已。

　　后来明代的思想家李贽读史，看到这一节，拍案叫绝，在书上批道："胜高宗十倍，胜中宗万倍！"

　　"何畏人言乎？"——不要说皇帝，就是小官儿，又有几人能有此气量？

　　武则天知道，身居高位者，就算是千年出一个的天才，终不能独理天下。一天能弄明白五六件事，就算高效率了，"日理万机"是专门造出来哄皇上的谀词。

　　她在临朝称制时，就曾多次下过《求贤制》。登极后，更是连下几道求贤诏书，要求凡是"长才广度，沉迹下僚"者，或"英谋冠代，雄略过人"者，内外官员都要注意搜罗。哪怕这些人隐迹市井、托身乡间，行为有违流俗的，也不要嫌弃。

举荐的对象不论门第高下、贫富贵贱；不限部落族属、离京远近；甚至"逆人"族属，"能公勤清白者，自当随才擢用，不以为瑕"。这在"一人犯罪、祸及全家"的古代来说，是相当宽容的了。

总之，她的看法是："十室之邑，忠信尚存；三人同行，我师尤在。会须搜访，不得称无。"

她不光笼统地号召官员举荐，有时还特别点名叫某些大臣举荐。如果"所荐不虚"，则荐者给予记功；若举荐不当，则荐者要受贬责，有人就因举荐了"犯逆者"而被杀。

在她的倡导下，官员们以荐贤为忠，有才者多被荐于朝廷。《朝野佥载》载："并州人毛俊诞一男，四岁，则天召入内试字，千字文皆能暗书。赐衣裳放还。人皆以为精魅所托。"《唐诗纪事》载："如意年间，有女子年九岁，能吟诗，武则天试之，皆应声而就。"连神童她都注意到了，可见荐才的范围之广。

当时很有一批善于荐才的官员，狄仁杰就是其中一例。自从他知道娄师德曾多次举荐他之后，深受触动，他本人后来也推荐了不少贤才。

《旧唐书》上所载的一件事，颇能说明他在这方面的执着——

仁杰常以举贤为意，其所引拔桓彦范、敬晖、窦怀贞、姚崇等，至公卿者数十人。初，则天尝问仁杰曰："朕要一好汉任使，有乎？"仁杰曰："陛下作何任使？"则天曰："朕欲待以将相。"对曰："臣料陛下若求文章资历，则今之宰臣李峤、苏味道亦足为文吏矣。岂非文士龌龊，思得奇才用之，以成天下之务者乎？"则天悦曰："此朕心也。"仁杰曰："荆州长史张柬之，其人虽老，真宰相才也。且久不遇，若用之，必尽节于国家矣。"则天乃召拜洛州司马。他日，又求贤，仁杰曰："臣前言张柬之，犹未用也。"则天曰："已迁之矣。"对曰："臣荐之为相，今为洛州司马，非用之也。"又迁为秋官侍郎，后竟召为相。柬之果能兴复中宗，盖仁杰之推荐也。

他推荐的这个张柬之，后来成了大周末期举足轻重的人物。谁也想不到这个长史出身的老爷子，能够一举扭转了历史走向。

武则天还首创"同中书门下平章事"这一制度，也就是由四品以下官员来担任宰相。她为树立权威，频繁更换宰相，为防止中枢削弱，就提拔这种低品宰相来补充，一旦合适就扶正，不合适就走人。由于采用了这一制度，在她临朝称制的二十年里，始终保持了一个干练的宰相集团在处理朝政，一切都井井有条。

后世对武则天不拘一格选拔人才这事，有着不同的评价。正面的评价是说：她为庶族人士开辟了宽阔的上进之途，是历史的进步；同时也为后来的开元盛世储备了大量人才，姚崇、宋璟、张说等名臣，就是武则天发现和提拔起来的。负面的评价则说，她为收买人心、打击李唐宗室，开了滥官滥阶的恶例，导致唐朝官僚体制紊乱，直到开元时代的姚崇、宋璟出来，才收拾了局面。

这就是所谓"横看成岭侧成峰"。同一件事，就看你怎么说了！

关于用人过滥的问题，当然是存在的。真理超越一步就是荒谬，这一点，现代人见识得多了。

前面我们提到的政治打油诗，不是没来由的。乾封年以前，吏部选人每年不过千人，垂拱年以后，每年竟然达到五万左右。编制不够用，就创置里行、拾遗、补阙的官职来安排。要知道，古代中国的官员人数大大少于现代，全国约有十余万在编文官，就绰绰有余。所以这个数目可以说是惊人的！

更惊人的是，自女皇提倡官民自举以来，官员的录取率也大大放宽了，原来大约为十之六七，现在则是十不汰一，几乎是敞开大门招聘干部了。

上有所好，下必趋奉。当时人见有此好事儿，更激发了人性中卑劣的一面，士民以跑官为时尚，自夸其能，大言不惭，把钻营求官称之为"觅选"。有能耐的，自然可以显示一下；没能耐的怎么办，只有靠告密、诬陷、整人，以表现"革命态度"，希图封赏。酷吏的大批涌现，其源盖出于此。

对于这些弊病，当时就有人提出批评。倡导自举后不久，就有时任鸾台侍郎的魏玄同上表，说现在官员"淄渑既混，玉石难分；用舍去就，得失相半"（《唐会要》）。获嘉县主簿刘知几也上疏说，过去唐朝太过惜官，现在陛下改革整顿，很好，但矫枉过正，也未免太过了一些。以至六品以下的编制外官员，多如土芥沙砾。德行上连邻居都没听说的，忽而就侧身朝官；见识上不能举一反三的，转眼就加入干部队伍。这样的情况"比肩咸是，举目皆然"（《唐会要》）。他的名言"绯服众于青衣，象板多于木笏"，就是在这一奏疏里提出来的。

武则天也知道官多必滥，里面肯定有不行的，所以她罢起官来也相当厉害。在大周一朝，宰相集团成员的更换之频繁、平均任期之短暂，史上罕见。

对中下级官员，那就更严厉了。为整肃吏治，她不惜杀戮。史称女皇诛杀刺史、郎将以下不可胜计。到后来，每任一官，宫女们就私语："鬼朴又来矣！"（鬼朴，是指"做鬼的材料"。）果然，"不数月，辄遭掩捕、族诛。"

形势严酷如此，仍挡不住人们做官的热情。那么，现代人也就可以理解了：如果做了官以后，只上不下，又有诸多隐性特权，那还能挡得住天下汹汹跑官、买官的热潮吗？

值得一提的是：为防止官员腐败滥权，由她亲自撰写的教育材料《臣轨》和《百僚新诫》，还是很有一些现代管理思想的。

她说："夫事君者以忠正为基，忠正者以慈惠为本。故为臣不能慈惠于百姓而曰忠正于其君者，斯非至忠也。所以大臣必怀养人之德，而有恤下之心。"

这是说，真正的忠君就是对百姓好，这讲的是民本思想。

她说，好的大臣要能做到"不面誉其君以求亲己也"，"不苟悦君心而与之合"。什么意思呢？就是不要老拍上级的马屁。武则天从一个低位嫔妃扶摇直上，其间马屁赞美听得多了，她不会当回事。她要求的忠诚标准是"忠也，上足以尊主安国，下足以丰财阜人"。

她把"老百姓能不能过上好日子"作为衡量政绩的唯一标准，说大臣若能"助君而恤人者，至忠之远谋也；损下而益上者，人臣之浅虑也"。什么才是老百姓的好日子，就是"田畴垦辟，家有余粮"，当官的能让百姓达到这一步，就可以高升。反之，如果"为政苟滥，户口流移"，那就不是好官，要受到贬责。

武则天为什么把民生问题看得这么重要？因为她知道"衣食者，人之本也；人者，国之本也"。老百姓为什么是国之本呢？很简单——"家给人足，则国自安"。

这里，我们可以把武则天治国理念的脉络看得很清楚了，她就是一个孟子民本思想的忠实信徒。

在我们过去的习惯思维里，皇帝，就是大地主大官僚的代表，天经地义；但历史绝不是那么简单的，有些皇帝，偏偏就不代表上层阶级。他们知道，什么是国家的基础，所以绝不做"损下益上"的蠢事！

笔者在本书开始的时候，说武则天是好皇帝，根据就在于此。武则天执政也确有严苛的时候，但她的矛头是指向宰相集团这一类上层官僚，不是老百姓。古代的官僚士大夫，就是现代概念里的知识分子。自古凡得罪了知识分子的皇帝，多半没有好名声；因为史籍是知识分子写的，结论是知识分子做的。武则天大大地得罪了知识分子，所以千年以来，对这位唯一的女皇帝的评价，说"毁誉参半"已算恭维了。

正因为如此，凡是"聪明"的皇帝，无不懂得要虚心纳谏，善待大臣。只要把大臣笼络好了，不管是否杀兄逼父，武力篡位，在后世留下的都会是明君的美誉。

历史，是很有点儿意思的吧！

武则天在《臣轨》中要求大臣"助君而恤人"，就是要帮助皇帝减轻百姓负担；那么她本人能否在这方面虚心纳谏呢？

答案是，能！

在大周的中后期，她在这一点上还是做得比较突出的。"革命"时期的疾风暴雨过去后，政权趋于稳定，她的心态也就平和下来，不仅能远小人、亲贤臣，而且能从谏如流。因为这时候臣下的谏言，多不涉及"基本路线"，不大有人在女人能否当皇帝的问题上叽叽咕咕了，意见多半是技术性问题，武则天当然乐于采纳。

在古代，臣僚向皇帝提建议，我以为，一类应叫建言，就是撺掇皇帝去做什么事，搞工程、搞活动，那是烧钱的。另一类，则应归类于谏言，是劝阻皇帝不要去做什么，罢土木、废冗政，那是省钱的。

对于谏言，武则天觉得是多多益善，养了那么多拾遗、补阙，就是想听到意见和反映。人家说你的事情没办好，这是把你当回事，并不等于恶意攻击。她数次下诏，在全国范围内让九品以上官员"极言时政得失"。所谓"极言"，就是鼓励放开了说，不以言论治罪。

这方面的事例多得很。延载元年（694）九月，武则天以梨花一枝出示宰相。秋季里有春花盛开，宰相皆以为祥瑞。但杜景俭独不以为然，说："今草木黄落，而此更发荣，阴阳不对，咎在臣等。"说完，就向女皇表示谢罪。武则天听出他话里有暗讽，便叹道："卿真宰相也！"

圣历年间，武则天打算把讲武活动从例行的冬季改到春天去搞。凤阁侍郎王方庆上疏切谏，认为这样会妨害农时。武则天知道自己错了，就亲笔写了诏敕，如其所请，打消了这个念头。

久视元年（700）四月，有胡僧请求建庙宇存放舍利（佛骨），武则天答应了，但是狄仁杰不同意。武则天听他陈述意见到一半，就肃然起身聆听，并解释说：这样子是"以成吾直臣之气"！

这年七月，武则天下令天下僧尼日捐一钱，准备造一尊大佛。狄仁杰上疏极谏，认为这有损于百姓，且无益于国家。武则天爽快地接受了意见，说："卿教朕为善，何得相违！"

十二月，凤阁舍人崔融上疏，认为全国禁屠宰于民无益。武则天欣然接纳，下令复开屠宰，让大家敞开吃肉。

女皇乐于纳谏的特点，越到晚年越加明显，这与秦始皇、汉武帝、隋文帝、唐太宗等雄主截然不同。那几位，到晚年功成名就之后，耳朵就听不得杂音了。就连以纳谏博得千古美名的唐太宗，到晚年也老是想法子"杜谏者之口"，只想听好话了。

武则天早年受太宗纳谏之风的影响，暮年的表现颇为人称道，这就是她在后世也博得了一些美誉的原因。

笔者于读史时会联想起，统治者在这世上统治了一遭，都不免有志得意满的心态，想刻石勒碑以流芳百世。其实，真正不朽的纪念碑，绝不是什么与世纪永存的建筑物，而是老百姓的口碑，是千万人的人心！

普希金有一首诗说道："我为自己竖起了非人工的纪念碑，通往它的路将人流络绎永不荒芜！"

这才是真正的自信，这才是真正的明智。

强权之下为自己树的碑、立的传，能在身后永远不倒、永世流芳吗?

第三节　武则天最大的功绩是搞好了民生问题

中国古代的历史，就是一场大戏，其中有剧本可读的，大概有两千多年吧。在这些戏里，皇帝也是一个角色，而且是被规定好了的角色。尤其在儒家学说成为正统后，出演这个角色的人是不能胡来的。尽管在二百四十个皇帝中，敢于瞎胡闹的大有人在，可他们也为此付出了代价——世世代代被人骂作昏君、暴君。

皇帝到底是个什么角色，皇帝本人也是要好好掂量掂量的。

武则天以女人身份做了皇帝，就特别要考虑这个问题。如何才能不被后世代代唾骂，如何才能让人承认自己是合格的皇帝，她肯定没少动脑筋。

她在临朝称制以后写的《臣轨》，表达了她对好皇帝的看法："王天下者，必国富而粟多；粟生于农，故先王贵之。"

这是她对孟子民本思想的诠释。孟子提了一个神圣的命题，说老百姓的地位高于一切。那么，民何以贵过社稷、贵过国君？因为民是创造基本财富的人。做皇帝的，不把民生问题搁到第一位，那就是存了心要把国家搞垮。

武则天本来没有做皇帝的资格，她处心积虑登上这个位置，心中肯定有宏图大志。但是她也知道，硬道理纵有千万条，让百姓过上好日子才是最硬的道理，其他的道理都要让步。她执政以后，固然做了不少荒唐事，也有很多残忍之举，但"民为贵"这条基本路线始终没动摇过。

反之，她对官僚集团的态度就很不同。她可能从来没有把官员集团看成是"一伙的"，前面说过，在她的概念里，大臣就是"助君而恤下者"，是帮皇帝照顾好老百姓的，是跑腿儿的、帮忙的、办事的，不是什么不得了的精英。因此，她整肃起官员来从不手软，也看不出有多怜惜。

执政者，要站在大地上；这个大地，就是万万千千的草民，而不是别的什么人。终武则天一朝，她没有纵容官员们杀鸡取卵——鸡杀光了，还能有蛋吃吗？这还用得着经济学家来解释吗？

笔者年轻的时候读史，最喜欢看的是大人物经天纬地的功业，最不耐烦看的就是历代的民生问题。待年纪到了中老年之交，遍尝了谋生之不易，才对历史中的民生问题有了兴趣。

"生活"这两个字，对平头百姓来说，分量重矣！生怎么生，活怎么活，油盐柴米价值几何，那是悠悠万事中的大事。百姓是没有几个能奢望青史留名的，他们日日考虑的就是怎么活！

因此，在这一节里，笔者要讲讲武则天是如何解决民生问题的。所涉及的，无非农商，也许会枯燥一些，但读过后，大家也许会有意外的感慨。

武则天的政绩最可称道的，是她重视农业、关心农民。她说："建国之本，必在于农。"一个农业国家，农民就是最先进的生产力，不爱护不行。

她刚当上皇后，就上了《建言十二事》，这是她施政纲领的雏形。其中头一条就是"劝农桑，薄徭赋"。劝农桑，就是鼓励农民干活儿。怎么才能鼓励农民的生产积极性？她认为就是减轻负担、少收赋税。盘剥得少了，大家才愿意干活儿。她对州县官员的政绩指标有规定，哪里的百姓"家有余粮"，哪里的官员就称职；哪里的官员"为政苛滥"，横征暴敛，那么不到任期就得拿下来。

赋税轻，就是施仁政，这是古代明君贤相的普遍认识。征税越少越光荣，这是好官、清官们骄傲的资本。但是到了近代，这观念上位者已经不关心了！

武则天关注农民，不光是每年春天赶两鞭子耕牛意思一下，而是有实在措施。垂拱二年（686）四月，武则天把她亲自撰写的农书《兆人本业记》发给各州县主官，命他们在当地刻印颁发。

这是我国历史上唯一的由最高统治者亲撰的农书，现已失传，据后世专家分析，按照武则天的写作习惯，这大概是集前人农书之大成删削编纂而成的。此后，唐历代皇帝都很推崇这部书，以至形成定制，每年二月初一，州县百僚都要向中央进呈一部当地翻刻的新版《兆人本业记》，以示上下都很重视农业。

劝农桑的效果非常明显，她的统治期内，粮食打得多，这是有实例为证的。1971年，考古学者在洛阳发现一座唐代大型粮仓——含嘉仓。在这个仓库里，挖出了登记粮食入库的铭砖，上面刻的年号有天授、长寿、万岁通天、圣历等，全是女皇的年号。这个仓库的规模大得惊人，共有二百零九个仓窖，每窖可藏五十余万斤粮。

据《唐会要》所载，长安四年（704）洛阳都尉杨齐哲上书云："神都帑藏储粟，积年充实，淮海漕运，日久流衍。"长安四年是武则天统治的最后一年，这则史料可以证明，那时粮食充足并非虚言。

此外，武则天还是一位兴修水利的热心倡导者。

水利是农业的命脉，这句老话现在感兴趣的人不是太多了。但是，据说我们这个古老国家之所以成为大一统国家，就是因为能集中民力兴修水利。武则天时期，全国水利建设可以用"蓬蓬勃勃"一词来形容，仅《新唐书·地理志》中，就有二十项大型水渠建设的记载。

在土地制度方面，武则天也做得非常严谨。据敦煌出土资料记载，武则天时期曾有力地推行过均田制。唐之均田制，规定"丁男中男以一顷，老男笃废疾以四十亩，寡妻妾以三十亩"。这个土地分配制度，自北魏时推行，被证明是当时较好的土地制度，可保证近代"民生主义"的所谓"耕者有其田"。

武则天还特别重视屯田。屯田，就是军队自己种田，自己养活自己，减轻人民负担。娄师德在外任武将的时候，起码有一半的任务就是屯田。名将黑齿常之曾任河源军经略大使，那时曾屯田五千余顷，一年能收获五百多万石粮食，娄师德是他的副手，且专管营田一事，是行家里手。他在河套地区屯田效果显著，史书上说他"率士屯田，积谷数百万，兵以饶给，无转饷和籴之费"。

转饷，就是运送军粮。在古代，这历来是老百姓的义务，也是老百姓的苦恼。《汉书·高帝纪上》就说："丁壮苦军旅，老弱罢（疲）转饷。"

娄师德有此善政，武则天大为满意，特下诏予以慰劳。武则天还经常叮嘱娄师德说："大军在边疆，必依赖营田，公不可惧怕操劳。"后来索性让他当了河源、积石、怀远军及河、兰、鄯、廓诸州的"检校营田大使"。

凉州都督郭元振也是当时的一位营田有功者，他在防守凉州（今甘肃武威）时，不仅开拓州境一千里，令突厥、吐蕃不敢深入，而且指示甘州（今甘肃张掖）刺史李汉通施行屯田。连续几年丰收，积军粮可用数十年！郭元振由此军威大振，凉州一带的老百姓也跟着借光，"牛羊被野，路不拾遗"，过了几年的好日子。

古代的史书，对民生问题一般都没有系统的介绍和评价，但史家对某个朝代的民生情况往往有两个评价参照指标，一个是物价，一个是人口增长率。

武则天时期的一前一后，贞观和开元，是唐代物价低廉的黄金时期。史载，贞观三年（629）斗米三到四钱，到贞观十五年（641）更降至两钱。高宗封泰山之时，因年景较好，斗米也才五钱。女皇时期米价多少，没有记载，据说从高宗晚期起至武周一朝，是物价上涨时期。到了开元，才降下来，斗米十余钱。

很显然，从高宗时期起出现了通货膨胀。通胀的原因是高宗时期出现了民间私铸钱，那时中国人的通货，用的不是银子也不是纸钞，而是铜钱。商业发达以后，国家铸钱的铜不够用，货币供应不足，有老百姓就私铸成色不足的钱以供流通，从中谋利。这就是"恶钱"，放到现在来说就是假币。

政府曾经以一好钱兑换五恶钱，收回劣币，后来更是抬高到以一钱换两钱的标准。又发行了新钱投放市场，严刑惩罚私铸，但都不起太大作用。

伪币一多，钱肯定要不值钱。但是，这不等于经济萧条，或者老百姓的物质生活水平很差。如果由此得出结论说，女皇时期的经济状况远远不如贞观和开元，是不够有说服力的。

政绩的另一个考察指标——人口增长，则完全能说明女皇时期百姓生活得很不错。

　　唐初经过战乱，户数仅有二百余万，比隋炀帝时期的八百九十多万户少了四分之三。贞观时期，四海安定，流民回归。贞观结束时，户口为三百八十万。经高宗、女皇时期，到神龙元年（705），也就是武则天统治的最后一年，户口已增至六百一十五万余。这个数字，还没有把大量"逃户"计算在内，但已很可观。也就是说，五十年间增加了接近一倍。

　　我们知道，人口增长速度，跟人口基数的大小也有关系。有人统计过，高宗、女皇时期的年平均人口增长率，比后来人口基数大得多的玄宗时期还要高！这是武则天时期民生问题解决得好的一个证据，不大容易被推翻。

　　考察女皇执政的这一时期，民生之所以解决得好，有几个因素。

　　首先是天公作美，高宗时期尚有很严重的自然灾害，皇帝都要到洛阳去"就食"，而到了武则天临朝之后，就再没有频繁的灾害，连年丰收。这样，靠天吃饭的老百姓当然过得就好，这是武则天的幸运。

　　其次是武则天劝农桑、修水利、重屯田，以政策手段鼓励农业生产，营造了一种社会氛围，即劳动是一件有利可图、有面子、能改变命运的事。于是大家都热衷于生产劳动，日子自然越过越好。

　　再次是朝中斗争虽然严酷，杀人无数，却与一般老百姓无涉，并没有影响到老百姓的正常生活。两次局部叛乱也迅速被平定，没有酿成全国性的内战，使百姓得以连续80余年安居乐业。

　　最后是武则天对豪门的打击，抑制了土地兼并的势头；整肃吏治，也多少遏制了官僚集团对平民的"灰色"掠夺，使得老百姓有合法致富的较大空间。

　　话说到这里，我们要谈谈武则天时期民生问题的另一面。说起来，我们都是辩证论者，也就是认为：凡硬币都有两面，既有光明的正面，也有阴暗的负面。尽管有些辩证论者只愿谈正面、不愿正视负面，谁谈了负面就要下禁令——他们的硬币只有一面，但不妨碍大家心里有数。

　　武则天时期的民生状况，被后人诟病的问题主要有两个：一个是"逃户"，一个是大兴土木、劳民伤财。

　　笔者在这里只讲"逃户"问题，劳民伤财的事留到下一章去讲。

　　史家纠缠不放的武周后期人民大量逃亡的现象，据有人考证，主要是依据三个人在上疏中的言论。第一个是陈子昂，他几次上疏谈到垂拱年间蜀地、关中、山东一带的流民占百姓的"十之四五，可谓不安矣"。之后圣历元年（698），他又提到蜀地诸州有逃亡问题。第二个是韦嗣立，他在圣历二年（699）说过"今天下户口，逃亡过半，租调（赋税）既减，国用不足"。第三个是狄仁杰，在神功元年（697）谈到了"关东饥馑，蜀、汉逃亡"的问题。

首先我们要有一个概念，就是古人说话有时不免夸大，特别是上疏谏言时，为了引起皇帝注意，就更是如此。比如陈子昂在垂拱元年（685）说，各地流民占居民的"十之四五"，这情况如果属实就相当恐怖了，但是到第二年，他又上疏赞美大好形势，说"中国无事，阴阳大顺，年谷累登"，"今天下百姓思安久矣"，真不知应该听哪一个。

因此，史料都需辨识。

据当代专家分析，狄仁杰在神功元年所说的"关东饥馑，蜀汉逃亡"应是事实。因为那一年契丹进犯，大周将领王孝节在抗击中战死，突厥也趁机来勒索。武则天为安抚突厥，给了他们不少东西，都是由关中老百姓负担的。由于战争侵扰和负担加重，关中出现了流民。此外，突厥犯境后，曾经驱使了一批大周的百姓卖命，突厥退去后，这些人怕朝廷追究卖国罪，便纷纷逃亡。

这个事情，后来经过狄仁杰安抚民众、召回逃亡、减免租赋，得到了很好的处理。

再来看陈子昂说的两次逃亡事件，他在垂拱三年（687）说的"关陇弊，历岁枯旱，人有流亡"，是指关中地区连续三年的旱灾。关中地区是原京都长安所在，历来负担就重，更禁不起灾害打击。这种状况自隋文帝时起就很严重，并不是从武周时期开始的。隋开皇十四年（594），关中大旱，出现饥荒，连隋文帝也被迫跑到洛阳去"就食"。这就是史上有名的"天子逐粮"现象。到唐初，这个情况就更甚。

对于关中的疲弊，武则天是采取了办法的。在大旱之年，除了皇室减膳、赈济灾民等例行措施之外，她还开创了由国家组织大规模移民的先例，于天授元年（690）和天授二年（691）两次将关内各州数十万户迁入洛阳一带。

对于这些移民，国家不仅给予舟船之便，还派出清正官员一路护送。人到了新居住点后，免税一至三年。没有田地者，"任其所欲"，也就是可以从事任何产业谋生。有愿意在当地落户的，则允许编入户籍。

　　这个措施，使关中地区的人口压力大大减轻，同时促进了神都的经济发达，据说大周人口的激增，就是从实行移民以后开始的。

　　至于"蜀汉逃亡"的问题，则主要是出于人祸。陈子昂做过分析，说是由于当地"官人贪暴，不奉国法；典吏游客（小官与幕僚），因此侵渔（仗势盘剥）。剥夺既深，人不堪命，因而逃亡"。

　　这个问题既然有陈子昂公开提出，可见当时已发现了问题，而不是一个普遍于全国、贯穿于大周的顽固性弊政。

　　另外，现代也有人提出了一个新观点，是说武周时期出现流民，是百姓愿意流动，官府乐助其成，因为双方都从"逃亡"中发现了新的经济增长点。

　　这一观点认为，均田制是北魏在战乱之后土地大量抛荒的前提下实行的土地制度，目的是让土地有人种。但是在八十年的安定之后，富人想兼并土地，农民想摆脱户籍另谋发展，于是离土农民就形成了庞大的流动群体。

　　土地兼并，就是两极分化；逃民出现，就是农民到外地谋生。据说，武则天政权并没有采取严厉措施维护均田制，对土地兼并和农民逃亡都采取了宽容态度。

　　土地集中了，证明经济繁荣了，这不可怕。农民虽然有的逃亡了，但他们是以另外的身份回到了土地上：一是去给大财主当佃户，租种土地；二是到荒山野岭去开荒，成为新的自耕农。这种"逃户"，严格来说并不是无业流民，他们有稳定的经济来源，是从事正当生产的人。而且逃户们的流动走向，是朝向偏远地区，从而也振兴了偏远地区的经济。

　　据说当时全国有四分之一以上乃至三分之一的人口为"逃户"。这个概念，是指四分之一以上的人口是迁移人口，不等于四分之一以上的人吃不上饭。当时社会稳定，农商发达，有些人变换了劳动地点或调整了生产结构，并未引起什么动乱。这就说明这个变动是合理的。

　　武则天时期对于逃户的政策，一开始还是沿用了老法子，命地方州县搜检，查出来就遣返原籍，但是执行得并不彻底。到后来，地方官府发现，流动人口是当地经济繁荣的一个新因素，有自己的利益在内（可以增加政绩），于是就采取了暗中保护的政策。

　　在武周后期，武则天也发现了这一问题，她采纳了凤阁舍人李峤的建议，干脆把逃户合法化了，搜检还是要搜检，但允许逃民在新逃入地入籍。这样，逃民又回归到国家掌控的户籍中了。这样做，是必要的，免得税源流失。

在武周时期，一方面有很多逃户，另一方面户口又在激增，后一个现象就能说明，逃户并没有逃到哪里去，还是在国家户籍的掌握中，不过是换了个地方谋生而已。武周时代，边远地区新设置的州县很多，就是逃户带动地区经济发展的结果。

客观地说，武周时期总体上社会稳定，经济发展水平较高，前接贞观之治、后启开元盛世，是初唐老百姓有幸遇到的一个黄金时代。

大周的商业、手工业、建筑、交通、外贸等，都有可圈可点之处。那时的宫廷作坊尚方监，有各类工匠五千七百多人，大多为纺织工匠，蔚为大观。在民间，私人纺织作坊的规模也不小，家有织机五百张的大户不乏其例。丝绸制品质地优良，享誉海内外。

大周的都城洛阳，于长寿二年（693）由李德昭主持增建了外城，"城内纵横各十街，凡坊一百十三，市三"。街坊整齐，市场繁荣，乃当时的政治经济文化中心，堪与西京长安媲美。

长安城内的大雁塔，是为安放玄奘从印度带回的佛经所建，始建于永徽三年（652），曾一度倒塌，在武周时期重建，迄今已一千三百余年，仍屹立如昔。

大周时期，以神都和长安为中心的驿路四通八达，重要敕书日行五百里，朝令夕至。武则天自创的新字，在敦煌、吐鲁番都得以广泛推行。

其时，海外贸易，盛于广州；内河航运，遍布江河。时人称"七泽十数，三江五湖，控引河洛，兼包淮海。弘舸巨舰，千舳万艘，交贸往还，昧旦永日"。

大周的疆域盛极一时，东至海滨，西邻波斯，南抵林邑，北迄大漠。在这片令人惊叹的辽阔国土上，在女皇武则天的治理之下，生民有幸，算得上是百业兴旺吧。

武则天身后的名声，虽然毁谤颇多，但也不乏美誉，人们所称道的，多半还是她让百姓过上了衣食无忧的日子。

执政者的最大美誉，莫过于此。

第四节　圣明的君主也免不了好大喜功

前面我说过，凡是硬币都有两面。古代的君主就是这样，普天之下，谁也管不了他，那么他就是再仁圣英明，也难免会"胡作非为"。

他在胡作非为的时候，没有人能挡得住他，他甚至意识不到自己是在做坏事，尤其那些雄才大略之主。

武则天虽然是一个自律性比较强的君主，但毕竟不是颜回那样的道德楷模，不是一瓢水就能满足的。她在年轻时，就表现出事事都要拔尖的性格，当了皇后以后，无论是营建宫室，还是出游大典，都要搞成空前绝后的。至于搞这些名堂是否会增加民力负担，是不是无谓消耗财力，那就不在考虑之列了。

武则天有伟人思想，总想建造与自己的胸襟相称的宏大建筑。搞起这些大而无用的"意识形态纪念碑"来，她好像有无穷的想象力和劲头。

结果盛世之中，就出现了爱惜民力和好大喜功两种主旋律并存的现象，主政者丝毫察觉不到这有什么荒谬。

前面我们提到的明堂——"万象神宫"，就已经是超越前代的标志性建筑了，武则天还不满足。她又下令由薛怀义主持，在明堂的后面造一座五层的"天堂"，供一尊超级大佛像。

这个人间"天堂"，高得无与伦比，爬到三层就可以俯视整个明堂。这个中国的"巴比伦塔"，大概是古代中原地区除了塔以外的最高建筑。因为实在太高了，刚一建好就被大风摧毁。

伟人们都有"人定胜天"的倔强劲儿，失败了就再干，从头建起。武则天自恃国富，挥金如土，每天使役上万人，从山中采伐巨木运回，数年之间耗费钱数以亿万计！

这个薛怀义，堪称古代最伟大的工程师之一。他不仅能领会伟人的意图，而且有能力造出气势磅礴的建筑来。

据说，天堂里的佛像，高二百五十尺，仅佛像的一个小指头里面，就能装下几十条汉子；整个佛像的肚子里，大概能塞下一个军团了！

巍乎高哉！

不过以笔者看，凡是号称要建天堂的时代，老百姓到最后是捞不到享受天堂滋味的，只有付出滚滚血汗而已！

武则天的崇佛到了此时，已不加节制。正是有了佛经上的"理论根据"，她才能堂而皇之做女皇，她当然要大加崇奉。延载元年（694），她为自己加上了一个不伦不类的尊号"慈氏越古金轮圣神皇帝"。所谓"慈氏",就是指"弥勒";所谓"越古",就是横亘古今;所谓"金轮",就是指《大云经》里说的"女转轮王净光天女"。这个尊号,既有佛教概念,也有儒家概念。总之,只要帽子高,就都给自己戴上。

这年八月,武则天的另一侄儿武三思,投女皇之所好,又纠集部落酋长,请求修建一座歌功颂德的"天枢"。

这个东西,在中国古代建筑中极为罕见,是由铜铁铸造成的图腾柱,选址就在神都皇城的南门——端门之外。

武则天欣然接受这个建议,即令宰相姚璹为督作使。武三思便号召各部落来洛阳的使节与外族商人捐款百万亿,收购天下铜铁。武则天是比较优待外商的,曾在洛阳置"来庭县"让外商居住,让他们享有一定特权。于是,外商乐于常驻洛阳做生意,大周的外贸触角也伸到了今意大利、法国、伊朗、伊拉克、印度等地。对此,外商还是心存感激的,捐钱没费多大的事。

这个"天枢"的柱基由铁铸成,其形如山,周长一百七十尺。柱为铜铸成,高一百零五尺,直径十尺,蟠龙麒麟围绕柱身,顶端为承露盘,直径三丈。武三思亲撰铭文,称颂大周之功德,贬低大唐之旧政,镌刻于柱,并刻百官及四方国君的姓名于其上。又由武则天自书"大周万国颂德天枢"几个大字,也铭刻其上。

经过一年的折腾,天枢方铸造完毕。因消耗的铜铁量太大,所募之钱购之不足,又在民间强行搜刮,把农民的农具、器皿也无偿征调,闹得百姓家败人亡。

武则天到了晚年,虚荣心大增,薛怀义给她出力不少,她对薛也就信任到无以复加的地步。延载元年(694),武则天甚至让这个和尚任代北行军道大总管,领兵去讨突厥。薛怀义由此成为中国历史上军职最高的一位和尚。

和尚出征,威风凛凛,下辖十八位将军,连宰相苏味道、李昭德这样显赫的大臣也随军听他调遣。前面说过,薛怀义的运气好,不等大军开到,突厥就退了,但和尚大帅却出尽了风头。在军中,因与李昭德一言不合,薛怀义还抽了李昭德几鞭子。像李昭德这样的强人,竟然也服了软,因惶惧而请罪。

薛怀义越发有恃无恐,伸手向女皇要起钱来理直气壮。每做一次无遮大会,就要费钱万缗,还要向民众散发功德钱十大车。在撒钱的时候,万人哄抢,甚至导致踩踏死人!

后来，薛怀义嫌宫中拘束，又恼很大臣们老是弹劾他，就不常进宫去陪女皇了，整天待在白马寺与千名武僧舞枪弄棒。不仅如此，薛怀义还经常带领这群年轻僧人四处作恶，白日呼啸于街市，殴打百姓，凌辱妇女，引得洛阳百姓怨声载道。

这还了得！有人便怀疑他"潜图不轨"。

这个人，就是殿中侍御史周矩，他奏请女皇，要求调查薛和尚。

在此之前，已有御史冯思勖弹劾过薛怀义。薛怀义知道后，就每天骑着高头大马，在朝臣们出入的宫门前徘徊，伺机寻衅。

这一日，两人狭路相逢，薛怀义骑着快马冲到了冯思勖面前，故意口出狂言，以图激怒冯御史。他拉着缰绳，驱马围着冯思勖转圈圈儿。

冯御史是个硬骨头，既然敢做就敢当，他傲然而立，毫无惧色。

薛怀义气急败坏，一声令下，那些随从僧人立刻冲上来，围住冯思勖猛打，直打得这个文弱书生满身是血，几近断气。薛怀义要让天下的士民知道，能吃女皇软饭的人，自古以来也没有几个！你们惹得起吗？

但薛怀义的气焰并没有吓倒周矩。周矩想扳倒薛怀义，那可不是一时的激愤，他为此已准备了将近十年。

周矩提出请求后，武则天考虑到薛怀义在拥立问题上出力甚大，又怕追查薛怀义会牵出她的宫闱暧昧之事，影响不好，就表态说："不可。"

周矩一再坚持，不肯让步。武则天考虑了一下，便说："你先退下吧，朕马上让他到你那里去。"

武则天这么做，是给了周矩一个面子。这样做，算是煞了一下薛怀义的威风，如果周矩知趣，就应该按照官场对等交易原则，也给薛怀义一个面子。

果然，待周矩回到御史台，薛怀义跟着也就到了。

可是，薛怀义不能理解女皇的苦心。他向来是个不讲规矩的人，身份又如此特殊，哪里会把御史放在眼里。到得衙门口，踏阶下马，傲然而入，也不搭话，就坦腹躺在了床几之上。周矩正要审问他，这"薛师"却腾地起身，出门跃马而去！

周矩无奈，只得向女皇告状。武则天说："此道人患风，不须苦追。他所度的那些僧人，就任凭你穷追到底吧。"

什么叫"患风"？就是疯疯癫癫，做事异于常人。这并不是个免于追究的理由，不过是给了周矩一个台阶下。

周矩动不了薛怀义，但处置那一千多个恶僧还是绰绰有余，于是把这帮小子一股脑都流放到远州去了。

武则天也知道自己这样处置对周矩不公，就把周矩提拔为天官员外郎，以示安慰。

薛怀义的羽翼被剪除，愤恨不已。过了不久，便找机会构陷周矩。结果，周矩的结局是"下狱死"。

武则天也遇到了她的色与戒之两难处境。这个薛怀义，实在是既可爱又可恨。

薛怀义在工程技术上才华横溢，又富于奇思妙想，传说中的鲁班爷也不过如此。他在万象神宫做无遮会，想出来的花样儿匪夷所思。无遮会是佛教的一种法会，是向各地僧人与普通民众（包括乞丐）布施财物的大会，举行的时间长、人数多。"无遮"，意思就是无论贫富贵贱，都没有限制，可以平等参加。他为了制造惊人效果，命人在地上凿了一个深五丈的大坑，上面用绢彩扎成宫殿，将佛像置于坑中。举行法会之时，用机械装置将佛像徐徐抬起。从远处看去，犹如佛像从地底冉冉升起。周围又有上千支蜡烛同时点燃，将佛像照得金光熠熠。

中国人习惯于偶像崇拜，民众们看到这庄严神奇的景象，无不为之倾倒！

薛怀义的奇思层出不穷，他还在一幅巨幅的布上画上了佛像，高张于天津桥南，然后设斋会，把僧人召集起来吃斋饭。

这幅巨画，高有两百余尺，仅佛像的一只鼻子，就有一条船那么大！画是用牛血做颜料画成的，薛怀义则声称：这是他刺破自己的膝盖，取了自己的血画成的。

这幅中国史上罕见的户外广告一经挂出，立刻轰动洛阳，人人称奇，都以为是逢到了五千年未有之盛世！

可是，此时薛怀义与女皇的关系已经比较微妙。武则天虽然感念他有拥戴之功，但也越来越不喜欢他的蛮横狂野。

据说就在薛怀义领兵出征的两个多月里，女皇耐不住寂寞，就召御医沈南璆顶岗，成为女皇新宠。御医看病看成了面首，这在整个古代医疗史上大概也比较少见。

这个沈南璆，据说在房中术上的功夫不如薛怀义，但在理论上相当有一套，并能炮制独门春药，以此博得女皇欢心。

薛怀义班师回朝后，发现武则天对他的态度冷淡，心中便有些不快。但他还不知道沈南璆已经接了他的班。这段时间里，倒是太平公主和他有了一腿，让他心中略略找回了一些平衡。

太平公主自从再嫁之后，就有些不大守妇道了，多有出轨的绯闻。不过，她此次把母亲的情人搞到手，倒还不是横刀夺爱、饥不择食，而是见母亲冷淡了薛怀义，怕这个胆大的和尚闹起来，大家都不好看。此外，她也确实很喜欢这个孔武有力的野和尚。

薛怀义一开始，并不知道有这么多曲折，只以为武则天年事渐高，已经没有什么性趣了。母亲不行，女儿接替，也算不错，因此薛和尚倒也没有什么太大意见。后来，薛怀义听说了武则天宠幸沈南璆的事，这才恍然大悟，"恨怒颇甚"。想来想去，想不通，就由着性子撒起泼来。

他在白马寺奢华的寮舍中，喝了几大碗酒，借着酒劲就直奔"天堂"而来。

由于他身份特殊，没人敢拦阻他。他坐在那尊二百五十尺高的巨型佛像下面，越想越气，索性放起了一把大火。

"天堂"紧挨着万象神宫，两座土木建筑一着起火来，势不可当！巨大佛像的内部，又是用贮麻填满的，本来就易燃。火一点燃，整个大佛瞬间就变成了一尊极为壮观的"火佛"！

这天晚上，恰逢有风，火借风势，一举冲天。火光照亮了整个洛阳城，如同白昼。那幅世界第一户外巨画也被引燃，折成几百段纷纷坠下。

大火整整烧了一夜，其间虽然也有人救火，但杯水车薪，无济于事。众人只能拼命泼水，护住周围的宫殿，眼睁睁看着巍峨的万象神宫和天堂被烧成一堆废墟。

"天堂"失火时，武则天正在端门外赐宴官员与百姓，这下看到了好一场烟火表演。有人赶来向女皇报告薛怀义放火的真相，武则天听了大为尴尬。这个真相，怎能向百官言明？她只好向众官宣布：在天堂里干活的工匠，在烧剩余的废料时，不小心失火，点燃了佛像，延及"天堂"和明堂。

左拾遗刘承庆认为这是不祥之兆，便请求停止宴会，以答天谴。武则天本想同意，但是宰相姚璹却反对，说火烧旺运，不必大惊小怪。武则天也就改了主意，赐宴如故，又亲自到城门外去看望正在大吃大喝的官民。

但是这把火不能就这么白烧了，武则天几次下密诏召薛怀义进宫，想教训一下他，让他放老实一点儿。薛怀义却以种种借口推托，就是不来。武则天这下动了怒，想除掉这个无法无天的和尚。然而薛怀义的身边有上千名武装僧人，还有五十名"亲兵"，不易近身。无论是公开逮捕还是密捕，都会引起轩然大波。而这事，恰恰又不能闹大，一旦闹大了，太失体统。

武则天生平第一次遇到这么棘手的事。五湖四海都可以踏平，一个和尚却除不掉了。她不由得犯了难！这时，她想到了视为心腹的女儿太平公主，就派人把公主召进宫来，商议对策。

关于薛怀义的结局，史书上各有说法，但可以判定，大致为如下情况——

武则天母女最后商定，薛怀义最近的行为已走火入魔，很难揣测下一步还能干出什么事来，须严加防范，并且有机会就应下手除掉。武则天便命女儿挑选几十名健壮的宫女，在自己身边作为防护。

《旧唐书·薛怀义传》记载，不久，有人告发薛怀义谋反，"太平公主乳母张夫人令壮士缚而缢杀之，以輂车载尸送白马寺"。

但也有说是太平公主这里布置好了以后，于天册万岁元年（695）二月初四，派了一个从前与薛怀义关系不错的心腹出面，去宣薛怀义入宫。

薛怀义见是太平公主派人来传达的消息，不疑有诈，大摇大摆地就入了宫。

他刚刚步入后宫，几十名壮硕的妇人就一拥而上，将他按倒在地，绑在了瑶光殿的树下。紧接着，太平公主的丈夫武攸暨的哥哥、建昌王武攸宁带领卫士赶来，将薛怀义殴杀，尸体送到白马寺焚烧。

据说，花和尚化为灰后，被混入泥土，烧砖造屋了。

彼时太平公主通过政治联姻，已与武氏子侄结为联盟，她秉承母亲的意图，利用武氏势力灭掉薛怀义，是比较可信的。

大概是这个恶僧死前的胡闹让武则天羞愤难当，当月十六日，她就去掉了"慈氏越古"这一富有佛教意味的尊号。

崇佛使她蒙羞，但儒家意识形态的活动还是要继续搞，而且规模要大，名堂要多，不然怎能有统治的合法性？于是她下令重建明堂。

四月，天枢建成，费去了民间铜铁二百万斤。

九月初九，女皇合祭天地于南郊，加号为"天册金轮大圣皇帝"，赐群臣宴会九日，改元"天册万岁"，大赦天下。

"天册"，这已是儒家的概念了。这一系列举动，表示武则天已经渐渐疏远佛教理念，在向本土意识形态靠拢了。这一思想转变，笔者以为，直接影响到了她不久后对于身后事的安排。

第二年的腊月初一，武则天又开始了一次谋划已久的大典，前往中岳嵩山封禅。她亲率百官、宗室、部族首领从洛阳出发，浩浩荡荡来到嵩山脚下。十一日，封嵩山为"神岳"，改元"万岁登封"，改嵩阳县为登封县，改阳成县为告成县。一切都照搬当年的封泰山之仪。

当年封泰山固然显赫，但她那时还是作为皇后参加的，这次则是她独立的功绩。女皇当国，到此时可谓登峰造极。武则天一高兴，就免了天下百姓当年的租税——她知道，百姓都是现实的，只有给点儿看得见的好处，他们才能从内心感恩戴德。

在中国本土神话中，有一位周灵王的太子，叫王子晋，相传曾在嵩山修炼三十余年，后升仙而去。这次，武则天还特意追尊王子晋为"升仙太子"，单独立了庙。武则天亲自撰写了《升仙太子碑文》，文为骈体，字为飞白体。此碑留传至今，就在今天河南洛阳偃师区。

据《偃师县志》评价，"其行书有丈夫气"，端的是字如其人！

这年的三月十六日，新明堂建成，规模略小于旧者，但也高达二百九十四尺，名曰"通天宫"。新明堂显然没有薛怀义建造的那个那样壮丽，但武则天还是很满意。四月初一，她举行了亲享之礼，改元"万岁通天"，大赦天下。

神功元年（697），武则天又铸九鼎。所谓"九鼎"，也是中国本土意识形态"礼乐"中的重要一项，是象征国家权力的镇国之宝。与当时天下的"九州"相对应，九鼎分别是：冀州鼎、兖州鼎、青州鼎、徐州鼎、扬州鼎、荆州鼎、豫州鼎、梁州鼎、雍州鼎。九鼎上铸着各州的山川名物、珍禽异兽。其中豫州鼎为中央大鼎，即表示豫州为天下中枢。

相传最初铸九鼎的是大禹，九鼎集中放在夏朝的都城阳城，表示天下从此一统。诸侯来朝见时，都要向九鼎顶礼膜拜。后来夏朝为商所灭，九鼎迁于商朝的都城亳邑。商朝为周所灭，九鼎又迁于周朝的镐京。后来周成王在洛邑营造新都，又将九鼎安置在洛邑，谓之"定鼎"。这就是所谓的"鼎在国在，鼎失国亡"。

周王朝末期群雄争霸，战乱不已，九鼎也就神秘失踪，至今不知所踪，成为千古之谜。成语中的"一言九鼎""问鼎中原"，都源出于这九个宝贝。

到了武则天时代，九鼎当然早就没有了线索，女皇就决定自力更生。当年四月，九鼎铸成，其中豫州鼎同样也是最大，高一丈八尺，容一千八百石；其余均高一丈四尺，容一千二百石，共用铜五十六万斤。从这些数字看，简直是一批用青铜铸成的巨无霸了！

武则天还嫌不够气派，想熔化黄金千两为九鼎涂一层金。宰相姚璹这一次总算没有迎合上意，提出反对意见说："九鼎神器，贵在天质自然。本已五色夺目，无须再饰以金。"武则天这才没有多此一举。

九鼎铸好后，武则天动用了军队的牛和白象，将这些大家伙从玄武门拖曳到"通天宫"。运输途中，牲畜与人一起用力，宰相与诸王都在现场指挥。武则天为了鼓舞士气，还自创了《曳鼎歌》，命乐工谱曲演唱。一时间人喊马嘶，好不热闹！

武则天还为九鼎亲制铭文曰："神农首出，轩昊应期，唐虞继踵，汤武乘时，天下光宅，域内雍熙，上玄降鉴，还建隆基。"

后来，李隆基称帝后，把这段铭文作为自己受命的符瑞诏告天下。因为铭文的最后两句可以理解为希望上天鉴别人才、以"隆基"为帝之意。武则天当时是否果真有此意，难以考证。但在亲制铭文时，李隆基已有十二岁，受到女皇的特别宠爱，所以这一说法也不是完全没来由。

武则天是个有文化根底的皇帝，她治下的大周，在文事方面非常鼎盛。她大兴土木、铸铜铸铁，当然是瞎折腾，劳民伤财，但是她在振兴文化方面，也还是有大功劳的。

由于她本人的爱好与影响，她执政时期，经学、史学、文学、音乐、舞蹈、天文、数学等事业都非常发达。国史馆编修了《高宗实录》一百卷和一部未完成的《唐史》。私家史著也极为兴盛，有姚璹著《时政记》，专记军国大事；有刘知幾著《史通》，阐述史学理论。特别是刘知幾在当时提出的史观："良史以实录直书为贵"，史官要"不虚美，不隐恶"，史书应"文约而事丰"（文字简练而史实丰富），等等，迄今仍是史学圭臬。

武则天还下令编辑了一套大型类书《三教珠英》。类书，就是百科全书汇总；三教，就是儒、佛、道。这部《三教珠英》，是收集三教名人名言的总集。她命张昌宗召集李峤、阎朝隐、徐彦伯、张说、宋之问、沈佺期、富嘉谟等二十六人，"分门撰集，成一千三百卷"。

这些参与编辑者，人称"珠英学士"。珠英学士皆为诗人兼学者，在修书期间，"日夕谈论，赋诗聚会"，是武则天时期宫廷诗人的盛事，极一时之风光。崔融编集他们所作诗，集成了《珠英学士集》五卷。史载："当时文人，以沈、宋为杰出，每以丽词，邀女后欢喜，上官婉儿又为之染翰着色，朝野争羡，故一时化之。"（李维《诗史》）

武则天时期，是唐代文学摆脱六朝积习、焕然一新的时期。武则天本人就会作诗，现存尚有四十六首。她的诗，有相当不错的诗句，比如"酒中浮竹叶，杯上写芙蓉"之类。当时她经常出游，每逢看到好景色，自己即兴赋诗不算，还命令臣僚奉和。

当时还有大型的诗歌赛会，其中"龙门夺袍"就是一段诗坛佳话。武则天在游幸洛阳龙门时，命群臣作诗，左史东方虬先成，武则天以锦袍赐之。后来宋之问诗成，武则天读了，大为赞赏，认为超过前者，就夺下锦袍转赐宋之问。

上有好者，下必甚焉。武则天对诗歌的爱好、对诗人的礼遇，直接影响到整个社会的风气。

武则天在改革科举制度时，决定以诗赋取进士。结果，作诗之风，风靡全国，上至朝廷大僚，下至五尺孩童，作诗蔚然成风。史称武则天君临天下二十年，"公卿百僚，无不以文章达，因循日久，寝以成风"。

诗歌作得好就能被选为官，并且成为长期制度，这在人类史上大概绝无仅有！

百官以作诗为荣，学子以作诗为务，草民以作诗为乐。此风气一开，唐初诗风为之一变，完全脱出了宫体诗风格，格律渐趋完备。齐梁绮丽渐消，汉魏风骨重振。此时出现了李峤、苏味道、崔融、杜审言、沈佺期、宋之问、杨炯、卢照邻、陈子昂等一批明星级诗人，为盛唐诗歌的繁荣铺下了一条宽阔大道。

唐朝，何以成为"诗国"？唐诗，何以成为巅峰？

武则天，功不可没也！

女皇不仅喜欢作诗，也擅长书法，尤精于"飞白"与行书。所谓"飞白"，是指笔画中露白的一种书法，十分苍劲典雅，但书写起来不易。她的行书，学的是"二王"，极有造诣，群臣是非常服气的。

她还规定，"善书"也作为选拔官员的一个重要条件。当时，涌现了一批大名鼎鼎的书法家，如陆柬之、贺知章、孙过庭、李邕、王知敬等。

那时的画家阵容也是不得了，有薛稷、殷仲容、曹元、李思训、吴道子、李嗣真等人。其中，吴道子为古代赫赫有名的"画圣"。

武周时期的音乐舞蹈，也因盛世降临而兴盛。武则天曾亲撰舞蹈乐曲多套。有一支《鸟歌万岁乐舞》大有来头。其时，宫中养有一种鸟，南人呼为"吉了"，样子颇像八哥，会模仿人语，常呼"万岁"。这支舞曲由三人表演，伶人皆穿大袖红衫，戴鸟冠，学鸟步，腾跃起舞。乐曲中还夹杂着"能言鸟"呼喊万岁的鸣声，是典型的太平时代歌舞。

武则天还叫人组织撰写了《乐书要录》十卷，这是一部系统的音乐理论书籍，后失传，仅在日本存有三卷。

那时的文章，也处在一个鼎盛期，名人甚多，其中"青钱学士"张鷟尤为特异。史称，他下笔敏捷，言词诙谐，著述颇多，天下知名，无贤不肖皆记诵其文，所作大行于时。时人赞他"文辞如青铜钱，万选万中"。"青钱学士"即由此得名。新罗、日本以及东夷诸蕃尤重其文，每遣使入唐，皆争相以金币购置他的文章。看来他在国际上也很有名气了。

他用骈文写的传奇小说《游仙窟》是用第一人称的手法，自叙奉使河源，途经神仙窟，投宿某大宅，受到女主人十娘和五嫂的柔情款待，宴饮欢笑，以诗相调，宿一宵而去。小说中的"仙窟"，实指妓馆，这是以委婉手法写了士大夫的潇洒生活。这篇传奇小说采用通俗的骈体，韵文散文交错，间杂着民间俗语、谚语，十分活泼。《游仙窟》在中国久已失传，但从唐开元年间起，即已流行日本，对日本文学的发展起过一定的影响。直到清朝末年，此书才倒流回中国。

唐初科举里还有"明算"一科，也就是数学科。由于数学著作深奥难懂，明算科时兴时废，到了武则天这里，她坚持一直保留数学考试。

武周时期，张文仲精通医术，被任命为尚药奉御。武则天重视医学，召集张文仲等名医撰写了《新本草》等医药书籍，凡十八种。

武则天对天文学也很热心。时有道士尚献甫，精通天文历算，武则天便特地召见他，任命为太史令。这尚献甫是个超脱之人，声称"不能屈事长官"，武则天为了留住人才，就把太史局更名为浑仪监，变成独立单位，不再隶属于秘书省。

唐初的贞观年间，平复战乱创伤是主旋律，文化的恢复与重建还不具备规模。到了武则天执政时，文化才勃然兴盛，百花齐放。盛唐时期的文化繁荣，有很多能在大周这里找到源头。

总而言之，盛世不是随随便便叫的；没有雄厚的文化打底，谁敢妄称盛世？

第五节　大周朝被边境战争折腾得焦头烂额

武则天的大周朝，虽然文事鼎盛，但是武功方面却遇到了意想不到的难题。

本来，大周由武功赫赫的大唐脱胎而来，四夷已基本宾服，就连气焰甚高的东突厥和高丽也被唐灭掉，周边应该说没有什么强敌。

西边的吐蕃势头虽然很猛，但几经较量，双方已处在僵持状态。

可是，在大周立国以后，对外战争中的倒霉运气就始终纠缠着女皇。

早在武则天称制后，平静已久的边境就又有了烽烟。前来挑衅的，是早已灭国的东突厥残部。这时，大唐的名将已凋落得差不多了。本来负责西部防卫的大将军程务挺、安西都护王方翼，都因裴炎案被杀被贬。

武则天自翦羽翼，把东突厥阿史那骨笃禄可汗高兴得摆酒相庆。垂拱元年（685），东突厥袭扰朔州、代州。武则天派左玉钤卫中郎将淳于处平为阳曲道总管，与副中郎将蒲英节率兵赴援。唐军行至忻州，与突厥兵遭遇，大败，死五千余人。"蜀中无大将"，从此东突厥势力复起，成了边境一大患。

垂拱三年（687）二月二十二日，东突厥又来攻掠昌平；七月攻扰朔州（今山西朔县）。武则天这回不敢大意了，任命名将黑齿常之为燕然道行军大总管、李多祚为副大总管，率军进讨。双方在黄花堆（今山西山阴）遭遇，黑齿常之挥军奋勇冲杀，大破突厥兵，乘胜追击四十余里。突厥军溃不成军，逃往大碛以北。

十月，左监门卫中郎将爨宝璧因妒忌黑齿常之的战功，遂上表请求穷追突厥。武则天接到表章后，让爨宝璧与黑齿常之计议，遥为声援。爨宝璧欲独占军功，不等黑齿常之同意，就擅领精兵一万三千人先行，出塞二千余里，进袭突厥。

追上突厥部众之后，恰好突厥统帅阿史德元珍没有设防，本该一举出击，但爨宝璧昏了头，自持兵力强盛，派人告知突厥，迫人投降。结果人家当然严加防备。一战下来，唐军被突厥击败，全军覆没。爨宝璧匹马逃归。武则天一怒之下，诛杀了爨宝璧。

在与东突厥的战争中，武则天因政局不稳，徐敬业乱起，所以不想对外大打，战略上一直处于被动态势，全赖黑齿常之扳回了一局。

可是不久，黑齿常之被冤死。他死后，北边再无良将，致使东突厥日益强盛，成为纠缠武周朝的噩梦！

将才凋落，武则天本人可能不以为然，她在权力高位上待久了，容易产生掌权者无所不能的幻觉，以为过去的胜仗都是靠自己的威望打出来的。她忘了，具体的仗，是由具体的武将打的。没有一线得力的勇将，最高统帅就是威名再高，又有什么用？

就在东突厥被暂时击退后，吐蕃又来进犯，与唐争夺西域。

西域是唐的羁縻区域。在古代，领土的概念与今天不大一样，那时分为"本部"与"羁属"两大类。本部，就是直接管辖的领土，与今天相同。羁属则是臣属诸藩，设立羁縻府州县，但与直辖正州不一样，是由边州的都督或都护来管辖的。羁縻府州县的长官还是原来的酋长。

这么看来，羁縻府州县相当于臣服于大唐的自治属国或自治部落。

那些没有臣服的周边国家，就是一般的诸藩；而与大唐干脆一点儿联系也没有的遥远国家，就叫作"绝域"。那时候的中国人打死也想不到，一千多年以后，就是这些绝域的野人成了大气候。

西域诸国已是大唐藩属，吐蕃为什么要在这个时候来抢这块地盘呢？

是武则天的对外策略出了问题。

武则天在内政上是一把好手，经历了无数险恶，历练出了高度的警觉性，往往不给潜在的政敌以生存空间。但是，她在对外策略上，却犯了宋襄公式的错误，老想以德服人。在国际关系上，历来是实行丛林原则。要想人不犯我，你得先把对方打服了，或者有效地震慑住对方。单纯和平外交的结果，除了割让领土之外，换不来人家的一点儿尊重。唐太宗实行"消灭强敌、震慑其他"的总体战略，即便延续一千年也是有效的。武则天却完全把这一策略放弃了。

她在这一段时间里，因为想要当皇帝，内政上有太多的牵扯，所以不大想穷兵黩武，于是就想出一个办法——让西域各羁縻诸藩复国，使其成为大唐与吐蕃之间的缓冲地带。这样，天朝既有"存亡继绝"的美名，又省去了万里转输军资之劳。

这个策略，"看上去很美"，实际上不漂亮。

光宅年间，她下令"其都护、汉官及镇兵等，并悉放还"，后又扶植西突厥两位可汗复国。到垂拱二年（686），干脆罢去了安西四镇。这一让，可是让得太彻底了。

让远成的将士回本土，这诚然是好事；可是撤回了监护力量，那些属国会发生哪些变化，武则天事先并没有科学的预见。

在这里，存在着两个危险：一是诸藩归属已久，甚为熟悉大唐的军国情势，知道怎么对付大唐，一旦独立，很可能会反叛，其势难以制服；二是大唐势力一经撤退，就会有别的势力乘虚而入，这些属国完全没有力量自卫，最终只能叛唐。

她实在是太低估了邻国称霸的野心。在这世上，没有哪个国家肯真心做绵羊的，只要有可能，大家都想做狼！

——和平外交，也须有刀剑来保驾。

武则天却只顾陶醉于她的"务在养人，不在广地"的德政。这话，对内说说还行；对外，没人会买你的账。你不广地，人家就要来抢你的地。

一着棋错，武则天精心构筑起来的大周，边境上就不得安宁了！

垂拱三年（687）年底，武则天命文昌右相韦待价领兵击吐蕃。这个任命，一看就很悬！韦待价是文官，现在忽任武职，他本人又没领过兵。而他的对手，则是两次大败唐军的吐蕃雄师，这岂不是驱羊喂狼？

除了这一路之外，武则天还想征发梁州（在今陕西汉中）、凤州（在今陕西凤县）的民夫，从雅州（今四川雅安）开出一条山路，先出击生羌（川西部落），然后从这个方向夹击吐蕃。

陈子昂上疏反对，说雅州一带的边羌一向安居乐业，现在突然攻击他们，不是给自己制造敌人吗？如果逼得边羌为吐蕃先导，从这个地方向我突破，那我们就弄巧成拙了。陛下弃安西四镇，就是为了休养生息，现在忽然又想兴大役，动甲兵，这无疑是要走古来国亡家败的老路。

武则天见说得有理，方才作罢。

转过年，也就是永昌元年（689）五月，韦待价率大军抵达寅识迦河（在今新疆霍城县），与吐蕃战，结果不问可知——唐军大败。

唐军主帅惊慌失措，士兵冻饿交加，死伤者众，只得撤退。

这是唐军第三次败于吐蕃了。武则天大怒，将秀才不知兵的韦待价流放绣州（今广西桂平），副帅安西都护阎温古斩首。其间，倒是有一位安西副都护唐休璟脱颖而出，他收拾残军，安抚西土，显得颇有胆略。武则天对他很赏识，遂将他提拔为西州都督。

顺便提一句，也就是在这一年，武则天派薛怀义北上讨突厥，侥幸未遇敌。第二年，派右相岑长倩西征吐蕃，但半道又莫名其妙下令退回，岑长倩也因内政问题被处死。

稍后，上苍好歹让武则天喘了口气，吐蕃内部接连出现问题，赞普（国主）和文成公主先后病死，部属多有来归降大唐的，东突厥骨笃禄可汗也病死，边境形势因此有所缓和。

唐休璟见形势不错，就建议武则天收复安西四镇，重建西域霸权。

武则天采纳了这个建议，命右鹰扬将军王孝杰为武威道行军大总管，领兵收复四镇。

这个王孝杰，是个传奇人物，以前在随刘审礼征吐蕃的时候，在青海战败被俘。因为他长得像吐蕃国主的父亲，幸得免死，安全归来。武则天考虑到他久在吐蕃，悉知虚实，于是力排众议，让他当了大军主帅。

自武则天独立执政到现在，除了黑齿常之那一次以外，任用出征统帅几乎没有一个是恰当的，有时候简直就是乱点将。直至这次用王孝杰，才算是终于识人。

王孝杰不负重托，于长寿元年（692）十月，一举收复龟兹、于阗、疏勒、碎叶四镇，驱逐了吐蕃势力。重置安西都护府于龟兹，留三万精锐守卫，号为"武威军"。有这一根钉子牢牢钉在这里，从此之后丝绸之路的通道才得以确保。两年后，王孝杰又大破吐蕃和西突厥联军，因军功而升至夏官（兵部）尚书，同三品，成了宰相。

吐蕃是个扩张型的国家，在安西这面（今新疆一带）受到阻遏，就图谋陇右方面（今甘肃一带）突破。

证圣元年（695）七月，吐蕃宰相、老将论钦陵又出马，击洮州（今甘肃临潭）。武则天仍是命王孝杰统兵迎战，授肃边道行军大总管，给他配的副帅是娄师德。娄老爷子以前曾以宰相身份在这一带代理过营田大使，熟悉情况。这一对正副统帅的搭配，按说是相当不错的。

两军旗鼓相当，可是吐蕃老将钦陵终究是技高一筹。次年三月，在素罗汗山（在洮州界内）大败周军。

王孝杰获罪，免死被贬为民。娄师德也被贬为原州（今宁夏固原）员外司马，连正式编制都不是了。

娄师德遭此挫折，本性依然不变，在移交问牒时吃惊地问："连官爵都没有了吗？"而后又说："也好，也好。"一副大智若愚的样子。

这年五月，契丹部落以几万人的实力，居然也起兵而反周。同时，东突厥也入侵凉州（今甘肃武威）。

大周西北边境，眼看着烽火连天，万分危急。

恰在此时，本该趁火打劫的吐蕃却不知为何，遣使来请求和亲。

争取和平的机会千载难逢，武则天立即任命右武卫胄曹参军郭元振为谈判使节，前往吐蕃交涉。

郭元振只不过是个中下级官员，但此次奉使谈判极为成功，他本人也由此成了大周的一颗外交明星。

他在出使途中，恰遇吐蕃宰相钦陵。两人地位虽不对等，但郭元振指责吐蕃背盟，晓以大义，竟使钦陵无话可说。

钦陵于是开出了条件：要和平可以，但大周能否罢四镇之兵、割让西突厥十姓之地。

郭元振当然不能同意，说四镇与十姓之地与你们有什么相干，你这不是有兼并之志吗？

钦陵狡辩说，吐蕃若贪恋土地，何不就近侵入甘、凉，反而跑到万里之外去贪图那一点土地呢？

双方唇枪舌剑，郭元振就是不答应。钦陵只得派使者随郭元振入朝，向武则天当面提出这两个条件。

郭元振回朝后，立刻提出建议，认为大周的甘、凉等州易受吐蕃攻击，是近在眼前的大患，四镇十姓之地则是远患，因此不能直接拒绝吐蕃的要求，防止他们被激怒而攻击甘、凉，但是也不能答应他们的要求而舍弃安西诸国，重蹈当年罢四镇的覆辙。在此情况下，最好的办法就是拖延谈判，寻求机会化解危机。他建议对吐蕃使者采取这样的说辞："四镇对朝廷本无用，我之置四镇，是为防吐蕃东侵；如贵国无意东侵，则应还我吐谷浑部与青海故地，我也将以相应土地归还吐蕃。"

果然，这样一说，吐蕃方面权衡不下，不愿意失去离大周较近的领土，而换取离大周较远的领土。

　　郭元振还料定，吐蕃百姓疲于征伐、徭役，早就想与大周和亲。只有钦陵因掌握兵权，热衷战争，不愿和亲。若朝廷使用离间策，年年向他们派出和亲使，钦陵仍不从的话，吐蕃臣民对钦陵的怨恨就会加深，日久天长，他们内部定会生乱。

　　武则天采纳了他的建议，与吐蕃的和谈就这么拖延了下去。到圣历二年（699），果不出郭元振所料，吐蕃君臣发生猜忌，爆发内乱，专制了三十年的宰相钦陵兵败被杀。他的党羽受株连被杀二千人，子弟也都跑来投降大周了。

　　吐蕃经过此一乱，实力大大减弱，后来又数次攻大周，却只有吃败仗的份儿了。

　　特别是从长安元年（701）起，武则天提拔官职卑下的郭元振为凉州都督、陇右诸军大使，甚得其人。

　　郭元振在凉州五年，增筑城堡，广开屯田，将州境扩大了4倍，积军粮可用数十年，把凉州治理成了路不拾遗的小天堂。吐蕃、突厥均不能侵至城下，解除了这两大宿敌对周朝的威胁。他是一位天才的将领，善抚部下，令行禁止，在西域诸部中享有很高威望。多年后被调任回京时，诸部酋长依依不舍，甚至有人以刀割破脸表示离别哀伤。这是后话。

　　吐蕃眼看北上和东进都无望，便于次年遣使来和，后又献马千匹、金二千两求婚。长安三年（703），吐蕃国内大乱，属国皆叛，赞普死于讨伐军中。大周西部的形势从此缓和下来。

　　此时的敌人就剩下东北方向的契丹一支了。这个契丹，是个混杂的游牧部落，大抵属于东胡族，唐时居于辽河上游，也就是高丽的西边，占地两千里。过去曾臣属于突厥，隋初时内属，到唐时仍是属部，酋长被赐姓李。

　　万岁通天元年（696），这里出了大乱子。因管辖他们的大周营州（今辽宁朝阳）都督残暴不仁，激怒了契丹诸部。李尽忠、孙万荣两位酋长于五月起兵，攻陷营州，杀了都督。

　　这简直是在太岁头上动土了！

　　武则天遂派曹仁师、张玄遇、李多祚、麻仁节等二十八将出兵讨之；又改称李尽忠为"李尽灭"，改孙万荣为"孙万斩"，以泄心头之怒。

　　这种文字游戏毫无用处。李尽忠占据营州后，自命"无上可汗"，派孙万荣为前锋，四处出击，所向无敌。仅仅旬日之间，就纠集了数万人，又进兵檀州（今北京密云），冲进大周本土来了！

这真乃奇耻大辱，自贞观以来就没有过。

但更大的耻辱，还在后面。周朝几十万大军刚一与叛军接战，就中了人家的诡计。

那李尽忠等既然叛乱，又怎能束手待毙？他们把在营州俘虏的几百名周军士卒放还，诈言"我军饥寒不能自存，待大军一到即降"。这种鬼话居然哄住了大周诸将，诸将以为契丹不堪一击，都奋勇当先，想夺头功。

官军行至黄獐谷，契丹又遣老弱兵卒来降。曹仁师等三军更是心急，甩下步兵，率骑兵疾进，不想在平州（在今河北卢龙）的西硖石谷遭遇契丹伏兵。主将张玄遇、麻仁节被飞索绊马，滚下马来成了俘虏。其余周军将卒死伤满谷，几无生还！

契丹又在战利品中找到军印，写了假文书，强迫张玄遇等署名，召大周另外两将燕匪石、宗怀昌火速赶来会战。两军接到假文书，不疑有诈，昼夜兼程赶来。契丹则以逸待劳，伏兵四起，一网打尽！

败报传至神都，朝中大哗。

大周这只大老虎，竟然被契丹这只小耗子捉弄至此！

随着岁月推移，大周的军队不仅将校素质下降，士兵的素质也远不如前了，已是一支军纪松弛、士卒怯战的疲懈之师。对外战争靠这样的军队，只能是"兵愈出而事愈屈"。

堂堂的朝廷大军，竟为区区数万叛乱部族所灭，这事深深刺激了女皇。她咽不下这口气，决心不惜一切代价歼灭这股悍贼。

她任命建王武攸宜为右武卫大将军，担任清边道行军大总管；任命能征惯战的王孝杰为前锋，率十八万大军再行征讨。同时下令征发天下在监囚徒及士庶家奴，由官府给钱赎身，以解决兵源紧缺的问题。

这样的决策，又是昏招。武攸宜毫无作战经验，武家的男人又多是虚骄狂妄之徒，以他为大军统帅，无疑又是驱羊饲虎。放着名将王孝杰不重用，不知女皇是怎么考虑的；是怕王孝杰兵带多了会造反，还是为了给武家的子侄增添一点儿威望？至于以囚徒和家奴充当战斗人员，就更是驱平民以陷战阵，人再多，也是去喂老虎。

不过，女皇的运气不错，恰在此时，东突厥酋长默啜请求归附，表示愿意率部众讨伐契丹，助大周一臂之力。武则天见他有诚意，便应允了，授予他左卫大将军、迁善可汗。由于东突厥的加入，战局这才有了转机。

这年十月，李尽忠忽然病死了，孙万荣接替了他的位置。默啜看准这个机会，袭击了叛军的老巢松漠，抓住了李尽忠和孙万荣的妻儿。武则天大为高兴，晋封了默啜更高级的名号。

孙万荣虽然被断了后路，但他并不惊慌，反而采取更凌厉的攻势，克冀州（今河北冀州），攻瀛州（今河北保定），越战越勇了。官军此时迟迟调集不齐，河北人心震恐，百姓纷纷逃难。

到了神功元年（697）三月，朝廷大军才开到前线，与孙万荣大战于西硖石谷。

又是西硖石谷！这地方简直是周军的天然坟墓。

武攸宜这人，既迷信，又狂妄轻敌。此前略有小胜，立刻夸大报功，吹牛吹得连自己也晕了。他发信给前锋王孝杰、苏宏晖，只说是孙万荣到了穷途末路，说什么"营州饥饿，人不聊生；唯待官军，即拟归顺"。也不知道他是从哪里来的这些情报，估计又是上了契丹假情报的当。

因此，周军上下无不弥漫着轻敌速胜的浮躁情绪。

决战当天，王孝杰自率精兵在前，奋力击敌，苏宏晖在后跟进。契丹顶不住，纷纷败退。王孝杰领兵穷追，追至一悬崖处，契丹忽然回兵反击，来势凶猛。

在后压阵的苏宏晖畏敌如虎，一见情况有变，率先弃甲而逃。周军大部分素质不高，一见将领先逃，立刻大乱，全军溃散。可怜王孝杰势单力孤，被逼上悬崖，坠落山谷而死。

武攸宜傻了眼，只得写了谢罪书飞报朝廷，请求换帅，自己准备回京待罪。

武则天闻报大惊，但并未处理武攸宜，只下令追赠王孝杰的官爵，派使者到军中去斩怕死鬼苏宏晖。但是苏宏晖命大，在使者抵达前立了战功，按律免死。

武则天一方面与突厥讨价还价，催促突厥赶快去打孙万荣，另一方面又派了武家的另一个废物——河内王武懿宗任神兵道行军大总管，前去助剿契丹。

这个武懿宗在低能方面，大概比攸宜更甚一等，领军刚到赵州（今河北赵县），听说契丹军有数千骑在攻冀州，吓得就想后撤。

有人建议说：敌军无后勤，如果官军在赵州拒守，日久敌必然涣散，而后击敌，可获全胜。

这不失为一个好主意。但武懿宗早已吓软了腿，不听众议，下令后退到相州（今河南安阳）。一路上张皇失措，抛弃了大量军资。随之而来的契丹，乐得大掠赵州而去。

契丹孙万荣大破王孝杰后，企图与突厥联手袭幽州。但是突厥的默啜刚与大周结好，又担心孙万荣坐大以后，会殃及自己，就扣下了孙万荣的使者，发兵攻击孙万荣的后方。

突厥势力介入后，战场形势发生逆转。孙万荣大为恐慌，原本与他结盟的奚人部落也叛变降周。大周将领杨玄基、张九节和奚人部落分道夹击孙万荣。

孙万荣狼狈东奔，到最后身边只剩下几个家奴。他在途中于林下喘息，叹道："今欲归唐，但罪已大。归突厥亦是死，归新罗亦是死，如何是好？"家奴听了，心中惶恐，就趁他不备，一刀砍下了他的脑袋来，降了大周。

这场武则天自临朝以来最费力的一仗，总算惨胜。战后，武则天命武懿宗、娄师德、狄仁杰分道安抚河北民众，收拾残局。

这个河内王武懿宗，到现在可是神气起来了，把那些被契丹裹胁的民众都视为叛逆，一旦捕到就剖腹取胆，极其残暴。河北民众把他与契丹的猛将何阿小并称，道是："唯此两何（河），杀人最多！"

武懿宗还朝后，又上奏请求将河北民众从贼者尽行灭族。左拾遗王求礼在女皇面前按捺不住，大骂武懿宗畏敌如虎，陷民众于水火，是不忠之徒，唯有斩首以谢河北百姓！

武懿宗被揭到痛处，不敢反驳。司刑卿杜景俭趁机请求赦免河北被胁迫之民。武则天接受了这个建议。

这一战，大周虽然出尽了洋相，但也有一个好处，就是让武则天彻底清醒了过来。她明白自己不过就是一普通肉身，上苍并不特别护佑，既无什么"金轮"，也非什么"天册"。此后，便主动去掉了"天册金轮"的尊号，承认自己仅仅是一个普通皇帝了。

武则天虽然当了皇帝，但到底是女人，心里向着娘家的人多一些。此次接连授给武氏子侄兵权，就是想让他们有个表现的平台。如若他们智勇双全，能横扫契丹，建立一番"封狼居胥"的功业，倒也可能树立起巨大的声望来，做个大周朝的卫青、霍去病也未可知。但是，朽木终究难雕，"二武"在军事指挥上一塌糊涂，人心丧尽，连武则天大概也冷了心。此后，武氏子侄就只能居高位而无实权，远远地被隔离在政治中枢之外了。

　　而在这次战争中，武则天重用了一批有用之才，如娄师德、狄仁杰、杜景俭，都是一时之选，为巩固防线、安抚民众立下了大功。战后，武则天把他们都提拔为宰相。

　　这一年，武则天73岁，是"革命"之后的第八年，恰是大周时代的一半。这一年，契丹平定，边境再无大事，朝中最后一个酷吏来俊臣伏诛。大周磕磕绊绊地走了八年，到了这时，才出现了正人当朝、四海升平的稳定局面。

　　回顾几年来的战事，早期战略思想的失误（放弃四镇）是肇祸之端，且武则天把良将屠戮殆尽，几次征伐所用非人，也是战败的原因之一。

　　但是，女皇也有她的优点：

　　其一，她不固执，发现问题后，能够马上改变思路。战争后期不断发现和提拔人才，就是明证。

　　其二，她对自己的失误是感到痛心并认错的。她曾在战后的科举考试中，亲自出策问试题，向广大考生征求对于国防的意见，里面有"使三圣（高祖、太宗、高宗）遗黎，九州故地，飘然零落，可不痛哉"这样的沉痛之语。可见她并不是文过饰非之人。

　　其三，在败报连连的危机形势下，她没有乱了阵脚，而是坚持原则，调整策略，以图恢复。狄仁杰入相后，曾经提出建议，主张再次放弃四镇，交给突厥；放弃安东，交给高丽；中国坚壁清野，退守塞上。第二年，蜀州刺史张柬之也提出类似建议，请求放弃泸水以南诸镇，退守嶲州（今四川西昌），把相当于现在的云南、川西等一大片土地全部放弃。他们的意思，是国家彻底采取守势，本土以外的一切领土都可放弃，不与列强争霸。

　　他们两位是贤臣，但对战略方面的想法不见得高明。武则天没有采纳这些意见，没有再犯当年撤销四镇的错误，而是坚持守住四镇和凉州这两个前出基地，从两面钳制住吐蕃，并割断吐蕃与突厥的地理联系，避免再次出现三国交侵大周的窘迫局面。到最后，还是基本延续了唐太宗的对外战略——用武力威慑周边，决战皆在境外，以保本土安全。

　　在平定契丹作乱的关键时刻，她也能灵活处理与突厥的关系，为了化敌为友，答应了突厥许多苛刻的条件，促使突厥出击契丹，争取到了战争的早日结束。

　　这一时期，武则天对东突厥问题的处理可说是充满了戏剧性。在契丹作乱的初期，东突厥先是趁火打劫袭击了大周的几个边州，把凉州都督许钦明也给绑了去。而后，又突然向大周谢罪，提出了三项条件，表示只要大周答应，就出兵攻击契丹。

默啜的三项条件是：武则天认默啜为儿子，把女儿嫁给大周的一位亲王，归还"六州降户"并赐给农具和种子。三个条件，都有些古古怪怪。

第一个，好说，不过就是个名义，武则天又不吃亏。

第二个，就不好办，可以说是突厥方面甚为无礼。当时的凤阁舍人张柬之就提出："自古未有中国亲王娶夷狄女者。"

第三条中的"六州降户"，是指高宗时期归顺唐朝的一些突厥部落，被分置在丰、胜、灵、夏、朔、代六个州。

这分明就是在趁机敲诈。武则天开头不许，但权衡利弊以后，认为当此之际不能树敌过多，就统统答应了。

契丹的事平定了以后，突厥的事还没有完。第二年，武则天兑现承诺，派阎知微代理礼部尚书，带了大批金帛，护送侄孙淮阳王武延秀前往突厥迎亲。结果默啜突然翻脸，说："我女拟嫁与李家天子儿！武家小姓，门户不敌，敢冒为婚？"不认武延秀为女婿，将其扣押，又立阎知微为"南面可汗"，发兵十余万来攻大周，号称助李家天子儿夺回皇位。

东突厥经过长期的经营，此时复国的大业已具规模，绝非去年作乱的契丹可比！

河北一带局势骤然紧张，各地纷纷征发百姓修城备战。

武则天更是不敢大意，先后发兵四十五万前去迎战，除了留守神都和各地必须的驻军外，全国能动员的常备军几乎都发动起来了。

突厥攻进河北后，烧掠诸州，大周似乎一下子就面临存亡关头。

这一年是圣历元年（698），武则天的侄儿武承嗣、武三思此前曾数次使人游说女皇，谋立为太子。武则天一时没有松口。

狄仁杰在这关键时刻，劝说武则天顺应民心，还政于庐陵王（即废帝）李显，不给突厥以进犯的理由。他抓住武则天顾及身后名声的心理，进言道："立子，则千秋万岁后配食太庙，承继无穷；立侄，则未闻侄为天子而祔姑于庙者也。"

武则天说："此朕家事，你不要管。"

狄仁杰还是坚持己见。最终，武则天有所感悟，听从了狄仁杰的意见，亲自迎接庐陵王李显回宫，正式立为太子，原皇嗣李旦退为相王。这是大周政局的一次巨大转折。

两日后，武则天果断任命太子李显为河北道元帅、狄仁杰为副元帅，征讨突厥。

当时太子只是挂名，并不出征，狄仁杰代掌元帅事，武则天亲自给狄仁杰送行。

在此之前，朝廷就已发出募兵令，但应募者不满千人，当一听说此次是太子李显挂帅，几日内竟有五万多人投军。这个细节，对后来的政局起到了微妙的作用。

未等大军开拔，突厥默啜便尽杀所掠赵、定等州男女八万余人，退还漠北，狄仁杰追都追不上。武则天遂改任狄仁杰为河北道安抚大使。

武则天在此后加强了北边的防线，在太原以北与河北诸边州都布置了重兵，严阵以待。突厥见向南突破不易，便将拓展战略改为以西进为主，此后再未对大周采取重大军事行动了。

从高宗时代起，战后赏罚不明，也是导致军队士气低落的一个原因。这次危机过去后，武则天便吸取教训，严明了赏罚。

那个被迫当了"南面可汗"的阎知微在被俘期间有严重变节行为，默啜派他去招降赵州，他竟然和突厥人在城下手拉手跳胡舞，唱《万岁乐》。大周守将陈令英在城上对他说："你官拜尚书，地位不低，竟与突厥人一起唱歌跳舞，羞也不羞!"阎知微不知廉耻，只是说："不得已耳!"

突厥退后，周军逮到了阎知微，押解还都。武则天下令将他斩于天津桥南，并令百官共射之，夷其三族，严厉惩治了这个叛徒。

对有功军民或殉国者，女皇则统统给予加官晋爵或者荫子，连妇女也不例外。平州刺史邹保英的妻子奚氏，在战斗中率家仆和城内妇女助夫抗敌，也获得了"诚节夫人"的封号。

到这时候，武则天才算把国防上的思路理清楚。

第十二章

女皇暮年

第一节　女皇身边有了两个超级美男

经过几年边境上的战火，女皇似乎是身心疲惫，自此之后行事不再夸张，大多数时间在后宫享受生活，或者四处游幸，与随驾诸臣于山林间酬唱诗文。

到这时，薛怀义已经死了两年了，女皇的感情生活似乎也不应该再是一片空白。

可怜那薛怀义从垂拱元年（685）起，伺候武则天前后凡十一年，只因吃御医沈南璆的醋，自寻了死路。其实那沈医官只不过因为比较敬业而"得幸"，而且据分析不一定就是上了女皇的床。薛怀义可说是白白送了自己的一条命。

在史籍上，沈医官此后并无下文，这也可证明，他的得幸只是女皇偶尔青睐。

女皇的新情人，可以说是来得正逢其时。就在契丹作乱之时，善解人意的太平公主为母亲推荐了美男张昌宗。张昌宗入宫之后，又向女皇推荐了自己的哥哥张易之。

张易之也是一位美少年，此时不过二十出头。女皇召见后，心内大悦，让这小哥俩一块儿入侍宫中。

张氏兄弟出身于官僚家族，叔祖张成行在太宗时期任侍中兼刑部尚书、高宗时为宰相；兄弟俩的父亲也做过雍州（今陕西凤翔）司户。两人聪明伶俐，精通诗词音律，善弄乐器。张昌宗向女皇推荐张易之时，说张易之不仅懂乐器，而且还懂道家丹药。堪可称奇的是，两人都生得面若敷粉，风流倜傥，宛若翩翩少女。

女皇对他们相当喜欢，令随侍左右，自由出入宫禁。凡举行宴会，两兄弟就出来吟诗弹琴，甚洽圣心。

武则天在七十三岁时，居然能找到两个比自己小五十岁的情人，真可谓赛过活神仙了！

张昌宗因而被任命为"云麾将军"（贴身侍卫将军）。张易之原本由门荫而为尚乘奉御，是专管皇帝出行车驾的。武则天把他提拔为司卫少卿，又赐给两人宅第、丝帛、奴仆、骆驼、牛马无数。不久，张昌宗又被加为银青光禄大夫，最后升至左散骑常侍（从三品）。这都是近侍中的高职位了。

二张的母亲臧氏、韦氏也沾光得了不少赏赐。张昌宗的生母臧氏，与尚书李迥秀有私情。武则天连这个也关心到了，居然令李迥秀要常去看顾臧氏，是为"私夫"，别人不得追究。

二张地位骤贵，武氏诸王等一批家伙也赶紧巴结，以求二张能在御前为自己美言。他们经常候在二张家门外，等二张一出来，就争先为之牵马执鞭。他们对二张的称呼，也颇为亲热，呼张易之为"五郎"，张昌宗为"六郎"，极尽媚态。

可叹武氏诸王，本身贵为皇帝宗亲，却要奉承两个小白脸以求自固，其地位真是太过脆弱，其结局也就可想而知了。

见武氏宗室都如此谦卑，二张也就一改起初的小心，嚣张无度。王公大臣中的谄媚之徒则纷纷趋奉于门下，搬弄是非。

当时有人赞美张昌宗之美，奉承说"六郎面似莲花"，而外号"两脚野狐"的宰相杨再思却还嫌不够，说那不对，"乃莲花似六郎耳"！

这两个小白脸进出宫中太频繁，女皇总还是要顾忌一下舆论，就专门设立了控鹤监，以张易之为监卿，召集一批文学之士兼任控鹤监供奉，让他们常来宫中吟诗宴乐。被任命为供奉的员半千却不领这个情，认为自古无此官职，且所召之人多有轻薄之徒，于是上疏请罢此衙门。武则天大为生气，将他贬为水部郎中。

二张把女皇伺候得精神抖擞，七十五岁的年纪，竟毫无疲态，且新生出八字重眉。百官闻知，都来道贺。

一到夏天，女皇就带着二张、诸武、太平公主与皇嗣到各宫去小住，有时候还跑到风景秀丽之地的隋时旧宫去住。她觉得告成县的石淙涧景色不错，就在这里造了一座行宫，称为三阳宫。

宫殿落成后，女皇帝带领一干人马来这里避暑，在一块巨石上饮宴作乐。这就是武则天晚年时著名的"石淙会饮"。

武则天服了张易之制作的丹药，又服了洪州道士胡超制作的长生药，一些常年的病痛竟然好了，她极为高兴，下令改元"久视"。同年又改控鹤监为奉宸府，让张易之和诸武等天天陪着她宴乐。因怕狄仁杰等宰相劝阻，就命一批学士在内殿编修《三教珠英》。因为在编辑之余，文人经常吟诗作赋，饮酒行令，可以此来掩人耳目。《旧唐书·张行成传》说这是"以昌宗丑声闻于外，欲以美事掩其迹"。

有一次在宫内宴会，武三思奉承张昌宗是神话人物王子晋的后身，武则天开怀大笑，让张昌宗穿起羽衣，吹奏凤笙，骑在一只木鹤上演奏。众人大为赞叹，纷纷赋诗赞美他。

武则天从年轻时候起，就卷入了深宫争斗，后又执掌国柄，几十年没有放松过。现在，有两个年轻人作陪，其乐也融融，大概是"真的想再活五百年"了。

待到《三教珠英》编完之后，二张的荣宠又升了一大截。张昌宗被加为司仆卿、封邺国公；张易之被加为麟台监、封恒国公。两人小小年纪，就凭着一张好面皮，竟能位列公卿，一般的人真还经不起这种骤贵的考验。

两人亦不脱俗例，虽有点儿小聪明，但对宦海沉浮、人世凶险全无经验，身居一人之下后，不知收敛，反而竞相受贿，逞强比富。张易之为自己造了一幢大屋，以琉璃沉香为饰，极尽壮丽，耗钱数百万。

他们的其他兄弟，也跟着鸡犬升天。洛阳令张昌仪一向贪婪，经常为人跑官买爵。据说某日早朝，一位薛姓候选官员以五十金贿赂他，并附上一张状纸写明姓名籍贯。张昌仪便把状子交给天官侍郎张锡，叫赶快办。过了几日，张锡不小心把状纸失落，去问张昌仪。张昌仪便骂道："办不了事的！我亦不记得，只要姓薛的，你就给官儿吧！"

张锡心惊胆战，回到衙署把铨选名单拿来，见其中姓薛的有六十多人，他也不管那么多，统统都给了官做。

最为荒唐的是，二张之所以得封国公，竟然是出于太子李显、相王李旦和太平公主的推动。这三个人早就上表请封张昌宗为王，武则天未同意。他们再请求，才封为邺国公。他们三个人，都是武则天亲生的子女，按理无须仰人鼻息，但此时都需要靠拍母亲小情人的马屁来自保，可见二张权势之盛。

但是也有一批正直大臣不买二张的账。宰相王及善在参加内宴时，看到二张在女皇面前没大没小，女皇也像个老顽童，于是屡次劝谏，说二张"无人臣之礼"，暗讽女皇"包二爷"实为不妥。

左台中丞宋璟侍宴朝堂时，不随流俗，对二张并不特别恭敬，只称张易之为"张卿"。天官侍郎郑善果问他："奈何呼五郎为卿？"他答道："以官言之，正当为卿；若以亲故，当为'张五'。足下非易之之家奴，何'郎'之有？"（《旧唐书·宋璟传》）

宰相韦安石更是厌恶二张恃宠弄权，多次公开折辱二人。一次女皇在殿内赐宴，张易之带了蜀商宋霸子等人进来，同座赌博。韦安石跪奏曰："商贾贱类，不应参预此会。"说罢，叫左右把他们逐出。座中诸臣害怕女皇发怒，都吓得失色。而武则天却欣赏韦安石的直言，特予慰勉。同僚见此皆叹服。

不过二张在武周后期，也做过一件"政治正确"的事。缘于当时武则天的心腹、时任左台中丞的吉顼跟他们说的一番话。吉顼实际上也是一名酷吏，只不过程度略温和。他素来瞧不起武氏诸王，认为他们要才学没才学，要相貌没相貌，成不了大事。而与二张却较为亲近，一次在一起饮酒，吉顼道："你辈荣贵至此，然非以功业而得，天下侧目切齿者多矣！若无大功于天下，如何得保全？吾实为二卿担忧！"

二张被说中心事，顿然变色，心中大惧，泪流不止。因平素敬慕吉顼多谋，便虚心请教自安之计。

吉顼又道："天下士庶未忘唐之旧恩，都盼望庐陵王复立。今上春秋已高，帝业须有人承继，武氏诸王都不遂其意。何不劝今上立庐陵王，以应人望？如此岂止免祸，更可保富贵。"

二张深以为然。此后，逢到女皇高兴，二张就总是委婉提出此议。女皇听得多了，也觉得甚合常情。后来在狄仁杰劝谏时，也就很容易听进去了。

两个小情人担心后事，武则天心里是清楚的，也能体谅，所以一直没让他们掌实权——不掌实权，就不至于得罪人太多的人，结局也就不至于太坏。

女皇能想到这一点，也还算比较"人性化"的吧。

武则天晚年宠幸二张，这事一直为后世不少人所讥讽，近年更是坊间历史小说津津乐道的话题，但是当今大多数史家对她这一点却都持谅解态度。

为她辩解的人说，女皇固然是养了男宠，包括前面的薛仁义、沈医官，但也不能说她就是"淫乱"。应把武则天还原到人的位置来理解，七情六欲谁都有；爱美之心，老妇亦不能免。古之资产中上的男子，都可有妾，男性皇帝更是有一个庞大的后宫队伍，何必苛责武则天？以往之人苛责武则天，显然是男女不平等的旧观念作祟，有歧视妇女之嫌。

这话说得倒是。男性皇帝若是死了皇后，可以再立一位；不立的话，也有其他妃嫔可以解决问题。但是女皇却不能再嫁，如果再嫁，于皇权的继承上有悖谬之处，因此找情人是唯一的解决之道。好在唐代风尚较为开放，否则这问题还真是不好办。

还有辩解者说，武则天其时已是七十多岁的老人，于性的要求还能有多少，大可存疑。与二张厮混，恐怕主要还是为了偷情悦性。这一说，笔者个人觉得比较公允。

当然，在现代的研究者中，也有坚定的卫道士一派，对武则天的胡闹不能原谅。如雷家骥先生对武则天的治绩评价不高，对她的私生活也多有谴责。他说，古代皇帝和官员姜室虽多，但那是有人数限定的，是一种制度，不能僭越。男性皇帝不会偷偷摸摸养情妇（宋徽宗、明武宗不算？），如果养了，就会招致臣民批评。他说，武则天要养情夫，完全可以立法，公开规定"男姜"的名分和名额。但她却要偷偷摸摸地干，所以招致批评，这与歧视妇女无关。他还说，武则天之所以要偷偷摸摸地干，还是心虚，她并不具备真正的男女平权意识，只不过胆子大，敢于纵欲享乐罢了（见雷家骥《武则天传》）。

这真是，各说各理。还是鲁迅先生说得明白："一本《红楼梦》，单是命意，就因读者的眼光而有种种：经学家看见《易》，道学家看见淫，才子看见缠绵，革命家看见排满，流言家看见宫闱秘事……"（鲁迅《集外集拾遗·〈绛洞花主〉小引》）

诚然！就是！

我辈浅陋，在女皇生活作风的问题上，不予置评。

第二节　她为了救情人向大臣求情

随着边境战火稍歇，晚年的武则天似乎越来越胸无大志了。宴乐、游幸、养生，成了她主要的生活内容。在她身上，有几点明显的变化。

第一，价值观发生了很大变化。武则天晚年改元频繁，雷家骥先生认为这是由于她有负罪感（称帝、杀戮过多），为了缓解内心压力，就频频改元。这个说法，有一定的根据，但从她晚年的一些年号看——"如意""长寿""延载""久视""长安"，其价值取向非常明显，就是渴望长生。

她除掉酷吏，把朝政交给狄仁杰等贤明大臣，去掉"天册金轮"的尊号，回归一个凡俗的皇帝身份，这都说明了她价值观基点的大转移。

第二，因为张易之信奉的是道家的那一套，武则天大概是爱屋及乌，开始改变她在登极之初崇佛抑道的立场，开始提倡"道佛齐重"。她晚年屡游嵩山，是因为嵩山曾有过王子晋骑鹤成仙的故事。她后来甚至还起用嵩山山人什方为相，这个什方大有仙风道骨，自称生于三国时代。还有自称七百岁的洪州道士胡超，也深得武则天信任。这两个人都为女皇制作了长生药。

道家飘逸、空灵、幽远的想象世界，是她晚年莫大的慰藉。她所钟爱的年轻人所供职的地方，叫作"控鹤府"，这也是道家的概念。控鹤，骑鹤也。女皇大概很想永世与两个年轻男子骑鹤乘风，优游在白云缥缈间，无冷无暖，万年如一。

第三，武则天越到晚年，心境就越是平和，不再有滥杀事件出现，对臣下的谏言大多也都能听进去了。

长安二年（702）年末，监察御史上表，请求为以前来俊臣等酷吏所罗织的冤案平反。女皇此时早已耳顺，欣然同意，下令逐案复审。许多冤案就此得以昭雪，朝中的暴戾之气一扫而光。

就在内外一片祥和之际，女皇与她信任的大臣魏元忠之间却突然爆发了一场冲突。事因二张而起，险些酿成大狱。

魏元忠这个名字，在本书的前面已经出现过几次了。他是宋州宋城（今河南商丘）人，太学生出身，性情独立不羁，并不把谋官当回事，所以长期不得征用。他热心跟随左史江融学习，对古来用兵成败之事多有留意，终于学成了一个能文能武的人。

仪凤三年（678），这位不得志的太学生向皇帝投密信，畅言唐屡为吐蕃所败的原因，受到高宗与武后的赏识，给了他一个"秘书省正字"的官做，入值中书省，算是一个高级智囊了。后又升为殿中侍御史。

光宅元年（684），徐敬业作乱，武则天认准魏元忠是个军事人才，就任命他为李孝逸讨伐大军的监军。果然在其后的进军途中，他计无不成，简直是料事如神了。胆小谨慎的李孝逸也多亏了有他，才完成了平叛大业。魏元忠随后因功升为洛阳令。

不久，他为酷吏周兴诬陷，在临刑前夕侥幸始免死，远贬岭南。一年多后，被召回任御史中丞，结果又被来俊臣、侯思止陷害。但武则天终究是爱惜人才，没有杀他。

老魏的仕途如此倒霉，连武则天也觉得甚为奇怪。有一次她问道："卿如何累陷狱中？"

魏元忠答："臣就像一只鹿，罗织之徒要用此鹿熬肉汤，臣如何得免？"

武则天明白了，叹息良久，颇有悔意。圣历二年（699），她就把魏元忠提拔为凤阁侍郎、同凤阁鸾台平章事，列入了宰相队伍。

魏元忠个性鲜明，史书上留下不少关于他的掌故。

据说，以前高宗巡幸东都洛阳时，正逢关东大饥。高宗考虑到路上草寇盗贼太多，就让时任监察御史的魏元忠做车驾检校官，负责整个车驾队伍的安全。魏元忠受命后，就马上去视察了监狱，见一个在押的盗窃犯神采语言不同凡响，就给这人打开镣铐，换了衣服，戴上帽子，让他坐着驿车紧跟在自己后面。在路上，魏元忠与他一起吃饭睡觉，将治理盗贼的事情委托给他，那人欣然同意，一路卖力。车驾在去东都的往返途中，随从高宗的上万随行人员，没人丢失一个铜板。

张昌宗兄弟受宠，魏元忠却不买账。他兼洛阳长史，对洛阳令张昌仪的为人很不齿，常常给予训斥。张易之的家奴在洛阳市上欺凌百姓，魏元忠也毫不客气，下令杖杀之。

他性格刚烈，疾恶如仇，且驭下极严。这等人物，历来在中国官场上都是倒霉蛋。武则天在晚年尽管平和了许多，但也还是很难容得下魏元忠的刚直。

事起张易之的另一兄弟、歧州刺史张昌期，武则天拟将他升为雍州长史。在征求宰相意见时，诸宰相都说"陛下得其人"，而魏元忠独独反对，说："昌期不堪为长史。"他历数张昌期在歧州任职时治理不当，致使当地户口几乎逃亡殆尽的事，说这小孩子哪里懂政事，雍州是长安帝京之地，事重而繁多，他绝对干不了。魏元忠极力推荐薛季昶可胜任此职。

女皇心里不大高兴，但还是听从了这个建议，重用了薛季昶。

魏元忠对二张这不男不女的一对面首十分厌恶，甚至到了仇恨的程度。曾向女皇进言："臣自先帝以来，蒙陛下恩宠，如今位列宰相，却不能尽忠死节，听任小人在陛下之侧，此乃臣之罪！"

武则天听了很恼火：这岂不是在说我年老昏聩？这个魏元忠，谁叫你管这么多！

张氏兄弟最为担心的，是一旦武则天"不在了"，像魏元忠这样的重臣若还在朝中，就会要他们俩的脑袋。于是他们决定先发制人，诬奏魏元忠与太平公主的情人、司礼丞高戬有密约，说："天子老，当挟太子为长久计。"

这种"催死"的言论，是女皇最忌讳的，她当下大怒，想到魏元忠还是太子的左庶子，这种事还真是不得不防。

不过女皇现在处理问题已经比较重证据了，她把太子、相王、诸宰相和二张都叫到朝堂上，令双方当众对质，魏、高自然说没有此事，二张则一口咬定有。事情陷入了僵局。

据说，张易之揭发道：某月某日，魏元忠到礼部视察，司礼丞高戬负责接待，两人站在司礼府的二楼上，指点着皇城说的那番话。

高戬反驳道："司礼府楼宇年久失修，我和魏相说，想请他批些钱来维修，何时说过悖逆之语？"

张易之辩道："此话肯定有。司礼府之人都见你二人上楼。司礼少卿张同休也想随同登楼，被高戬阻拦。"

高戬说："张同休言语粗俗，我怕他惹魏相生气，故不让他上楼。"这张同休，是张易之的哥哥，的确是粗人一个。

武则天见双方争得不可开交，就问："谁能做证？"

张易之眉头都不皱，就溜出一句瞎话："凤阁舍人张说亲耳闻听。"

原来这张说在官场上是个雏儿，也是奉宸府的帮闲，一向与二张走得近。张易之就找到了张说，引诱他做伪证。张说禁不起诱惑，答应了。

次日，女皇帝召张说当庭对质。一大早，张说快要走进朝堂时，他的同事、同为凤阁舍人的宋璟把他拦住，说道："名义至重，鬼神难欺，不可党邪陷正以求苟免！若你获罪流窜，其荣多矣；若你事有不测，我当叩阁力争，与子同死！努力为之，万代瞻仰，在此举也！"

宋璟刚说完，殿中侍御史张廷珪就在一旁背了一段孔子语录："朝闻道，夕死可矣！"

这两位先生的意思，简直就是要让张说舍身成仁。

紧接着，张说的老师、右史刘知畿也拄着拐杖，在众人的搀扶下走上前来，以杖捣地曰："勿污清史，为子孙累！"

张说听了这几个人的劝说，内心受到极大震动，一个劲儿地点头，但并不搭话。

魏元忠见张说到了，忽生惧意，便孤注一掷道："你想与易之、昌宗一起罗织我魏某吗？"

张说一惊，这才想好该怎么说。他对魏元忠说："公乃丈夫也，位列宰相，何出此无赖小人之语？"

到了朝上，张说向女皇和诸臣行礼如仪，似乎并不着急说话。

张昌宗早就急不可耐，催逼张说赶快做证。

张说还是欲言又止，二张心急火燎，凑近来围着张说，扯着他的衣袖威逼。

在再三逼迫之下，张说终于开口，但说出的一番话让二张瞠目结舌："陛下视之，在陛下前，犹逼臣如是，况在外乎？臣今对广朝，不敢不以实对。臣实不闻元忠有此言，但昌宗逼臣使证之耳！"

朝臣们闻言，一时大哗，纷纷谴责张易之、张昌宗太霸道。

二张回过神来，才醒悟到张说已经"叛变"，于是气急败坏，朝女皇喊道："张说与魏元忠同反！"

朝堂上的这出戏，把女皇也搞糊涂了，她当即问二张："反状何在？"

二张相互低语了一阵，说："张说曾说魏元忠为伊、周，伊尹放太甲，周公摄王位，这不是欲反是何？"

女皇便质问张说道："这话你讲过？"

张说老老实实地承认："这话我是说了。"而后，他当着女皇的面驳斥二张道："易之兄弟小人，徒闻伊、周之语，安知伊、周之道！昔者魏元忠初任宰相，臣以郎官身份往贺，元忠对客曰：'无功受宠，不胜惭惧。'臣实说过：'明公居伊、周之任，何愧三品？'伊尹、周公皆为臣至忠，古今仰慕。陛下用宰相，不让他们学伊、周，又让他们学谁呢？且臣岂不知今日附昌宗立取高官，附元忠立致诛灭，但臣畏元忠冤魂，不敢诬之耳！"

张说能被选入奉宸府，也端的是有一些才华，这番话说得逻辑严密、高屋建瓴。看来，他经过反复权衡，已决定改邪归正。

诸朝臣听罢，都长出了一口气，一齐向女皇乞求道："案情已大白，请圣上恕魏元忠等。"

武则天觉得张说如此出尔反尔，似不可信，脸色就一变："诸卿想同反吗？"

众人只得沉默。

次日，武则天把张说从牢里提出来再次讯问，张说仍是不改旧词。可是女皇对他还是有疑心。

魏元忠与高戩终究还是被下狱。至于张说，武则天把他交给了河内王武懿宗去审问。武懿宗本是个杀人不眨眼的恶徒，但此时他也在考虑后路。女皇来日无多，后事难料，武懿宗觉得没必要去得罪那么多大臣，便草草审了一场，没挖出什么新东西，把案件又推回给了女皇——这是张说的侥幸。

魏元忠被冤枉，也有一些人敢于为他说情的。宰相们大多不敢作声，唯有正谏大夫同平章事朱敬大胆辩冤，上表道："元忠素称忠正，张说所罪无名，若令其抵罪，恐令天下人失望。"

冀州有一儒士苏安恒，以前曾投书女皇建言，受到过女皇嘉许，现在也上书说："陛下革命之初，人皆以为纳谏之主；暮年以来，人皆以为受佞之主（愿听谗言）。今元忠下狱，百姓街谈巷议，皆以为陛下委信奸宄，斥逐忠良。而今忠烈之士亦缄口不言，惟恐悖逆陛下。如今赋役繁重，生民艰难，更有谄媚小人专恣，刑赏失当，只恐人心不安，别生变乱，陛下将何以措置？"

这个布衣书生话说得很不客气，对形势的评价也很悲观，但是女皇读了以后，却受到某种触动，心下稍平，对魏元忠的敢言也不那么恼恨了。

二张见到这份奏章，大为恼火，劝女皇杀了这个妄议时政的白丁。女皇没有答应。

魏元忠的命是保住了，且武则天对他也有了比较透彻的认识。但是，执政者考虑问题，往往由利益决定，公平不公平在其次，女皇觉得魏元忠直声满天下，性子又急，留在朝中，万一生变，就是一个可能危及她皇权的因素。考虑再三，还是把他打发到岭南高要县去做了一个小小县尉，先把他冷藏起来再说。

女皇对高戬的处置，也没给太平公主留面子，把他与张说一起流放到了岭南。

二张的这一次攻势，可算是基本获胜。但是，他们这次把太平公主的情人也加以整肃，等于与太平公主的势力宣告决裂。而太平公主此时早已与武氏联姻，二张的这一举，触犯的等于是整个武氏集团。

女皇行将就木，二张即将失去唯一靠山，他们却不惜得罪朝中忠直大臣，同时也得罪了潜在势力很大的邪派势力，完全把自己孤立了起来。

这一伏线，在日后的政局中将会爆发出意外效果。可叹的是，古今中外的邪恶之徒，都愿意在火山口上跳舞，概莫能外！

魏元忠远赴贬所之前，来向女皇辞行，曰："臣老矣，今至岭南，恐不得回，陛下或有思臣之时。"

女皇问道："为何？"

魏元忠指着伫立一旁的二张说："此二小儿，终成祸源！"

二张顿时惶恐不已，连忙伏地叩首，连呼冤枉。

女皇倒也没往心里去，一笑了之。

魏元忠转身离开，渐渐走远。女皇却倏然起身，往前踉跄几步，似想送行，口中喃喃道："元忠去矣！元忠去矣！"脸上竟有茫然之色。

魏元忠此次触礁，不单是因为得罪了二张，还缘于女皇怀疑他与太子李显合谋。那个时候说二张坏话的，大有人在，女皇一般不予理睬，唯独在魏元忠事件上反应过度，证明她对权力问题还是相当敏感的。

优游卒岁，愉悦身心，不等于连权力都不要了。

魏元忠离开神都前夕，太子仆（官名，掌太子车马仪仗）崔贞慎等八人曾在郊外为他饯行。二张侦知此事后，化名"柴明"投密信于铜匦，称崔贞慎与魏元忠谋反，反状已明。

武则天接到这个情报，再次起了疑心。太子仆——魏元忠，这两者之间的联系果然可疑！于是她命监察御史马怀素去审问当事人。女皇对马怀素也不十分放心，派了人去监督审理，并再三催马怀素，要尽快问出结果来。

不过，据崔贞慎等人所供，当天他们去，就是饯行，绝无他事。马怀素觉得办案不能造次，就向女皇提出，请将"柴明"传到，以便对质。

女皇哪里拿得出证人来？只说是按照举报内容来审就可以了。马怀素便以审讯实情相告。女皇发怒了，问道："卿欲纵容谋反之人耶？"

马怀素说："臣不敢。元忠以宰相身份而被贬，故旧老友相送，乃是常情。若诬以谋反，臣实不敢。陛下操生杀之权，欲加之罪，陛下可圣断也。然臣不敢！"

见马御史说得斩钉截铁，女皇心里有了底，不疑有所谓谋反之事。一天阴霾这才散去。但是，一切可能的危险因素都要排除，魏元忠冤枉也就冤枉了吧。

魏元忠直能干，足可倚重，但是放在身边又不放心。这就是武则天在魏元忠离去时的矛盾心理。

魏元忠这一去，还真的就再也没见到女皇。直到中宗复辟时，才被召回，提升为中书令，再次拜相。不过，被贬的这一段经历，大概是让他刻骨铭心，老爷子性情大变，从此随波逐流，不再直言。后来，因牵涉节愍太子起兵反韦后及杀武三思一事中，被贬为思州（在今贵州凤冈、务川一带）务川尉，行至涪陵而死，年七十有余。

皇权专制，历来就不是把人百炼成钢的制度，而是一个把人化铁成泥的高压制度。这个制度之所以如此，是为了保其千秋万代；然而正因如此，它就绝不可能千秋万代！

二张费了九牛二虎之力，扳倒了一个魏元忠。可是在女皇统治的晚期，大臣中的正直之人已为数不少，如韦安石、唐休璟、崔元晖、姚崇、宋璟、桓彦范、袁恕己等，人才济济。要想把他们逐一扳倒，几乎是不可能。

从长安四年（704）年初起，女皇的身体有了大问题，二张虽然没有掌实权的职务，但由于与女皇的特殊关系，成了女皇某种意义上的代理人。

他们狐假虎威，居中弄权，不仅拉拢了武三思、李峤、苏味道、李回秀、韦承庆等权要人物，还把他们的几个兄弟也活动到重要位置。张昌仪从洛阳县令做到了司府少卿、尚方少监，张昌期自岐州刺史升为汴州刺史，张同休为司礼少卿，都是三、四品的高官。

而在另一阵营，部分大臣已看好时机，正在密谋复唐。复唐当然还只能是非常隐秘的潜流，现在大家能做的，就是打压二张。

于是，二张与大臣之间的矛盾，就越来越尖锐。

这个局面，本来是女皇尽力要避免的，但二张毫无远见，不知急流勇退，反而愈加猖獗，激起了正直势力的强烈反弹。

这年七月，大臣们发力，揭出二张的三个兄弟张同休、张昌期、张昌仪贪赃，三人被下狱审讯。同时有人告发，二张也有牵涉，应一同问罪。

女皇不想担徇私枉法的恶名，就颁下敕书，说张易之、张昌宗专行赏罚，独揽威权，应与张同休等人并案审理，但她私心里当然想放他二人一马。

二张于第二天也被下狱。反张的力量眼看要大功告成！

审讯了两天后，司刑正贾敬言上奏说："张昌宗强买民田，应向他征收黄铜二十斤。"武则天下诏说："可。"

几天后，御史大夫李承嘉、御史中丞桓彦范又上奏："张同休兄弟共贪赃钱四千余缗，依法应处张昌宗免官。"

张昌宗不服，上奏申辩说："臣有功于国，所犯之罪不至免官。"

武则天正要给张昌宗一个合法的赦免理由，就问各位宰相："昌宗有否功？"

滑头宰相杨再思立即答道："张昌宗炼制神丹，陛下服后确有效验，此乃莫大之功。"

武则天大悦，借着这个台阶下令免了张昌宗的罪，恢复原官，只把张同休和张昌仪外贬了事。

杨再思在关键时刻表现恶劣，正人皆不齿，左补阙戴令言为此写了一篇《两脚狐赋》，大加讥讽。杨再思恼羞成怒，上了谗言，将戴令言外放为县令。

此时宰相韦安石又上奏检举张易之有罪，武则天下令将张易之等人交付韦安石和唐休璟审讯，但韦安石很快就在八月初一被任命为检校扬州长史，唐休璟也外派为幽州及营州都督、安东都护。史称二人在审查张易之时"未竟而事变"。事变的缘由不详，唐休璟临行前对太子李显密言："二张恃宠不臣，必将为乱。殿下宜备之。"

可以判断，这次突然调动是在张昌宗恢复官职后，是对反张势力的一次反扑。

朝中形势变得非常微妙，双方都在加紧活动。

九月，姚崇被任命为灵武道行军大总管和安抚大使，出使西北边陲。临行时，武则天让他推荐一个中书、门下两省以外的官员做宰相，姚崇便说："秋官侍郎张柬之沉着有谋，能断大事，且其人已老，惟陛下急用之。"于是，年近八十的张柬之就在十月二十二日当上了宰相。

这个年迈的张柬之，不仅是反对二张的激进分子，而且是一个极有胆略的人。他的入相，大大增强了反张势力的分量。

长安四年（704）最后的这几个月，武则天一病不起，长期住在长生院，宰相一连几个月都见不到她。只有张易之、张昌宗在她身边伺候。

待女皇病况稍愈，宰相崔玄暐就奏道："皇太子和相王，一向仁孝，足可以侍奉汤药。宫禁事重，请不要让异姓人士出入。"这是明明白白让女皇提防二张。

武则天倒也领情，说："多谢卿的厚意。"

张易之、张昌宗见武则天病重，怕她一死，祸延及己，就串通同党，暗地里做好了应变准备。

他们的担心不是没有根据，一段时间以来，屡次有人作"飞书"或在街头张贴榜书（传单），说"易之兄弟谋反"，但武则天皆不信，不予理睬。

十月二十日，许州人杨元嗣指控张昌宗曾召见过一个名叫李弘泰的江湖术士，给他看相占卦。李弘泰说，张昌宗有天子之相，劝他在定州修建佛寺，可使天下百姓倾心归附。

此言一出，形势骤然紧张。一张"潜图谋反"的大帽子扣在了张昌宗的头上。

话说得有鼻子有眼，不由得女皇不起疑，就命宰相韦承庆、司刑卿崔神庆和御史中丞宋璟共同审理此案。韦承庆一向与张氏兄弟友善，初审过后，就上奏道："张昌宗招供说，'李弘泰说过的话，我当时就向天子奏明了'。依律，张昌宗自首当免罪；李弘泰妖言惑众，当逮捕治罪。"

宋璟与大理丞封全祯有不同意见，他们上奏道："张昌宗受陛下恩宠如此，还要召见术士看相占卦，意欲何求！李弘泰说他为张昌宗占得纯阳乾卦，此乃天子之卦。张昌宗若认为李弘泰是妖言妄行，何不将李弘泰执送有司！虽说已将此事上奏天子，但终究是包藏祸心，依法应处以斩刑，籍没家产。请逮张昌宗下狱，穷究其罪！"

哦？这样一弄，这小伙子不是要死？武则天闷了好大一会儿，没有作声。

宋璟又说："如不拘禁，恐动摇众心！"

武则天说："卿等且停审，待我仔细看看文状再说。"

宋璟只得退出。左拾遗李邕跟着向女皇进言："闻宋璟所奏，志安社稷，非为身谋，愿陛下准其奏！"武则天不听。

事情看来急矣！

武则天也没有别的好办法，只有耍赖。不一会儿就先后连下三道敕令，让宋璟到扬州审理案件，又敕命宋去审理幽州都督屈突仲翔的贪污案，接着又敕命宋璟任李峤的副职，前往安抚陇、蜀之民。

——还是走吧你！你不走，我这里连缓手的工夫都没有。

但是宋璟拒绝接受这些任务，不肯出行，他上奏道："依惯例，州、县官吏有罪，官品高的由侍御史审理，官品低的由监察御史审理，非军国大事，御史中丞都不应出使地方。现陇、蜀二地并无事变，我不知道陛下让臣外出是何原因，因而臣不敢奉诏。"

大臣抗命，不卑不亢，病中的女皇竟也没有办法。

反张阵营趁机掀起又一股大潮。司刑少卿桓彦范上疏道："张昌宗无功受宠，却包藏祸心，自招其咎，此乃皇天降怒；陛下不忍加诛，则违天不祥。且张昌宗既然已奏明陛下，就不应再与李弘泰来往，让他求福禳灾，这明明白白是毫无悔心。以前之所以奏明陛下，是准备一旦事发则可以说事先已奏陈，若事不发，则待机谋逆。此乃奸臣诡计，若说此也可赦，那么谁当受刑？况其事已两次暴露，陛下皆放手不问，致使张昌宗愈加自负得计，天下也以为他天命不死，此乃陛下养成其乱也。若逆臣不诛，社稷亡矣！"

可是，这道上疏没有得到任何回音。

现在，就是各方在比韧性的时候，谁能坚持住，谁就是最后的得胜者。反张的大臣们看准了女皇已病入膏肓，不可能再复原。此时若不冲击，稍后局势就很难预料，弄不好，很有可能"牺牲"在黎明前的黑暗里。

因此，他们的攻势相当坚定。

宰相崔玄暐在此后屡次进言，说应当依法处置张昌宗。女皇迫于舆论压力，只好让法司议张昌宗之罪。

恰好崔玄暐的弟弟是司刑少卿，因此报上来的处理意见是处以大辟，没有任何悬念。大辟，也就是死刑，砍脑壳。

大臣们的紧逼，真是刻不容缓。

现在三方的力量是在打一场"三岔口"。

二张这两个人，对武则天来说，究竟意味着什么？并不糊涂的女皇晚年何以如此信任这俩绣花枕头？而正直大臣的一方，又何以放过诸武，单单把矛头指向政治色彩并不浓厚的二张？

这个问题，在当代学者中也有一些争议。

洛阳师范学院的郭绍林先生最近提出，二张实际上并不是千年以来人们所认为的那样，是两个"面首"。他们二人，一是承担着女皇的保健任务，二是女皇有意培植起来的私人政治势力，作用是防范倾向李唐的"正统派"大臣与太子联手图谋复辟。

这当然是个标新立异的说法，但笔者以为根据还是不足。

女皇信任二张，实际上就是当今社会很时髦的老年人心理寂寞问题，她召二张到身边随侍，又没有给名正言顺的政府职务，如何能防范得了大臣们的异动？

二张的品质和政治能力如此不堪，成为舆论攻击的靶子，连女皇都陷入了被动，又能起到什么耳目作用？

女皇晚年疏远诸武，任用能臣，在用人方面已经比较客观公正了，为何唯独要不顾一切地袒护二张？

她是需要二张给她带来快乐，无论是色，还是情。这一点，女皇不能明说。

她对二张的袒护，几乎是无原则的，就是出于这个原因。老年人，生之乐趣渐少，而女皇恰恰在晚年又开始耽于享乐，二张的出现，是恰逢其时。

两个小白脸的定位，在武则天那里，就是面首。保健不保健的，倒是其次。身心感到愉快，就是最大的保健。

而武则天忘记了，在皇权独裁政治下，皇帝宠爱的枕边人，本身就具有巨大的政治能量，哪怕他并不是一位高职衔的官员。

二张不是政治素质很高的人，若是的话，也不见得愿意充当玩物。地位的急升，使他们尝到了身居显要的荣耀。他们为了保住这个位子，主动介入了政治圈子，充当了女皇的代理人、联络人和私人秘书的角色，使自己处在了险恶的旋涡中心。

在所谓"正统派"大臣那里，诸武的力量已不是太大的障碍。女皇在时，诸武就处在边缘状态，女皇若撒手而去，诸武的能量恐怕还比不上西汉时的"诸吕"。

眼下比较难缠的，就是二张。两个小子既然最接近权力中心，就有可能在女皇弥留时期操纵政局。他们可利用的人虽然不多，但也具备一定能量。万一得手，等待正统派的就会是一场屠杀。为此，必须先拔掉这两根刺。

反观二张这边，武则天的威权尚在，二张就曾两次下狱，屡遭危机。他们所采取的攻击行动，却常使自己陷入更加危险的状态。从此也可看出，他们根本就不是玩政治的人。打击正直大臣，只是为了自保，并未有通盘的考虑。

最奇怪的是诸武集团的态度。他们中除了武三思有所介入之外，其余人皆置身于政争之外，一点儿也意识不到：二张倒台，下一批被宰的，就该是他们了。

诸武之所以对二张不施以援手，有可能是二张因整肃高戬得罪了诸武集团，也可能是二张的地位早已引起诸武的嫉妒，所以他们乐观其败。

总之，在女皇时期，二张与诸武的势力没有合流，这是李唐的幸事，也是正统派大臣们的幸事。

判处张昌宗死刑的意见报上来后，宋璟又紧逼一步，再奏，请求收张昌宗下狱。

武则天只好说："张昌宗已自行奏报过了呀！"

宋璟对曰："昌宗为飞书所逼，穷而自陈（没有办法了才自首），势非得已。且谋反大逆，无容首免（不容许自首者免罪）。若昌宗不伏大刑，安用国法！"

女皇竟低声下气地请求："且饶恕他这一次。"

哪知道宋璟却声色愈厉："不可，昌宗分外承恩！臣知言出祸从，然而义激于心，虽死不恨！"

臣下能如此疾言厉色与皇帝抗争的，史上也不多见。在一旁的杨再思怕宋璟忤旨惹怒了女皇，急忙宣读敕令，令宋璟先退下。

宋璟却翻了他一眼，道："圣主在此，不烦宰相擅宣敕命！"

碰到这样迂直的大臣，武则天没有办法，只好准其奏，打发张昌宗去御史台受审。

在御史台，宋璟摆足了架势，当庭而立，讯问案情。话还问没完，只见女皇派来的黄衣使者翩翩而至，宣读敕书：特赦张昌宗。宋璟顿足叹道："不先击小子脑裂，负此恨矣！"

女皇知道宋璟气大，便又叫张昌宗去宋家谢罪，宋璟拒不见。

两派争斗到此，互有胜负。二张方面显然处于劣势，他们只扳倒了一个魏元忠，却激起一批正统派的顽强反弹，竟然几次下狱和受审，也是够凄惶的。

女皇此时的性情，与革命之初已大不相同。现在，她认准了朝中大臣都是才堪大用的人物，即便对自己有所冒犯，也是忠直本性的流露，而不是什么阴谋。因此，朝堂上才会出现大臣犯颜直谏而不受责罚的情景。这在十多年前，是不可想象的。

正因为女皇对自己早年的苛政有了负罪感，所以酷吏时期的那些老账，也有了机会来清理。先是李峤、崔玄暐上奏："往昔革命之时，人多逆节（不遵守原则），遂致刻薄之吏，恣行酷法，其周兴等所劾破家者，并请雪免。"

司刑少卿桓彦范也就这个话题连续上奏，表疏前后竟有十余道。女皇终于同意。于是，凡是酷吏时期被判刑而家破人亡的，无论有没有罪，一律赦免。

那时杀，现在平反，都是形势的需要。皇权在上，永远有理。

女皇目前在观念上的改变，对正统派来说是一大喜事。就连千年以后的历史看客，读史至此，也不禁大松一口气。

不过，这里面也有一个不容忽视的关节点。

宽刑仁政，信用正人，固然是国家之福；但是，在一家一姓的皇权制度下，这种平恕宽容对武则天这种"来路不正"的最高统治者来说，却恰恰隐含了巨大的风险。

以威严驭下的女皇，一旦变得仁厚，危险就要悄悄逼近她了。

这是武则天的悲剧。

这也是女人在中国做皇帝的悲剧。

第十三章

被迫逊位

第一节　这万里江山究竟托付给谁

晚年的武则天，曾被一个问题困扰了好久。那就是，将皇位传给谁？

这是一个皇权时代的智力迷宫，武则天怎么也走不出来。

她成功地做了几件开天辟地的事，以女人身份当了正式的皇帝，把一个皇朝改了名号。但是，任何伟人，就是再有魄力，也改变不了习俗，改变不了文化传承。

社会是一架依惯性而行的马车，你硬去拉它改变方向，难免要把这车上的东西颠得一无所有。

武则天遇到的是强大到无人可敌的一道藩篱——父权社会。

所有财产、姓氏、血统、文化的继承，都是以男性为主。

在这道栅栏前面，女皇几乎束手无策。

古代是一姓一皇朝，罕有例外；因而武则天在唐朝的天下，是做不了皇帝的。她在唐朝的身份，永远是李家的媳妇、大唐的太后。后来的史家也不承认她的皇帝身份，凡是高宗死后有关她的记载，一律以"太后"名之。

所以，她才要改天换地，另起一个大周朝的炉灶，另开一个武氏皇室的户口。

可是，她应该把皇位传给谁，才能维持住现状？

曾经有一度，她想把位置传给侄子武三思。

这个武三思，是武元庆的儿子，与武承嗣是堂兄弟。他善于逢迎，心思诡诈，能把女皇基本搞定。比如，武三思想借武后出幸时在朝中擅权，就在嵩山建了三阳宫，在万寿山建了兴泰宫，请女皇每年临幸，女皇对这些行宫都很满意。

武三思因外戚身份，在年少时就是大唐的武官；太后临朝以后，升至夏官尚书，革命以后封梁王，历任天官和春官尚书，是唯一能参与军国大事的武氏王。

当时的人们，对武三思极为鄙视，将其比作篡政的曹操、司马懿。

雍州人韦月将、高轸曾上书，说武三思将来必乱。武三思得知后，就串通有司将韦月将杀死、将高轸流放岭南。当时还是黄门侍郎的宋璟，对此案说了两句公道话，竟被贬为外官。

武三思是很典型的中国官场劣质分子，凡是刚直的官员，他就猜忌；凡是心术不正的，他就拉拢。他有一句名言，《资治通鉴》里收录在案："我不知世间何者谓之善人，何者谓之恶人，但于我善者即为善人，于我恶者则为恶人耳。"

真是透彻，直白，入骨。

他与武承嗣一样，垂涎太子位已久，多次唆使人向女皇吹风，说古来天子没有以异姓为子嗣的，陛下姓武，当立武氏为储。

女皇被说动了，就来征求大臣们的意见。

诸宰相大多没有意见，认为武三思当之无愧。唯有狄仁杰默然不语。

女皇很诧异，追问其故。狄仁杰说："太宗栉风沐雨，亲冒锋镝，历尽艰辛而得有天下，理应传于子孙，陛下却拟移赠他人，臣以为难合天意，大违人心。臣观天象，并未有易主之象，且察民意，亦皆思大唐功德！"

说这样的话，是要有一些胆量的，在此之前，谁敢提一句前朝好？

狄仁杰又搬出高宗来，进一步施加压力："天皇将二子托付陛下，陛下不立二子，却欲将储位转赐他人，臣以为不妥。"

他的话，既有原则，又有策略。

这前后，大臣王方庆、王及善也劝女皇还是召回庐陵王为妥。

狄仁杰等人的话，点醒了武则天。

古之皇室的太庙，是以父系为主线的，祖父—父亲—儿子—孙子，这样轮下去。母亲只是作为从外面嫁进来的配偶，占一个配享的地位。一句话，女人是男人的附庸。

在大唐的太庙里，武则天死后可以高宗皇后的身份配享，这没有问题。可是如果把大周皇位传给诸武中的一个，麻烦就来了。

在太庙里，只能以父亲一系来表示传承，比方说武三思接了班，做了新皇帝，他就应该追赠自己的父亲为皇帝，把老爹加入这一链条。而武则天只是姑姑，不是任何武氏男性皇帝（包括追赠的）的配享，那么，尴尬的事情就出来了——武则天在大周的太庙里，将来就会无一席之地！

那么，把皇位传给自己亲生的儿子呢？也大有问题。那就是，在延续了几千年的父权社会氛围里，无论是李显，还是李旦，他们任何一个做了至高无上皇帝，凭什么要延续武家的香火？到那时候，一纸敕令，就可以把大周转回大唐的轨道，一点儿障碍没有。如此，为"武周革命"所付出的心血，就会付之东流！武则天仍然进入不了大唐太庙里的皇帝世系里去。

这是一个两难选择，让武则天想破了头。

——为什么在当今为万民景仰的皇帝，死后却无法被后人承认？荒谬究竟出在什么地方？

当然，若要彻底解决问题，也有一个办法。那就是，从根本上移风易俗，将父权社会转变为母系社会。

这，有谁能做得到？把皇位传给太平公主？那不又成了姓李的做皇帝？且将来仍然存在传位的难题，根本无法解决。

女皇晚年时期，能为她多少缓释一下这个困惑的，是狄仁杰。从"革命"那时候起，武则天为继承人的问题，犹豫徘徊了多年。是狄仁杰在关键时刻的一番话，最终促使她迎回了庐陵王李显，定为正式接班人。

据说，武则天有一晚梦见一只美丽鹦鹉，心甚喜之，却不料鹦鹉忽然双翅折断，坠于地上。武则天第二天说给狄仁杰听，狄仁杰便借题发挥，说"鹉（武）者，乃陛下之姓也，断翅乃陛下两子。今起用两殿下，断翅则复振矣！"

恰好过了不久，契丹以"还我庐陵、相王"名义起兵作乱，女皇认为狄仁杰占梦的一番话很有道理，才下了迎回庐陵王的决心。

庐陵王是在极为秘密的情况下，从软禁地房州被召回的。

女皇先派了十几个宫人前往房州，其中一人换上庐陵王服装，留在当地，庐陵王则换上宫人的服装，随队潜回宫中。当地州县官府对此毫无察觉。

待还宫后，武则天将庐陵王藏于帐中，又召狄仁杰前来商议庐陵王事。

狄仁杰慷慨陈词，女皇遂唤庐陵王出帐，笑着说道："还卿储君！"

一见之下狄仁杰惊讶万分，喜极而泣。

女皇便对庐陵王说："速拜国老，乃国老令你返。"

狄仁杰摘去头冠，叩头不止。女皇也为之动容，令人扶起他，叹道："真乃社稷之臣！"

为了维持大周皇统，武则天做了最后的努力，赐李显姓武，尽管这是掩耳盗铃。

女皇不愿意为此动脑筋了，她决定把问题留给子孙去解决。自从迎回庐陵王为太子之后，她再没有追究过大臣究竟是否怀念大唐的问题，也没再兴起过大狱，完全投入了俗世的享乐。对后事，唯一采取的防范措施，是加强了"武李合一"。

她把太子、相王、太平公主和武攸暨等武氏诸王召集到一起，为他们立下誓文，监督他们在明堂敬告天地，保证两支之间永不残杀。又将誓文铭于铁券，付之史馆。

对于这一问题，武则天就算尽了人事。至于天命如何，就管不了那么许多了。

也就是从这时候开始，武则天做出了一系列颇有意味的决策：为过去的冤案平反昭雪，废除临朝以来新设的一些官职，将周历恢复成夏历。

她这是明白了，她自己的这个大周，跟上古的那个周，差得远了。她本人，也根本不可能成为继唐尧虞舜之后的"第三高峰"。

是她自己主动走下了神坛。

应该说，武周后期的政治清明，跟老臣狄仁杰的功劳是分不开的。促使武则天立李显为太子，为恢复大唐铺平道路，这是一功；有知人之明，以举贤为意，为大周选了不少栋梁之材，这又是一功。

除了前面提到的张柬之外，狄仁杰还先后举荐了桓彦范、敬晖、窦怀贞、姚崇等数十位廉洁、干练的官员，这批人被选拔上来后，大周的政风为之一变，朝中出现了一种刚正之气。再以后，他们大都成了唐玄宗时期的名臣。

由此看来，武周时代最终能成为"上承贞观、下启开元"的一段黄金时期，狄仁杰功莫大焉！

对于外族将领，狄仁杰也能公正举贤。契丹猛将李楷固曾经屡次打败周军，后兵败来降，有司主张斩之。狄仁杰认为李楷固有骁将之才，若恕其罪，必能感恩效节，于是奏请授其官爵，委以重任。武则天接受了这个建议。此后李楷固率军讨伐契丹余众，果然大胜，武则天在庆功宴上，举杯对狄仁杰道："公之功也！"

有人当着他的面赞美道："天下桃李，悉在公门矣！"

他慨然答道："举贤为国，非为私也。"

狄仁杰为相数年，武则天对他信之不疑，常称"国老"而不名，这在有唐一代，绝无仅有。狄仁杰曾多次以年老告退，武则天就是不许。狄仁杰上朝，武则天常阻止他下拜。每见狄仁杰下拜，她都十分不安。为了不让狄仁杰太辛苦，武则天曾告诫朝中众臣："非军国大事，勿以烦公。"

一次，狄仁杰陪女皇郊游，狂风吹落了狄仁杰的头巾，惊了他的坐骑。女皇赶紧命太子上前勒住惊马、拾起头巾，为老爷子戴上，她才觉放心。

久视元年（700），狄仁杰病故，卒年六十岁（另有一说九十三岁，不确）。噩耗传出，朝野凄恸，武则天哭着说："朝堂空也！"以后每遇朝中大事，众臣不能决断时，武则天都要叹息："苍天无眼，何以夺我国老？"

像这样关系融洽、互信无猜的模范君臣，中国历史上为数不多，堪可比唐初的太宗与魏徵。

狄仁杰死后，追赠文昌右丞。中宗复辟后，追赠为司空。到睿宗二次为帝后，又封为梁国公。身后荣誉，无与伦比。

在当代，拜电视传媒之赐，狄仁杰的美名几乎是妇孺皆知了。老先生辅国安邦、一生清正，这也算是历史对他的最好回报了。狄仁杰的故乡在今太原市南郊区，至今，其故里狄村尚有一株古槐，枝叶繁茂，世代相传为狄母手植。而古槐旁至今仍有石碑一座，上刻"狄梁公故里"。

槐叶萧萧，犹思故人。抚今追昔，唯慕先贤。

看来，做人、做官，还是顾及身后的名声为好！

对于武则天的身后事，在那时还有两个人进过言，都在青史上留下了一笔。

一个就是宰相吉顼。吉顼是洛州河南（今河南洛阳）人，进士出身。此人高大魁梧，"刻毒敢言"，据说办案时擅长诬陷诱供，严酷暴虐。因依附武则天，正史上对他的评价多有不好，《旧唐书》干脆将他列入《酷吏传》。不过他和来俊臣者流还是有区别的，本书在前面已经介绍过他的一些事。

吉顼在武周后期，已是很明显地倾向李显。当初突厥犯境之时，攻入定州、赵州，朝廷人心惶惶。武则天派武三思募兵，一个多月才召了不到一千人。危难之际，武则天让吉顼代理相州（今河南安阳）刺史，出任"监军使"，借他的声威来阻遏敌人。后来突厥惧于周军的声势自行退走。

突厥可汗是从赵州退走的，这一带的官军首领是吉顼和武懿宗。战后，两个人在朝堂上争功，为此撕破了脸皮。

吉顼伟岸善辩，武懿宗矮小驼背。在廷辩中，吉顼傲视武懿宗，声色凌厉，把武懿宗搞得很是狼狈。武则天的脸面挂不住，不高兴地说："你在朕的面前，犹敢卑我诸武，假以他日（我不在了），如何可以倚重！"

过了些时日，吉顼奏事，正在援古引今、滔滔不绝之际，武则天怒道："卿说的，朕早就不知听了多少遍了，不要多说了！昔日太宗有一匹马，名叫师子骢，肥壮任性，没人能驯服。朕那时为宫女，侍奉太宗，就对太宗说：'妾能制之，只需三物：一铁鞭，二铁挝，三匕首。铁鞭击之若不服，则以铁挝击其首；又不服，则以匕首断其喉。'太宗听了，壮朕之志。今日卿莫非要污朕匕首吗？"

吉顼历来是女皇的心腹，像杀来俊臣这样的大事，女皇都要与他讨论。女皇疏远诸武，他也是心中有数的。劝女皇传位于儿子的建议，也是他第一个提出来的。但是，天心历来难测。女皇心里固然想的是这样，做臣子的却不能领会得太快、做得太过。

老太太目前求的还是一个平衡。反右，更要反左。

吉顼是会错了意，倾向性表现得太过了一点儿。

见龙颜大怒，吉顼吓得汗流浃背，伏地请求免死。武则天当然不会杀了他，见他那个样子，也就消了气。

但诸武却看出了吉顼失宠的苗头。以往他们就恨吉顼依附李显，于是趁势发难，联手揭发吉顼的弟弟假冒官吏一事。由此吉顼连坐，被贬为安固县尉。

从宰相的位置上跌下来，这个小官职就跟老百姓差不多了。

吉顼辞别京师之日，武则天召见了他。吉顼流着泪对武则天说："臣今日远离宫阙，恐永无再见陛下之日。今愿一陈心愿。"

武则天就赐他坐，问他想说什么。

吉顼说："合水土为泥，有争乎？"

女皇答："无之。"

吉顼又问："分半为佛、半为天尊，有争乎？"

女皇答："有争矣。"

吉顼便离座，伏地叩头道："宗室、外戚各当其分，则天下安宁。现在太子已立，而外戚还在为王，这是陛下驱李、武两家日后争斗，两不得安呀！"

女皇一声叹息："朕也知此事难处。但事已至此，即便不好，又该如何呢？"

武则天深知吉顼说得有道理，但也是无计可施，只能因循下去，得过且过。

——高高在上者，就一定知道方向吗？不。

混过一日无事，也就多一日平安，不仅是常人如此。

另一位向女皇进言、规劝女皇处理好接班问题的人，就是在前面讲到的，冀州武邑平民苏安恒。

从皇帝到平民，以现代人的常识来猜度，不知隔了多少级别。山遥水远，他们之间怎么会有政治上的联系？

此人不是武则天的亲戚或者老乡，也没有什么特长值得天子垂顾，他就是凭着直觉，给武则天投了一封很不客气的意见书。女皇也就很认真地读完了他的意见，特地召见了他，赐给宴席，慰谕有加，然后让他高高兴兴地回家了。

在我们的印象里，从唐代开始，古代中国就是个文凭社会，没有功名的人，几乎不可能出人头地，更不用说参政议政了。但是，武则天时期不同，她安置的铜匦意见箱，是面向全国臣民的。有冤可以诉，有话可以说，有情况可以举报。

其中意见中肯、情况重大的，女皇还要亲自接见。

这就是古代中国的民意渠道，这就是古代的全民议政。独裁体制下竟有如此通畅的民意渠道，人民有如此切实可行的意见表达权，实在是超乎想象！

一个高高在上的皇帝，如何知道草芥百姓的想法，如何了解辽阔国土上实际发生的情况？如果没有这类的渠道，下面的情形经过层层过滤，到了上面，还不知会扭曲成什么样，那个金字塔尖上的人，恐怕也就与一个盲聋差不多了。

所以我们不可鄙薄祖先。即使是古希腊的全民政治，也只是特定人群才有权议政。而武则天，却是给了所有的人以说话权。

苏安恒的上书，只有一个主题，就是劝武则天下台，还政于太子。他说："陛下受圣皇之托，受嗣子推让，执政已二十余年，今太子仁义孝敬，春秋既壮，若让他驭使天下，与陛下有何区别？陛下年事已高，倦于宝位，何不禅位太子，自怡自乐？臣闻以往之明主治理天下，不见有二姓俱王也。今武氏诸王蒙陛下庇荫，恐陛下千秋万岁之后，于事不便。请降他们为公侯，授以闲职（这样将来能保住命）。臣又闻，陛下有二十余孙，皆未封王，此非长久之计。还请给他们分土封王，以藩屏皇家。"

这个上书，已经说了很多犯忌的话，但是苏安恒并不知足，在女皇接见一年后，又上了一书，干脆谈起了恢复大唐的事。他说："陛下虽居正统，实为大唐旧基。今太子已追回，年纪正盛，而陛下却贪恋宝位，将来以何面目去见唐家宗庙？以何身份去谒大帝（高宗）陵墓？臣以为天意人心，将归李家。陛下天位虽安，然而物极必反、器满则倾。陛下何故要日夜积忧，不知老之将至呢？"

既然早晚要变，还拖着干什么呢？这简直就是言论上的逼宫了。

出乎意料的是，武则天并未治他的罪。——你尽管说，我可以不听。

古代君主，有此雅量的，不多。

确实，一个坦坦荡荡的社会，就不该有那么多关于说话的禁忌！

江河滔滔东流而去，它绝不会因为某个强势人物的好恶取舍而西流；硬要让它西流的话，少则十年，多则九十年，它终归还要掉头而东！

武则天暮年，内心已经明白了这个道理。她已经知天命，已经耳顺，已经从心所欲而不逾矩。该发生的必将发生。

她让李显做太子，而没有选择让李旦做太子，就是全都考虑成熟。李显虽然任性，但毕竟有一点儿刚烈之气，比文弱的李旦要更适合做未来的主人。

到此为止，除了她本人的皇帝名号和大周这个新国号，一切都已经不逾矩了。此后的天下，究竟属谁，武则天不再去考虑了。她只想做个百事无忧的富家婆。

可是，她能安安稳稳地当个富家婆吗？

第二节　女皇惊起时见到的是满院兵卒

武周末期，急剧扭转历史方向的，是一位八十岁的老人——张柬之。

耄耋老人以莫大的勇气和智慧扭转历史方向，这样的事，在历史上不乏其例。当代人中，大概有半数以上都曾亲历过。

这不是什么奇迹。而是因为他顺应了历史大势和人心。

不是伟人拯救了人民，而是人民成就了伟人。这个因果关系，不能弄颠倒。

上一节所提到的平民苏安恒，就已经说出了真理："天意人心，将归李家。"

而在河北御敌时，太子李显的大旗一竖，就有几万人踊跃参军，则是对这个真理的印证。

这和前面的叙述似乎有一些矛盾。不是说，武则天时期国泰民安吗？不是说武则天为广大下层寒族打开了上进之门吗？不是说"薄徭役"是武则天一贯的国策吗？

为何人心还要思唐？

这是因为：其一，国泰民安是从贞观年代延续下来的，人们至今仍感念大唐。其二，高宗时期虽然灾害连年，但并没有大的政策失误，同时还完成了堪与太宗比美的开疆大业，人们觉得"革命"的理由不充分。其三，大唐没有武周时期的酷吏和杀戮。一个制造了大量冤案的政权，无论如何不能获得人们的原谅。其四，也是最重要的，就是臣民在文化观念上不能接受女人当皇帝，这件很别扭的事，实际上颠覆了人们的信仰所在——儒家观念。华夏民族是无神论民族，所以必须要有一个神圣化的理论来做精神支撑，否则全体民族都将陷入迷惘和道德沦丧。

由于这些因素，无论是平民的朴素感受，还是士大夫的忠君观念，就都和最高执政者憋着一股劲儿。

这就是苏安恒所说的"天意人心"。

大家想不通：一个为实践所证明是很好的政体，为什么不去实行它，或者为什么要提前结束它？

人们这种情绪的积累，潜藏着巨大的政治能量。它无时无刻不在酝酿，要挑选一个代表者来完成拨乱反正的大任。

就在武则天与大臣和解、倦于政事的六年多的时间里，由她亲手培植起来的一批正直大臣却在悄悄地酝酿着政变！

这真是一个很幽默的悖谬：她要做一个好皇帝的时候，人们就不想让她做皇帝了。

起决定作用的还是狄仁杰。他在武周后期获得了女皇的莫大信任，却不动声色，在隐蔽地做着为大周掘墓的工作。

首先是要保住自己，薪火不能中断。为此他不惜自秽，故意与二张交好，饮酒赌博，似是同流合污；同时又故意表现出贪财好货，以掩盖自己的"异志"。

这是在演戏。无论在当时还是在后世，都有人对他阿附武则天有非议。但若不身处当时，一般人很难理解他的不得已。

他为匡复所做的最大贡献，是人事安排。他向武则天推荐的一批人，无不是志在匡复的正统派，尤其是当作"佳士"特别推荐的张柬之。

狄仁杰的忍辱负重，瞒过了武则天，这一批定时炸弹就稳稳当当地埋在了大周的中枢。其中的张柬之虽然没被马上重用，但狄仁杰对他的评语——"其人虽老，宰相才也"，想必给女皇留下了深刻印象，为他将来的入相埋下了伏笔。

到久视元年（700）九月，狄仁义杰病重，自知不起，就与张柬之密谈了一番。而后，心满意足地告别了人世。

匡复的辉煌固然是看不到了，但奠基人是我——这就够了！

到长安四年（704）之秋，女皇也一病不起了，她感觉，需要有一个老成之人来充实宰相班子。

当时宰相姚崇受到二张的排挤，为避祸就活动了一下，被任为灵武道安抚大使，暂时离开了中枢。行前，女皇要他推荐一位可做宰相的人，姚崇力荐张柬之："柬之深厚有谋，能断大事，且其人年老，惟陛下急用之！"

前后两位素所器重的宰相都推荐了张柬之，女皇终于接受了这个建议，当日就召见了张柬之。当年十月，时任秋官（刑部）侍郎的张柬之拜相，时年八十岁，与武则天同龄。

这是历史最诡异的瞬间之一。两位80岁的老人在朝堂上相见。一个想的是：你要给我看好家。另一个想的却是：我要让你当不成这个家！

这个新冒出来的政治明星，活了八十多岁，好像就是为了完成这一使命而活的。

张柬之，字孟将，襄州襄阳人，太学生出身，少时就广涉经史，中了进士以后，任青城县丞，长期不得志。永昌元年（689），武则天征召贤良，各地推举上来的有上千人，张柬之以六十五岁高龄考了第一名，得授监察御史，此后才稍微顺利了一些。

圣历年年初，他升为凤阁舍人，后因为反对武则天与突厥联姻，被贬到边地当刺史。在被狄仁杰推荐时，他正在荆州长史任上。

经狄仁杰推荐后，他历任洛州司马、司刑少卿和秋官侍郎。这最后的官职已经不小了，但以他的资历和才干论，还是有些委屈他了。

直至姚崇推荐，张柬之才得以登上舞台中心，发出耀眼的光芒。

他在任荆州长史时，前任是杨元琰，两人曾一同于月下泛舟大江之中，言及女皇革命、诸武擅权、幽禁宗室之事，都目眦俱裂，慨然有匡复之志。

杨元琰是大姓出身，虢州阌乡（今河南灵宝）人，身材魁梧，长于理政，曾历任六州刺史、两州都督，所至皆有政绩，是个称职的地方官。加之年届老龄，有相当的经验，武则天曾对他多次褒奖。顺便提一句，他的女儿，就是后来大名鼎鼎的杨贵妃。

张柬之上任的第一件事，就是任命杨元琰为右羽林将军，先在宫廷禁军里布下了一颗重要棋子。任命一下，张柬之就提醒杨元琰："使君身当此任，并非无故。月夜江上之言当未忘怀，愿共勉力！"

除此而外，张柬之还串联了几位愿意共图起事的人，有桓彦范、敬晖、李湛，把他们安排为左、右羽林将军，以便暗地控制禁军。

唐代的禁军，分南北两卫，步骑兵都有，两卫又分为几个部，由六位将军统领。其中南卫相当于京城巡警，北卫则负责皇城警卫。不过，也许有人要问：张柬之刚刚上任，他哪里有那么大能量往禁军里安插那么多人？

原来在这方面，他也用了一番脑筋，在中央警卫队里找到了同盟军。禁军里的高级将领——左羽林大将军李多祚，是一位外族名将，入禁卫军已有二十余年。张柬之先去做了他的工作，以大义激之。

张柬之问他："将军在此间几年？"

李多祚答："三十年矣。"

张柬之就激他："将军贵宠当代，位极武臣，岂非大帝（高宗）之恩？"

李多祚不禁潸然泪下道："是。"

张柬之又说："将军既感大帝之恩，能否报答？逆贼张易之兄弟擅权，大帝之子现在宫中朝夕被逼。社稷之重，在于将军。诚能报恩，当属今日！"

这一番话，说得李多祚热血沸腾，他表示："只要是为了王室，惟相公你吩咐，豁出来被族诛了也干！"

两人又对天盟誓，语言激昂，义形于色！

在李多祚的默契配合下，政变分子源源不断派进北军，掌握了部队调动权，事情已基本有了眉目。

张柬之年纪虽大，但久经磨炼，办事慎密，行动迅速。他很快组织起了政变的核心集团——崔玄暐、敬晖、桓彦范、袁恕己和他本人。

崔玄暐是大姓出身，长安元年（701）任天官侍郎，后又为文昌左丞。他清廉自律，谢绝一切请谒，与当时高层官员的贪贿、应酬之风格格不入，因此深受女皇器重。他于长安四年（704）拜相，兼任太子右庶子，为太子属官。前面讲过，他曾经力主让太子和相王来侍奉女皇帝汤药，将二张逐出宫去，显然也是一个死硬的反张派。

此外，敬晖、桓彦范和袁恕己三人，都是狄仁杰所推荐上来的，敬晖为洛阳州长史，桓彦范为司刑少卿，袁恕己为司刑少卿兼相王府司马。

还有一些其他参与的人，各色人等都有，甚至还包括李唐宗室子弟、女皇的孙女婿和女皇母亲一系的亲戚，作为密谋分子，人数相当不少，但行动极为保密，没有走露一丝风声。可见有信仰支撑的密谋到底还是不同。

张柬之大规模地往禁军里安插人，引起了张易之等人的疑惧。为了掩饰自己的目的，张柬之便又奏请女皇，任命武攸宜为右羽林大将军，张易之这才安了心。但是后来政变时，武攸宜根本就没有什么动作。

神龙元年（705）正月初，姚崇出使灵武回都，正统派的力量又加强了。张柬之与桓彦范大喜，相互鼓励说："事济矣！"于是将政变密谋通告姚崇，共襄大计。

而这边武则天则完全丧失了警惕。她以为朝中是老成之人在执政，二张势力已有所抑制，两派的冲突不会很大。另外"李武并贵"的策略也有了收效，儿子和侄儿之间不会发生火拼。除此而外，内政外交，还能有什么大问题呢？

二张那边，也是同样。他们是浮浪子弟，没经过政坛的大风波，以为有女皇在，天就塌不下来。因此对禁军换将的一点儿疑虑，很快也就忘得没影儿了。

张柬之策动的这场政变，矛头所向就是二张。政变的根本目的是废黜女皇、恢复李唐。前一个是最低目标，后一个是最高目标。

后来的史家对一个问题很感兴趣，那就是，为何要除去二张？难道二张是女皇的政治代表？

这个问题，笔者以为，是牵扯到政变必须顺应民意的问题。尽管政变是为了匡复大义，但臣子起兵对付皇帝，终归还是犯上的事，所以必须有一个能获得社会广泛支持的由头。二张恰好充当了这个道义上的靶子。他们劣迹斑斑，大失人望，各派势力对他们均侧目而视。就连诸武集团，对他们也心怀不满。

就在长安元年（701年）九月，发生过一件宫廷惨案。太子的长子、皇孙李重润和妹妹永泰郡主，及郡主的丈夫魏王武延基，在一块儿非议张易之擅权。后来这话传了出去，张易之向女皇告状，女皇就将这三人交给太子处置。

太子李显经过多年的磨难，早已不是当年那个只知道护老婆的废帝了，他在女皇的压力下，将三人一起缢死！

这三个年轻人，当时才不过才十六七岁。

这是李唐宗室遭受的最后一场惨剧。其中的郡主驸马武延基，是武承嗣的儿子。当时武承嗣因为当不上大周的太子，已经忧愤而死，大概没有什么有力的人为武延基说情。

武延基等于因二张而死，这件事在诸武的心里想必也投下了不小的阴影。事后证明，诸武在政变中态度不明朗，其中太平公主的几个儿子有可能还参与了政变。政变结束后，诸武中有一批人受到封赏，据推测，他们在倒张问题上多少也起了点儿作用。

如此看来，二张既失人心，又得不到诸武的支持，除掉他们很容易，何乐而不为？

政变集团以"除二张"为号召，成功地离间了诸武与女皇关系，使得诸武不再成为女皇的屏障。

两股本来应该互相制约的力量，不再互相制约，而是有了改变现状的共谋，这时候的女皇，处境就非常危险了。

在权力巅峰二十一年的一贯感觉，使她意识不到这个危险。

——谁敢？

是啊，这种政变，说得好听是清君侧、为民除害；说得不好听就是谋逆。

在政变集团的核心，一开始，对于应该怎么干，也曾有一定的困惑。

为此，敬晖曾向冬官（工部）侍郎朱敬则问计。

这个朱敬则也是个对二张恨之入骨的人。当年女皇有了二张还嫌不过瘾，下令征召一批美少年，竟然有人以自己的"阳道壮伟"而自荐，时任右补阙的朱敬忍无可忍，上疏批评道："陛下内宠已有易之、昌宗兄弟，固应足矣。"现又有人自荐阳道壮伟过于薛怀义，这成何体统？"无礼无义，溢于朝听！"

当时女皇倒也没恼，慰勉他说："非卿直言，朕不知此！"还赏了他绢彩百段。

朱敬则确实见识过人，对敬晖只轻松点拨了一句："若借皇太子之令，举北军诛易之兄弟，两飞骑之力耳！"（《唐会要》）

张柬之等人觉得这计策太好了，于是照计而行，开始了对北军的渗透。

当时驻扎在玄武门一带的左右羽林军，统称为"北军"。"飞骑"则是禁军里的一个兵种。掌握了北军之后，政变集团紧接着要干的一件事，是与太子李显接头。虽然假冒太子的名义也可以，但将来会很被动。

此时，太子每天都要通过玄武门进宫去向女皇请安，这就是接头的最佳机会。

当了羽林军将军的桓彦范、敬晖，便在长安四年（704）的年末，瞅了个空子谒见太子，向他密陈大计。太子欣然同意。

这就再没有任何问题了。当年在太后的授意下，裴炎、程务挺带兵入宫，把中宗李显逼得退了位，如今有人主动要求以同样方法助他夺回皇位，这简直就是天意！

长安四年（704）的下半年，实在不是个安定的年月。这一年从九月起，神都一带就总是日夜阴晦，间有大雪雨，城中甚至有人冻饿而死。

女皇在病中，对这些天象颇为惶惧，采取了一些消灾的办法，比如开仓赈济、迎请佛骨，下令禁屠、赦免自临朝称制以来所有的罪人（参与扬州之乱和宗室之乱者除外）。

正月初九，又下诏改元"神龙"。神龙为何意，后人不详。难道是预示着"见头不见尾"？总之是有些奇诡。

女皇是强人，她想竭力消弭不祥之兆，祈求重新振作。

二张的心里，此时却有一种隐隐的末日感。据说，张易之刚刚建好一座府邸，夜间就有鬼在墙上书写"能得几时"，易之令人刮去，次夜又有字迹出现。如是数次，张易之无奈，只得在"鬼书"后面加题了一句："一日即足。"旋即，"鬼书"便不复再现。

张易之的兄弟张昌仪，也曾与人言："丈夫当如此：今时千人推我不能倒；及其败也，万人擎我不能起！"

奸贼恶人的这种"迟早要完蛋"的预感，往往灵验。

张柬之在这段时间内，还争取了相王李旦、太平公主和洛州长史薛季昶的支持。洛州长史负责的是神都附近地区的军政事务，争取到薛长史的支持，也是为政变成功添加了一分把握。

姜，还是老的辣。在拜相以后的短短两个月内，张柬之就干净利落地完成了所有的准备工作。

正月初，女皇病情进一步加重，寝宫内传出的消息令人不安。正月十一日，作为迎佛骨的特使崔玄暐还都，朝中一片忙乱。

张柬之认为，政变的时机到了——女皇病重，她反抗政变的能力就会大大减弱，这是一；女皇病重，二张就可能从中做手脚，万一矫诏罢免了几个宰相，正统派就要失去当前的优势，因此不能再等，这是二；政变集团的核心人物，现在已经全部汇齐，便于统筹，这是三。若还不动手，更待何时？

正月二十二日，军事行动开始，史称"神龙政变"。

政变部队共分三路——

第一路，由总指挥、宰相张柬之带领，参与者有宰相崔玄暐、检校左羽林将军桓彦范、右羽林将军杨元琰、敬晖，左威卫将军薛思行等，统率左右羽林军开赴玄武门。这是一支主攻部队，他们的任务是包围宫城，攻进皇宫，直捣长生殿，逼迫武则天退位。

第二路，由右羽林大将军李多祚牵头，参与者有左羽林将军李湛、驸马都尉王同皎，前往东宫，他们的任务是迎太子前往玄武门，与前路会师后，伺机拥太子登大位。

第三路，以司刑少卿袁恕己为主，跟随相王李旦统率"南牙兵"，也就是南军，作为警戒部队，控制皇城，连带监控整个首都。各要害地点均派兵守卫，还要前往政事堂逮捕当天值班的亲二张的几个宰相，切断皇城与宫城之间的联系。并围住二张的府第，防止他们的家丁作乱。

三路之外，洛州长史薛季昶则发动洛州兵马实行警戒，"以备非常"。

在国家最高统治者一无所知的情况下，整个首都全部被政变部队控制，中央警卫队几乎全体倒戈，这简直是不可思议的事！足可见出张柬之是一个十分高超的组织者。

这一天，天气仍是阴冷。各路兵马分头出动，大路上只闻马蹄橐橐、刀剑相撞，一派肃杀之气。

李多祚的一支兵马来到东宫门前，却不料太子李显事到临头，因疑惧而不肯出。太子不出，则政变师出无名，那不真就是犯上作乱了！他的女婿王同皎也是政变首脑，此人倒还有胆量，劝道："先帝以国家付殿下，殿下却横遭幽废，此事神人共愤，二十三年矣！今北门、南衙同心协力诛凶竖，复李氏社稷，愿殿下速至玄武门以副众望！"

李显的那点儿刚烈劲儿不知跑到哪儿去了，只是搪塞："凶竖诚当夷灭，然而主上圣体不安，不应惊吓。诸公更为后图！"——这事情各位缓一缓再说吧！

掉脑袋的事，怎么能缓！一旁的李湛急了，说："诸将不顾身家性命以殉社稷，殿下奈何让他们送死？请殿下自己去制止他们吧！"

太子听了这话，只好犹豫着出来了。

他一出门，王同皎一下就把这不争气的岳父抱上了马。马鞭一抡，一彪人马风驰电掣直奔玄武门而去。

此时在宫中，武则天是否完全没有保障了呢？不。

她还有最后一道防线——玄武门。驻守在这里的是一支绝对忠于皇帝的精锐卫队"千骑"。它的前身，是太宗组建的"百骑"。百骑士卒都是百里挑一的神箭手，太宗每次出游，他们就簇拥在鞍前马后以为护卫。到武则天时，则扩充为千骑。

此时，千骑的指挥官——玄武门镇守使是殿中监田归道。这是一个立场中立的人，与武三思、二张的关系都不错，但对李唐也似有怀念。

政变发动后，敬晖派人去叫田归道交出千骑的指挥权，田归道不给。等张柬之大队人马开到时，田归道不予放行。

城楼上的千骑卫士，已经剑拔弩张。只要有人敢攀城，就万箭齐发。

政变的主力部队被阻于玄武门外！

自古以来，政变部队因为攻不下宫城而溃散的，何其多也！但是要拿下玄武门，没有攻城的专门装备，也是非常的麻烦。

千钧一发，万物屏息！

田归道已经知道发生了非常事变，他这样做，是忠于职守的。皇帝没发话，即便是正义之师，也不得入。

就在这时，第二路队伍簇拥着太子而来。

田归道见状，吃了一惊，原来不仅宰相加入了政变，连太子也卷了进来。他在片刻之后做出了一个选择：放弃抵抗。

他当时是如何权衡这件事的，后人永远无法得知了。无论是对历史大势的一种屈服，还是出于对政变后果的恐惧，他这一念之转，决定了政变的成败。

见城楼上的千骑不再抵抗，张柬之一声号令，士卒顿时大躁，撞开了城门，奉太子一拥而入，直扑武则天所住的迎仙宫。

当时二张正在宫中侍奉，听见动静，出来看时，被士卒逮了个正着。张柬之等即命人将二张拖至集仙殿，斩于殿庑下。

凶竖已除，第一目标已顺利实现。随后，张柬之等又带兵包围了武则天的寝室长生殿，在周围布下了警戒线。

这时已有人告知外面发生了兵变。女皇闻变惊起，问道："乱者谁耶？"声音一如往日般地威严。

张柬之、崔玄暐、桓彦范、李湛等一批政变首领戎装而入。桓彦范答道："张易之、张昌宗谋反，臣等奉太子命诛之，恐有漏泄，故不敢以闻（不敢告诉您）。称兵宫禁，罪当万死！"

——原来如此！

女皇见到太子也跟着进来，轻蔑道："是你啊！小子既诛，可还东宫！"

太子嗫嚅不能言。

回去？那不就是个死！桓彦范寸步不让，扬声道："太子安得更归？昔天皇以太子托陛下，今年齿已长，久居东宫；天意人心，久思李氏。群臣不忘太宗、天皇之德，故奉太子诛贼臣，愿陛下传位太子，以顺天人之望！"

政变首领公开了他们的第二目标。

武则天知道，今天这一关很难敷衍过去了，但又于心不甘。想不到宰相们能把太子说动，这两方，缺任何一方都成不了事。真是用人不察，悔之晚矣！

她一眼看到李湛居然也在，不禁诧异："你也是诛易之将军？我对你父子不薄，却有今日！"

这李湛，是李义府之子。李义府是第一个拥护武则天为皇后的朝臣，他死后，武则天一直感念，登极后不断对李义府追封并加封其妻儿，皇恩可谓浩荡。面对女皇的质问，李湛惭不能对。

武则天一转眼，又看到崔玄暐居然也在，更是又惊又气："他人皆因别人推荐而提拔，唯卿乃朕所亲擢，亦在此耶！"

崔玄暐上前一步，不卑不亢答道："臣正是以此报陛下之大德！"

闻听此言，武则天才知大势已去，遂返回床榻而卧，不再说话。（见《旧唐书·列传·桓彦范》）

当日，政变集团还派兵到张昌期、张同休、张昌仪的家中，将三人处斩。张氏兄弟五人皆被枭首（死了再砍下脑袋）于天津桥南。史载，士庶见者莫不欢叫相贺，或脔割其肉，一夕而尽。

亲二张的宰相韦承庆、房融及司礼卿崔神庆等被收捕下狱，后遭流放。同时被流放的还有崔融、李峤、宋之问、杜审言、沈佺期、阎朝隐等数十人，皆是当时知名的文士。

这是惊心动魄的一天。玄武门的镇守使没有给女皇争取到一个缓手的时间，倘若有一个时辰左右，女皇就可登高一呼，做一番恩威并施的宣谕，那些听从军令而被调集起来的政变军，能否再服从政变首领的指挥恐怕都要成问题。

兵甲逼到床头，诸武不见影子，加之女皇年老病重，意志力大概也衰退了不少。她就此承认了现实，不再做无谓反抗。

从这一刻起，直到生命的尽头，武则天就都处于被幽禁的状态了。

政变次日，张柬之等逼她让位给太子。武则天反复思量，无计可施。她万念俱灰，往日信任大臣、寄厚望于太子，最终竟落得如此结局，现在再变卦立武家人为嗣，已绝无可能。如果蛮干，也许这些大臣会孤注一掷。有了李显这张正统的牌，他们就什么都可能干得出来！武则天只好退步，同意太子监国，交出了执政大权。

张柬之等立刻代拟了《命皇太子监国制》。这份文件的内容，包括谴责二张、肯定政变、大赦天下、命太子监国，并给李显以很高评价，为政变的合法性定下了基调。

比较微妙的是，其中对武周政权的定位，采用了"社稷宗庙，寄在朕躬"的说法，表明武则天改朝换代是临时性质的。这样一来，武周也具有了一定的合法性，太子监国也有了充分的理由。这显然是双方折冲的结果。

为安定天下计，当天，太子任命袁恕己为凤阁侍郎、同平章事，成为宰相，随同一批使者分赴十道各州宣慰。

张柬之等还是不肯罢休，继续施压。女皇顶不住，于政变第三天下诏：传位给太子。

政变第四天，太子李显继位，成为新皇帝，按他的资历，同时也就是复辟的中宗皇帝。但是此时国号尚未改，甚至李显现在还姓着"武"，他还要过渡一个时期。

当天，新皇帝给他的弟弟相王和妹妹太平公主都加了尊号，前者叫"安国相王"，后者叫"镇国太平公主"，生怕这国家他一个人镇不住似的。

李唐宗室的解放日也盼到了，所有被流放、籍没者（大多已死），子孙皆恢复属籍，酌情给官做。同时再次大赦天下，唯有张易之之党不赦。

时代这驾马车的转轨，在几天之内真是令人眼花缭乱。

政变第五天，新皇帝将女皇徙于上阳宫，外人轻易不得入见，特命李湛负责宿卫——幽默啊，让你最信任的大臣之子来看守你。

移宫之时，新皇帝率百官前来问安。王公以下诸臣皆欣然称庆，唯有姚崇呜咽流涕。桓彦范与张柬之大为不满，对他说："今日岂是啼泣时？恐公祸从此始！"

姚崇说："我服侍旧主年头久了，乍此辞别，情发于衷，悲不能忍。且日前随从诸公诛凶逆者，是臣子之道，岂敢言功？今日辞别旧主悲泣者，亦是臣子之节。若因此获罪，实所心甘！"（《旧唐书·列传·姚崇》）

女皇被禁，虽宰相亦不易见。姚崇多年受武则天的器重，恩深意厚，因此他的悲伤，倒也是真情流露。为此他马上就付出了代价，当天就被调离中枢，贬为亳州（今属安徽）刺史。但后来也有人认为，这正是姚崇的聪明之处。他预见到这场风波并没有结束，为避祸而玩了一个脱身之计。虽然不排除有这种可能性，但告别老主子的伤感多半还是真的。

移宫第二天，新皇帝又率领群臣前来，特别为女皇上了一个尊号"则天大圣皇帝"。注意，这是武则天之所以叫"武则天"的最初来历。

这样一来，政变后的大周竟然有了两个并行的皇帝。历代皇朝中，国有两帝的情况并不少见，但其中必有一个为太上皇。而现在，大周的两个皇帝，在法律上却是平等的。这一"天有二日"的悖谬，当时的人们只顾高兴了，也不遑多论。

从二月二日起，新皇帝每隔十日来请一次安，是为定例，以表示对逊帝的尊崇。但在实际上幽禁照旧。就是借给李显八个胆，他也不敢把女皇放出来。黄台瓜落，教训深刻啊！

早在政变第二天，李显向武氏太庙告庙，天气仍是阴霾不散。侍御史崔浑觉得怪怪的，就奏道："陛下复国，当正唐家位号，合乎天下之心。怎的仍告武氏庙？请毁之，复唐宗庙！"

李显被说动了心。二月四日，政变成果进一步深化，新皇帝下诏，抛弃"大周"国号："国号曰唐，郊庙、社稷、陵寝、百官、旗帜、服色、文字，皆如永淳年间故例。"

永淳元年是哪一年？就是高宗逝世的前一年。

让时光倒流回去吧，忘却这一场浩劫！轰轰烈烈十五年的大周朝，今朝寿终正寝。

当天，改国号的诏书一下，天气很快就澄明见日。举朝都叹：此乃天人之应啊！

新皇帝这下成了真正的大唐复辟皇帝中宗了。

在诏令中，中宗给足了武则天面子，大意是说：高宗去世时，徐敬业、程务挺作乱，天塌地陷，幸亏赖有则天大圣皇帝"拨乱之神功"，安定了天下，并且"开太一之宏略"；在受河洛之图后，惠育万民，得享高寿；忽而有了更高的追求，向往无为，倦于政务，这才令儿子复辟，且明命要继承先绪，光复大唐之国，以为复兴之基。

好一篇中兴宣言，明明是颠覆了一切"革命"意识形态，却说成是受命复辟。不过，这样一说，武则天开创的"大周时代"倒也有了权宜之计的合法地位，不至于被定为非法。武则天在大唐的帝统中，今后虽不能公开占有一席，但好歹不会被说成是篡逆之贼了。

新的舆论基调，为何是这个样子？这是因为"革命"已经深刻改变了大唐，完全复旧已绝无可能。如果把大周说成是"伪周"，那么政变的发动者们，十有八九都是伪官，他们自己就要陷入非法性的尴尬了。

复辟诏书还规定，将神都的名称恢复为东都，同时再给武则天一个面子，以并州为北都。在意识形态方面，仍恢复老君尊号为玄元皇帝，令贡举人停习《臣轨》，仍习《老子》。又令各州县置寺观一所，名曰"中兴"。

只是逊帝的年号并没有改，还叫"神龙"。也许，中宗觉得它很吉利？

复辟以后，"则天大圣皇帝"的尊号也没有取消，仍然有效。但是，这是哪一国的皇帝呢，没有了法律的依据。如果是大周的，大周已经不存在了；如果是大唐的，大唐复辟是自中宗始，没有另外再加尊一次，官修历史也决不会承认大唐有这样一个皇帝。

这个名垂千古的"则天大圣皇帝"，就成了超时空的名号。

它不是属于哪一朝的，它属于整个华夏，属于永恒。

它的含义，就是这片热土上唯一的女皇帝。

第十四章

走向永恒

第一节　女皇退场之后"中兴大唐"的乱局

从神龙元年（705）正月二十五日起，武则天被移送到上阳宫，此后，她在这里又活过了三百多天。朝暮相替，春去秋来，这一岁的枯荣，大概是她一生中最无趣和最无望的日子。

上阳宫，说来倒是个好地方，位置在东都皇城之西。南边就是洛水，背倚禁苑。内有观风、仙居、甘露、麟趾、丽春等殿宇。你就听听这些名字吧，皆有仙风。武则天的住处，就在观凤殿。

武则天自当皇帝以来，对仙家生活有所向往，倦怠情绪日渐滋长，若是主动让位，当个太上皇，这地方倒是最佳的养老处。但可惜事实却不如此。过去被她幽禁的儿子，现在倒过来幽禁了她。这口气如何能咽得下？

好端端的一片河山，武氏赤旗一夜间落地。伟哉大周，竟片羽不存！这结局如何向后世交代？前些年，还在追慕那上古三代的圣君，今日却成了窗下的寂然老妪，这岂不是要被千秋万代嘲笑吗？

这近一年的岁月，武则天所过的生活，大概要用一句欧化的语言来形容了——"她的心无时无刻不被痛苦咬啮着"。

她在上阳宫的活动，史册上几无记载。因此，后世史家常爱推测她这段时间在想些什么。

笔者想，对张柬之、崔玄暐等忘恩负义者的恨，和对丈夫高宗的思念，也许是令她最萦绕于怀的。

她的精神几乎垮掉。史载："太后善自饰，虽子孙在侧，不觉其衰老。"但在政变之后不行了，"及在上阳宫，不复栉颒，形容羸悴"。（见司马光《考异》）

不复栉颒，就是不再梳洗。这是意志崩溃的表现。

有当今的史家说，她这是演的苦肉计，要以此来给中宗一个心理冲击，使中宗对她产生强烈的反哺之情，并生出对政变诸臣的厌恶，以达到报复张柬之等人的目的。

"上（中宗）入见，大惊。太后泣曰：'我自房陵迎汝来，固以天下授汝矣，而五贼贪功，惊我至此！'上悲泣不自胜，伏地拜谢死罪。由是三思等得入其谋。"

这个情节，虽然司马光的《资治通鉴》没有采用，但看起来似乎很合常情。

除此而外，没见到武则天有过什么图谋复出的言行。她的确认命了。

洛水汤汤，残阳凝血。三百多个日夜就将这么静静地过了。

而上阳宫的高墙之外，此时却是另一番景象。

——弹冠相庆吧，伙计们！

中宗把龙椅一坐稳，就开始论功行赏，对张柬之等政变有功之臣委以大政。政变集团的核心五人，全部封为郡公，袁恕己、敬晖、桓彦范也都成了宰相。

此外李多祚因资格老，封为辽阳郡王，最为荣耀。王同皎为右千牛将军、封郡公。李湛也甚是了得，为左羽林大将军，封赵国公。

据说，只有那个洛州长史薛季昶是个脑筋清楚的，他觉得现在的情况有后患，便建议张柬之等召集百官，把武则天绑赴太庙，历数其恶，取来太宗的黄钺斩之。黄钺是什么？是象征帝王权力、用黄金装饰的斧子。

这个薛季昶也是够激进的，要把武则天用斧子砍了！这还不算，他还认为"二凶虽诛，产、禄犹在（产、禄是指汉吕后的侄儿），去草不除根，终当复生"，建议将"诸武之在中外者，皆尽杀无赦"。他总觉得，现在这个政变结果，不彻底，很怪异。这样子女皇总有一天会卷土重来。

张柬之等人沉浸在一月里响春雷的喜悦中，并不在意，没有听他的，反而说："大事已定，彼犹几肉（案板上的肉）耳，何复能为？"

薛季昶只能叹道："三思不死，我辈不知死所矣！"

关于薛季昶的这些事儿，是小说家言，当然历史上也许真的可能发生过，因为当时情势确实如此。

由此看来，武则天之所以没有任何异动——甚至有人觉得这和她的一贯作风不符，是因为形势对她来说仍然险恶。中宗是个容易摇摆的人，大臣中有人怀有恐惧感，女皇若有言行不慎，真有可能在各派利益的合力下而丢了性命。因此她的不作为，是明智的。

就这样待着固然孤苦，但总还是活着，尊号也还保留着。若是被砍了，那就成了女王莽，不仅贻笑且要遗臭于后世，那就更不划算了！

张柬之等人发动政变，看样子也不是为贪功。在武周朝里，他们大多深受器重，尤其张柬之、崔玄暐已位极人臣，没必要冒死去博一个公侯。倒武，应该说是出于大义。政变成功后，他们忙于扫荡余孽，防止反攻倒算。这些功课，都是必须做的。

除了贬黜房融、崔神庆等"张易之之党"外，对武周时期的所有酷吏，也都夺其官爵。凡为周兴等酷吏所枉死的无辜者，全部予以昭雪，子女配没者皆免之。

对那个曾在政变当天不肯打开玄武门的田归道，敬晖也主张杀掉。田归道不服，据理力争，认为是职责所在。中宗对这事倒还公允，仅免去他殿中监的职务，令其回家。后来，念田归道毕竟是忠勇可嘉，又将他召回，任命为太仆少卿。

可是，他们放过了诸武。

由于太平公主已是武家的媳妇，加之武三思以前曾对中宗说过二张必为祸乱的话，中宗认为诸武亦有功，所以有所袒护。

中宗君臣的这一仁慈之举，造成了"后武则天时期"的一场连环大闹剧。

在政变后的大封赏中，李湛的提升分外显眼，封爵甚至高过张柬之等人，估计中宗这是为了让他把武则天看守得更紧一点儿。

敏感时期，再无人敢向她通消息。武则天不知上阳宫外后来成了怎样的世界，否则，她定会慨叹不已，再经历一番冰火煎熬的。

张柬之等以为大功告成，从此名垂青史，再无疑义。岂不知诸武并不是朽木。他们对政变后局势的感觉很不好。

武则天下台，大周消亡，武氏宗庙被废弃，诸武的正统身份骤然下降，成了最尴尬的一族。他们怎能心安？同时他们也怕中兴五臣说不定在哪一天会起意"斩除武氏"，因而当然要起而自保。

既然留下了青山，他们就要自己想办法来找柴烧。

此时，有两个女人开始深深地介入了朝政，产生了巨大影响。一位就是与李显共了几十年患难的妃子韦氏，现在熬出了头，成了韦皇后；另一位就是上官婉儿。

韦皇后是个不甘寂寞的人，虽然苦了这么多年，但政治野心从未泯灭，婆婆武则天就是她一心想效仿的榜样。现在，好时候来了。中宗一生颠沛，朝不保夕，把那点儿刚烈磨平以后，剩下的只是柔弱和平庸。韦后便和女儿安乐公主一道，在政变后迅速把持了朝政。每逢中宗临朝，韦后都要置幔坐在殿上，预闻政事。

上官婉儿在此时也介入了朝政。

婉儿这个名字，美丽而清纯，似乎永远是个少女的名字。她在本书中第一次露面时，也确实是个少女，但岁月更替，如今她已是四十出头了。她是武则天身边的红人，早就免除了奴婢身份，长期掌管起草诏令事宜，是一名宫中女官。一度因违忤旨意，犯了死罪，但武则天惜其文才而特予赦免，只处以黥面了事。此后，上官婉儿曲意伺奉，更赢得武则天欢心。自圣历元年（698）起，女皇又命婉儿处理百司奏表，参决政务，权势日盛。

最奇妙的是，武则天下台了，上官婉儿却没有倒，依然负责起草诏令，而且异常活跃起来。这是怎么回事？

原来是中宗娶她做了小老婆，册为"婕妤"。婕妤在唐的后宫，是仅次于妃和昭容的妃嫔，正三品，比当年武则那个正五品的"才人"要高得多了。而且后来又升婉儿为昭容。

中宗怎么会看上她？说来话长，据说在高宗驾崩那年，婉儿已是二十年华，与中宗就有了私情。但旋即中宗就被废，这次复辟后，立刻召幸婉儿，圆了多年的干柴烈火之情（另有一说是武则天在下台之前，因怜悯上官婉儿大龄未嫁，为她做的媒）。

上官婉儿现在可不是个清纯女儿了，在此之前，她就曾与武三思私通。武家的人多不招人喜欢，但这武三思却是相貌不凡，枕席上的一套也很是了得，婉儿对他相当满意。婉儿做了中宗的小老婆之后，大概对韦后感到有点儿内疚，居然把武三思推荐给了韦后。韦后一见武三思，立即神魂颠倒，两人不免就犯了一些"生活作风错误"。

这关系，全乱套了！

武三思被韦后引入禁中，中宗居然跟他很对脾气，两人常在一起谈论政事。

这位戴了绿帽子的皇帝的胸襟，还真是宽厚。

在这前后，武三思的儿子武崇训娶了中宗的小女儿安乐公主，成了驸马都尉、太常卿兼左卫将军。这一来，武三思又成了中宗的亲家。这还没完，中宗在韦后的撺掇下，又把武三思提拔为宰相，以至武三思在朝中的势力，比在武则天时期还要显赫！

上官婉儿和武三思的介入，令韦后势力大增，基本把中宗的权力架空了。

这就是"后武则天时期"的乱局。看来，武后当初把中宗废了，也是废得有道理！

这个局面，大大出乎张柬之等人的意料，他们当然要反对韦后参政——不能走了一个老的，又来一个年轻的。桓彦范甚至上表说："自古帝王，未有与妇人共政而不破国亡身者也。"

五大臣与中宗、韦后的关系因此渐趋不睦，武三思的拜相，很明显是韦后在向宰相班子里掺沙子。

武三思是个有韬略的人，他一上来，就大批起用武周旧臣。平心而论，武周旧臣中大有可圈可点之人，比方魏元忠、韦安石、李怀远、唐休璟等，就连杨再思这样的"两脚狐"，也不是全无可取之处。杨再思位居宰相，但为人恭慎畏祸，从不忤犯他人。有人对他讲："你名高位重，何为屈折如此？"他答道："世路艰难，直者受祸。苟不如此，何以全其身哉！"

近世的人如果听到他这话，恐怕会更有同感一些。

这批旧臣一上来，明显地就有取代政变五臣的意思。

张柬之等这才察觉势头不对，悔不该当初不听薛季昶之言。他们这时才去劝中宗贬抑诸武，但中宗哪里肯听。张柬之在政变之际运筹帷幄，似无所不能，此时却是一点儿办法也没有了。五大臣在背地里叹怨："主上昔为英王时，诸臣都称其勇烈，我辈信其言。先前不诛武氏者，是为留待主上圣裁，以张天子之威，不想今日弄成这等模样。事势已去，如之奈何？"

武三思也听到了一些风声，为避锋芒，他进宫的次数就大大减少了。他一不来，韦后就闷闷不乐。中宗受韦后感染，也觉得亲家不来是没什么意思，就几次微服私幸武三思的宅第。

监察御史崔皎知道后，甚为不安，密奏道："则天皇帝在西宫（上阳宫），人心犹有附会，周之旧臣也位居朝堂，陛下怎可轻易出游？"

中宗不但不听劝告，还把此话告诉给了武三思。

武三思是个有韬略的人，他佯做根本就不在意。并且为了减少压力，他和武攸暨都请求辞去新授官爵，不再参与政事——明里不管事了，暗里可以在"赌博俱乐部"里出主意，效果都一样。

中宗同意了，授给了武三思等文职散官。

为平衡两派矛盾，中宗还想了个主意，将张柬之等六人和武三思、武攸暨等十三人皆列为有功之臣，赐以铁券（功勋牌），只要不犯谋逆之罪，各恕十死。

武三思以退为进之后，加紧了活动，与韦后两人日夜在中宗耳边吹风，说敬晖、张柬之等恃功专权，将不利于社稷。武三思建议："封晖等为王，罢其政事，外不失尊宠功臣，内实夺之权。"

中宗觉得这明升暗降的办法好，就把政变五功臣统统封了王，史称"五王"。给他们赐了金帛、鞍马，但罢免了行政职务，只须初一、十五各上朝一次，其余时间就回家待着吧。

张柬之等人知道，现在他们倒成了砧板上的肉了，这可怎么得了！神龙元年（705）五月，敬晖率百官上奏，表示自己绝不能容忍与诸武同封为王。他说，今唐室重兴，诸武王爵依旧，并居京师，这样的事，开天辟地就没有过。他恳请中宗削去诸武王位，以安人心。

有韦后在后面监督着，中宗哪里能采纳这意见？敬晖等人不能上朝了，完全计穷，又怕武三思在中宗面前进谗言，在家里急得团团转。无奈之下，只得让考功员外郎崔湜为耳目，窥伺武三思的动静。这简直是病急乱投医。

这崔湜原是奉宸府的一个学士，文才虽高，骨头却不硬。他见中宗亲武三思而猜忌敬晖等人，马上转向，将敬晖的计谋全部告诉武三思，反而成了武三思的内线。武三思后来把他提拔为中书舍人。

众功臣中，只有杨元琰识时务，他见势不好，就请弃官为僧。敬晖不以为意，起初还跟他开玩笑。因为杨元琰是个大胡子，非常像外族人，敬晖就说："早知如此，我早就奏请皇上，削卿鬓发，卿即为中土之士了。"

杨元琰说："功成名遂，不退则招祸。此为由衷之请，并非儿戏。"敬晖听了这不祥之语，大为不高兴。杨元琰这一退，果然在日后保住了自己平安无事。

碍事的五大顽石一搬走，武三思迎来了他从政以来的黄金时期。此时执掌朝纲的大臣，多是周之旧臣。以魏元忠为例，中宗即位的那一天，即派驿车去高要县将他接回。二月十八日，魏元忠刚一抵达东都，中宗就任命他为卫尉卿、同平章事，后又升为兵部尚书。魏元忠在武周时期行事耿直，不畏强权；但可惜英雄一世，晚节不保，此次回朝后竟然也附和了武三思。其他人就更不用说。

于是，"三思令百官复修则天之政，不附武氏者斥之，为五王所逐者复之，大权尽归三思矣"（《资治通鉴》）。武三思在武周时期也仅仅能做到参与政事，而现在，居然实现了控制朝政的大梦！

亲家在位，胜于姑母。他根本不可能再有心思去"营救"被幽禁的冷酷老太婆了。

上官婉儿更是一心辅佐韦后和武三思擅权。她劝韦后袭武则天故事，上表请规定天下士庶为母亲服丧三年，又请求批准男子23岁方为丁服徭役、59岁以上免役，以此来收买天下人心。

正在武三思得意扬扬之际，中宗本人发现了不妥，觉得武氏势力是有些过大。上阳宫里，此刻还保留着一个最大的不稳定因素，朝中若真成了武氏独大，那么掀掉大唐这个帽子岂不是随时可能的吗？

难得中宗有这样的清醒，他采纳了"五王"的建议，将武氏诸王统统降为郡王或者国公。皇帝的一句话，就是风向，群臣立刻会意，知道诸武略遭贬抑，就都调整了立场。武三思"复则天之政"的打算，落了空。

各派力量的争斗，就是这样兔起鹘落。大唐似乎没有什么中兴的样子，反倒是越来越乱。中宗将政事委于韦后、安乐公主和武三思，自己只顾玩乐。从此，朝廷上政出多门，官员人数激增，宰相、御史、员外官多得竟然公堂里都坐不下。

政治如此，财政上也开始有了危机。大批武周时的罪人被平反、恢复了官爵；为优待李唐宗室、奖励功臣，又为很多人增加了实封户数；中宗和韦后信佛，上台后又大修寺观，广招僧尼……这些，都是要用钱的。钱不会因为"中兴"就自动多起来，财政上捉襟见肘，竟然开始动用备荒的义仓。

神龙元年（705）七月，张柬之终于感觉局势不妙，奏请告老还乡。中宗考虑，这样一个大功臣，完全退休总不好，就任命他为襄州刺史，但不用管州事，白拿全俸。张柬之策动政变，以异姓得封王，在政坛上风光了半年，也算是不枉此生。只是这一退，是否能免祸？谁也说不准。

在武则天驾崩之前，"中兴大唐"的闹剧就是这些了。

下面，笔者要打破一下本书的体例，把武则天死后一些人的结局，稍微提前来说一下。

伟人驻足之后，虫蚁仍在蠢动。

武则天死后，朝政愈加令人担忧。中宗任命魏元忠为中书令，本来还算是一步好棋。魏元忠是老臣，素有忠直之望，朝野对他期望很高，连武三思对他也有所忌惮。但是这次他重返政坛后，表现大不相同，由刚烈变为平庸，对朝局不发一言。

史载，魏元忠"为相，不复强谏，惟与时俯仰，中外失望"。酸枣县尉袁楚客，甚至愤而写信给魏元忠，列举他十大过失，指责他"岂可安其荣宠，循默而已"。信的最后叹道："君侯不正，谁正之哉！"魏元忠收到信后，无言以对，唯有愧谢而已。

武三思毕竟还是怕这个老臣，就伪造武则天遗诏，慰谕魏元忠，赐实封百户。魏元忠手捧遗诏，感咽涕泗。见到的人都在私下里长叹："事去矣！"

唯一能扭转颓风的大臣不作声了，"中兴大唐"也就开始江河日下。

中宗这次一共当了五年的皇帝，业绩基本没有，但胡闹的故事却留下来不少。他让宫女和大臣们在宫中做市场买卖游戏，假装讨价还价，他在一旁看得哈哈大笑。又令三品以上大臣举行拔河比赛，见老臣们汗流浃背、委坐于地，他又是哈哈大笑。

正月十五，洛阳城万民观灯。中宗顽心大盛，带了韦后、公主和一帮宫女微服出宫去看了一夜的灯。走到黑灯瞎火之处，不少宫女趁机逃跑，一去不复返。

韦后的奶妈当年估计已有60多岁了，中宗做媒，硬要御史大夫窦从一娶了她，来一个少夫老妻配。迎娶时，中宗还非要让这老太婆打扮得花枝招展。

把这样一个皇帝拥立上台，也算是瞎了眼，拥立之臣先后都遭到了报应。

最先倒霉的，是那个把中宗抱上马去参加政变的驸马王同皎。事情起于他交友不慎。少府监丞宋之问和弟弟宋之逊都因依附二张而被贬到岭南，两人在神龙二年（706）二月逃回了东都，藏在朋友王同皎家。

王同皎对武三思和韦后的所为恨之入骨，只要和亲随一提起这事，都要咬牙切齿。

宋之逊在帘后听到这些话，就密遣儿子和外甥去武三思那里告发，想以此来自赎。武三思就唆使他们上书，告王同皎与洛阳人张仲之、祖延庆和武当丞周憬等潜结壮士，谋杀三思，而后想勒兵进宫，废掉皇后。

史上卖友的人固然是不少，但像宋之逊这样无耻之极的，实为罕见！

中宗见自己的女婿想造反，很吃惊，命御史大夫李承嘉、监察御史姚绍之审问此案，又命杨再思、李峤、韦巨源监审。

在堂上，张仲之历数武三思的罪状，连韦后也一起骂。杨再思、韦巨源假装打盹不听。李峤和姚绍之见越说越不堪了，就下令把他反绑起来送到狱中。张仲之仍然回头说个不止。姚绍之就命人用铁棍击之，打折了他的胳膊。张仲之大呼道："吾今输于汝，吾死当讼汝于天！"

没过几天，王同皎等一干案犯被斩，家产籍没。唯有周憬在外地，闻讯后逃入比干庙中，慷慨说道："比干古之忠臣，知吾此心！三思与皇后淫乱，倾危国家，当枭首都市，恨不及见耳！"说罢自刎而死。

事后，宋之问、宋之逊等都当上了京官，加朝散大夫。宋之问是初唐著名诗人，成就不小，然而这次卖友的勾当干得实在太离谱。他因此当了鸿胪主簿，"由是深为义士所讥"。史载天下怨之，皆相谓曰："之问等绯衫（红色官服），王同皎血染也。"后来他一直依附安乐公主。直至几经宦海沉浮后，才终于有所醒悟，但终因历史不清白而被唐玄宗赐死。

从这月起，"五王"也开始倒霉。除了张柬之已回老家外，其余四人被武三思诋毁，都贬出为刺史。大概还没等他们走到地方，又被贬到更边远的州为刺史。到五月，武三思又指使人诬告"五王"与王同皎曾经共谋废皇后，五人遂再贬为边州司马，其中敬晖甚至被贬到了崖州（在今海南三亚），且都是员外官，长期留任。勋封也给夺了，再不是什么异姓王。

悲剧还没完——人不死就不算完。武三思暗中令人写了一张传单，列了几条有关韦后的秽行，还写了请求废黜皇后的内容，然后把传单贴在天津桥。中宗得知后大怒，命御史大夫李承嘉追查此事。李承嘉诬奏道："敬晖、桓彦范、张柬之、袁恕己、崔玄暐使人为之，虽云废后，实谋大逆，请族诛之。"

武三思生怕这还搞不死五人，又唆使安乐公主去对中宗吹风，中宗当然相信，就命法司结案判刑。大理丞李朝隐不同意，上奏称："敬晖等未经推鞫（审问），不可遽就诛夷。"大理丞裴谈则奏称："敬晖等应根据诏书处斩、籍没，不应再加审问。"

最后中宗考虑到，对敬晖等曾经赐予铁券，许诺不死，于是就把敬晖流放到琼州，桓彦范到瀼州，张柬之到泷州，袁恕己到环州，崔玄暐到古州。他们的子弟年十六以上者，也都流放至岭南。

事到如今，他们不仅不是王，就连平民都不是了，是罪人。

从客观的角度来看，这很荒谬。他们究竟犯了什么罪？如何得罪了中宗？事情的内在原因，恐怕还是中宗还有一个心结——一个皇子，做不成皇帝，却要靠几个大臣政变才能被推上来。在"五王"面前，还曾表现过临阵的懦弱，丢死人了。这种自卑感挥之不去，不把"五王"搞得家败人亡，中宗是不会住手的。

压垮"五王"的最后一根稻草，居然是来自那个双重卧底崔湜。这家伙出卖了朋友也就罢了，还恨这些人不死，专门去说服武三思："敬晖等将来若遇赦北归，终为后患，不如派使者矫诏杀之。"武三思问他谁可以担任使者，崔湜就推荐了大理正（官职名）周利用。

周利用原先曾为五王所厌恶，一度被贬为嘉州（今四川乐山）司马。武三思一听：这正是好人选！于是任命周利用代理右台侍御史，奉使岭南，带着假圣旨去处置五人。当周利用赶到岭南时，张柬之、崔玄暐已死在流放途中。

死了的就算万幸，活着的，则不能让你们好死。周利用在贵州处置桓彦范，令左右把他绑起来，放倒在竹排上拖曳，直到肉被磨尽，露出骨头，才将他杖死。抓住敬晖之后，将其剐死。袁恕己平素服食丹药，周利用就硬逼着他喝有毒的野葛汁，喝下去好几升之后还未被毒死，但毒性发作难以忍受，疼得他用手扒土，把指甲都磨尽了。而后，周利用又命人捶杀之。

此外还有一个薛季昶，此时正在昭州（今广西平乐），他也是多次被贬，一直被贬为儋州（在今海南）司马。还没等他从昭州前去上任时，就得知了"五王"全部死难的消息，他自知不免，于是置办棺椁，沐浴更衣，饮毒而死。

神龙政变的首义五功臣以及其他人，到此全部被结果掉。当年曾把赫赫女皇逼下台的风云人物，如今如猫狗一般，死得不是凄凉、就是惨毒。

他们在临死前，不知是否想清了一个问题：皇帝一职，究竟是正统重要，还是贤明重要？

接下来的天下，那就可以由着中宗和韦后的性子来了。这时候，群臣已给中宗上了尊号叫"应天皇帝"、韦后叫"顺天皇后"，不知他们顺应的是什么天？也许是人间极乐天吧。这样的昏乱政治，到神龙三年（707）终于激发了一场大事变。事变的主角，是太子李重俊。

李重俊是中宗第三子，乃后宫宫女所生，原为卫王。相王李旦和太平公主对国事比较担忧，就趁韦后不在中宗左右时，建议速立李重俊为太子，以固国本。中宗同意了。

待韦后与安乐公主知道后，木已成舟，由是她们对太子极为嫉恨。尤其安乐公主和驸马武崇训（武三思之子），对太子极为蔑视，常呼之为奴。

上官婉儿因与武三思仍有私情，在所草诏令中，经常推崇武氏而排抑李家。

这一切，使太子李重俊极感压抑，就图谋政变。他见满朝都是武三思死党，就去找魏元忠、李多祚求援。魏元忠早已没了锋芒，不愿介入。而李多祚则还是直肠子一根，他也恨韦武乱政，就答应参与其事。

景龙元年（即神龙三年）七月，事变爆发。太子李重俊与左羽林大将军李多祚、右羽林将军李思冲、李承况、独孤讳之，沙咤忠义等，矫诏发左羽林军及"千骑"三百余人，于夜半时分直扑武三思府第，诛武三思、武崇训父子及其亲党十余人。随后又命左金吾大将军成王李千里父子，分兵守卫宫诚诸门。太子率兵直趋肃章门，斩关直入，挨个叩门搜索韦皇后、安乐公主和上官婉儿。

上官婉儿慌忙逃至中宗和韦后处，报告说："观太子之意，是先杀上官婉儿，然后再依次捕弑皇后和陛下。"韦后和中宗大怒，带着上官婉儿和安乐公主逃至玄武门城楼上，躲避兵锋。中宗又命右羽林大将军刘景仁率飞骑百余人，于城楼下列队守卫玄武门。

李多祚等领兵至，欲突袭玄武门楼，被守卫兵卒拒挡，不得进。中宗靠在栏杆上呼叫李多祚部下说："汝并是我爪牙，何故作逆？若能归顺，斩多诈等，与汝富贵！"于是，千骑纷纷倒戈，斩李多祚及李承况、独孤讳之、沙咤忠义于玄武门前，其余同党溃散。

太子李重俊惊闻败报，率残部百余人从肃章门逃入终南山，准备投奔突厥。中宗令长上果毅赵思慎率轻骑追赶。李重俊逃至鄠县西十余里休息，被部下杀死，首级献于朝廷。中宗犹恨恨不已，下诏将太子首级献上太庙。

韦后见死了武三思，心中凄楚，下懿旨说："将太子首级在三思、崇训父子枢前致祭。"韦后和安乐公主还亲自到灵前吊奠。

这一场大乱，丝毫没影响中宗夫妇寻欢作乐的雅兴，国事还是一片混乱。中宗对韦后也许是感到愧疚，真的就兑现了当年的诺言：我若能重见天日，就允许你随心所欲。

韦后想的就是效仿武则天，但其才干不及武则天的百分之一，给中宗出的主意多为昏招，不过是让荒唐的中宗更加荒唐。她本人更是疯狂追求"性福"，除与武三思私通外，还召散骑常侍马秦客以医术调入宫禁、光禄寺少卿杨均以善烹调入宫禁，实际都是大开色戒、淫乱宫闱。

韦后的秽行，宫内外传得沸沸扬扬，怕是到了街谈巷议的程度。平民韦月将上书告武三思私通韦后，必为逆乱，把这事捅了出来。中宗当然不信，大怒，命斩之。

时任黄门侍郎的宋璟奏请先审问一下再说。中宗更是冒火，等不及整理头巾，穿个拖鞋就从宫中侧门出来，找到宋璟质问："朕已下令斩之，怎么还没办！"命宋璟马上去执行。宋璟答道："人说宫中与武三思有私情，陛下不问而诛之，臣恐天下对此必有议论。"他还是坚持要审问。中宗不许，宋璟也来了火，说："必欲斩韦月将，请先斩臣！不然，臣终不敢奉诏。"中宗这才稍稍消了气。

后来有几个官员认为夏季杀人有违时令，中宗就改为杖刑、流放岭南。不过，韦月将到了岭南后，还是被广州都督周仁轨给斩了。

这么闹下去，韦后也担心中宗早晚有一天会知道实情，于是就有谋杀老公之意。女儿安乐公主也赞同把父亲宰了得了，待母后临朝，自己好当皇太女，从此把大唐变为母权社会。母女俩有了共同利益，就日夜谋划，终于在景云元年（710）六月实施谋杀。中宗中毒，暴毙于宫中，就这么窝窝囊囊地死了。

历史上的皇帝，非正常死亡的不少，也有各种各样的死因，但是像这样被红杏出墙的老婆毒死的，怕是罕见。

搞笑皇帝中宗的一生，就享了这五年的福，也够可怜的。他这五年，内政一无是处，有两次对外战争战果尚可，还算是还有一点儿政绩。

在中宗一朝倡乱的韦后，不仅淫乱，而且以皇后之尊卖官鬻爵，拼命捞钱。

安乐公主一贯受父母宠爱，中宗复辟后，她也和母亲一样，热衷于卖官鬻爵。只要有人肯出钱三十万，她就写好封官墨敕（不盖官印），不经宰相审议签署，斜封交中书省执行，称为"斜封官"。当时，以员外同正、试、摄、检校等名义授官的，就有几千人。有时她自拟诏敕，把内容部分挡住，让中宗盖章，中宗也都乐呵呵地答应。她选中了相貌俊俏的武延秀为夫，韦后见女婿不错，竟然强行逼奸。安乐公主知道了也不问，只要能讨母亲欢心就行。

这一对荒唐母女自以为大权在握，无人可以掀翻她们，自此可享百年太平，什么礼义廉耻都不要了。

韦后毒杀老公之后，自作主张立了年仅16岁的中宗幼子李重茂为帝，是为"少帝"，并改元"唐隆"。她本人以太后身份临朝摄政，又起用韦氏子弟统领南北军。这套做法，显然是想效法武则天，图谋帝位。

但是武则天迈出称帝这一步，是在丈夫高宗的庇护下经营了许多年才完成的，韦后目前的根基怎么能比？韦后母女毒杀中宗一事，可说是愚蠢之极。中宗就是再不济，也是她们安全的屏障、是她们作威作福的合法依据。中宗一死，屏障立除，人人得而诛之，再无顾忌。

韦氏母女的胡闹，终于激起了一个人的愤怒，这就是相王李旦的第三子李隆基。李隆基暗下决心要除掉韦后，事先广结宫廷禁军将佐、都中豪杰，与"万骑"帅长葛福顺、陈玄礼、李仙凫等结为死党，相约伺机起事。

韦后称制后也感觉到，当前最大的威胁是相王李旦，便与安乐公主密议，欲杀掉少帝李重茂，嫁祸于相王，然后将所有的异己一并铲除。

兵部侍郎崔日用获悉韦后阴谋，密遣宝昌寺僧人深夜至李隆基府中告密。李隆基不敢怠慢，马上去告诉太平公主，说："今事已急，若再犹豫，吾辈皆死无葬身之地！"

太平公主听到这个阴谋，勃然大怒，表态支持李隆基发动兵变，还命儿子薛崇简相助，去说动内苑总监钟绍京做内应。

就在中宗死后的第十八天，黄昏时分，李隆基微服与同党刘幽求潜入南苑中，来到钟绍京住处与其相会；钟绍京忽然反悔，不想打开门。其妻许氏曰："忘身徇国，神必助之。且同谋素定，今虽不行，庸得免乎！"

钟绍京这才醒悟，连忙出来拜谒，隆基执其手一起坐下。其时羽林将士皆屯驻玄武门，等到入夜，同党葛福顺、李仙凫皆来到李隆基这里，请示号令。

时间接近二鼓，忽见天上流星散落如雪。刘幽求说："天意如此，时不可失！"

葛福顺遂拔剑，带领几十个心腹，从南苑潜入羽林营，将羽林将军韦璿、韦播、高嵩三个"韦党"杀死，提着几颗首级，向羽林营将士宣布："韦后鸩杀先帝，谋危社稷，今夕当共诛诸韦；立相王以安天下。敢有怀两端助逆党者，罪及三族。"

韦氏乱国，素不得人心。李隆基的宣示，马上起了作用，羽林军士欣然从命。钟绍京也聚集丁匠二百余人，各执斧锯，随众同行。众人涌出军营，兵分两路，一路攻玄德门，一路攻白兽门。而后在凌烟阁前会合，一齐扑向太极殿。

韦后闻变后，从床上惊起，披发跣足逃出太极殿，想逃到飞骑（皇帝卫士）营避难。半路遇到乱兵，立被斩杀。士卒割下首级，献给了李隆基。此时，安乐公主也被闯进宫的士卒斩首。

上官婉儿当时晋升为昭容，因在太子李重俊事变中受到惊吓，有所收敛。她闻知李隆基发动兵变，马上见风使舵，带领宫人前去迎接，却被李隆基立斩于旗下，死时46岁。

负责禁卫宫中的诸韦和韦后亲信，在这一晚全部被斩首。次日，李隆基下令紧闭宫门和长安城门，由兵部侍郎崔日用率兵诛杀诸韦，连襁褓小儿亦无免者。

秘书监、汴王李邕娶了韦后妹妹崇国夫人，此时与娶了韦后奶妈的御史大夫窦从一，各手斩其妻，将首级献上。可怜那奶妈，做了一回老新娘便横遭枉死！

左仆射韦巨源听说发生兵乱，家人都劝他逃匿，他倒还有勇气，说："吾位居大臣，岂可闻难不赴！"出至街头，即为乱兵所杀，时年80岁。

待大事已定，李隆基亲赴相王府向父王谢罪，相王抱之泣曰："社稷宗庙得以保全，汝之力也！"李隆基遂迎相王入辅少帝。

此后不久的一天，少帝李重茂照例视早朝，太平公主走进大殿，大声宣告："嗣君（指李重茂）拟让位于叔父（指李旦），诸位以为如何？"

大臣中有人事先已与太平公主通气，随即附和，说理应立长君，群臣赞同。

太平公主走到少帝面前高声道："人心皆归相王，此非孺子之位！"李重茂木然，不知所措。太平公主亲自动手，强行将少帝拉下。相王李旦第二次当上皇帝，又成了"睿宗"。

可怜少年李重茂被拉下龙椅后，不知如何应变，只能流着眼泪走到下首站立，随即被降封为温王，又改封楚王，史称殇帝，亦称少帝。不久，李重茂哥哥谯王李重福不服相王，拥兵占据洛阳，自行称帝，并封李重茂为皇太弟。但李重福旋即兵败身死，李重茂亦不知所终。

梅开二度的睿宗李旦，为人宽厚，谦让安恬。先前太子李重俊造反失败后，安乐公主曾经诬陷李旦与李重俊同谋。幸亏中宗还念及兄弟之情，不忍加害。这次太平公主和李隆基推他上来，他也是推让再三。当了两年皇帝，就说什么也不想干了，让位给太子李隆基，自己去过享乐生活，优哉游哉。后于开元四年（716）去世，终年55岁。

为诛韦出了大力的太平公主，一向城府较深，武则天执政时，她一般不参与朝政，始保得平安。从神龙元年（705）起，因遭安乐公主诬陷，从此涉足政坛，与韦后、安乐公主暗地较量。这次成功灭掉韦后以后，她权力日隆，飞扬跋扈，"贵盛无比"。睿宗每有政事不知如何处理，都要向她请教。

太平公主在朝中内连王公、外结将相，宰相以下诸臣的进退全凭她一句话。史称"宰相七人，五出其门。文武之臣，大半附之"（《资治通鉴》）。

先天元年（712）八月，李隆基即位，是为唐玄宗。但是，在太平公主的鼓动下，太上皇睿宗仍然掌握处理军国大事的实权。李隆基虽为皇帝，却是虚置。玄宗与太平公主的矛盾由此日益激化，双方都在积蓄力量，准备除掉对方。

碍于姑姑太平公主的实力，玄宗瞻前顾后，不敢有大动作。太平公主那边却日夜与党羽谋划，准备行废立之事。

先天二年（713）七月初三，尚书左仆射窦怀贞，侍中岑羲，中书令萧至忠、崔湜，雍州长史李晋，左羽林大将军常元楷，右羽林将军李慈等，应太平公主之召，来公主府密谋。经过商议，定于第二天即七月初四，由羽林军发动政变，废唐玄宗，拥立太平公主登基当皇帝。

大唐的"母权情结"真可说是绵延不绝！

但是太平公主的这个密谋，被大臣魏知古探知，向玄宗做了密报。

这时的情形可谓急如燃眉！公主一方基本掌握了羽林军大权，而玄宗这边几乎没有可以动用的兵力，

当天深夜，玄宗颁密诏，命岐王李范，薛王李业，兵部尚书郭元振，龙武将军王毛仲，太仆寺少卿李令问、王守一，内侍高力士，果毅李守德等亲信十数人，牵出马厩中闲散马匹，率领诸臣家丁二百多人，出武德门，入度化门，出其不意地冲入皇宫北门的门洞，杀死了羽林军将领常元楷和李慈，控制住了羽林军。又活捉了宰相萧至忠、岑羲等人，随即斩首。

太平公主闻讯，仓促逃进圣善寺，在那里住了三天，才又回到家中。太上皇睿宗心里不忍，出面为她说情，但玄宗不允。后太平公主被赐死，她的儿子及党羽数十人也被诛杀。

政变第二天，睿宗颁发诏谕，把一切权力完全交给玄宗，自己名副其实成为太上皇。这年十二月，玄宗改年号为"开元"，含有"一元复始"之意。

这一年，玄宗李隆基29岁，英姿勃发，君临天下。

史家普遍认为，自此时起，唐代高层政治中持续了六十年的"阴盛阳衰"现象才告结束。

经历了"后武则天时代"三次政变、四位皇帝的波折，尘埃才总算落定，此后就由玄宗开启了中国的盛世——"开元盛世"。

第二节　千秋无字碑任由后人评说

什么是历史？历史就是烈火油烹之盛，犹有竟时。

什么叫荣耀？荣耀就是登临绝顶之贵，终成一梦！

但当事之人，多不会有这种眼光。世俗民族的人，一般都以为：今世所捞到的，就是万世荣华；今日跃至显贵的，也必将永葆子孙。

庸人之庸，世代如此，这也真是没有办法的事。

神龙元年（705）深冬，天寒地冻也挡不住复辟皇帝中宗的雅兴。他屡次亲临洛城南楼，观看"泼寒胡戏"，乐此不疲。

泼寒胡戏也称乞寒胡戏，是西域民族的歌舞表演。南北朝时传入中土，盛行于宫中，到初唐时已渐成为社会风习，老百姓也很喜欢玩了。

这种表演的刺激之处在于：演员们着胡服，带胡帽，跨马列队，舞之蹈之，伴以"豪歌击鼓"。更有不要命的，于寒风之中裸身舞蹈，以皮囊盛水，互泼取乐。史载"其乐大抵以十一月，裸露形体，浇灌衢路，鼓舞跳跃而索寒也"（《资治通鉴》）。

南朝刘宋时，宋明宗曾在宫内举办别开生面的泼寒胡戏，让皇族妇女裸体舞之，以为欢笑。（《宋书·后妃传》）一般的泼水游戏当然没这么刺激，但也是所穿甚少。

那个阵势，很难想象有多壮观。据唐人吕元泰的描述，那是满街满巷"相率为队，骏马胡服……旗鼓相当，军阵势也；腾逐喧噪，战争象也"（《新唐书·吕元泰传》）。

西风东渐，乐不思蜀。

这样的日子，岂是再活五百年能撒手的！

但就在此时，上阳宫内却是一片令人窒息的死寂。瑟瑟寒风中，一代女皇的生命走到了尽头。

十一月二十六日，武则天在仙居殿与世长辞，终年82岁。

武则天在临死之前的心情如何——是悲愤，是颓丧，还是无奈？已无可考。

但可以推断的是，她在死前头脑仍非常清晰，召集中宗、相王、太平公主、武三思等托付后事，口述了一份"临终遗制"。

遗制的全文，史所不载；但综合各书可以看出大略。归纳起来，包括如下内容：

一、去帝号，称则天大圣皇后；

二、入李唐宗庙祭享，归葬乾陵；

三、王皇后、萧淑妃二家及褚遂良、韩瑗等子孙亲属当时受连累者，均令其复业；

　　四、恢复武三思、袁恕己以前被削减的实封。

　　寥寥数条，可以窥见女皇死前的心情，也可以看出她最为牵念的身后大事。

　　人之将死，其心也随和。可以推断出，武则天对自己一生努力的成果与后世可能的评价，都做过相当冷静的思考。

　　临终遗制里的第一、二条，实际说的是一件事：她彻底放弃了要求后世承认大周伟业及女皇名位的奢望，正式回归李唐谱系。她明白："人走茶凉"是任何伟人也免不了的命运，即使她生前不做出这个决定，死后儿孙们也将这样来做，因为儿孙们没法儿在祖庙里安置这个"则天大圣皇帝"。

　　现在，由她自己来结束这个神话，回归太后和李家媳妇的身份，替子孙解开难题，同时也就求得了身后名分的合法性。

　　归葬乾陵，也就是乖乖到地下去继续做高宗的老婆。

　　她在生前，有力量违抗任何传统，直到最后一息都顶着个皇帝帽子；但她知道，只要一瞑目，再伟大的人也挡不住传统的卷土重来。

　　武则天，在生命的最后一刻，放弃了叛逆，与传统和解。

　　而后面两条，则是为缓和武氏家族与正统派大臣的矛盾所做的安排。准许王、萧、诸、韩等人的子孙家属复其业，是大有意味的。古代对犯罪之人或者敌国官民采取优待政策，有一条就是"官仍其职，民复其业"，原来干什么现在仍可以干什么。武则天在这里把被害者的子孙当作合法平民对待，是一种有限度的宽恕。这倒不完全是表示对过去的行为反悔，而是为了化解怨恨。

　　对武三思和袁恕己两人的所谓"复所减实封"，也是缓和矛盾的一种暗示。武三思是武则天最看好的一个侄儿，袁恕己是诛二张的功臣之一。这两个人，是当时朝中最有实力的两大派代表人物，武则天对他们的特别嘉奖，显然是想弥合两派矛盾，以免引起动荡。至于对袁恕己等人的逼宫之举，她这就等于已经宽恕了。

　　可怜老太太临死也不放心不成器的儿子，同时也担心着武氏一门被人斩尽杀绝，所以费尽心机布下一些局。只可惜，死人实实在在是管不了活人的，她死后到底还是有血雨腥风。

　　好在，她的担心只是部分成为事实，复辟的儿子确实是不得善终，所幸武氏诸子佞还不至于结局太惨。

诸武之中，有几位是死在武则天之前，比如武载德、武攸归、武重规、武攸止。他们死得体面，自不必说。只有一家的命运不好，就是武承嗣。武承嗣谋求大周太子之位，遭狄仁杰等反对而未果，于长寿元年（692）罢相，郁闷而死。其子武延基的命也不好，娶了武则天的孙女、太子李显的女儿永泰郡主，小两口私议二张与武则天的丑闻，被武则天交给李显处死。

武则天死后，诸武佞辈的亲王，大多数结局还不错。武攸宜在大周时为右羽林大将军，中宗复辟后，仍任此职，但他很聪明，从此不参与朝政，于景龙年间老死。那个在河北抗击契丹时贪生怕死的武懿宗，在中宗复辟后景况也不错，升为太子庶事，老死于任上。武攸暨是太平公主的后夫，为人谦和，人缘很好，且死得又早，也是在景龙年间就死了，没有看到太平公主被赐死的悲惨一幕。武攸绪则是个非常特出的散淡之人，当年随同武则天去封嵩山时，就留在了嵩山，一意修行，亦得善终。

前面曾经讲过，其中死得最难看的，是最为风光的武三思父子，被太子李重俊兵变杀死。还有武氏孙辈的武延秀，为安乐公主的后夫，与安乐公主一道被李隆基杀死。其他孙辈的结局大多没有父辈们那样好，凡是与武延秀亲善的，都被贬或被杀。仅有旁系的武载德和武攸绪的后代，审慎避世，不事张扬，最终得免于祸。

武载德是武则天的堂弟，其子武平一为避祸，也是在大周时就跑到嵩山去修行的，女皇屡召不应，中宗复辟后武平一为母亲奔丧，被中宗强迫为官，累升至考功员外郎。此人敢于犯颜直谏，到玄宗朝时因说真话被贬，但其名望却不衰。武载德的曾孙武元衡更是不得了，是中唐一位著名的诗人，还是唐德宗时的宰相，因力主削藩，遭藩镇忌恨，上早朝途中被淄青藩帅李师道遣刺客暗杀，状极惨烈。其诗如"悠悠风旆绕山川，山驿空蒙雨似烟。路半嘉陵头已白，蜀门西上更青天"（《题嘉陵驿》）之类，读之足以令人一振！

武则天的堂侄武攸绪放弃一切官爵，要求留在嵩山隐居时年仅41岁。武则天大为不解，甚至"疑其诈，许之，以观其所为"，派人去监视过他。在隐居期间他一心研读《易经》《庄子》，"冬居茅椒，夏居石室，一如山林之士。太后所赐及王公所遗野服器玩，攸绪皆置之不用，尘埃凝积。买田使奴耕种，与民无异"。中宗复辟后曾两次借故请武攸绪回京，迎送礼仪备极隆重，邀他做官，但他坚辞不受；给他的赏赐，他也一无所取。他从不搞人际关系上的拉拉扯扯，"亲贵来谒，道寒温外，默无所言"（《资治通鉴》）。睿宗继位后，特下敕书给予褒奖，玄宗对他也很尊重，"令州县数加存问，不令外人侵扰"。后病死于开元十一年（723），年69岁。

红尘中费尽心机的争夺，还不及一位隐士给子孙带来的福多。这道理，当下里若是讲给庸人们听，又有几人能信！

武则天的遗制颁下，有一个细节却引起了一场不大不小的风波。给事中严善思是张柬之的亲信，他对武则天归葬乾陵提出了异议，上疏说："尊者先葬，卑者不该后开入。……则天太后卑于天皇大帝，欲开陵合葬，即是以卑动尊，事既不经（不合理），恐非安稳。"

他还提出，乾陵的玄宫之门是以石头塞住的，石缝以铁汁浇铸，坚固异常。若开陵的话，势必动用大锤来凿。而皇帝陵寝本是幽静的地方，如此兴师动众地开工，怕是多有惊扰。再有，自从乾陵修好后，国家就开始有难，则天皇后总揽全局二十余年，其难方定。现在又要动工营建，怕又会有灾难生出来！此外皇帝与皇后合葬，本非古制，汉时诸陵，皇后多不合葬，自魏晋以后，始有合葬。希望能依照汉朝之故事，一改魏晋之颓纲，在乾陵之旁，更择吉地，别起一陵。

这个事情，让他说得头头是道。中宗读了，心里有所动摇，就令百官详议。

归葬在古代是一件天大的事，关乎盖棺论定的地位。武则天的归宿问题卡了壳，最着急的是武三思。若武则天死后不能入乾陵，就意味着她的地位将大大下降，连带着诸武的地位也就不稳固了。于是他唆使韦后和上官婉儿出面，对中宗做说服工作，力求归葬。

两个人也都帮他去说了。其中韦后的心思，是想将来做武则天第二，她当然乐得武则天死后的待遇高一些。

两个老婆都出来说说了，中宗当然更要考虑。再说，他也有自己的小算盘，自己的帝位，是发动"宫变"从母亲那里提前夺来的，现在将母亲的葬仪从优，多少也可以掩饰一下这种不敬。于是没过几天就下诏，令群臣不要再议了，"准遗制以葬之"（《唐会要》）。

转过年来，神龙二年（706）正月二十一日，中宗护送武则天的灵驾返回长安，等待下葬。开陵的工程果然是繁难，四个月后，乾陵的石头门才凿开，布置好玄宫，武则天的安葬大典正式举行，据说，仪式规模超过了高宗下葬时。

迄今为止，高宗的灵柩已经独自在乾陵地下躺了二十一年了。如今武则天魂兮归

未刻一字。

无字碑由一块巨大的整石雕成，宽一米，重98.8吨，其规模和气魄都超过"述圣碑"。碑头雕有八条互相缠绕的螭首，饰以天云龙纹。碑两侧有"升龙图"，龙腾若翔，栩栩如生。碑座上有"狮马图"，其马屈蹄俯首，温顺可喜；雄狮则昂首怒目，状极威严。如此精细的雕刻，在历代墓碑中极为罕见。

武则天立无字碑的原因，令后世猜测纷纭。主要有三种：一是，武则天自以为功高无伦，不是文字所能表达的，故而无字。二是，武则天自知罪孽深重，若有溢美碑文怕反遭后人责骂，因此不写为好。三是，武则天确实是想留待后人去评说。至于哪一种说法是她的本意，我们已经永远无法知道。

无字碑，大概就是一个永久的谜吧。

自宋金以后，有人开始在无字碑上添补题识，历经宋、金、元、明、清各代，现碑上共有十三段文字，且在书法上真、草、隶、篆、行五体皆备，成为跨时代的有字碑。

乾陵除了无字碑之外，还有两奇：一是两个皇帝合葬一墓，这在中国历史上绝无仅有。二是至今乾陵从未被盗，这也十分罕见。西安是十三朝古都，帝王陵墓甚多，有许多都被盗过，甚至被盗空，就连秦始皇陵也难逃劫数，唯独乾陵因极其坚固而未被盗过。

这难道是天意？

柏荫森森，山色寂寂。龙战于野，其血玄黄！

一个女人，她来过一遭这人世。爱过、恨过，杀戮过，怜悯过，如今就在此安详地长眠。

她是一个了不起的女人，是一个最大的儒家传统叛逆者；她是一个伟大的皇帝，也是一个优秀的古代统治者，远胜过那些不义的倒行逆施者。

但是，她的专制独裁也给万千苍生带来过灾难。

唯其如此，她所代表的那种时代才注定要永远逝去。

来，两人将在这幽静世界里永久厮守。

盛夏里，草木葱茏。神道上，气氛肃穆。灵柩徐徐移入地宫，放置于高宗御床之左。国子监司业崔融所撰《则天大圣皇后哀册文》也一并放入。

这篇哀悼文，写得洋洋洒洒，好一篇华丽大赋。内容高调肯定了武则天的功绩，其中大部分是"英才远略，鸿业大勋。雷霆其武，日月其文"的谀词，但是其中有一段，是动了真感情的，文云："出国门兮林邱，览旧迹兮新忧。具物森兮如在，良辰阒兮莫留。当赫曦之盛夏，宛萧瑟之穷秋。山隐隐兮崩裂，水洄洄兮逆流。呜呼哀哉！"

睹物思故，良辰不再。虽骄阳盛夏，却如晚秋般萧瑟！伟人逝矣，山为之崩，水亦为之倒流！

这文字，真是和泪写成。

这位才子崔融，是齐州全节（今山东章丘）人，为文华美，当时无人能出其右。中宗为太子时，他曾为侍读，东宫表疏多出于其手，就连武则天也深爱其才。后来，二张广招文学之士，崔融屈节依附二张，算是"张易之之党"。二张被诛后，被贬为袁州（今江西宜春）刺史，但是中宗忘不了他，不久就召回，当了国子监司业。据说，他作这篇《则天大圣皇后哀册文》时，因苦思过甚，竟然发病暴卒。中宗念其有侍读之恩，追赠他为卫州（今河南汲县）刺史。

一篇文章写死了人，这才真正叫呕心沥血吧！

玄宫封闭时，在场的宗室、臣僚，乃至仆役走卒，无不流泪痛哭。其中尤属"张易之之党"最为悲哀。

其时，文人作挽歌哀悼者甚众，且多为二张之党。如崔融还有一首《则天皇后挽歌》云："前殿临朝罢，长陵合葬归。山川不可望，文物尽成非！阴月霾中道，轩星落太微。空余天子孝，松上景云飞！"宋之问也有《则天皇后挽歌》云："象物行周礼，衣冠集汉都。谁怜事虞舜，下里泣苍梧！"都是至情至性的好诗。

武则天的脚步，止于巍巍乾陵。

乾陵位于今陕西乾县城北六公里，依梁山主峰为陵，气势雄伟。梁山有三峰：北峰最高，海拔1047.9米，高宗和武则天的合葬墓就在此峰中。南面两峰较低，东西对峙，中间夹着司马道，故而这两峰名为"乳峰"。

墓前神道两侧有两块高均为三米的石碑，西面一座是为高宗立的"述圣碑"，东面的就是著名的"无字碑"。据说武则天曾有遗言"朕一生任由后人评说"，故此碑

武则天传

清秋子 著

朕乃女子

郑州大学出版社

图书在版编目（CIP）数据

朕乃女子：武则天传 / 清秋子著. — 郑州：郑州
大学出版社，2022.10
ISBN 978-7-5645-8986-8

Ⅰ．①朕… Ⅱ．①清… Ⅲ．①武则天（624-705）—
传记 Ⅳ．①K827=421

中国版本图书馆CIP数据核字(2022)第144337号

朕乃女子：武则天传
ZHEN NAI NÜZI WUZETIAN ZHUAN

策划编辑	郜 毅	封面设计	东合社—安宁
责任编辑	席静雅	版式设计	刘 艳
责任校对	王晓鸽	责任监制	凌 青 李瑞卿

出版发行	郑州大学出版社	地 址	郑州市大学路40号（450052）
出版人	孙保营	网 址	http:// www. zzup. cn
经 销	全国新华书店	发行电话	0371-66966070
印 刷	中煤（北京）印务有限公司		
开 本	710 mm×960 mm　1/16		
印 张	24	字 数	412千字
版 次	2022 年 10 月第 1 版	印 次	2022 年 10 月第 1 次印刷

| 书 号 | ISBN 978-7-5645-8986-8 | 定 价 | 58.00元 |

本书如有印装质量问题，请与本社联系调换。

引子

这本书里要说的，是尽人皆知的武则天。

——谁人不知武则天？

武则天，中国唯一的女皇，纵横捭阖，传奇一生，青史留痕。

谁能不知道她？

那么，如果我要求各位尽量严肃地说一说，这位女皇究竟有哪些事迹，正面的、负面的都可以，我想，一般的回答无非是——

以美色作为进身之阶，迷倒太宗、高宗父子两代皇帝；

亲手掐死自己的女儿以陷害对手，最终自己当上皇后；

重用酷吏，扶植娘家人，然后索性做了女皇帝，篡了李家天下。

此外，还有没有？

有，充其量也就是"秽乱宫闱"——是说她的面首特别多。

可是，仅这几条，就能令武则天名垂千古吗？

当然不能。

除了"武周革命"、改朝换代之外，武则天可称道的政绩，多矣！

我今天之所以要来赶热闹，也说一说武则天，是因为她是一个好皇帝。爱民、爱国、爱才，哪一条都做得很好。

首先来看她的爱民。她执政时，推行的是富民政策，轻租税，减赋役。老百姓的负担一减轻，生产积极性就高。当时由于国库充足，证圣元年（695）还普免了天下租税一年。为了劝农，武则天曾亲自主撰《兆人本业记》一书，据说，这是自古以来唯一由皇帝主持撰写的农书。

再说说她的爱国。她执政时，国家最强盛，四海混一，华夷共主，天下和谐，版

图四域达到唐代极致，东有高丽，西达波斯，南尽林邑（今越南中部），北抵大漠，武功超过了"马上天子"唐太宗。

再来看她的爱才。武则天用人的原则——不怕低贱，就怕无能。她求贤若渴，曾派出十抚使到各道搜罗人才，不少"乡村教师"因之平步青云。她还创立了有名的"殿试""武举"和"自荐"制度，一直延续到后世。尤其这个"自荐"最有意思，无论农夫还是工商业者，只要有能力，都可自荐授官。

当然，她还是一位著名的女权主义者，热衷于改善妇女地位，以致唐代妇女拘束最少，快乐最多，前朝后代那是无法望其项背的。

有了这些，用现代标准看，就是好皇帝。

她的文治武功，上承"贞观之治"，下启"开元盛世"。有人算过一笔账，说武则天参政与执政，前后共有五十余年，占了初唐时期的五分之二，而且是从开国恢复期到强盛时代的重要转型期。因此可以说，没有她，就没有后来唐玄宗的"开元盛世"。

我们可尽情赞颂的一段中国古代史，要拜这位女皇之赐！

——伟哉，则天大圣皇帝！

在儒家社会里，能替男同胞们站一班最高岗位，那是需要有真本事的。

在有史二百四十帝中，能冒出这么一位粉黛裙钗，那是要有超人的智慧的。

尽管她前有车，后也有辙，并不是独一无二的女政治家。就如吕后或慈禧太后在专权上可能与她不分高下，而在治国上，则都无法与之相比。而且，以女人身份当上皇帝，那就更是前无古人后无来者了。

本书所讲的，就是武则天如何进行政治博弈的历史故事。

在这里学学古人，我看不算迂腐，因为古今之理往往相通、古今之世往往雷同，让人不知是该笑还是该哭！